KB151335

개정판

수업기술 향상을 위한

좋은 수업설계와 실제

정석기 지음

박영story

머리말

　'당신은 수업을 위해 무엇을 하는가?'

　지식정보화사회에서 국가경쟁력은 고부가 가치를 창출하는 고도의 지력과 창의성에 달려있다. 그래서 세계 각국은 창의성을 지닌 우수한 인재를 길러내기 위한 교육개혁을 국가의 최우선 과제로 삼고 있다. 이러한 교육개혁의 성패는 궁극적으로 교실 수업에 의해 좌우되며, 이는 교실에서 교사가 수업을 어떻게 이끌어 나가느냐에 따라 결정되는 수업의 질에 달려있다.

　학생을 가르치는 교사라면 누구나 한번쯤은 '어떻게 하면 좋은 수업을 할 수 있을까?' 라는 생각을 하며 나름대로 갖은 노력을 하며 좋은 수업 방법을 모색해 보지만 생각만큼 쉽지는 않았을 것이다. 국가와 교육청 그리고 각급 학교에서도 좋은 수업을 위한 교실 수업개선을 외치며 수업의 질 향상을 위해 각종 연수 실시 등의 노력을 해왔지만 실제로 교단에서 수업을 진행하는 교사들은 수업개선에 큰 변화를 느끼지 못하고 있다. 또한 일선 교사들의 수업기술 향상을 위한 연수와 자기장학, 그리고 대학생, 교육실습생들의 수업기술을 향상시키는 데 도움을 줄 수 있는 수업 설계와 기술, 수업방법 등에 관한 실제적인 지침서가 별로 없는 실정이다.

　따라서 필자는 교사로서 직접 수업을 했던 경험과 현재 학교 장학담당자로서의 애로점 등을 살려, '수업설계와 실제'를 통해 이를 해소하고 일선 교사, 대학생 그리고 교육실습생들에게 조금이나마 도움을 줄 수 있으리라는 생각에서 이 책을 쓰게 되었다.

　아래에 소개한 어느 초등학교 교사의 초임교사 시절의 경험담은 이 책을 쓰게 된 이유를 잘 대변해 주고 있다.

　『…… 3월 15일, 어렸을 때부터 그토록 교사가 되기를 원했던 내가 교단에 첫 발을 내디딘 역사적인 날이다. 학기 중 발령을 받고 학교에 첫 부임인사를 하러간

날, 학년 반을 배정 받고 아무 준비도 없이 수업을 해야 했다. 교과서를 펼쳤으나 무엇을 어떻게 가르쳐야 할 지 정말 막막했고 지금도 그날 수업을 어떻게 했었는지 전혀 기억이 나질 않는다. 어쨌든 그날 이후 무조건 책과 지도서를 가지고 집에 가서 다음 날 수업 내용 및 방법을 고민하였으며 수업이 재미도 없는 것 같아 아이들의 흥미를 끌만한 수업자료들을 잔뜩 만들어 학교로 가지고 갔다. 그러나 늘 수업은 만족스럽지 못했다. 늘 수업이 겉도는 것만 같았다. 그러다 한참 후에야 그 원인을 알았다. 원인은 교사인 내가 아이들 수준을 너무 몰랐다는 것이다. "~할 때 주의할 점은 무엇일까요?"하고 물으면 4학년 아이들은 '주의'라는 말을 몰라 답을 하지 못한다는 것도 몰랐고, 아이들이 그 전 단계에서 무엇을 배웠는지, 또 무엇을 배우지 않았는지를 모르기 때문에 학년 체계에 맞는 수업설계를 못했다는 것이 문제였다. 그러다보니 자신 없는 수업이 이루어졌고, 아이들 또한 이 수업에서 무엇인가 배우고자하는 생각이 들도록 이끌어 내지 못한 것은 어쩌면 당연한지도 모른다. 이런 시행착오를 겪으면서 아이들을 이해하고 교과 특성에 맞는 나만의 수업형태를 만들어 가는 데 짧게는 2년, 길게는 현재도 진행 중이다. 만약 대학의 교육 내용이 실제 아이들과 함께 이루어지는 수업 중심의 교육이 이루어졌고, 교과서를 보면서 직접 현장 교사들에 의해 수업기술을 익혔더라면 이런 시행착오의 시간은 많이 줄어들었을 것이라고 생각되었다. ……』

이 내용은 한 초등학교 교사의 경험담이지만, 내용의 전부는 아닐지라도 우리나라의 모든 교사가 초임교사 시절에 한 번쯤 겪었던 일들이 아닌지 모른다.

경험담을 자세히 살펴보면 수업과 관련된 교재연구, 과제분석, 자료준비 및 정선, 학습목표 제시, 동기유발, 학생 수준에 맞는 발문과 용어 사용, 선수학습 능력 진단, 흥미유발, 교과 특성에 알맞은 수업형태 적용, 사전 수업 연습 등이 이루어지지 않았거나 방법을 몰라서 부실한 수업으로 이어졌고, 그 결과 시행착오와 함께 학생들에게 피해를 주었다는 내용이다. 이는 좋은 수업을 위해서는 학생 수준에 알맞은 수업설계가 필요함을 잘 말해 주고 있다.

이 책은 이러한 문제점들을 조금이나마 해소하고 일선 교사들로 하여금 자기 수업을 설계하여 실제 수업에 적용하는 데 필요한 지침서가 되도록 하였으며, 장학 담당자들에게는 수업설계에 대한 기본적인 지식과 수업기술에 대한 깊은 이해를 돕고자 하였다. 또한 교수·학습 지도나 교수법 강의를 듣는 대학생들과 교육실습생들이 자기 수업을 설계하고 실제 수업에 쉽게 적용하는데 길잡이가 되도록 하였다.

이 책은 교사가 좋은 수업을 하기 위해 무엇을 해야 할지를 크게 6장으로 나누어 제시하였다. 제1장은 '좋은 수업의 기저'로서 수업과 좋은 수업의 개념, 수업설계의 의미와 필요성 그리고 고려사항 등에 관해서 썼다. 제2장은 수업설계의 토대가 되는 기본 '수업모형'으로 글래이저의 수업모형과 한국교육개발원의 수업과정 일반모형을 제시하였다. 제3장은 '수업설계의 기술'로서 수업설계를 할 때 필요한 절차를 다섯 단계로 나누어 교재단원의 파악, 출발점행동의 진단, 수업전략 수립, 수업매체 선정, 수업평가 등을 알아보기 쉽게 제시했다. 제4장은 수업설계의 이론적 배경지식을 기초로 수업에 적용할 '교수·학습 과정안 작성의 실제'로서 교수·학습 과정안의 계획 수립 원칙 및 요소, 교수·학습 과정안의 구비조건·형식·예시·구성 분석 등에 관해서 썼다. 제5장은 본시 수업을 진행하는 데 필요한 '창의적 수업 전략 기술'을 수업 시작 기술, 전개 기술, 종료 기술로 구분하여 상세히 제시하였다. 제6장은 '교내 수업장학과 수업개선'으로 교내 수업장학의 성격·필요성·유형, 수업개선을 위한 자기장학, 수업기술 훈련을 위한 마이크로티칭 기법, 연구수업, 수업 실기평가에서의 수업실연 기술 등을 다루어 주로 교사 자신의 수업개선을 위한 수업장학과 관련된 내용에 관해서 썼다.

그동안 현장에서 일선 교사들의 궁금증을 풀어주고 쉽고 편리하게 활용할 수 있도록 수업과 관련된 책을 쓰고 싶다는 생각으로 벼르다가 이 책을 쓰게 되었다. 애로사항은 차치하고라도 너무나 부족하고 미흡한 점이 많음을 시인하며, 여러 선배·동료·제현들의 충언을 바란다.

그리고 자료와 원고를 정리하고 책을 쓰는데 많은 선생님들의 도움이 있었으며 특히, 교수·학습 과정안을 제공해주고 교정에 도움을 준 김덕영·맹은정·박민아 선생님과 이 책의 출판을 기꺼이 맡아주시고 격려와 지원을 아끼지 않으신 박영스토리의 안상준 사장님과 노현 부장님, 그리고 편집을 맡아주신 여러분께 깊은 감사를 드린다.

2015년 9월
지은이

차 례

Chapter 1 좋은 수업의 기저 • 11

1. 수업의 개념 ……………………………………………………………… 11
2. 좋은 수업의 탐색 ……………………………………………………… 16
3. 수업설계의 의미 ……………………………………………………… 26
4. 수업설계의 필요성 …………………………………………………… 27
5. 수업설계 시 고려사항 ………………………………………………… 30

Chapter 2 수업모형 • 35

1. 글래이저(Glaser, R.)의 수업모형 ………………………………… 36
2. 한국교육개발원의 수업과정 일반모형 …………………………… 38

Chapter 3 수업설계의 기술 • 49

1. 교재 단원 파악 ………………………………………………………… 49
2. 출발점 행동의 진단 …………………………………………………… 77
3. 수업전략 수립 ………………………………………………………… 87
4. 수업매체의 선정 ……………………………………………………… 92
5. 수업평가 ………………………………………………………………… 99

Chapter 4 교수 · 학습 과정안 작성의 실제 • 129

1. 교수 · 학습 과정안 계획 수립 원칙 및 요소 ·················130
2. 교수 · 학습 과정안의 구비조건 ·····························130
3. 교수 · 학습 과정안의 형식 ································131
4. 교수 · 학습 과정안 예시 ·································134
5. 교수 · 학습 과정안 구성 분석 ····························187

Chapter 5 창의적 수업 전략과 기술 • 195

1. 수업 시작(도입) 기술 ····································196
2. 수업 전개 기술 ··214
3. 수업 종료(정착 또는 정리) 기술 ·························261
4. 첫 수업을 효과적으로 이끌기 위한 유용한 방법 ·············266

Chapter 6 교내 수업장학과 수업개선 • 271

1. 교내 수업장학의 성격과 필요성 ··························271
2. 교내 수업장학의 유형 ···································272
3. 수업개선을 위한 자기장학 ·······························279
4. 수업기술 향상 훈련을 위한 마이크로티칭 기법 ·············308
5. 연구수업 ···322
6. 수업 실기평가에서의 수업실연(授業實演) 기술 ·············345

▶▶ 찾아보기 _ 353

좋은 수업의 기저

1. 수업의 개념

2. 좋은 수업의 탐색

3. 수업설계의 의미

4. 수업설계의 필요성

5. 수업설계 시 고려사항

좋은 수업의 기저

1. 수업의 개념

교사가 가르치고 학생이 배우는 과정을 바르고 적절하게 정의하는 것은 쉬운 일이 아니다. 지금까지 학교 현장에서 사용되고 있는 수업(instruction)이라는 개념은 학습지도, 그리고 교수(teaching)·학습(learning)이라는 용어와 구별하지 않고 혼용하는 경우가 대부분이다. 이것은 가르치는 데 중점을 두느냐, 아니면 배우는 데 중점을 두느냐, 또는 가르치고 배우는 양자의 과정 모두에 중점을 두느냐에 따라 명칭을 다양하게 사용하여 왔다고 생각된다.

교육과정 속에서 가르침과 배움의 과정과 관련하여 사용되는 '수업'은 학습지도, 교수·학습과 개념상 다소 차이가 있으나 시대나 상황에 따라 달리 사용하든지 아니면 혼용하고 있기 때문에 수업이론을 탐색하기 위해서는 먼저 이들의 개념들을 구별해 볼 필요가 있다.

가. 학습, 학습지도

일반적으로 여러 학자들의 학습에 대한 정의를 종합해 보면 학습이란, 생득적이고 일시적이며 성숙에 의한 변화는 제외하고 '연습이나 훈련의 결과로서 일어나는 비교적 지속적인 행동의 변화'를 말한다.

사람은 자연 상태 그대로 두어도 어느 정도의 학습은 이루어진다. 그러나 이렇게 학습된 사람은 바람직하지 못하게 변화될 수도 있다. 따라서 바람직하고 올바른 학생의 행동변화를 위해서는 효율적인 학습이 되도록 지도되어야 한다. 결국 학습지도란 학습과 지도의 두 의미를 합친 뜻으로 학생이 일상생활에서 겪는 여러 경험이나 행동양식이 보다 바람직하고 유효한 방향으로 이끌려가도록 개조하고 발전시켜 가는 행위라고 볼 수 있으며 개념상 교사가 주체적인 역할을 하는 것으로 되어 있다. 그러나 바람직한 학습지도라면 어떤 교과 내용이나 지식을 학생에게 전달하고 습득시키는 것이 목적이 아니라 학생 자신이 자주적이고 창의적인 자기활동에 의해서 자기실현과 자기 보존을 위한 구체적인 생활의 힘이나 문제해결의 능력을 기르는 데 목적을 두어야 하며 과거의 낡은 학습지도관에 대한 반성이 있어야 할 것이다(고영희, 1981).

오늘날 새롭게 요구되는 학습지도는 학습의 주체를 학생으로 생각하고 교사는 안내자·보조자·지도자로서 역할을 통해 그들의 지적·신체적·정신적 변화에 주안점을 두고 있다.

나. 교수·학습

교사가 어떤 목표를 세운 뒤 학습자로 하여금 이에 도달시키게끔 작용하는 것은 교수활동이며 학습자가 경험을 통하여 일어나는 새로운 행동변용은 학습이다(김학수, 1993). 교사의 능동적 작용인 교수와 학생의 능동적 작용인 학습활동을 전체 학습과정에서 통일적으로 이해하고자 하는 것이 교수·학습이다.

김호권(1975)은 학습이라는 결과는 환경이라는 조건을 경험이 매개함으로써 성립된다고 보아 학습이 일어나는 과정을 [그림 1-1]과 같이 도식화하였다.

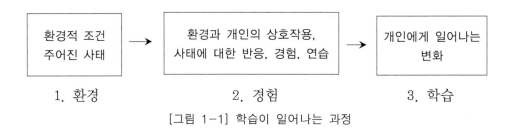

| 환경적 조건 주어진 사태 | → | 환경과 개인의 상호작용, 사태에 대한 반응, 경험, 연습 | → | 개인에게 일어나는 변화 |

1. 환경   2. 경험   3. 학습

[그림 1-1] 학습이 일어나는 과정

[그림 1-1]에서 교수는 환경에 해당된다. 즉 여러 가지 교구를 사용하면서 무엇을 가르치기 위해 노력하는 과정은 그것이 바로 학습도 아니며 학생이 갖는 경험도 아니다. 교사는 특정 학습이 학생에게 일어나도록 하기 위해 바로 그 특정 학습을

발상시킬 것으로 짐작되는 경험을 학생들이 가질 수 있도록 가르치는 행위를 전개하고 있을 뿐이며 교수와 학습의 관계는 수단과 목표의 관계로 본다. 따라서 수단인 교수는 목표인 학습이 무엇인가에 따라 선택되어야 한다는 관계를 가지며 수단의 효율성은 그 수단이 주어진 목표를 얼마나 효율적으로 달성하는가에 달려있다.

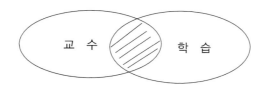

[그림 1-2] 교수와 학습과의 관계

[그림 1-2]에서 빗금친 부분이 크면 클수록 교수에 의한 학습은 많이 일어난 것이므로 수단, 즉 교수에 의한 학습은 효율적으로 일어났다고 할 수 있다(고영희, 1981).

교사가 교정이나 교실에서 수업시간에 학습자가 학습활동을 효율적으로 할 수 있도록 가르치는 것이 교수이며, 이는 학습자가 학습활동을 통해 학습목표를 성취할 수 있도록 도와주고 지도하는 방법이나 기술을 총칭하는 것으로 포괄적인 교수활동 가운데 일부분에 해당되며 학습과 깊은 관계를 맺고 있다.

효과적인 학습지도를 위해 설계하는 '수업지도안'도 과거에는 '학습지도안'이란 용어로 사용되었으나 오늘날에는 '교수·학습 과정안'이라는 용어를 주로 사용한다. 이는 수업이 교사와 학생 중 어느 한쪽이 주체가 되느냐가 아니라 양자가 모두 전체적인 수업과정의 틀 속에서 필요한 역할(교수와 학습)을 능동적으로 수행할 때 수업목표를 효과적으로 달성할 수 있기 때문이며 수업과정에서는 교수와 학습은 불가분의 관계를 가진다고 볼 수 있다.

다. 수업

학교 학습은 학생들에게 행동의 변화를 가져오게 하는 교육내용(교육과정)을 학생이 보다 효율적으로 받아들일 수 있도록 제반 조건을 정비하는 일(교수)이 있는 후에 학생은 행동의 변화(학습)를 일으키게 된다.

따라서 김종서(1978)가 제시한 교육과정·교수·학습과과의 관계도를 중심으로 수업의 개념을 살펴보기로 한다.

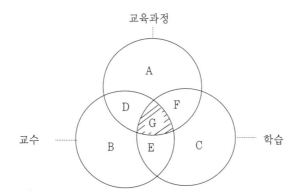

[그림 1-3] 교육과정·교수·학습과의 관계도

　　[그림 1-3]에서 A는 교육과정(교재)만 있지 교수나 학습행위가 전혀 없는 부분이
고, B는 교육내용과 관계없이 교수(교사)행위만 있으나 학습되지 않은 교수부분이
고, C는 교육과정과 관계없고 교수행위도 없이 학습(학생)만 되어있는 부분을 말하
는데 C부분을 일반적으로 "잠재적 교육과정"이라고 말한다. D는 교육과정에 의해
서 교수행위가 있었지만 학습이 되지 않은 부분이며, E는 교육과정과 관계가 없지
만 교수에 의해서 학습이 되는 부분이고, F는 교사의 교수행위가 없이 교육과정에
의해서 학습되는 부분이다. 끝으로 G는 교육과정의 내용을 교사의 교수행위에 의
해서 학습되는 부분으로 이를 수업이라 한다.
　　이와 같은 관계를 고영희(1981)는 〈표 1-1〉과 같이 요약하여 제시하고 있다.

〈표 1-1〉 교육과정·교수·학습과의 관계도

영　역	교육과정	교　수	학　습	비　고
A	○	×	×	
B	×	○	×	
C	×	×	○	잠재적 교육과정
D	○	○	×	
E	×	○	○	교수-학습
F	○	×	○	
G	○	○	○	수　업

위 표와 같은 관계에서 본다면 수업은 학습내용으로서의 교육과정, 가르치는 행위로서의 교수, 가르침을 받는 행위로서의 학습과의 관계로 성립될 수 있으며, 의도한 목표가 정해져 있고 이 목표를 달성하기 위한 교사의 교수활동과 학습자의 학습활동이 교육내용(학습내용)이나 교수 매체를 통해서 상호작용으로 이루어지는 일련의 과정을 말한다(주삼환 외, 1999).

임창재(1994)는 수업의 개념을 다음과 같이 정리하여 제시하고 있다.

① 수업이란 목표를 달성하기 위해 교사의 교수활동과 학습자의 학습활동이 교실에서 실제적이고도 구체적으로 실시되는 것이다.

② 수업이란 학습활동이 일어나도록 학습자의 내·외적 조건을 체계적으로 조성하는 것이다.

③ 수업이란 학습을 통해서 행동이 변화되도록 일련의 상황을 통제하거나 조작하는 과정이다.

④ 수업이란 학습자가 특정한 조건하에서 특정하게 행동하는 것을 배울 수 있도록 학습자의 개인의 환경을 조성하는 과정이다.

이상의 수업의 개념들을 종합해 볼 때 결국 수업이란, 학습자가 교육과정에서 의도한 지식·기능·태도 등의 학습목표와 내용을 교수와 학습활동을 통하여 보다 효율적으로 달성할 수 있도록 학습자의 내부적·외부적 환경을 체계적으로 조성하는 과정이라고 할 수 있다.

교수와 수업의 개념은 학자에 따라서 교수를 보다 포괄적인 개념으로 보는 사람이 있는가 하면, 수업을 교수보다 더 포괄적인 개념으로 보는 사람이 있다.

영어의 원뜻으로 보면 teaching이 instruction보다 포괄적인 개념으로 이해되어지나 번역하여 사용되는 교수와 수업의 의미에 있어서는 수업이 더 포괄적인 용어로 인식되고 있다. 교수와 수업의 관계는 수업시간을 포함하여 전체 학교 교육활동의 측면에서 보면 교수가 포괄적인 개념이라고 생각되나, 교육과정 속에서 단위시간 내의 교수와 학습을 총괄한다는 의미에서 보면 이 두 가지 내용을 포괄하는 개념은 수업임을 알 수 있다. 따라서 전체 학교 교육 내용 가운데 교육과정에서 명시한 수업시간으로 한정하여 생각한다면 교수와 학습의 과정을 포함하는 수업이 교수보다 더 포괄적인 개념이라고 생각된다. 결국 교수와 수업의 관계는 학생을 가르치는 데 전체 교육의 틀 속에서 보느냐 아니면 교육과정에서 명시한 수업시간으로 한정해서 보느냐에 따라 포괄성의 개념이 달라진다고 볼 수 있다. 단위수업시간 내에서 이루어지는 교수활동은 수업보다 하위개념이다. 따라서 생활지도, 학급경영 등이 포함된 개념은 교수(김순택 외, 1981)라고 생각되며 이들은 교수활동 과정에서 이루어지나 수업활동 과정에서는 이루어지지 않는다고 보고 있다. 그러나 수업시간에 학습자에게 주의를 준다든지, 학습집단을 재조직 한다든지, 자세와 태도를 교정해주는 것이 필요하므로 학습지도, 생활지도 등은 수업에도 포함된다. 결국 우리말로 번역된 교수와 수업은 여러 학자들의 견해처럼 다소 호환적(김철주, 1999)으로 쓰여진다고 볼 수 있다.

2. 좋은 수업의 탐색

가. 좋은 수업이란

교사라면 누구나 '어떻게 하면 좋은 수업을 할 수 있을까?'라는 생각을 한번쯤 해보았을 것이다. 좋은 수업이란 보는 관점에 따라 다소 차이를 보일 수도 있겠지만 「교사가 학습 환경을 체계적으로 조정하여 학생들이 배워야 할 내용을 만족스럽게 잘 가르치고, 학생들이 수업에 지적호기심을 갖고 즐겁고 능동적으로 참여함으로써 공부한 내용을 완전히 습득하고 학습방법을 터득한 것」이라고 말 할 수 있다. 다시 말하면 '희열과 감동을 통해 학생들을 공부에 몰입시켜 궁금증을 해소시키고 마음을 시원하게 해주는 수업'이 되어야 한다.

좋은 수업의 정의에 포함된 내용들을 좀더 구체적으로 살펴보면,

첫째, 학습 환경을 체계적으로 조정한다는 것은 무엇을 말하는가?

학습환경에는 학습자의 내부적 환경과 외부적 환경으로 구성된다. 학습자의 내부적 환경이란 외적 자극을 통한 주의 집중, 학습동기 형성, 선행학습 또는 선수학습 등을 상기시키는 일을 포함할 수 있고, 학습자의 외부적 환경이란 학습집단 조직과 편성, 학습과제의 효과적인 조절, 수업매체의 선정 및 활용, 수업 방법 결정,

교사의 교수 기술 및 절차 등이 포함된다. 이러한 학습환경을 체계적으로 조성하는 일련의 일들은 수업설계와 교수·학습활동 과정을 통해 이루어진다.

둘째, 학생들이 배워야 할 내용은 무엇을 말하는가?

학생들이 배워야할 내용으로는 교육과정에서 의도한 지식, 이해, 기능, 태도, 가치, 탐구, 정의 등 교과별 학습목표에 따른 학습내용을 말하며, 아울러 21세기 지식정보화시대의 학습사회에서 필요한 '학습하는 방법의 학습'이 포함된 자기 주도적 학습방법 및 탐구능력을 길러주는 내용이 되어야 한다.

셋째, 만족스럽게 잘 가르친다는 말은 무엇을 뜻하는가?

교사라면 누구나 수업을 마치고 나면 만족스러운 수업보다 부족하고 아쉬운 부분이 많아 '아차 이것이 빠졌구나!', '내가 왜 그렇게 설명했지?'라는 생각을 할 때가 한두 번이 아니었을 것이다. 교사가 수업을 하고 난 뒤에 만족감을 느낀다는 것은 일단 수업에 성공했다고 말할 수 있을 것이다. 그러나 자기 수업에 대한 만족도는 교사 주관적인 생각일 수 있기 때문에 수업에 참여한 학생들도 함께 만족스러운 수업이 되어야 한다는 것이다. 수업의 성공은 학습자의 성공과 교사의 성공이 모두 포함된다. 따라서 교사의 성공은 학습자의 성공으로 정의될 수 있다(임태평, 1993). 교사와 학생 모두를 만족시킬 수 있는 성공적인 수업의 잣대는 '잘 가르치는 것'이라고 할 수 있다.

교사가 수업을 잘 가르치기 위해서는 투철한 교직관과 철학, 교사로서의 올바른 가치관과 태도, 교과의 전문지식, 즐겁고 알차게 가르치기 위한 수업기술 등이 갖추어져 있어야 할 것이다.

넷째, 학생들이 지적호기심을 갖고 즐겁게 능동적으로 참여하는 수업은 어떤 수업일까?

학생들이 수업에 즐겁게 능동적으로 참여하기 위해서는 '학습자가 기다리는 수업'이(하영철, 1995) 되어야 할 것이다. 학습자가 기다리는 것은 특정한 목적의식을 갖고 기대하는 경우도 있겠지만 지도교사의 수업자체가 좋아서 기다리는 경우가 더 많다. 즉 선생님이 좋아서, 선생님의 수업방법이 재미가 있어서 그 시간을 기다리는 학생이 대다수이다. 이같이 학습과제에 대한 관심보다는 교사에 대한 기대

때문에 학습자는 수업시간을 기다리지만, 그 결과는 학습과제를 공부하는 데 좋은 효과를 가져다준다고 볼 수 있다. 학습자가 수업을 즐기며 지적호기심을 갖고 능동적으로 참여하는 수업은 그렇지 않은 수업에 비해 학습 성과에 상당한 차이를 보일 것이다. 특히 제7차 교육과정에서 추구하는 협동학습, 토론학습, 문제해결학습 등에서는 학습자의 말문이 트이는 활발한 수업참여가 매우 중요하다. 따라서 교사는 학생들이 기다리는 수업을 위해 먼저 마음을 열고 학생들을 이해하기 위해 노력해야 할 것이며 학생들 수준에 알맞은 학습 동기유발 매체와 학습자료 등을 다양하게 준비하는 것은 물론 부단한 수업기술을 연마하여 학생들이 지적호기심을 갖고 마음과 말문을 열도록 수업기술을 발휘해야 할 것이다. 결국 수업내용에 학생들이 호기심을 갖고 진지하게 사고하고 말문을 열어 활발한 의사교류를 통해 수업에 능동적으로 참여하여 문제해결에 따른 성취의 기쁨을 만끽한 수업, 다시 말하면 교사는 가르침에 대한 만족감을 갖고 학생들은 배우는 즐거움과 성취의 기쁨이 넘치는 수업은 성공한 좋은 수업이라고 할 수 있다.

나. 좋은 수업을 하는 교사들의 특징

좋은 수업을 하는 교사들은 어떤 공통점을 가지고 있을까? 가르치고 배우는 과정으로서 수업은 다양한 변인에 의해서 결정된다. 그 가운데서 학생들의 학업성취를 결정짓는 변인의 하나가 교사변인이다(고영희, 1981). 교사들의 인지능력, 언어, 태도, 기대수준, 성격, 신념, 가치관, 학생관, 수업능력, 교육훈련 등은 수업을 결정짓는 교사변인들이라고 볼 수 있다.

한국교육과정평가원이 발표한 "학교교육 내실화 방안 연구"에 담긴 좋은 수업을 하는 교사들의 특징(한국교육신문, 2003.8.4.)을 토대로 수업변인과 관련된 교사들의 특징을 살펴보기로 한다.

1) 투철한 교육관과 교육철학을 가지고 있다.

좋은 수업을 하는 교사들은 지・덕・체가 통합된 전인교육, 삶의 지혜와 심미안을 길러주는 교육, 자연과 생명을 사랑할 수 있는 눈을 길러주는 교육, 학습자가 행복을 느끼는 교육을 추구하는 등 뚜렷한 교육관과 교육철학을 가지고 있다. 특히 교과 담당교사라 하더라도 특정한 교과의 목적에 집착하는 것이 아니라 교과는 삶의 목표에 도달하기 위한 하나의 소재로 본다. 그리고 학생들에게 더불어 살아갈 수 있는 사람됨을 갖도록 해주려고 노력한다.

교육철학은 교육에 대한 체계적인 생각, 즉 흔히 '교육관'과 동일한 의미를 가진 것으로 이해되기도 한다. 이러한 교육철학은, 교육은 어떠한 특색을 가진 활동이며 어떻게 실시되어야 한다는 것을 체계적으로 나타내는 일종의 '이론적'인 것과, 이것을 실현하기 위하여 요구되는 정책과 과학적 통제방식 등 보다 '실천적'인 것을 포함하는 교육원리의 체제를 가리킨다(이돈희, 1980). 교육철학은 교육실천과 현상의 저변에 깔려있는 중요한 관심이요 시각이라 할 수 있다. 모든 종류의 교육문제는 철학적 성격을 띠고 있고, 모든 교육행위는 가치판단을 전제로 하기 때문에, 자기가 하는 일을 체계적으로, 그리고 의식적으로 하고자 노력하는 양식 있는 교육자에게는 절대적으로 요청되는 하나의 철학자적 능력이라고 할 수 있다.

교사는 단순히 준비된 교육과정 교재(교과 내용)들을 전달하는 것으로 족할 것이 아니며, 그가 가르치는 내용의 교육적 의미를 소화하고 있어야 교사 효율성이 높아질 수 있는 것이다. 또한 가르치는 것은 도덕적·인간적 관계를 포함하며, 학생의 인생에 대하여 근본적인 의미에서 관여하는 일이기도 하다(한명희, 1988). 수학교사는 수학시간에 대수학 수업을 통해 학생을 교육하는 것이고, 지리교사는 지리시간에 기후 수업을 통해 기후만 가르치는 것이 아니라 교육(또는 지리교육)을 하고 있는 것이다. 이것은 교과교육에서 강조되는 사항으로서 교사는 전공 학문의 내용만을 가르치는 것보다 전공학문 관련 교과교육을 가르쳐야 한다는 내용과 그 맥을 같이 한다고 볼 수 있다.

교수·학습 과정에 있어서 철학을 수업철학이라고도 할 수 있으며 참다운 수업은 튼튼한 철학적 기반 위에서 가능하리라고 본다.

2) 교직(수업)에 대한 사명감과 애정이 남다르다.

좋은 수업을 하는 교사들은 교직(수업)에 대한 사명감과 애정이 남다르다. 어린 시절부터 교직을 동경하고 교사가 되고자 하는 꿈을 가지고 있으며 학생의 본보기가 되려고 노력하고 있다. 특히 교사 스스로의 성장이 학생의 성장과 직결된다는 생각을 가지고 스스로 성장하는 데 많은 노력을 기울이고 있다. 또한 살아있는, 깨어있는 사람이 될 수 있는 힘을 주는 교육을 하려고 노력하고 있다.

사람의 성격과 태도는 어려서 많이 형성된다는 학설에 의한다면 어려서부터 교사의 꿈을 가지고 몸과 마음을 가꾸어 간 사람은 그렇지 않은 사람에 비해 교직에 대한 사명감과 애정이 클 것은 당연하다고 생각된다. 그렇지만 교사가 된 다음에도 학생을 사랑하고 교직성장을 위한 노력을 하지 않는다면 교직에 대한 사명감과 애정은 줄어들 것이다.

교사는 살아있는, 깨어있는 사람이 될 수 있는 힘을 주는 교육을 하려고 노력해야 하며 이러한 수업은 학생들에게 생명력을 불어넣어 줄 수 있는 활기차고 감동적인 수업이 될 것이며 학생들의 심금을 울려 영원히 기억에 남는 수업이 되리라고 본다. 이는 확고한 교육(수업)철학과 교직관을 바탕으로 학생을 좋아하고 사랑하는 마음이 충만할 때 가능하리라고 생각된다.

3) 학생에 대한 폭넓은 이해를 위해 노력한다.

좋은 수업을 하는 교사들은 학생들에 대한 깊은 이해와 사랑을 가지고 있으며 학생들을 보다 잘 이해하기 위해 적극적이고 다각적인 노력을 하고 있다. 수업시간 뿐만 아니라 방과 후나 방학, 학교 행사를 활용해 학생들과 교류의 폭을 넓히려고 노력하고 있으며 학생들과 인격적인 상호작용을 위해 시간과 노력을 투입하는 데 인색하지 않다는 공통점이 있다. 학생 개개인에 대한 이해를 위해서 지도하는 모든 학생들의 이름을 외우고 개인의 특징을 파악하며 교과 일기 등을 통해 학습자 내면 세계까지 이해하려는 적극적인 노력을 하기도 한다. 수업시간에는 허용적인 분위기를 통해 학생들의 참여를 유도하고 학습자와 눈높이를 같이 하기 위한 다각적인 노력을 기울이고 있다.

교사는 학생들의 지적인 수업변인과 함께 흥미, 태도, 가치관, 학습동기 등 감정과 정서를 나타내는 정의적 변인을 잘 활용함으로써 학생들의 관심을 유도해 수업을 성공적으로 이끌 수 있을 것이다.

4) 수업 준비에 많은 시간과 노력을 투입한다.

좋은 수업을 하는 교사들은 수업준비에 있어서도 철저하다. 그들은 보다 좋은 수업자료 준비를 위해 방과 후에는 물론 틈틈이 시간을 내어 교재 연구를 하며 교과서에 지시된 대로 수업을 하는 것이 아니라 스스로 교재를 개발·활용한다. 또한 학생들과 함께 학습 교재를 만들기도 하는 데, 이때도 학생들로부터 아이디어를 얻을 때가 많다. 그리고 방학을 이용해 동료 교사들과 협동학습 지도안을 짜서 같은 뜻을 가진 교사들이 서로 활용할 수 있도록 도움을 주기도 한다.

준비성(readiness)은 교사와 학생 모두에게 필요한 것이다. 준비성이란 교수·학습을 하는 데 필요한 조건이 갖추어져 있는 상태라고(김학수, 1993) 할 수 있다 학생은 학습에 대해, 교사는 교수에 대비한 태도(자세)나 동기가 얼마나 갖추어져 있느냐는 것이다. 교사의 준비성은 교재연구나 자료준비를 통해 학생들을 가르칠 준비가 얼마나 되어 있는가에서 찾아 볼 수 있다. 이러한 준비성 여부는 교사와 학생 모두에게 강한 동기와 관련되어 수업 만족 또는 불만족으로 이어진다고 볼 수 있다.

5) 배움에 욕심이 많고 자기 연수를 통해 전문성 신장을 꾀한다.

좋은 수업을 하는 교사들은 배움에 대한 욕구와 열정이 높다. 보다 좋은 교육을 위하여 방학뿐 아니라 방과 후에도 시간을 쪼개어 끊임없이 자기 연수를 하고 있으며 이러한 자기연수와 배움에 아낌없는 투자를 하고 있다. 또한 다른 교사의 수업을 참관하거나 각종 연수에 참여하여 많은 자극을 받은 것은 물론, 각종 교과교육연구회에 적극 참여하여 주도적 역할을 담당하고 있다.

교사들의 배움에 대한 자세와 자기가 가르치는 과목에 해박한 지식을 갖추고 있는 실력 있는 교사는 학생들에게도 좋은 귀감이 됨과 동시에 학생들이 좋아하는 선생님의 대상이 된다.

6) 바람직한 교육(수업) 여건 개선에 적극적으로 노력한다.

좋은 수업을 하는 교사들은 좀더 바람직한 교육여건 조성에도 적극적이어서 자신의 수업이 한 단계씩 개선되는 것에 더 많은 가치와 즐거움을 느낀다. 특히 교실환경을 적절하게 구성하고 다양한 수업 매체를 활용할 수 있도록 기자재와 설비를 준비함으로서 수업을 효과적으로 이끌어 나간다.

7) 가르치는 일에 열성을 다하며 교실수업 개선을 위해 끊임없이 노력한다.

교사의 본질은 학생들의 학업성취를 위해 잘 가르치고 도와주는 일일 것이다. 교사가 가르치는 데 열성을 다하면 학생들도 자연스럽게 학습에 몰입하게 될 것이다. 좋은 수업을 하는 교사는 수업활동이나 수업자료 활용 등 수업방법을 꾸준히 개선하여 학생들의 학업성취수준을 높이는 노력을 아끼지 않는다.

결국 훌륭한 교사들은 좋은 수업을 설계하고 실천하는 데 있어서 의사결정자로서

(Cooper, 1999) 학생들이 바라는 요구와 학습목표를 고려하여 수업을 계획하고 이를 토대로 수업모델을 선택하고 수업 절약을 수립하여 학습활동을 전개한 후 수업목표와 전략의 선택과 학습활동이 적절했는가를 평가하고 분석하여 새로운 수업계획에 반영하는 자기의 수업설계와 실천 내용을 철저히 반성하고 피드백(feed back)시키는 일을 끊임없이 계속한다. 또한 훌륭한 교사는 학생중심의 관점을 견지하며 학생들을 효과적으로 가르치기 위해 사고활동과 교수활동을 적절히 결합시키는 (Orlich et al., 1994) 기술을 수업설계와 준비를 통해 수행한다.

다. 좋은 수업의 방향

앞에서 살펴본 본 좋은 수업의 개념과 좋은 수업을 하는 교사들의 특징을 바탕으로 실제 교실에서 단위시간에 이루어져야 할 좋은 수업의 방향을 살펴보기로 한다.

1) 수업목표를 명확히 하고 학습목표 달성도를 계속적으로 확인하는 수업이 되어야 한다.

충분한 교재연구를 통해 수업설계 과정에서부터 수업목표를 분명히 제시하고 단위 수업시간에도 학습목표는 가능한 한 명세적으로 진술하고 교수·학습 도입 단계에서 모든 학습자들이 충분히 확인하여 인지하도록 해야 한다.

학습목표는 학생들이 이해할 수 있는 말로 제시되어야 하며 동시에 무엇을 학습할 것인지(신통철, 1983)가 분명하게 드러나 있어야 한다.

교수·학습 과정 중에도 그 목표 달성도가 계속적으로 확인되어야 하며 수업의 마지막 단계인 정착 단계에서 최종적인 목표 달성도를 확인학습을 통하여 알아보는 것이 필요하다(하영철, 1995). 확인학습 결과 대다수의 학생들이 목표치에 도달하지 못하였다고 판단될 때는 반드시 보충학습 기회를 제공하여 학습오류는 교정해주고 전반적 미완성 부문은 보충하여 학습내용의 성취도를 높이는 조치를 취해주어야 할 것이다.

2) 학생들의 흥미, 경험을 고려한 다양한 방법으로 학습동기를 유발하여 학생들이 지적·정서적으로 만족하는 수업이 되어야 한다.

수업이 어느 한 가지 방법으로 일관된다면 학습자들은 쉽게 싫증을 느껴(김철주, 1999) 수업에 주의를 기울이지 않을 것이며 수업효과는 기대하기 어려울 것이다.

따라서 교사는 학생들의 흥미와 경험을 고려하여 그들이 수업에 몰입할 수 있도록 칭찬, 호기심 유발, 성취욕구 자극 등 다양한 학습동기 유발 방법을 구사하여 학습자의 내부에서 솟아오르는 즐거움과 만족이 최고의 보상이 될 수 있도록(한국교원대학교 부설 교과교육공동연구소, 2003) 학생들의 작용과 반응에 대해서 관심을 갖고 피드백을 하는 수업이 되도록 해야 할 것이다.

3) 교사와 학생간의 상호작용이 활발하고 학생들이 주도적으로 참여하는 역동적인 수업이 되어야 한다.

교수·학습 과정에서 교사의 일방적인 설명만 있고 학생들의 입이 닫혀있다면 이는 죽은 수업이라고 말할 수 있다. 수업을 진행하는 과정에서 교사는 적절한 창의적 발문을 사용하여 학생들의 창의적 사고를 유발하는 응답을 촉진시키고, 학습활동거리를 제공해 주는 한편 수업 중 언제라도 부담을 느끼지 않고 선생님에게 자유롭게 질문하며 수업을 즐길 수 있는 허용적 수업분위기를 조성함으로써 역동적인 수업이 이루어지도록 해야 할 것이다.

4) 학생 개개인의 능력과 적성을 살리고 그들의 눈높이(수준)에 맞춘 수업이 되어야 한다.

학습은 학생들의 발달수준에 맞아야 할뿐 아니라 그들의 능력과 적성을 살리고 내용수준에도 맞아야 효과가 기대된다. 학생들의 눈높이를 맞추기 위하여 그들의 일상적인 말과 소재를 활용하고 그들이 익숙한 인터넷, 게임 등을 도구로 삼아서 수업을 할 수도 있다. 개별화 학습과 수준별 학습은 학생들의 눈높이를 맞추는 교수·학습이라고 볼 수 있다.

개별화학습은 가능한 한 모든 학생들이 의도한 교육목표에 도달되도록 하기 위해 각 개인의 능력·적성·동기 등을 고려해서 학습자의 특성에 맞는 학습경험을 적절히 제공해 주는 것이다. 개별화학습에서는 교사가 파악한 학습자의 특성들을 학습자의 학습속도, 교사의 수업 내용, 학습자가 사용하는 수업 매체 등에 따라 달리 적용하고 그것을 개인별 또는 집단별로 어떻게 활용하느냐 하는 것이 중요하다(이성은 외, 2002).

개별화학습과 마찬가지로 수준별 교수·학습도 학습자의 학습능력 수준과 요구(관심·흥미·진로)에 대응하여 학습내용을 차별적으로, 그리고 선택적으로 제공하는 것이며 학생들이 자신에게 알맞은 속도로 학습을 하도록 함으로써 학습 부진의 누적을 예방하고 모든 학생에게 학습이 늘 적당한 수준에서 이루어지도록(양미경, 2003) 하는 데 목적이 있으나 이러한 목적과는 달리 학교교육과정 운영 등 학교가 지닌 복합적인 요인으로 인해 실행이 쉽지 않으며 또한 많은 연구에도 불구하고 학급 단위 수준별 학습은 어려운 수업 방법 중의 하나로 받아들여지고 있다.

5) 항상 의문을 갖고 사고하며 문제 해결을 위한 탐구심을 충족시켜 창의성이 신장되는 수업이 되어야 한다.

탐구적 사고의 근본은 의문을 가진데서 부터 출발하며 이러한 탐구학습에 의한 창의성 개발은 지식정보화사회에서 추구해야할 중요한 학습방법이 된다. 교수·학습에서 사용되는 탐구의 뜻은 문제해결·발견·반성적 사고와 같은 의미로 사용되며, 창의적 사고력을 증진시키기 위해서는 창의적 사고를 조장하는 분위기를 제공하고 창의적인 아이디어의 산출을 이끌어내는 수업을 진행해야 한다(강낙근, 1997).

학생들이 항상 이상한데! 왜 그럴까? 무엇 때문인가? 이렇게 바꾸면 어떻게 될까? 등과 같이 항상 의문을 갖고 문제를 해결하기 위해 노력하도록 이끌어야 하며(광주광역시교육청, 2002) 탐구심을 충족시켜 창의성을 길러주기 위해서는 수업 중에 교사가 사용하는 발문이 중요하다. 추론적 확산적 창의적 발문을 통해 학생들의 창의성을 길러주어야 하며 이를 위해 교사는 발문에 대한 충분한 지식을 가지고 있어야 할 것이다.

6) 학생 개인의 지식과 경험을 살려 수업에 활용하는 것은 물론 협동적 경험이 중시되는 수업이 되어야 한다.

사람들은 모든 것을 자신의 입장에서 자신의 지식과 경험에 비추어 생각하려고 한다. 이러한 성향은 학생들에게 더욱 뚜렷하다. 이러한 특성을 고려하여 학생들의 지식이나 경험을 수업에 활용하면 학습활동에 생기가 넘치고 학생들이 주체적으로 수업에 참여할 수 있을 것이다.

또한 미래의 학습사회를 살아가기 위해서는 자기주도적 학습도 중요하지만 학생 개인과 동료들의 학습목표가 동시에 최대의 성취를 얻을 수 있도록 학생들간의 상호작용과 역할보완성을 활성화시키려는 학습전략 중의 하나로 협동학습이 중요시

된다(강낙근, 1997). 협동학습은 학습에서 기본적인 기능, 문제해결력, 사고력 등 인지적 영역에서 뿐만 아니라 인간관계 개선, 자아 존중감, 교과목에 대한 선호, 교사에 대한 신뢰, 학습동기 및 정신적 건강 같은 정의적 영역에서도 효과적이다 (이성은 외, 2002). 협동학습에서 학습과제 해결은 학습에 참여하는 학생 개개인의 성취를 위해 스스로의 성취뿐만 아니라 집단 내 다른 친구들의 성취도 중요하기 때문에 서로 도움을 주도록 격려하고 상호책임을 지는 협력관계를 유지하며 모둠별로 과제를 해결해 나가도록 해야 한다.

7) 현재 다루어야 할 교과목, 단원 학습목표, 학습자의 능력에 가장 적합한 학습방법을 선택·적용하여 효과를 극대화시키는 수업이 되어야 한다.

교과목의 특성에 따라 토론식 수업을 할 것인가 아니면 실험실습이 더 좋은 수업인가는 교과목의 특성에 적합해야 할 것이며, 단원 학습목표가 학생들에게 글쓰기를 가르치려는데 목표가 있다면 글을 쓸 수 있는 기회를 제공하는 학습형태(김철주, 1999)를 취해야 할 것이다. 그리고 초·중·고등학교의 학교급별 또는 일반계·전문계·예체능계 등 학교의 특성에 따라 학생의 능력수준에 차이가 있으므로 학생들이 자신의 능력을 올바르게 발휘할 수 있는 교수·학습 방법을 선택해야 효과적인 수업이 될 것이다.

8) 교과교육을 통해 인지적인 것뿐만 아니라 정서적·정의적·신체적 발달과 사회성, 협동성 등 인성교육 차원에서 바람직한 인간을 육성하는 총체적 수업이 되도록 한다.

수업은 교육과정과 관련되어 이루어지기 때문에 지적 성취만을 목표로 해서는 안 되며 교과 수업을 통해 인지적·정의적·신체적·사회적 측면의 발달이 전인적 차원에서 조화롭게 이루어지도록 해야 한다. 다시 말하면 수업을 통해 단순히 교과 관련 지식 측면의 성취만이 아니라 신체적인 측면이나 정서적·감정적·논리적·정신적 측면 등 전체적인 관계(이성은 외, 2002)에서 인간성을 우선적으로 추구하는 총체적인 수업이 되도록 해야 한다는 것이다.

좋은 수업에 대하여 한 일반계 고등학교 학생들을 대상으로 조사한 내용을 소개하면 다음과 같다.

좋은(효과적인) 수업	좋지 못한(학생이 싫어하는) 수업
모든 학생들이 재미있게 참여하는 수업	모르는 학생을 무시하고 공부 잘하는 학생 위주의 수업
시선을 집중시킬 수 있도록 유머와 농담을 곁들인 흥미있는 수업	학생들의 이해도를 확인하지 않은 채 질문도 없이 교사 혼자 설명만 하는 수업
적절한 질문과 설명을 통해 이해도를 높이고 집중할 수 있는 수업	학생들 발표만 시키고 과정이나 내용에 대해 보충 설명이 없는 수업
학습지나 컴퓨터 등 다양한 자료와 정보를 활용하는 수업	아무런 준비 없이 교과서 위주로 하는 수업
학생, 교사 모두 사전 준비가 잘된 수업	한 시간 내내 발표만으로 진행하는 수업
토의, 토론 등 발표하고 내용 정리를 하는 수업	자료 활용 없이 엄청난 판서를 하는 데 글씨가 작아 보이지도 않는 수업
문제의 해답을 찾는 방법을 생각하고 느낄 수 있도록 해주는 수업	목소리가 작고 한 시간 내내 지루하고 잠오는 수업
실험 등 체험활동을 겸한 수업	수업 전·후 목표 확인도 없고 자습시간을 자주 주는 수업
수업 전·후 목표 확인이 이루어지는 수업	말은 많은데 통 정리가 안 되는 수업
삶의 지혜와 진로정보를 겸한 수업	몇 명 학생이 수업분위기를 흐리게 하는 데도 이를 방치하고 진행하는 수업

3. 수업설계의 의미

사람들은 대개 어떤 일을 하려고 할 때 무작정 하는 것보다 계획을 세워 추진한다. 모든 계획은 미래지향적이며 목표달성을 위해 의도성을 가지고(Cooper, 1999) 있음으로 계획을 세울 때는 무엇을 할 것인가를 미리 생각하고 그 계획이 실현 가능하도록 사전에 준비를 해야 한다.

구체적으로 계획을 세우는 설계는 목적 실현의 수단으로서, 체계적이고 과학적인 접근 방법을 사용하며, 높은 수준의 정확성과 전문적 지식을 요구하고 있다는 측면에서 단순환 계획과는 구별되는(Smith & Ragan, 1999) 하나의 의사결정과정이므로 최적의 의사결정을 위해서는 과학적 원리, 기술적 정보, 체제이론, 설계분

야에 대한 전문적 지식을 필요로 한다(변영계·이상수, 2003).

집을 지으려면 먼저 어떤 집을 어떻게 지을까를 구상하고 계획하는 과정이 필요하듯, 교단에서 학생들을 가르치는 교사들은 학생들에게 무엇을 어떻게 가르치고 준비할 것인가에 대해 고민하고 계획하는 활동을 해왔을 것이다. 이 계획은 한 개의 단원을 기준으로 하거나 한두 시간의 수업을 위한 계획도 있을 수가 있다. 그리고 이 수업을 계획하는 활동 속에는 수업목표가 무엇인지를 더듬어 밝히고 그 밝혀진 수업목표를 학생들에게 성취시키기 위하여 어떠한 학습자료를 사용하여, 어떻게 학습활동을 전개시킬 것인가를 구상하는 일들이 포함되었을 것이다. 다시 말해서 수업설계는 지금까지 교사들이 교과수업을 위해서 사전 준비로 해 왔던「수업지도안 작성」또는「학습지도안 작성」, 그리고「교수·학습 과정안 작성」등의 활동과 거의 동일하다고 말할 수 있다. 그러나 여기에서 구태여 수업설계라고 쓴 이유는 수업의 사전 계획성을 보다 강화하고 보편적이고 과학적인 토대 위해서 수업이 계획되어야 한다는 측면에서 수업을 설계한다고 한 것이다.

이와 같이 수업설계는 어떤 수업목표를 학습자들에게 효율적으로 성취시키기 위하여 수행하여야 할 제반 활동과 요소를 계획하는 활동으로서 수업을 효과적으로 실시하기 위한 사전 계획과 전략 또는 청사진이라고 할 수 있다.

수업설계는 이미 수업자들이 새로운 단원이나 새 학기에 너무나 많이 해왔던 활동의 하나임을 알 수 있다. 흔히 교재연구라는 이름으로 새 단원의 수업이 시작되기 전에 그 단원에서 가르칠 주요한 내용이나 목표를 찾아내고, 그 목표를 성취시키기는 데 적절한 자료를 찾아내어, 수업활동을 계획하는 일은 바로 수업설계를 위한 활동의 일부분이라고 할 수 있다(변영계, 1979). 일반적으로 수업설계라고 하면 단위시간의 수업계획을 포함해서 교과의 한 단원이나 특정 수업주제를 대상으로 계획을 수립할 때 사용한다.

4. 수업설계의 필요성

좋은 수업을 위해서는 좋은 수업설계가 필수적이다. 수업설계는 수업목표를 달성할 수 있는 가장 최적의 방법을 고안한다는 측면에서 그 가치를 가지고 있으며(변영계·이상수, 2003), 수업설계를 하는 가장 중요한 이유는 수업 전에 충분히 계획한 수업이 그렇지 않을 때보다 수업의 효과를 높이는 데 더 효과적이라는 기본가정 때문이다. 학습자들이 소기의 수업목표에 도달할 수 있도록 하기 위해서 제공될 수업활동은 너무나 다양하며, 따라서 그 효과도 다양할 것이다(변영계, 1979). 이러한 학습조건을 가장 적합하게 해주는 일은 치밀한 계획과 사고과정을 통해서 이루어질 것이며 질 높은 수업을 실시하기 위한 과학적이고 체계적인 과정과 기술이 수업설계인 것이다.

여러 가지 면에서 수업설계는 우리가 일상생활의 계획을 세웠던 것과 같은 기술을 필요로 한다. 그러나 교사들이 해야 하는 수업설계는 훨씬 더 복잡하며 일부 특별한 기술과 지식이 필요하다(Cooper, 1999).

이와 같은 가정과 이유 외에 수업설계의 필요성을 든다면(변영계, 1979; 변영계·이상수, 2003; 조희영·박승재, 2008) 다음과 같은 것들이 있다.

첫째, 오늘날 학교 수업을 통해서 달성하려고 하는 수업목표나 내용이 너무나 많아지고 있기 때문에 복잡한 수업사태를 정선하여 체계화할 필요가 있다. 흔히 현대 사회를 '지식폭발의 시대'라고 말하기도 하고, 또 '급격히 변화하는 시대'라고 말하기도 한다. 그러므로 학교의 수업을 통해서 달성하려는 목표를 결정하는 일은 무엇보다도 어려운 문제이다. 이 문제를 해결하기 위해서 국가수준에서 만든 교육과정이나 교과과정이 있지만 그 자체로는 바로 수업을 위한 목표나 내용을 끄집어 내기가 어려운 것이다. 또 어느 것이 낡은 지식이며, 어느 것이 새로운 것인지도 분간해 내기가 극히 어렵다. 그러므로 수업이 이루어지기 전에 무엇을 가르치고 무엇을 뺄 것인가를 결정하는 일은 무엇보다도 우선적으로 있어야 할 일이며, 이일이 바로 수업설계에서 이루어져야 할 일이다. 따라서 수업설계는 학생들이 달성해야 할 수업목표를 정선한다는 면에서 꼭 필요한 활동이라고 하겠다.

둘째, 수업설계는 내용전문가나 교사의 입장이 아닌 학습자의 입장에서 학습자에게 적합한 수업을 계획하게 해줌으로써 학습자의 적극적인 수업 참여를 유도하고 궁극적으로 수업의 효과를 높이게 해준다(Smith & Ragan, 1999). 수업설계의 기본 원칙은 학습자에 대한 철저한 분석이 필요하고 수업설계 과정에서 학습자 분석 자료가 학습자의 개인차를 최대한으로 고려한 수업이 되도록 중요한 의사결정의 요인으로 작용해야 한다. 학생들의 개인차를 고려한 수업을 위해서는 각종 수업매체 뿐만 아니라 학생의 조직과 교사의 역할, 그리고 수업자에 대한 구체적인 계획이 있어야 할 것이다.

셋째, 수업설계는 설정된 목표와 교육내용, 교육방법, 수업매체, 평가간의 유기적인 통합을 통해 학습효과를 극대화시킬 수 있도록 해준다. 수업설계가 추구하는 수업목표를 달성하기 위해서는 최적의 수업환경을 찾아내는 것이 중요하다. 수업목표를 달성하기 위한 수업내용의 결정과 계열화를 위해 과제분석이 실시되고, 결정된 수업내용을 가르치기 위한 여러 가지 수업전략들 중에서 학습자와 주어진 환경적 변인들을 고려한 최적의 수업방법과 매체를 찾아내는 작업, 그리고 주어진 수업목표의 달성 여부를 결정할 수 있는 최적의 평가방안을 찾는 활동을 수업설계가 내포하고 있다.

넷째, 수업설계는 수업과정에서 일어날 수 있는 오류나 잘못을 사전에 찾아내고 이를 교정할 수 있게 해주나, 이러한 과정을 거치지 않고 실제 수업에서 나타난 오류나 실패는 쉽게 교정하거나 되돌리기가 어렵다.

집을 잘못 지었거나 물건을 잘못 만들었을 때는 금방 고칠 수가 있지만 학습자들이 한 번 잘못 학습한 것은 다시 교정해서 학습하기가 더 어렵다. 특히 수업은 수업자가 설계와 수업을 동시에 실시하는 경우가 대부분이어서 수업설계에 오류가 있었다 하더라도 이를 찾아내기가 쉽지 않으며 교정절차를 거치지 못하고 그대로 수업으로 이어지는 경우가 있을 수 있다. 또한 어떤 학습자를 대상으로 한 수업에서 잘못 가르친 내용을 발견하기는 쉬운 일이 아니며 오류를 발견하여 교정학습을 실시하지 못했을 경우에는 학습자가 잘못 배운 내용을 가지고 평생 사용할 수 있기 때문에, 수업설계 내용을 수업 전에 철저하게 검토하고 사전 시연(rehearsal)을 병행하여 수업설계 상의 오류뿐만 아니라 수업 중에 나타날 수 있는 오류를 미리 찾아내서 교정할 수 있는 체제를 갖추어야 한다. 수업설계의 과정을 거친 수업은 그렇지 않은 수업에 비해 수업의 실패를 최소한으로 줄일 수 있다. 따라서 평소에도 수업을 설계하여 그 내용을 검토해보고 수업에 임하는 것은 교사의 도리이자 지혜 있는 교사라고 할 수 있다.

다섯째, 수업의 경제성이라는 측면에서도 수업은 사전에 충분히 검토를 거쳐 계획되어야 한다. 경제에서 추구하는 원리와 같이 투입과 산출면에서 투입은 가능한 한 적게 하고 산출을 최대한 높이기 위해 시간과 비용 등에서 불필요한 낭비를 막아야 한다. 불필요한 낭비를 막아 산출을 최대한 높이기 위해서는 어떠한 방법과 자료를 이용하여 어떠한 절차에 따라 수업이 진행되어야 할 것인가를 비용·효과 측면에서 최대의 효과를 올릴 수 있도록 사전에 치밀하게 계획하는 과정이 있어야 할 것이다.

5. 수업설계 시 고려사항

수업을 설계하는 데는 다양한 방법이 있을 수 있다. 이러한 다양한 방법들 가운데 실제 설계가 가능하며 수업의 가치성과 효과성이 높은 방법이 있다고 가정하고, 이 방법을 찾아내는 데 수업설계의 합당성을 찾아야 한다. 수업설계를 하는 데 있어서 전제(김철주, 1999; 변영계, 1979)로서 고려해야 할 사항들은 다음과 같다.

가. 학습은 대중의 변화라기보다는 각 개인이 어린이에서 성인이 되기까지 일생을 통하여 변화되어 가는 과정을 더 중시하기 때문에 수업설계는 개인의 필요, 흥미, 적성, 자아 개념 등의 개인차를 충분히 고려하여 설계되어야 한다.

나. 수업설계에 있어서 개인차를 고려해야 하지만 특정한 수업설계로 인해 그 어느 누구도 교육적인 피해를 입지 않아야 하기 때문에 학습자에게 강제적인 방향 제시는 곤란하다. 강제적인 방향제시보다는 방향제시라는 틀 안에서 학습자 개개인이 자신이 가지고 있는 자질과 가능성을 창조적으로 발휘할 수 있도록 하고, 목표 도달에 있어서도 개인마다 정도의 차이와 색깔을 인정해야 한다.

다. 사업가들에게 장기계획과 단기계획이 있듯이 수업설계에도 몇 개의 단원이나 교과를 설계하는 장기적인 것과 한 두 시간분의 수업을 준비하는 단기적인 것이 있다. 단기적인 수업설계는 가능한 한 현재의 사태와 주어진 조건을 최대한 고려하여 개발되어 있는 자료 등을 활용할 수 있는 방향으로 나아가야 하는 반면에, 장기적인 수업설계는 새로운 자료의 개발에도 관심을 갖고 설계되어야 한다. 특히 장기적인 설계를 시도할 때는 단기 수업설계처럼 혼자 작업하는 것보다 여러 분야의 전문가들이 모여서 교과과정과 각종 학습자료 선정 및 개발 등의 작업을 하는 것이 바람직하다.

라. 수업설계는 인간이 학습하는 방법에 대한 깊고도 넓은 지식 위에서 이루어져야 하며, 학습자료를 선정하거나 개발하는 과정도 단순히 교사의 지식위주로 이루어지기보다는 학습자의 입장에서 학습자가 어떠한 의도에서 이러한 지식을 원하느냐를 고려하여 이루어져야 한다.

마. 수업설계를 하는 데 있어서 교육공학이 본격적으로 발달하기 전에는 공학적인 시각에 의거하지 못했으나, 첨단 교육공학이 발달한 오늘날에는 교육공학적인 원리를 최대한 활용하여 수업설계가 이루어져야 하며, 실제 수업에도 교육공학적 방법이 적용되어야 할 것이다.

수업모형

1. 글래이저의 수업모형

2. 한국교육개발원의 수업과정 일반모형

수업모형

과거의 학교교육은 심리학적 배경을 가진 학습이론에 의존하여 왔으나 60년대 이후 교육과정 계획 운동과 더불어 교수 또는 수업이론의 중요성이 학교현장에 크게 대두되었다.

수업모형이란 교사수준에서 실제 수업 사태에 적용 가능한 형태의 교수·학습 활동에 대한 대안적 구성의 틀로서 특정한 교수·학습 장면을 교사로 하여금 실제 수업상황에 적용할 수 있도록 해주는 일련의 준거체제라고 할 수 있다. 수업모형은 단원 전체를 대상으로 설계하여 모든 교과에 적용할 수 있는 일반 수업모형과 본시 수업지도와 관련된 하위 교과수업모형으로 구별할 수 있다.

수업모형은 여러 가지가 있지만 교육공학적 접근(컴퓨터보조 개별 처방 수업모형)의 기초를 제공하기 위해 처음으로 조직적이고 체계적으로 개발한 Glaser의 수업모형을 비롯하여 Carroll의 학교학습모형을 발전시킨 Bloom의 완전학습모형(mastery learning model), 한국행동과학연구소(KIRBS)의 새 완전학습모형(숙달학습 모형), 1973년 한국교육개발원이 우리나라의 실정에 맞게 개인차를 고려한 수업진행을 위해 개발한 새 수업과정 모형 등이 체제를 갖춘 대표적인 수업모형들이라고 볼 수 있다.

또한 본시 수업 진행을 위해 개발한 하위 수업모형은 무수히 많다. 많은 수업모형을 윤기옥 등(2002)은 일반수업 모형과 교과수업 모형으로 나누어 기술하고 있다. 일반 수업 모형에는 선행조직자 모형, 기억 모형, 개념학습 모형, 귀납적 사고 모형, 발견학습 모형, 인지발달 모형, 창조적 문제해결 모형, 다중지능 모형, 탐구학습 모형, 역할놀이 모형, 모의학습 모형, 상황관리 모형, 논쟁 수업 모형,

JIGSAW · JIGSAW II · JIGSAW III 모형, 보상 중심 협동학습 모형(STAD/TGT), 직접 교수법, SQ3R(Survey, Question, Read, Recite, Review), 상보적 교수가 있고, 교과수업 모형에는 직접 읽기 사고 활동 수업 모형, 오류주의 모형, 문제해결 모형, 의사결정 모형, 집단 탐구 모형, 법리 모형, 과학-기술-사회(S-T-S) 수업 모형, 구성주의 수업 모형, 순환학습 모형이 있으며, 그 외에도 버즈(Buzz)학습, 구안학습(Project Method), 프로그램 학습, 시청각 학습 모형 등이 있으며 또한 최근에는 정보통신기술을 활용한 ICT활용 수업모형이 사용되기도 한다.

　이와 같이 다양한 수업모형들 가운데 수업체제를 비교적 잘 갖춘 대표적인 일반 수업모형으로 Glaser의 수업 모형과 한국교육개발원의 새 수업과정 모형을 중심으로 살펴보고자 한다.

1. 글래이저(Glaser, R.)의 수업모형

　Glaser(1962)의 수업과정 모형은 교육공학적 접근(컴퓨터보조 개별 처방 수업모형)의 기초를 제공하기 위해 처음으로 조직적이고 체계적으로 개발한 현대적 수업 모형의 전형을 이룬다. 그는 수업절차를 정보처리이론에 의해 ① 수업목표 → ② 출발점 행동 진단 → ③ 수업절차 → ④ 평가 등 네 단계로 구분하였다[그림2-1].

feed back

[그림 2-1] Glaser의 수업 모형

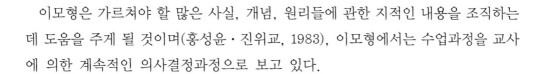

이 모형은 가르쳐야 할 많은 사실, 개념, 원리들에 관한 지적인 내용을 조직하는 데 도움을 주게 될 것이며(홍성윤·진위교, 1983), 이 모형에서는 수업과정을 교사에 의한 계속적인 의사결정과정으로 보고 있다.

가. 수업 목표 설정

수업목표는 학생들이 성취해야 할 궁극적인 목표이며, 수업절차를 통해서 학생들이 달성하는 특수한 성취행동(performance)으로서 Glaser는 도착점 행동(terminal behavior)이란 용어로 바꿔 사용하기도 한다. 수업목표는 추상적인 진술보다는 관찰할 수 있고 측정할 수 있는 행동목표로서 구체적으로 세분화되어(김학수, 1993) 진술되어야 한다. 또한 이 단계에서는 학습자들이 원하는 학습과제 파악 및 교과 내용의 분석 등이 포함된다.

나. 출발점 행동의 진단

출발점 행동(entering behavior; 시발행동, 투입행동)은 새로운 수업과정이 시작되는 단계에 있어서 학생들이 필수적으로 가지고 있어야 할 선행학습의 정도를 말한다. 같은 계통의 새로운 내용을 수업하기 위해서는 그 내용에 대해 이미 습득하고 있는 학습자의 수준을 기초로 삼아야 한다. 다시 말하면 출발점 행동이란 수업이 시작되기 전의 학생수준을 말하며 지적요소로서 이전에 학습한 것(선행학습), 적성, 지적 능력과 발달, 정의적 요소로서 동기상태(흥미, 태도, 자아개념) 그리고 학습능력에 관계되는 사회적 문화적 결정요인이 모두 포함되며 외현적이고 관찰 가능한 성취행동으로 진술되어야 한다.

다. 수업절차

수업절차는 실제로 본 수업내용이 전개되는 단계로 학습할 내용에 대한 교수·학습활동이 이루어지며 수업목표와 출발점 행동에 따라 달라져야 한다. 수업과정에서는 학생의 행동을 수업목표에 접근시키기 위해 교사는 여러 가지 의사결정을 해야 하며 수업의 각 단계에 맞는 교과 내용이나 이에 적합한 수업자료의 구성 및 해결 방식을 제시해 줌으로서 수업활동은 더욱 촉진된다. 이때 Glaser는 교사의 행동을 학생들의 수업을 도와준다고 보고 보조행동(auxiliary behavior)이라고 하였다.

라. 학습성과의 평가

이 단계는 최초에 설정된 수업목표가 수업활동을 통해서 어느 정도 달성되었는가를 평가해 보는 마지막 단계로서 교수·학습 과정이 진행되는 동안에 일어나는 형성평가(formative evaluation)와 학습과제 또는 한 교과가 끝났을 때 실시되는 총괄평가(summative evaluation)로 구분된다(홍성윤·진위교, 1983). 다시 말하면 형성평가는 단위수업이 진행되고 있는 과정 중에 학습의 진전 상황을 알아보고 수업을 개선하기 위해 실시하며, 총괄평가는 중간고사 또는 학기말 고사의 형태로 실시된다. 전자의 평가결과는 학습곤란을 진단하고 교정하여 후속되는 학습활동을 조정하는 데 이용되거나 수업목표를 또 다시 수업상황에 적용하여 그 적합 여부를 검토하여 수업방법을 개선하는 기능의 역할을 하며, 후자의 평가결과는 설정된 수업목표에 도달 정도(학습성과)를 판단하는 데 이용되고, feedback되어 다음 단계 수업과정 설계, 수업절차, 수업자료의 적합성에 대한 기초 자료로 쓰이게 된다.

2. 한국교육개발원의 수업과정 일반모형

한국교육개발원(KEDI)이 우리나라의 실정에 맞는 수업체제 개발을 위해 노력한 결과 1973년 계열성이 강한 교과에 가장 효율적으로 적용되는 수업모형으로 학생들의 학업성취도가 낮고, 개인별 차이가 너무 큰 문제점을 해결하기 위해 체제적 접근 이론에 입각하여 새로운 수업과정 모형을 구안하였다(변영계, 1979; 이영덕, 1979).

이 모형은 교수·학습자료의 활용과 교육 텔레비전 프로그램과 같은 교육공학의 활용을 전제로 하고 있으며, ① 다인수 학급의 교육 상황 속에서 교사에게 업무 부담을 주지 않는 범위 내에서 가능한 학생의 개인차를 고려한 수업을 진행할 수 있게 하고, ② 수업 과정을 일련의 의사 결정 과정으로 보고 그에 따른 수업 운영상의 융통성을 부여하고 있으며, ③ 각 교과의 특징에 따라 지도 단계를 다양하게 변형시킬 수 있는 특징을 가지고 있다.

이 수업과정 모형은 [그림 2-2]와 같이 5개의 단계로 구성되어 있으며 수업은 각 단계를 밟으면서 차례로 진행하게 되어있다. 그리고 실제의 수업에 적용할 때에 예상되는 각 단계의 수업시간 배분은 학생의 입장에서 볼 때 계획단계 0%(교사준비), 진단단계 10%(교과에 따라 불필요하여 배정시간이 없을 수도 있음), 지도단계 70~80%, 발전단계 10~20%, 평가단계 0%(정규 수업시간 외 총괄평가로 실시)의 수업시간이 배정되면(변영계, 1979) 적절하다고 볼 수 있다.

각 교과별로 보아 이 일반모형은 어떻게 적용되는가? 계획단계인 수업계획은 필요에 따라 수시로 이루어지는 것이며, 진단·지도·발전의 세 단계는 교과별 단원혹은 제재를 한 단위로 해서 운영되는 것으로 학교 수업시간수로 보면 대게 8~16시간을 1주기로 한다. 맨 마지막 단계인 평가는 진단·지도·발전단계의 주기가 1~2회 계속된 후, 다시 말하면 2~4개의 단원이나 제재에 대한 수업이 끝난 후에 이루어진다. 그런데 교과별로 보면, 진단단계의 활용이 서로 다르다. 학습과제의 위계가 비교적 뚜렷한 수학, 과학 같은 과목의 경우에는 매 단원 혹은 매 제재의 지도단계 이전에 진단단계가 선행되지만 학습과제의 위계성이 희박한 다른 교과의 수업에서는 진단단계가 없거나(도덕교과인 경우) 학기초 또는 학년초에 1회 정도 실시되도록(이영덕, 1979) 되어 있으나, 현장에서 수업과정 일반모형을 적용할 경우에는 거의 모든 교과에서 진단단계를 실시하고 있는 실정이다.

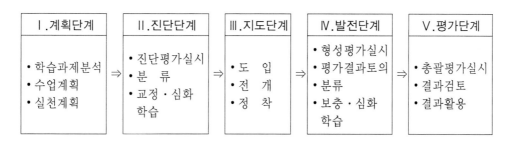

[그림 2-2] 수업과정 일반모형

5단계의 일반모형에서 각 수업단계의 수업활동에 관하여 기술하면 다음과 같다.

가. 계획단계

교사가 한 단원 혹은 한 제재의 수업을 위한 준비로서 교재연구를 하거나 수업 계획을 수립하는 단계이다. 이 단계는 학습과제 분석(학습과제의 계열화, 조직화)과 수업계획 및 실천계획(학습자료 제작 및 선택)을 세우고 교수·학습 과정안을 작성하는 일로 되어있다. 여기에서 학습과제란 학습단원을 의미한다. 수업 지침서(교사용 지도서)를 보면서 수업목표와 내용을 확인하고 학교와 학급의 실정을 감안하여 제시된 수업 계획을 중심으로 하여 자기 학습에 알맞은 계획으로 수정 내지는 확실히 하는 일, 그리고 매 수업 시간의 수업 계획을 충분히 이해하는 일이다.

교사의 수업계획은 스스로 하는 경우가 대부분이지만, 다른 사람에 의해 구안된 교수·학습 과정안과 수업자료를 가지고 수업을 계획하는 경우가 있을 수 있다. 양자는 수업계획을 위해 교사가 해야 할 일의 양이 다를 뿐이며 모두 수업목표와 내용의 조직과 수업과정을 알아야 하고 그래야 수업에 사용할 자료나 기재를 갖추게 된다. 나아가 교수·학습 과정안과 관련 자료의 활용을 중심으로 목표와 내용을 확인하고 수업과정 및 자료를 점검할 수 있게 된다.

수업계획을 통하여 교사는

- 학습과제의 분석을 통해 수업목표를 명확히 하고 그 학습내용을 세분화하여 학습내용 각 요소간의 관계를 밝히고
- 학습과제의 수업을 위해 학생활동과 교사활동을 계획하고 가르쳐야 할 학습요소의 지도 순서를 결정하며
- 어떤 학습방법과 자료를 이용할 것인가를 결정하고
- 수업목표로 나타나지 않았지만 수업 진행 중에 부수적으로 일어날 수 있는 교육적 영향에 대해 미리 고려해야 한다.

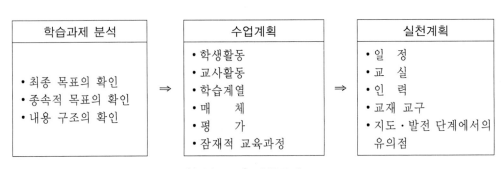

[그림 2-3] 계획단계

나. 진단단계

학생들의 학습능력 혹은 학습준비 태세를 나타내는 증거로서 흔히 선수학습수준, 기초학습기능, 그리고 일반적 심리특성(예: 지능, 학습동기)을 들고 있다. 교사가 단원 수업에 들어가기 전에 학생들의 능력과 준비태세를 알아보기 위해서는 이와 같은 방법들을 사용할 수 있다. 그러나 한국교육개발원 수업과정의 진단단계에서는 주로 선수학습요소의 진단과 교정 조치를 취하게 되어 있다.

이 단계에서는 어떤 학습과제 또는 단원의 수업에 들어가기 전에 학생들이 새로운 학습과제(단원)를 학습할 수 있는 준비(지적 능력을 갖추고 있는지)가 되어 있는가를 진단하고 그에 따라 적절한 교정 조치를 실시하게 된다. 이것은 예견되는 학습의 실패를 사전에 방지하기 위한 것으로서, 어떤 학습과제의 선수학습요소에 대해 학생들이 어느 정도 학습했는가를 진단해보고, 선수학습을 이미 이룩한 무결손 학생들에게는 예습이나 차후 학습에 도움이 되는 심화학습을 하든가 결손이 있는 학생들을 돕게 하고, 결손이 심하지 않는 부분적 결손학생들은 교사가 제작한 프로그램 학습을 하거나 무결손 학생들과의 상호학습을 하며, 전반적 결손 학생들에게는 그 선수학습요소에 대한 교정학습을 하게하거나 방과 후 교사의 특별지도를 받게 된다.

진단과 교정학습은 모든 교과에서 일률적으로 필요한 것은 아니다. 한국교육개발원(1977)에서 제시한(초등 중심) 진단단계의 실시시기와 횟수는 교과마다 다르다. 실시하지 않음(도덕 * 중·고는 매 단원 가능), 매 단원 실시(사회, 수학, 과학, 기술·가정), 한 학기 5회 정도(체육), 한 학기 1회(국어, 음악), 학년 초 1회(미술) 실시한다.

진단단계의 수업은 한 단원의 전체 수업시간 중 1시간을 할당하는 것을 원칙으로 하고, 초·중·고등학교가 차이가 있겠지만 초등학교의 경우, 1시간이 40분의 단위수업시간이라면 진단학습은 진단평가와 채점에 20분, 준비학습으로 교정과 심화학습(또는 심화와 교정학습)에 20분으로 나누어 배분한다. 진단학습 문제는 10문제 출제 시 8문제(80%) 이상의 정답을 한 학생에게는 편의상 심화학습문제를, 그 미만(7문제까지 맞춘) 학생들에게는 교정학습문제(교정학습을 나눌 경우 4문제 이하는 교정학습Ⅱ)를 해결해 보도록 한다.

새로운 수업모형의 가장 큰 특색이라고 할 수 있는 진단단계는 발전단계와 함께 전통적인 학교 수업모형과 근본적으로 다른 점이며, 이 진단단계가 적절하게 실천되지 않으면 선생님이 아무리 잘 설명하더라도 해당 단원이나 제재의 학습이나 수업 목표를 달성하기가 어렵다. 그러므로 선생님은 진단 검사를 실시하여 선수 학습 능력을 진단하고 만일 학생들에게 결손이 있으면 이를 교정한 후에 본 수업으로 들어가야 한다. 그러나 교과에 따라서 사전학습 능력 진단의 극히 일부를 선수학습 진단에 포함해서 진단을 실시하기도 한다.

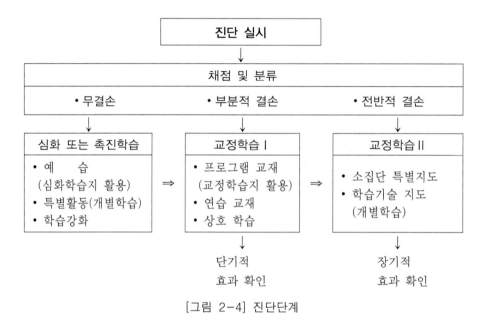

[그림 2-4] 진단단계

다. 지도단계

어떤 학습과제에 대한 본 수업이 진행되는 단계로서 그 학습과제에 배당된 시간의 약 2/3(70~80%)를 차지하는 교수·학습과정의 핵심적인 단계이다. 이 단계는 다시 도입, 전개, 정착(정리)의 세 단계로 세분된다.

도입에서는 학습과제가 무엇인지를 알도록 학습과제의 구체적 목표를 학생들에게 제시하고, 학생들의 학습동기를 유발하며 본 단원의 학습과제와 이전에 다른 학습과제와의 관련 요소를 통해 학생들의 이해를 돕는다.

전개에서는 그 학습과제의 내용을 학생들에게 제시하고 학생들은 이에 반응하여 이해해 나가는 단계로서 교수·학습의 방법 및 형태에는 교사주도 수업, 학생주도 수업, 영상 수업(텔레비전에 의한 방송 수업, 라디오 수업, 인터넷 수업) 등으로 대별되며, 학생주도 수업에서 학생주도의 진정한 의미는 수업 운영의 주도권이 교사에게 있는 것이고 학생들은 다만 활동의 주인격이 되는 것이라 할 수 있다(이영덕, 1979). 이들은 상호 기능적으로 연결됨으로써 수업의 효과를 상승적으로 증대시키게 된다(고영희, 1981). 그러나 구체적으로 어떤 절차에 입각해서 수업을 진행할 것인가(교사와 학생들이 어떤 활동을 어떻게 전개할 것인가)는 학습과제의 특성, 더 넓게는 교과학습의 특성에 따라 결정된다. 다시 말하면 여러 가지 활동이나 활동의 형태 모두가 학습과제에 따라 교과관의 여하에 따라 선별적으로 적용됨을 의미한다. 이는 교과 시간마다 다를 수도 있고, 단원의 어떤 차시 내에서도 처음과 끝은 교사주도 수업이 되고, 중간 부분은 학생주도 수업이 될 수도 있다.

정착에서는 일단 학습한 내용을 잘 정리하고 연습을 통해 확인하며 학습한 내용을 학생의 지적 체계의 일부로 통합하고 내면화하여 새로운 사태에 적용하고 일반화할 수 있도록 지도한다.

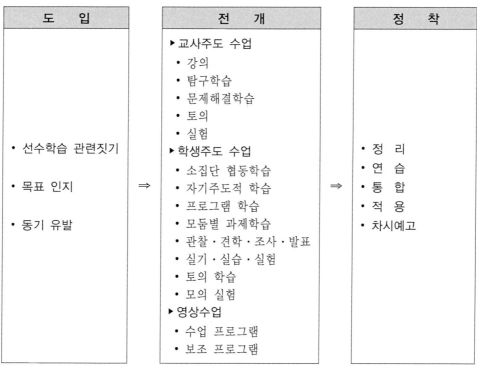

도 입	전 개	정 착
• 선수학습 관련짓기 • 목표 인지 • 동기 유발	▶교사주도 수업 • 강의 • 탐구학습 • 문제해결학습 • 토의 • 실험 ▶학생주도 수업 • 소집단 협동학습 • 자기주도적 학습 • 프로그램 학습 • 모둠별 과제학습 • 관찰·견학·조사·발표 • 실기·실습·실험 • 토의 학습 • 모의 실험 ▶영상수업 • 수업 프로그램 • 보조 프로그램	• 정 리 • 연 습 • 통 합 • 적 용 • 차시예고

[그림 2-5] 지도단계

그러나 지도단계의 도입, 전개, 정착의 3단계는 일반적이기는 하나 교과의 성격에 따라, 학습과제의 성격에 따라, 학습형태에 따라 다르게 적용될 수 있다. 예를 들면, Massialas & Cox가 제시한 사회과 탐구수업의 경우에는 6단계(안내, 가설, 정의, 탐색, 증거제시, 결론 및 일반화)로 구성되어 있다. 또한 동일한 교과라 하더라도 지도교사의 교과관의 여하에 따라서도 판이하게 다른 지도활동이 가능하다.

라. 발전단계

이 단계는 지도단계에서 학습한 내용에 대해 학생들의 학업성취 정도를 주기적으로 확인(형성평가)해보고 그 결과에 따라 심화 또는 보충 학습의 기회를 제공하는 단계이다. 형성평가(한국교육개발원의 새수업과정 모형에서는 '확인학습'이라고 함)는 보통 4시간 내외의 수업지도 단계를 거친 후에 학습자들이 수업 목표를 제대로 달성하고 있는지를 평가하여, 별 문제 없이 학습이 완성된 학생들에게는 특별한 연구과제나 자율학습교재를 제공하여 심화·촉진학습을 시키고, 부분적으로 미완성된 학생들에게는 프로그램교재나 연습교재를 제공하고 학생이 완성된 급우들의 조력을 받아 소집단 협동학습이 가능하며, 학습이 전반적으로 이루어지지 않은 학생들에게는 프로그램 교재나 연습교재에 의한 보충학습 기회뿐만 아니라 소집단 특별지도를 받게 하는 것이 바람직하다. 보충·심화학습도 발표 또는 점검의 과정을 거치게 함으로써 어떤 모양의 확인 또는 강화가 필요하다. 형성평가의 결과는 학생들이 학습사태에서 겪는 곤란점을 제거하는 데, 잘못 이해한 부분을 교정지도하는 데, 그리고 학습을 완성하지 못한 학생들에 대한 학습을 심화하는 등 교사들은 자신의 수업상황을 중간에 점검하여 그 결과를 수업개선을 위한 체계적인 정보로 활용해야 한다. 형성평가는 성적을 내기 위한 평가가 아니기 때문에 그 결과는 성적으로 주어서는 안 된다.

한국교육개발원에서 제시한(초등 중심) 확인학습의 주기와 횟수는 교과마다 다르다. 실시하지 않음(도덕, 체육, 미술교과), 평균 4~9시간 수업 후(사회), 평균 5~6시간 수업 후(수학, 과학, 음악, 기술·가정교과), 매 단원 말(국어)에 실시한다. 확인학습은 초등의 경우, 1시간을 40분으로 한다면 전반 20분은 확인학습(형성평가) 실시·채점·분류에 사용되고, 후반 20분은 보충 및 심화학습에 사용된다. 또한 교과 및 단원의 특성에 따라 보충·심화학습을 더 많이(40분) 사용할 수도 있다. 확인학습 문제는 10문제 출제 시 8문제(80%) 이상의 정답을 한 학생에게는 편의상 학습완성으로 보고 심화학습문제를, 그 미만(7문제까지 맞춘) 학생들에게는 보충학습문제(보충학습을 나눌 경우 4문제 이하는 보충학습Ⅱ)를 해결해 보도록 한다. 미해결한 보충학습 및 심화학습문제는 해당 학생에게 가정학습으로 부과한다.

　발전 단계는 평가의 단계가 아니라 학생들의 학습을 촉진 내지 심화하기 위한 단계로서 교사의 입장에서 보면 수업의 일환으로 파악되어야 한다. 대부분 일선 학교에서 실시하는 형성평가는 별도의 평가시간과 심화·보충학습 시간을 확보하지 않고, 매 단위 수업시간의 지도단계의 정착부분에서 본시 학습목표 달성여부를 확인하고 있다. 이것은 몇 개의 차시 내용을 묶어서 확인학습 형태로 실시하는 본래의 발전단계와 다소 거리가 있다고 본다. 그러나 학습목표에 따른 학업성취 정도를 정확히 확인해보고 심화 또는 보충 학습의 기회를 제대로 제공하기 위해서는 한국교육개발원에서 제시한 발전단계의 학인학습을 주기적으로 거치는 것이 바람직하다고 하겠다.

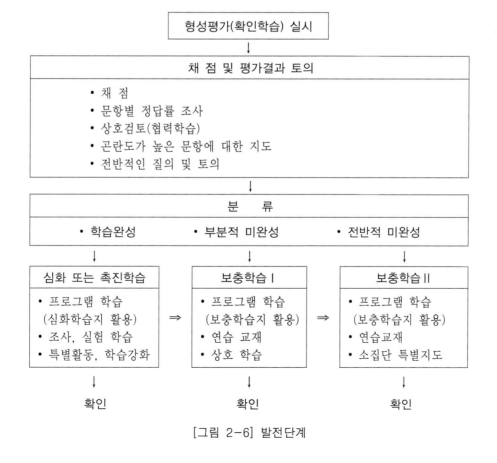

[그림 2-6] 발전단계

마. 평가단계

평가단계는 수업의 전 과정을 종합적으로 평가함으로써 수업을 끝맺는 단계이다.

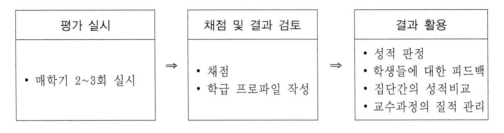

[그림 2-7] 평가단계

이 단계에서는 총괄평가(총합평가)의 활동이 이루어지며 지적, 정의적, 기능적 수업목표들이 얼마나 잘 달성되었는가를 최종적으로 확인하여 성적을 결정한다. 따라서 이 단계가 끝나면 한 단원의 수업은 끝나며 다음 단원으로 나아가게 된다.

원칙적으로 매 학습과제마다 총괄평가를 실시할 수도 있지만 너무 많은 수업시간이 평가활동에 쓰이는 것을 피하기 위하여 한 학기 동안에 2~3회의 총괄평가를 실시하도록 하였다. 이 총괄평가가 실시되는 시기와 횟수는 교과마다 다르다. 그러나 일선학교에서는 중간고사나 기말고사로 대체하는 경우가 대부분이다.

이러한 평가의 결과는 학생들의 성적을 판정하고 후속 학습의 성공예측, 학생들에 대한 피드백, 학생 간 상대적 위치 결정, 같은 학년 수준에 있는 여러 집단간의 성적 비교 그리고 수업과정의 질적 관리를 통제하는 자료로 사용된다.

수업설계의 기술

1. 교재 단원 파악

2. 출발점 행동의 진단

3. 수업전략 수립

4. 수업매체의 선정

5. 수업평가

수업설계에 있어서 수업 단원 또는 학습과제가 정해지면 다음으로 교재연구가 필요하다. 철저한 교재연구를 한 교사는 그렇지 못한 교사에 비해 교재파악에 더 능통하고 좋은 수업설계를 통해 실제 수업을 성공적으로 이끌 것이다. 교재연구는 수업 활동 전에 해당 학교급별 학년별 교육과정 편성·운영 지침과 교과서를 근거로 선수학습 교재, 교사용지도서, 전공서적, 참고서적 등 관련 자료를 활용하고 분석하여 이루어지며 이를 통하여 교재단원을 파악하게 된다. 이러한 일련의 내용들은 수업설계의 **계획단계**에 포함된다.

가. 단원개관

단원 전체의 윤곽 파악을 통해 시간별 실제 수업진행에 도움을 주기 위하여 단원 전체의 성격을 규명하고 내용상의 위계를 밝히며 지도상의 유의점을 제시하는 내용으로 구성된다.

1) 학습문제

어떤 단원에서 학생들이 배워야 할 것이 무엇이고 어떤 절차를 거쳐서 과정을 이수해야 하며 과정을 이수한 후에는 학생들의 행동이 어떻게 변화될 것인가, 즉 어떤 내용을 가지고 어떤 활동을 거쳐서 어떤 능력이 나타나기를 기대하는가를 밝히는 것이 학습문제 규명이다.

학습문제는 앞으로 진행될 수업설계 전체의 기본적 요소이며 또한 기본적인 방향을 설정하는 것으로서 단원의 배경·활동 등이 포괄적으로 밝혀질 수 있도록 구체적이고 설명적인 형태로 단원의 특성과 내용 및 수준을 밝혀야 한다. 따라서 학습문제를 명확히 규명하기 위해서는 교육부의 교육과정, 교과서, 그 외 관련 자료와 참고문헌을 충분히 분석하고 단원의 배경, 전·후 관계에서 본 단원들과의 상호관계, 타 교과와의 관련 등을 찾아서 종합적으로 기술되어야 한다(고영희, 1981). 간혹 학습문제 대신에 단원개관이나 단원설정의 이유, 수업자의 의도 등으로 진술하는 경우도 있으나, 수업 전체의 내용, 활동, 성과 등을 포함하여 종합적으로 문제제기를 한다는 의미에서는 학습문제라고 하는 것이 좋을 것으로 생각되며 교재에 없는 특별한 주제를 가지고 수업을 할 때는 단원설정의 이유도 좋을 것 같다.

▶ 학습문제 진술의 예(중학교 1학년 사회과, 단원: III. 남부지방의 생활)

> 이 단원에서는 남부 지방의 위치 특성과 지형, 기후 및 주민생활 모습을 파악한 후, 남부지방을 호남지방, 영남지방, 제주도로 구분하여 각 지역의 농업과 공업특색을 이해하도록 하고, 지역의 변화와 발전, 지역문제와 해결과제에 관심을 갖게 한다. 아울러 학생들이 해양진출의 전초기지이자 우리나라의 농업 중심지이며 임해공업 발달지역인 남부지방의 특성을 바르게 이해하고 국토에 대한 균형적인 가치관을 가질 수 있도록 한다.

2) 발전계통

앞에서 규명한 학습문제를 내용상의 계열이나 학년간의 계열로 앞뒤의 관계를 밝히는 것으로서 학습내용의 계열로 보아 본 단원의 학습문제가 같은 학년간의 전 단원 또는 전 학년에서 학습한 것과 어떤 관계가 있으며 또한 앞으로 나올 같은 학년의 다음 단원이나 다음 학년에서 전개될 다른 과제와 어떻게 연결지어 발전되는가를 규명하는 것이다.

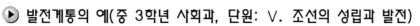

▶ 발전계통의 예(중 3학년 사회과, 단원: Ⅴ. 조선의 성립과 발전)

선수학습	본 단원	후속학습
Ⅲ. 유교를 정치 근본으로 삼은 조선(6학년 1학기) ㅇ 조선의 건국과 정치개혁 ㅇ 문화의 발달과 백성들의 생활 ㅇ 두 차례의 전란 극복	Ⅴ. 조선의 성립과 발전 (9학년 1학기) ㅇ 조선의 성립 ㅇ 사림세력의 성장 ㅇ 왜란과 호란의 극복	Ⅵ. 근세의 정치 (10학년 1학기) ㅇ 근세의 성립과 전개 ㅇ 근세의 세계 ㅇ 통치 체제의 정비 ㅇ 사림의 대두와 붕당정치 ㅇ 조선 초기의 대외관계 ㅇ 양 난의 극복과 대청관계

3) 지도상의 유의점

해당 단원의 학습과제를 가르칠 때 단원과 학생들의 발달단계와 관련, 선행학습과 관련된 학습 방향, 교육과정이나 단원의 특성상 유념해서 가르쳐야 할 사항과 강조할 사항, 본 단원에서 적용될 학습활동 및 수업방법, 교수·학습지도에 필요한 학습자료 수집과 활용방법 등을 제시하는 것이다.

▶ 지도상의 유의점 예(중학교 1학년 사회과, 단원: Ⅲ. 남부지방의 생활)

① 본 단원에서는 남부지방의 위치적 특성을 우리나라의 반도적, 지리적 특성과 관련시켜 종합적으로 이해하도록 한다.
② 국제 해양교류가 활발해지면서 남부지방의 중요성이 높아짐에 따라 농업, 공업, 관광 등 핵심 산업의 특성들을 자연환경과 관련지어 파악하도록 한다.
③ 설명위주에서 벗어나 지도(map) 및 다양한 ICT자료를 활용하여 모둠별 탐구학습이 이루어지도록 한다.
④ 자연환경과 인문환경과의 관계를 남부지방을 사례로 하여 종합하는 것이므로 여행과 견학 등을 통해 얻은 자료를 활용하고 학생들의 경험을 발표하게 하여 흥미를 갖고 학습에 참여하도록 한다.

나. 과제분석(task analysis)

학교 수업활동의 핵심은 학생들에게 최종 수업목표를 효율적으로 달성시키는데 있으며 이와 같은 수업성과(최종 수업목표)를 명세적으로 분석할 필요가 있다. 가르치고자 하는 학습단원이나 학습과제를 분석해보면 수업계획을 수립하는데 매우 유익한 안목을 가지게 될 것이다. 과제분석에 있어서 관건은 과제분석의 기법을 필수적으로 이해해야 되며 아울러 분석해야 할 과제의 내용을 얼마나 깊이 있게 이해하고 있느냐 하는 것이다(박성익, 1994). 과제 분석이 제대로 이루어지지 않으면 교사는 학습활동 순서를 파악할 수 없고 학습결손 방지를 위한 수업처방의 방안도 시사받을 수 없으며 학생들에게 무엇을 가르쳐야 할 것인지를 정확하게 파악할 수 없게 되어 수업설계와 수업전략을 효율적으로 수립할 수 없게 된다.

1) 과제분석이란?

과제분석이란 최종 수업목표를 무난히 학습하기 위해서 학습자들이 순차적으로 획득해 내야 할 기능(skills), 지식(knowledge), 태도(attitudes) 등 보다 하위의 능력이 무엇인지를 탐색하여 내는 일로서, 하위기능 또는 종속적인 기능들을 연속적으로 밝혀내는 체계적인 절차, 즉 가르쳐야 할 최소의 기본단위를 찾아내고 이 기본 단위의 상호 관련성과 위계적 관계를 밝히는 일이다. 다시 말하면 학생들이 최종 학습목표를 달성하는 데 필요한 하위 학습요소를 찾아내고 이 학습요소들 간의 관계를 밝히고(고영희, 1981) 학습하는 단계나 순서도 제시하는 것이다. 과제분석의 결과는 수업설계·목표진술·수업계열·매체선정과 평가문항 작성의 기본을 이루게 된다.

2) 과제분석의 필요성

학습과제를 분석하고 이를 위계적인 형태로 만드는 일은 모든 학생들의 가장 적절한 학습항로(學習航路)의 발견을 위한 기초를 마련해준다. 그럼 왜 학습과제를 분석하야 하는가? 학습과제를 분석하게 되면,

- 수업에서 학생들에게 어떠한 행동을 길러야 하는가(학습목표)가 분명해진다.
- 학생들이 수행하게 될 학습활동이 무엇인지가 분명해진다.
- 학생들의 선수학습능력이 무엇인가가 밝혀지게 된다.

- 그 학습과제를 어떠한 순서로 학습시킬 것인지가 거의 분명하게 나타나게 된다.
- 무엇을 학습시켜야 하고, 무엇을 생략해야 되는지가 어느 정도 분명해진다.
- 학습위계구조에 따라서 학습자료를 적절한 시기에 활용할 수 있게 된다.
- 평가준거 마련으로 무엇을 언제 평가해야 하는지가 분명해진다.

3) 과제분석 절차

한 단원에서 최종수업목표가 주어졌을 경우, 위계별 학습과제를 분석하는 절차는 다음과 같다.

- 최종수업목표를 확인하고 진술한다.
- 하위 학습요소나 하위 학습과제를 추출하고 위에서부터 차례차례로 하위의 보다 단순한 행동이나 능력이 포함된 학습요소나 학습과제를 열거해 나간다. 즉, 단순한 지식내용의 주제나 용어를 추출하는 것이 아니라 분명한 행동이 포함된 학습과제로 제시되어야 한다.(예 :「교통표지판」이 아니라「교통표지판의 구분」)
- 각 하위 학습과제들을 어떤 관계(위계별, 단계별, 시간·기능별) 속에 학습 요소의 구조도인 분석도로 작성한다.
- 선수학습요소를 규정해 낸다. 선수학습요소와 본 단원의 학습과제들은 분석도에서 점선으로 구별하여 표시한다.
- 학습과제(학습요소)들의 수업순서를 정하고 학습과제 옆에 순서를 번호로 표시한다. 그러나 일반적으로 번호는 생략하는 경우가 대부분이다.

☑ 학습과제 분석은 타당도·신뢰도·객관도를 높일 수 있도록 가능하면 두 사람 이상이 공동으로(두 사람이 90%수준까지 합치) 하는 것이 바람직하다.

4) 과제분석의 유형

학습과제의 분석은 최종수업목표를 학습하기 위해서 어떤 능력 또는 학습요소를 학습해야 되는지를 알아보려는 것으로서 과제분석의 유형은 그 단원이나 교과의 성격에 따라 학습위계별 분석, 학습단계별 분석, 수행순서별(시간·기능별) 분석을 들 수 있다(고영희, 1981; 변영계, 1979).

가) 학습위계별 분석

학습과제가 지적 영역일 경우에 사용될 수 있든 분석법의 하나로, 위계별 학습과제 분석은 가네(Gagné)에 의해 제기되었다. 그는 교육과정을 학습내용의 구조화라고 보았다. 즉 교육과정은 내용단위의 구조적 집합이며 이것을 밝히는 것이 학습과제 분석이다. 하나의 학습과제는 독립적으로 존재하는 것이 아니라 다수의 학습요소들로 구성되어 있으며, 학습요소들은 종적·횡적인 위계적 관계를 맺고 있다는 전제하에서 이 방법을 적용한다. 이때 상위 학습과제의 학습은 하위학습과제가 충분히 학습되었을 경우에 학습이 용이하거나 가능하지 하위의 학습과제가 충분히 학습되지 않는 상태에서는 상위의 학습과제에 대한 학습은 극히 어려운 것으로 보고 있다.

위계별 학습과제 분석은 수학이나 과학처럼 위계가 분명한 교과에서 적용하기가 용이하며, 크게 두 가지 단계로 구분하여 분석한다. 첫째는 교과내용을 학습요소별로 분석하는 일이고, 둘째는 교과내용의 분석에 따라 위계적으로 구조화하는 일이다.

(1) 교과내용 분석

교과목의 학습구조 혹은 내용을 구성하는 어떤 개념(concept)·사실(fact)·절차(procedure)·법칙(rule)·원리(principle) 등을 학습요소라고 한다. 교과내용은 이러한 학습요소들로 구성되어 있다. 일반적으로 용어나 개념에 대한 지식이 많이 나타난 과목은 국어이고, 문제해결의 절차나 원리를 강조하는 과목은 수학·과학이며, 사실이나 가치를 위주로 하는 과목은 사회이다.

따라서 수업목표를 설정하기 위해서는 학습과제가 내포하고 있는 학습요소, 즉 개념·사실·법칙 등을 찾아내는 일이 중요하다. 교과내용을 학습요소별로 분석하려면 각 요소들의 개념을 명확히 인식해야 한다.

다음은 교과서를 읽어가면서 다음과 같은 교과내용 분석표에 기입함으로써 교과내용이 분석된다(고영희, 1981).

〈표 3-1〉 교과내용의 학습요소 분석표

학 습 요 소	내　　용
용어(개념)	* 공인된 상징적 지식·정의·일반적 학문적 용어
사　실	* 6하 원칙에 준하는 지식
절　차	* 문제해결 방법이나 순서
원　리	* 개념지식의 기초 위에 설정되는 사건의 내용이나 결과
응용(최종학습요소)	* 최종 수업목표와 관련된 학습과제(요소)

〈표 3-2〉 교과내용 분석의 예(중 1·2학년 수학과, 단원: 도형)

학 습 요 소	내　　용
용어(개념)	두 직선의 평행, 수직·수선의 뜻, 대변·대각의 뜻, 두 평면의 수직·평행의 뜻
사　실	
절　차	
원　리	이등변삼각형·정삼각형·직각삼각형·평행사변형·직사각형·마름모·정사각형·사다리꼴·회전체, 여러 가지 삼각형·사각형의 상호관계·입체도형의 부피와 겉넓이, 평면도형의 상호관계·입체도형의 상호관계
응용(최종학습요소)	여러 가지 기본도형의 상호관계

* 교과에 따라서 학습요소 영역이 없을 수도 있음.

(2) 학습과제 분석도

　어떤 학습과제에서 학습해야 할 학습요소, 즉 새로운 용어·개념·절차·원리 등이 밝혀졌다면, 다음 단계는 이러한 요소들을 체계적으로 학습할 수 있도록 구조화하는 작업이다. 한 교과목이나 학습과제에 내재하는 학습요인 또는 학습구조를 밝힘으로써 학습계열을 분명히 하고 체계화하는 문제가 해결된다. 이러한 학습구조는 서로 상하로 연결되는 위계조직을 이루고 있는 것이 보통이다. 그러나 학습과제의 구조도가 반드시 상하로 연결되어 있지만은 않다. 주로 상하의 위계관계를 이루고 있는 수학·물리·화학과는 달리 국어·사회·역사 등과 같은 교과에서는 좌우로 구조도가 나타나기도 한다.

학습과제를 구조화하는 방법은 해당 학습과제를 통하여 학습해야 할 최종 학습요소를 미리 정해 놓고 그것을 중심으로 그 이전에 학습되어야 할 하위 학습요소를 차례로 찾아내려가서 결국 어떤 하위 요소의 학습에 차례로 전이되는 관계를 갖도록 전체적인 조직망을 이루도록 해야 한다. 이것은 최종학습과제를 중심으로 그 하위에 있는 학습요소가 차례로 위계조직을 이루어서 상위의 학습요소에 대한 선행학습요소로서 통합되는 것이다. 학습과제를 구조화하는 절차는 다음과 같다 (Ibid.).

- 해당 단원 또는 학습과제를 통하여 학습해야 할 최종적 학습과제를 확인한다.
- 최종 학습과제를 중심으로 하위에 있는 학습요소가 차례로 위계조직을 이루도록 한다.
- 그 단원 또는 학습과제의 가장 아래에 있는 하위 학습요소의 바로 아래에 있는 하위 학습요소를 밝힌다. 이는 선수학습요소 또는 출발점행동을 밝히는데 필요하다.

다음으로 학습위계적인 방법을 중심으로 도식화를 생각해 보면, 최상위에 최종 수업목표, 즉 종합적이고 복잡한 학습과제를 놓고, 아래로 내려올수록 보다 단순하고 간단한 능력의 하위학습과제가 배열되게 된다. 다시 말하면 밑에서부터 위로 올라갈수록 점차로 복잡한 행동으로 나아가게 되는 이른바 위계적인 학습과제분석도가 되는 것이다. 참고로 몇 가지 학습과제 분석도를 제시하면 다음과 같다(변영계, 1979).

① 수평적 구조도

이 구조도의 특징은 각 하위학습과제가 같은 유형 혹은 같은 수준의 학습과제로서로 수평적인 관계만을 갖고 있을 때 제시될 수 있는 것으로서, 도덕과, 역사과 등에서 볼 수 있다.

② 수직적 구조도

이 구조도의 특징은 각 하위 학습과제가 각기 다른 수준의 학습과제로 서로 수직적인 관계 속에 있는 것으로서, 기능을 요구하는 교과나 어떤 특수한 기능을 학습하는 경우에서 볼 수 있다.

③ 위계적 구조도

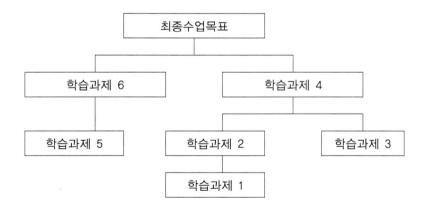

이 구조도는 학습 위계적 분석도의 대표적인 것으로서 수학, 과학 등 많은 교과의 단원에서 이런 형태로 분석될 수 있다.

④ 혼합적 구조

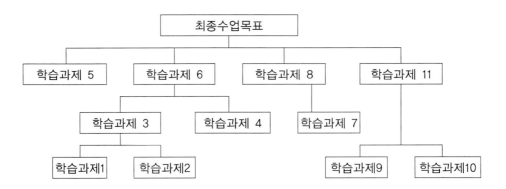

이 구조도는 앞에서 제시한 세 가지 구조도의 특징이 섞여져 있는 것으로, 어떤 학습과제들은 수평적 관계 속에 놓여 있고, 어떤 경우에는 수직적·위계적 관계 속에 있는 것이다. 이 구조도는 많은 교과에서 찾아볼 수 있다.

▶ 학습위계별 분석의 예(중 1·2학년 수학과, 단원: 도형)

여러 가지 기본도형의 상호관계 이해

⑬ 평면도형의 상호관계 이해
⑱ 입체도형의 상호관계 이해

⑤ 여러 가지 삼각형의 성질 알기
⑫ 여러 가지 사각형의 상호관계 이해
⑰ 입체도형의 부피와 겉넓이 구하기

② 이등변삼각형의성질알기
③ 정삼각형의 성질 알기
④ 직각삼각형의 성질 알기
⑦ 사다리꼴의 성질 알기
⑧ 평행사변형의 성질 알기
⑨ 직사각형의 성질 알기
⑩ 마름모의 성질알기
⑪ 정사각형의 성질 알기
⑮ 다면체의 성질알기
⑯ 회전체의 성질 알기

① 두 직선의 평행·수선·수직·작도 알기
⑥ 대변·대각의 개념 알기
⑭ 두 평면의 수직·평행의 개념 알기

삼각형의 변·꼭지점 이해
삼각형의 합동조건 이해
사각형의 성질 알기
원뿔, 원기둥, 구 이해
정육면체와 정육면체의 변·꼭지점·모서리 이해

* 이 구조도의 학습요소에 부여된 번호는 학습순서를 뜻함.
* 점선 아래 부분은 선수학습요소 내용임.

나) 학습단계별 분석

이 분석 방법은 학습과제의 내용체계나 학습자의 지적기능이나 능력수준에 따른 위계적인 관계가 불분명하고 학습활동의 계열성을 크게 강조하지 않아도 되는 교과 영역이나 단원으로 학습해야 할 순서가 분명하게 되어 있는 경우에 이 방법을 쓴다. 이 방법은 학습과제의 내용을 몇 가지의 영역으로 세분한 후 각 영역을 순서에 따라서 조직하는 방법이다. 아래 학습과제 분석도에서 보면, 각 단계 간에는 위계적인 관계가 있는 것이 아니라, 단지 영역의 구분일 따름이다. 그러므로 순서가 바뀌어도 학습행위 결과에는 차이를 나타내지 않는다(박성익, 1994).

▶ 학습단계별 분석의 예(중 3학년 사회과, 단원: 민주시민의 경제적 구실)

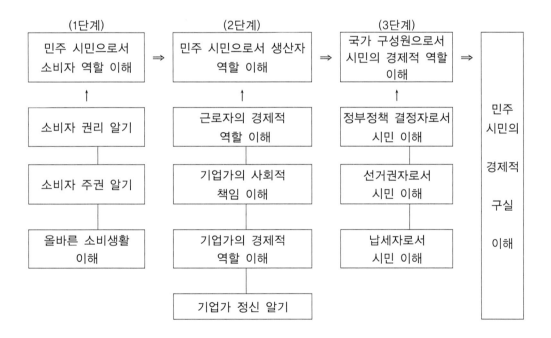

다) 수행순서별(시간 · 기능별) 분석

이 분석 방법은 주어진 학습과제를 해결하기 위하여 필요한 일련의 하위 과제들을 작업이 수행되는 과정이나 기능에 따라 전체의 작업이 끝날 때까지 활동 과정을 순서화 시키는 것으로서 운동 · 기능 학습에 사용될 수 있다.

▶ 수행순서별 분석의 예[중 3학년 미술과, 단원: 표현의 즐거움(입체로 나타내기)]

① (구상 및 표현)

② (감상)

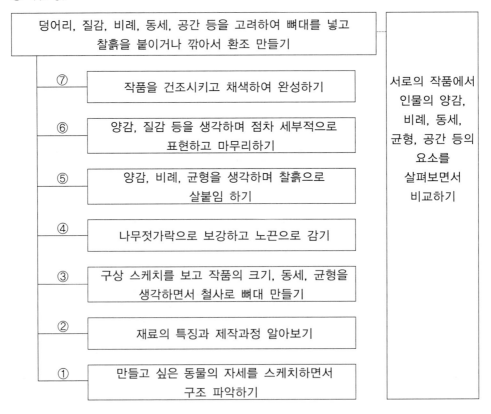

이상 세 가지의 과제분석 방법을 살펴보았는데, 실제로 교과별 수업설계에서는 학습위계별 또는 학습단계별 분석법이 많이 이용된다고 볼 수 있다. 이 학습과제의 분석은 세부수업목표 설정과 직접적으로 관련이 있으며 분석도의 각 하위 학습과제 또는 학습요소들이 곧 세부수업목표가 되는 것이다.

실제 학교현장에서 설계하여 활용되는 교수·학습 과정안을 보면 종종 과제분석 대신 내용구조라는 명칭으로 사용되는 경우를 볼 수 있다. 그런데 한국교육개발원 수업모형을 적용한다면 내용구조보다는 과제분석이라는 용어를 사용하는 것이 이론에 비추어 더 좋다고 볼 수 있다.

다. 수업목표 진술

교과내용 분석과 학습요소의 구조화 작업인 과제분석이 끝난 다음에는 학생들이 성취해야 할 수업목표의 진술이 이루어져야 한다. 수업목표에는 최종수업목표(단원목표)와 세부수업목표(단위수업시간 학습목표)로 나뉘어 진다.

1) 최종수업목표 진술

최종수업목표(단원목표)는 한 단원이나 비교적 큼직한 한 단위의 수업을 설계하려고 할 때, 이 단원이나 제재의 수업에 참여한 학생들이 수업 후에 그들의 생각과 느낌과 행동이 어떻게 변화해야 하는지를 밝혀놓은 것, 즉 학습된 결과로서 무엇을 할 수 있어야 하는가(행동적 산물) 또는 나타내 보일 수 있는가를 의미하는 것이다.

최종수업목표는 상위의 수업목표로서 단원목표 또는 단원지도목표나 단원수업목표라는 용어로 사용되고 있으나 일반적으로 '단원목표'로 많이 사용된다. 최종수업목표는 비교적 종합적이고 포괄적인 행동을 규정하며, 그 목표의 달성은 아주 짧은 시간에 쉽게 이룩되는 것이 아니라 여러 단계의 학습을 거친 후에야 결과적으로 학습이 가능하거나 학습될 수 있는 것이다. 이 최종수업목표는 수업의 소산으로 학습성과(learning outcomes)를 담는 문장이며 가능한 한 구체적이고 분명하게 진술될 것을 요구하고 있다.

가) 최종수업목표(단원목표)의 기능

변영계(1979)는 수업목표가 지니고 있는 기능을 다음과 같이 정리하고 있다.

첫째로, 수업목표는 교육과정에서 의도하고 있는 목표와 내용을 성취시킬 수 있는 학습경험을 선정하는 데 명확한 시사를 줄 수 있어야 한다. 수업목표는 일반적인 방향제시를 하는 교육목표와는 달리 구체적인 학습경험을 시사하여야 한다.

둘째로, 수업목표는 그것을 달성하려는 학생들의 학습을 일반적으로 촉진시키는 기능을 하고 있다. 학생들에게 무엇을 학습하게 될 것인가의 방향이 명확하게 주어졌을 때, 그 학습자의 학습은 더 촉진된다는 점에는 많은 사람들이 같은 견해를 보이고 있다.

셋째로, 수업목표는 그 수업에 대한 평가의 지표기능을 하게 된다. 수업이 끝났을 경우에 그 수업의 효과성이나 그 수업을 통하여 학생들이 어느 정도 주어진 목표를 성취했는가를 알아보는 기준은 바로 수업목표이다.

나) 최종수업목표 설정 자원

국가의 이념, 사회·문화의 요구, 한 개체로서의 인간의 요구, 그리고 학문적인 요구에 의해서 교육목표가 형성되고, 이 교육목표를 근거로 실제 수업을 통해서 길러내야 할 최종수업목표를 도출해 내야 한다.

수업목표는 내용과 행동의 이원적인 진술이어야 한다. 따라서 수업목표를 설정하는 일이란 내용과 행동을 설정하는 일이 된다. 이러한 내용과 행동이 곧 수업목표 설정의 자원이 될 것이다(고영희, 1981).

(1) 내용설정의 자원

수업목표를 설정하기 위한 내용은 과제분석에서 추출할 수 있을 것이다. 즉, 과제분석도에 나타난 위계에 따른 각각의 학습요소가 내용단위가 될 것이다.

(2) 행동설정의 자원

행동영역 자원으로 대표적인 것은 블룸(Bloom) 등에 의해서 제안된 교육목표분류학이다. 이들은 교육목표 영역을 크게 인지적(認知的) 영역, 정의적(情意的) 영역, 그리고 운동기능적(運動技能的) 영역으로 나누었다. 따라서 각 영역의 행동을 간단히 정의하고 목표진술에서 사용되는 용어(일반적 동사와 괄호 안은 명세적 동사로 구분하여 예로 제시)를 다음과 같이 제시한다.

(가) 인지적 영역

어떤 인지적 행동에 필요한 정신적 작용이 가장 단순한 행동으로부터 가장 복잡한 행동으로 여섯 가지 행동형으로 분류되고 있다.

① 지식: 과거에 학습된 자료를 기억해내는 것을 의미한다. 여기서 기억이란 특정한 사물이나 용어·방법·원리·이론 등에 관한 광범위한 학습내용을 회상해내는 능력을 말한다. 이것은 가장 낮은 수준의 학습으로 흔히 기계적인 암기를 말하기도 한다.

▶ **지식에 관한 행동을 나타내는 용어의 동사 어미 예:**
- 사실을 안다. 방법을 안다. 원리를 안다(정의한다. 열거한다. 진술한다.)

② 이해: 자료의 의미를 파악하는 능력을 말한다. 한 형식을 다른 형식으로 표현하는 것, 주어진 자료를 설명하고 요약하는 등의 해석하는 능력, 한 사건의 결과를 예언하고 미래의 경향을 예측하는 행동을 의미하며, 이해력은 번역능력·해석력·추론능력이 포함된다.

▶ **이해에 관한 행동을 나타내는 용어의 동사 어미 예:**
- 원리를 이해한다. 문장의 뜻을 해석한다. 수식으로 나타낸다. 결과를 추정한다.(～로 바꾼다. 구별한다. 예측한다. 번역한다. 바꾸어 말한다. 설명한다.)

③ 적용: 과거에 학습된 자료를 새로운 구체적인 사태에 사용하는 능력을 말한다. 과거에 학습된 개념·방법·규칙·원리·법칙·이론에 관한 지식을 새로운 사태에 적용하는 문제해결행동을 의미한다. 동일하거나 거의 비슷한 사태에 대한 문제해결은 적용능력으로 볼 수 없다. 예를 들면 산수문제에서 숫자만 바꾸었다면 단순한 지식이나 이해수준을 재는 것에 불과하다.

▶ **적용에 관한 행동을 나타내는 용어의 동사 어미 예:**
- 원리를 새로운 사태에 적용한다. 법칙을 실제적 상황에 응용한다. 응용수학문제를 푼다. 좌표를 구성한다.(계산한다. 발견한다. 예언한다. 만들어낸다.)

④ 분석: 주어진 자료의 조직적인 구조가 이해될 수 있도록 이를 부분적인 구성요소로 나누는 능력을 의미한다. 적용력이 알맞은 방법이나 원리를 기억했다가 주어진 자료에 사용하는 데에 중점을 두는 반면에, 분석력은 주어진 자료의 구성요소를 찾아내고 그 구성요소 간의 관계를 분석하고 거기에 포함된 조직의 원리를 인식하는 능력이라고 볼 수 있다.

▶ **분석에 관한 행동을 나타내는 용어의 동사 어미 예:**
- 진술되지 않은 기본 가정을 인지한다. 사실과 추리를 구별한다. 자료의 적합성을 따진다. 한 작품의 조직구성을 분석한다.(구성부분으로 나눈다. 도표화한다. 차이점을 구별한다. 분석한다. 요약한다. 관련시킨다. 세분한다.)

⑤ 종합 : 한 자료의 구성요소나 부분을 결합하여 어떤 새로운 전체를 구성하는 능력을 나타낸다. 이것은 어떤 활동이나 연구의 설계서와 같은 일련의 조작과정에 대한 구상이나 또는 주어진 정보를 새로이 분류할 수 있는 구성능력을 의미하며,

하나의 통합된 산물로 이끄는 창의적 행동에 관련되는 능력이다.

▶ **종합에 관한 행동을 나타내는 용어의 동사 어미 예:**

- 창의적인 글이나 시를 쓴다. 실험계획을 제안한다. 학습을 통합한다. 어떤 사물을 분류하는 새로운 체제를 구상해낸다. 잘 조직된 연설을 한다.(편집한다. 설계한다. 고안한다. 계획을 세운다. 재구성한다. 재조직한다. 통합한다.)

⑥ 평가 : 어떤 설정된 목적에 비추어 한 진술문·시·연구보고서·작품 등의 자료를 보고 그 가치나 중요성을 판단하는 능력을 의미한다. 또 어떤 특수사상들의 정확성·효과성·경제성·만족 정도를 판단하는 데 필요한 준거나 표준을 활용하는 행동도 포함한다. 이러한 판단에서 사용되는 판단기준이나 감정기준은 양적일 수도 있고 질적일 수도 있다. 평가력은 지적영역 중에서 가장 고차적인 수준에 속한다.

▶ **평가에 관한 행동을 나타내는 용어의 동사 어미 예:**

- 결론이 자료에 의해서 타당한가를 판단한다. 공식적인 기준을 사용해서 한 작품의 가치를 평가한다.(결론을 내린다. 비평한다. 변별한다. 요약한다.)

(나) 정의적 영역

한 개인이 어떤 외적인 현상이나 가치를 인식하고 주의를 기울이며 나아가서는 적극적으로 반응하고 자신의 내적인 세계로 점차적으로 내면화되고 조직화되어가는 과정의 정도를 나타낸다.

① 감수(수용): 어떤 현상이나 자극에 대해서 즐겁게 주의를 기울이는 행동형을 의미한다. 즉 어떤 현상에 대해서 단순히 그 존재를 인식하는 행동으로부터 이것에 대해서 선택적으로 주의를 집중하는 행동을 포함하며 학습자에 의한 감수는 가장 낮은 수준의 정의적 행동으로 학습을 위한 첫 단계이다.

▶ **감수에 관한 행동을 나타내는 용어의 동사 어미 예:**

- 주의 깊게 듣는다. 사회문제에 대해 예민성을 나타낸다. 인종과 문화의 차이를 인정한다.(묻는다. 찾아낸다. 주의를 집중한다. 선택한다.)

② 반응 : 이는 학생의 적극적인 참여를 포함한다. 어떤 특정한 자극이나 현상에 대해서 단순히 주의를 기울일 뿐만 아니라 어떤 방식으로 그것에 반응하게 된다. 어떤 특별한 활동을 즐겨하고 이에 반응하는 데 만족감을 느끼는 흥미가 이에 속한다.

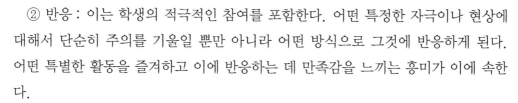 **반응에 관한 행동을 나타내는 용어의 동사 어미 예 :**

- 학교규칙을 지킨다. 학급토의에 참석한다. 실험과제를 끝마친다.(대답한다. 토의한다. 도움을 준다. 실천한다. 암송한다.)

③ 가치화 : 어떤 현상이나 활동에 관여하고 반응하는 수준을 넘어서서, 그런 현상이나 활동을 가치롭게 여기며, 적극적으로 일관성 있는 반응을 보이게 되는 수준을 말한다. 이 수준에 분류되는 행동은 일관성·안정성이 충분하여 하나의 신념이나 태도와 같은 것으로 굳어지게 된다. 태도나 감상이 이 수준의 학습에 속한다.

▶ **가치화에 관한 행동을 나타내는 용어의 동사 어미 예 :**

- 문학작품을 감상한다. 역할을 중요하게 여긴다. 관심을 보인다. 태도를 나타낸다.(완성한다. 형성한다. 정당화한다. 해낸다. 따른다.)

④ 조직화 : 여러 가지 다른 종류의 가치를 종합하고 그간의 갈등을 해결하고 내재적으로 일관성 있는 가치체계의 확립을 위한 출발단계라고 할 수 있다. 이 단계의 중요 특징은 여러 가치를 비교·관련시켜 이를 체계적으로 통합하는 것이다.

▶ **조직화에 관한 행동을 나타내는 용어의 동사 어미 예 :**

- 민주주의에 있어서 책임과 자유간의 균형의 필요성을 인정한다. 자기 자신의 행동에 대해서 책임을 받아들인다. 자신의 능력과 흥미 및 신념에 따라서 인생의 계획을 세운다.(고수한다. 완성한다. 조직한다. 순서를 정한다.)

⑤ 인격화(성격화): 하나의 특정한 가치관이 오랫동안 한 개인의 생활을 지배하게 됨으로써 그 개인의 독특한 생활양식을 갖게 된다. 가치의 성격화는 여러 가지가 일관성 있게 위계적으로 조직화되어 있어서 한 개인의 행동을 적극적으로 통제한다. 따라서 한 개인의 사회적 및 정서적인 일반적 적응형태가 이에 속한다.

▶ **인격화에 관한 행동을 나타내는 용어의 동사 어미 예 :**

• 독립적으로 일하는 데 자신감을 나타낸다. 집단활동에서 협동을 실천한다. 문제해결에서 객관적인 태도를 취한다. 좋은 건강 습관을 유지한다.(보여준다. 영향을 준다. 실천한다. 봉사한다. 증명한다.)

(다) 운동기능적 영역

운동기능적 영역은 신체적인 근육이나 신경의 운동에 의해서 학습될 수 있는 것으로서 여섯 가지로 분류되고 있으며 이는 위계적인 관계를 지니고 있다.

① 반사적 운동: 이것은 눈을 깜짝이는 것과 같이 한 개인의 의사와는 전혀 관계없이 나타나는 동작을 의미한다. 이 운동은 훈련에 의해서 발달되는 것이 아니므로 교육의 목표로는 될 수 없다.

② 초보적 기초운동: 반사적 운동들의 통합으로 이루어지며 좀 더 높은 수준의 운동발달에 기초가 된다. 예를 들면, 걷는 것, 뛰는 것, 손가락을 움직이는 것, 손으로 잡는 운동 등이 이 수준에 속한다.

③ 운동지각능력: 시각적 · 청각적 · 촉각적 자극을 해석하고 환경에 대한 운동을 조정하는 기능으로, 예를 들면, 지시에 의해서 볼을 피하거나 잡는 것, 촉각을 통해서 옷감의 이름을 알아내는 것, 줄넘기와 같은 지각운동을 요구하는 기능을 포함한다.

④ 신체적 기능: 이것은 상당히 숙련된 운동을 하는 데 필요한 스태미나(stamina)와 힘을 포함한다. 계속적인 체력과 근육운동, 운동의 민첩성 또는 여러 가지 운동기능과 유연한 통합을 요구하는 활동 등은 이러한 신체적 기능에 속한다.

⑤ 숙련된 운동기능: 운동과 신체적 기능을 요구하는 복잡한 운동기능을 실천하는 데 나타나는 능률성 · 우아성 및 숙련성의 정도를 나타낸다. 댄스나 운동선수에게서 나타나는 세련된 운동기능은 이 수준에 속한다.

⑥ 동작적 의사소통: 얼굴의 표현과 동작에서부터 발레에 나타나는 복잡한 운동 등을 포함하는 신체적 운동을 통한 의사소통의 운동기능이 여기에 속한다.

다) 최종수업목표 설정의 실제

최종수업목표는 해당단원에서 학생들이 학습해야 할 학습문제가 무엇인지를 개괄적으로 기술하는 일이다. 이때 교사는 이 단원에서 중점적으로 학생들에게 가르쳐야 할 것이라고 생각되는 것이 무엇인지를 기술해 보는 일이 필요하다. 이때 우리들의 사고를 구체적으로 발전시키기 위해 다음과 같은 질문을 해보는 것이 좋다. 「무엇 때문에 이 단원이 설정되었는가?」, 「이 단원의 수업이 끝났을 때 학생들은 무엇을 할 수 있어야 할 것인가?」, 「이 단원의 수업이 모두 끝난 후에 나는 무엇을 평가할 것인가?」등의 질문은 최종수업목표를 형성하는 초기 단계에서 반드시 있어야 할 것이다. 최종수업목표는 개략적으로 진술하게 되며 이때 주의할 사항은, ① 몇 개의 진술문으로 되어도 좋다. ② 진술문이 규정하는 행동은 교육목표의 각 영역이나 각 수준을 종합적으로 포괄할 수 있어야 한다. ③ 너무 세부적이거나 구체적인 행동은 피해야 한다(변영계, 1979).

그러면, 앞에서 제시한 수업목표 설정 자원의 내용과 행동을 기초로 해서 최종수업목표 설정(중 1·2학년 수학과, 단원: 도형) 방법(고영희, 1981)을 알아보자.

위계별 학습과제 분석에서 교과내용 분석〈표 3-2〉의 학습요소별(개념·원리·응용)로 묶어서 일반목표를 설정할 수 있으며, ▶ 학습위계별 분석의 예(수학과)에서 ①, ⑥를 묶고, ②, ③, ④, ⑤를 묶고, ⑦, ⑧, ⑨, ⑩, ⑪, ⑫를 묶고, ⑮, ⑯을 묶고, ⑭, ⑰은 독립적으로 일반 목표를 설정할 수 있다.

이와 같은 방법에 의해서 설정된 일반목표는 다음과 같다.

- a. 두 직선의 평행·수선·수직·작도와 대변·대각의 개념을 설명할 수 있다.
- b. 삼각형의 합동조건을 이용해서 여러 가지 삼각형의 성질을 말할 수 있다.
- c. 사다리꼴·평행사변형·직사각형·마름모·정사각형의 상호관계를 구별할 수 있다.
- d. 다면체와 회전체의 성질을 말할 수 있다.
- e. 두 평면의 수직·평행의 개념을 설명할 수 있다.
- f. 입체도형의 부피와 겉넓이를 구할 수 있다.

2) 세부수업목표 진술

앞에서 최종수업목표는 어떤 것이고 설정자원은 무엇이며 어떻게 설정하는가를 예를 들어 살펴보았다. 한 단원의 최종수업목표가 설정되면 이를 위해 학습과제 분석을 중심으로 한 시간 또는 두 시간의 수업을 통해서 달성하려고 하는 단위시간의 구체적인 세부수업목표(단위수업시간의 학습목표)를 설정하고 진술하는 일이 수반되어야 하겠다.

가) 세부수업목표의 필요성

변영계는 최종수업목표를 왜 세부수업목표로 상세화 하고 진술해야 하는지를 네 가지로 제시하였다.

(1) 수업자나 수업설계자가 수업목표를 분명히 알게 되면 주어진 시간에 무엇을 가르쳐야 하는지가 명확하게 되어 수업시간을 소비하지 않고 수업밀도를 높일 수 있다.

(2) 학습자가 수업목표를 명확하게 알게 되면, 학습동기가 유발되고 학습자 자신이 자기의 수업계획을 세우게 되어 학습 효과를 더 높일 수 있다.

(3) 구체적이고 세분화된 수업목표는 학습평가의 타당도와 신뢰도를 높일 수 있으며, 따라서 수업의 질을 높일 수 있도록 평가결과를 재투입한다는 면에서 효과를 낳을 수 있다.

(4) 수업목표가 세분화되면, 길러야 할 행동이 무엇인지가 분명해지며, 어떠한 수업매체를 선정해야 하는지가 명확해진다.

수업목표를 세분화함은 교육의 모든 성과가 행동적 용어로만으로는 정의되거나 측정될 수 없고, 명백한 수업목표는 창의성이나 수업과정 운영의 융통성을 저해할 우려가 있으며, 교과에 따라서는 본질상 수업목표를 세분화할 수 없거나 학습활동을 전개한 후에야 평가의 준거로서 행동적 수업목표를 취택할 수 있는 등의 논란점이 있으나 더 의의 있는 수업목표 진술에 대한 대안제시를 못하고 있으며, 특히 정의적 측면에서 목표제시가 어렵다 하더라도 명세적인 수업목표의 장점이 많아 구체적이고 행동적인 목표제시의 노력은 필연적인 것이라 하겠다(고영희, 1981; 박성익, 1994).

나) 세부수업목표 설정의 실제

세부수업목표는 단위 수업시간에서 학생들이 학습해야 할 학습문제가 무엇인지를 세부적으로 기술하는 일이다. 이때 교사는 이 학습과제 또는 주제에서 중점적으로 학생들에게 가르쳐야 할 것이라고 생각되는 것이 무엇인지를 기술해 보는 일이 필요하다. 이때 다음과 같은 질문을 해보는 것이 좋다. 「무엇 때문에 이 주제가 설정되었는가?」, 「이 주제의 수업이 끝났을 때 학생들은 무엇을 할 수 있어야 할

것인가?」, 「이 주제의 수업이 모두 끝난 후에 나는 무엇을 평가할 것인가?」등의
질문은 세부수업목표를 설정하는 초기 단계에서 반드시 있어야 할 것이다.

그러면, 앞에서 설정(중 1·2학년 수학과, 단원: 도형)한 일반목표(a~f)를 중심
으로 최종수업목표 설정자원의 학습과제 분석에서 제시한 학습요소를 내용으로 하
고, Bloom이 제안한 교육목표의 인지적 영역을 행동으로 하여 이원분류표 작성을
통해 세부수업목표 설정 방법(고영희, 1981)을 알아보자.

(1) 이원분류표 작성

① 내용영역은 앞에서 제시한 학습과제 분석 중에서 교과내용 분석의 예 〈표
3-2〉의 학습요소, 즉 용어(개념)·절차·원리·응용과 해당된 내용 하나하
나의 요소가 될 수 있다.
② 행동영역(인지적 영역)은 지식·이해·적용·분석 등으로 구분할 수 있다.

〈표 3-3〉 이원분류표(인지적 영역의 수업목표 설정)

내용 ＼ 행동	지 식	이 해	적 용	분 석
용어(개념)	a-ㄱ			
절 차				
원 리	b-ㄷ d-ㅁ e-ㅂ	b-ㄴ	f-ㅅ	c-ㄹ
응 용				

위의 이원분류표에서 a-ㄱ 은, 일반목표(최종수업목표 설정의 실제) a. "두 직선
의 평행·수선·수직·작도와 대변·대각의 개념을 설명할 수 있다."는 용어를 아
는 것으로써 내용영역의 '용어'와 행동영역의 '지식'이 서로 만나는 칸에 써넣는다.
b-ㄴ과 b-ㄷ은, 일반목표 b."삼각형의 합동조건을 이용해서 여러 가지 삼각형의
성질을 말할 수 있다."에서 "삼각형의 합동조건"은 합동인 것을 찾아내는 것이므로
원리의 '이해' 칸에 b-ㄴ을 써넣고, "삼각형의 성질"은 아는 것이므로 원리의 '지식'
칸에 b-ㄷ을 써넣는다. 같은 방법으로 c-ㄹ는 원리의 분석 칸에, d-ㅁ은 원리의

지식 칸에, e-ㅂ은 원리의 지식 칸에, f-ㅅ은 원리의 적용 칸에 써넣는다.

위의 이원분류표에서 보는 것처럼 내용이나 행동 영역이 만나는 세부수업목표 설정 칸은 교과나 단원의 특색에 따라 내용이 다르게 나타난다.

(2) 수업목표 진술

〈표 3-3〉 이원분류표에 의거해서 설정된 세부수업목표의 예를 들면 다음과 같다.

a-ㄱ에 해당되는 수업목표
- 두 직선의 평행·수선·수직·작도 개념을 설명할 수 있다.
- 대변·대각의 개념을 설명할 수 있다.

b-ㄴ에 해당되는 수업목표
- 삼각형의 합동조건을 설명할 수 있다.

b-ㄷ에 해당되는 수업목표
- 여러 가지 삼각형의 성질을 말할 수 있다.

c-ㄹ에 해당되는 수업목표
- 사다리꼴·평행사변형·직사각형·마름모·정사각형의 상호관계를 구별할 수 있다.

d-ㅁ에 해당되는 수업목표
- 다면체의 성질을 말할 수 있다.
- 회전체의 성질을 말할 수 있다.

e-ㅂ에 해당되는 수업목표
- 두 평면의 수직·평행의 개념을 설명할 수 있다.

f-ㅅ에 해당되는 수업목표
- 입체도형의 부피를 구할 수 있다.
- 입체도형의 겉넓이를 구할 수 있다.

다) 세부수업목표 진술 방법

수업목표가 설정되었으면 그것이 수업방법과 학습성과의 평가 등 일련의 수업계획을 수립하고 처방하는 데 의미 있도록 진술되어야 한다. 수업목표가 어느 정도까지 세분화하며, 어떻게 진술해야 하는지에 대해서는 여러 가지 견해가 있지만 대표적인 학자로는 타일러(Tyler), 메이거(Mager), 가네(Gagné), 블룸(Bloom) 등을 들 수 있다.

여기에서는 이들의 견해를 중심으로 가장 일반적으로 사용되는 두 가지의 진술방법(변영계, 1979; 고영희, 1981)을 살펴보기로 한다.

(1) 수업목표는 구체적인 내용(內容)과 행동(行動)이 포괄되어 한 진술문 속에 제시되어야 한다(Tyler & Bloom).

수업목표는 학습자가 수업이 끝난 후에 할 수 있어야 할 것이 무엇인지 혹은 어떻게 느껴야 하고 생각해야 하는지에 관한 행동명(行動名)이 진술되어야 하고, 또한 무엇에 대하여 느껴야 하고 생각해야 하는지에 관한 내용이 동시에 진술문 속에 표시되어야 한다. 즉, 수업목표는 분명한 행동명과 그 행동이 「무엇」에 관한 행동인지를 규정지어주는 내용이 동시에 진술되어야 한다는 것이다. 예를 들어 「뉴턴의 세 가지 법칙을 열거하기」라는 학습과제의 목표가 있다고 할 때, 「뉴턴의 세 가지 법칙」은 내용에 해당되고 「열거하기」는 행동에 해당하겠다. 여기에서 만일 내용이나 행동 가운데 어느 하나만 제시된다면 어떠한 수업목표인지를 짐작하기가 어려울 것이다.

그리고 특히 행동을 나타내는 동사가 「이해한다」「안다」「느낀다」「추측한다」 등 일반적 동사, 암시적 동사는 학습된 결과를 알기가 무척 어려우므로 세부수업목표에서는 사용하지 않는 것이 좋고, 반면에 「열거할 수 있다」「말할 수 있다」「제시할 수 있다」등과 같이 학습된 행동을 대표해서 표시할 수 있는 구체적 동사, 명세적 동사를 택해서 사용하는 것이 좋을 것이다.

○ 타일러(Tyler, R. W.)방식에 의한 명료한 행동과 내용이 동시에 한 진술문 속에 나타나는 세부수업목표 진술의 예를 들어 보자.

• <u>뉴턴의 세 가지 법칙을</u> <u>열거할 수 있다.</u>
　　　　(내용)　　　　　　　　(행동)

• 시계를 보고 분 단위까지의 시각을 정확하게 말할 수 있다.

• 배운 노래를 바르게 부를 수 있다.

(2) 수업목표는 수업과정에서 의도하고 있는 행동명(行動名), 그 행동을 수행하게 될 조건(條件), 그리고 학습결과로 받아들일 수 있는 도달기준(受諾基準;

수락기준)의 세 가지 요소가 포함되어 진술되어야 한다(Mager & Briggs).
이 방법은 학습자가 학습된 행동을 수행할 수 있는 조건이 어떠한 상태인지 그리고 얼마나 잘 해야 주어진 수업목표에 달성했다고 수락(受諾)할 수 있을 것인가에 강조점을 둔다. 따라서 수업목표는,

- 성취행동명(어떠한 행동)
- 조건(어떠한 상태 속에서)
- 도달기준(얼마나 잘)에 대한 명확한 대답이 주어져서 진술되기를 요구하고 있다 하겠다.

○ 메이거(Mager, R. F.) 방식에 의한 진술의 실제
① 성취행동명의 진술

타일러(Tyler)나 블룸(Bloom)이 제시한 것과 같이 무엇에 대한 어떠한 행동을 의미하며 이는 구체적이고 관찰·측정 가능한 행동을 의미한다. 성취행동명을 진술하기 위해서는, 첫째로 학습될 내용이 아니라 학습된 결과를, 둘째로 여러 가지 행동이 아니라 한 가지 대표적인 성취행동을 수업자가 측정 가능하고 파악이 가능한 행동명으로 진술(명세적 동사로)하도록 해야 한다.

- 쓸 수 있다.(명세적 동사 : 관찰 가능함○)

 (학습자는 닿소리를 순서대로 <u>쓸 수 있다</u>.)

- 두 자리 수의 덧셈을 계산하는 방식을 <u>이해할 것이다</u>.(일반적 동사 : 학습되었는지 여부를 알 수 없어 또 다른 행동이 필요함×)

② 조건의 진술

조건이란 의도한 수업목표를 학습자가 시연할 때 있어야 하거나 혹은 제거해야 하는 자료·보조물·제한사항 등을 말한다. 다시 말하면 학습자가 학습된 행동을 평가받을 때 제공되는 장면이나 상황과도 같다.

- 한 세트의 그림이 주어졌을 때,(조건○)
- 대한민국 전도를 이용하여,(조건○)
- 프랑스의 위치를 지적하기(성취행동명×)
- 10개 중 8개를(도달기준×)

③ 도달기준의 진술

도달기준이란 학습된 행동을 얼마나 잘 해야 수업목표가 달성되었다고 볼 수 있는지의 수락기준을 의미한다고 볼 수 있다. 세부수업목표에서 달성기준은, 첫째로 시간적 기준, 둘째로 수락할 수 있는 최소한의 정답수, 셋째로 수락할 수 있는 정확률, 마지막으로 수락할 수 있는 행동의 특성이 기준으로 규정되어야 할 것이다.

- 8문제를

  (<u>두 자리 수 곱셈 10문제를 제시했을 때,</u> <u>8문제를</u> <u>풀 수 있다.</u>)
            (조건)   (도달기준) (행동)

- 대한민국 전도를 이용하여

  (<u>우리나라의 도시 분포를</u> <u>대한민국 전도를 이용하여</u> <u>설명할 수 있다.</u>)
            (조건)   (도달기준)   (행동)

- 15초 이내에

  (<u>운동장 100m 트랙을</u> <u>15초 이내에</u> <u>달릴 수 있다.</u>)
            (조건)   (도달기준)   (행동)

수업목표를 세부적으로 진술하는 것은 수업계획이나 평가를 위해서 대단히 많은 도움을 줄 수 있다. 그러나 수업목표를 너무 세분화시키다 보면 중요한 교육목표를 생략해 버릴 가능성이 있으며, 도달기준을 결정하는 문제에 있어서도 그 기준을 정하기가 극히 어려운 상황에 직면하기도 한다. 따라서 학습과제의 핵심내용을 영역별로 적절하게 세분하여 수업목표를 진술하는 기술이 필요하다.

라) 세부수업목표 진술상의 주의

세부수업목표는 다른 사람이 보아도 내용과 행동을 쉽게 이해할 수 있는 수준으로 진술되어야 한다. 그러나 우리들이 세부수업목표를 진술할 때 범하기 쉬운 몇 가지 오류를 살펴보기로 한다(Ibid.).

첫째로, 교사의 수업행동이나 교사의 활동을 수업목표로 진술하는 오류이다.

수업목표는 교사가 수업 중에 할 활동을 말하는 것이 아니라 학습자에게 변화되기를, 혹은 획득되기를 바라는 것이 무엇인가를 염두에 두고 수업목표로 진술하는 것이다. 예를 들어, 「학생들에게 현미경을 통하여 미생물을 관찰시킨다(×)」라는 진술은 학습 후에 나타나는 학생의 행동이 아니라 교사의 활동에 강조를 둔 것이다.

가르치는 활동과 그 결과로 학습된 결과 사이에는 상당한 차이가 있을 것이다. 앞의 예에서 미생물을 관찰시킨 결과로 학습을 학습자들이 학습한 것에는 여러 가지가 있을 수 있다.

① 관찰된 미생물의 종류를 열거할 수 있다.(○)

② 미생물의 그림을 보고 그 이름을 찾아낼 수 있다.(○)

③ 현미경을 조작하는 단계를 열거할 수 있다.(○)

④ 미생물과 고등생물의 차이점을 지적할 수 있다.(○)

위의 네 가지 예에서처럼 그 시간의 세부수업목표가 분명할 때, 교사는 무엇을 가르치고 무엇을 평가해야 하는지가 분명해지게 된다.

둘째로, 수업목표를 학습결과로 변화될 행동을 기술하는 것이 아니라 학습의 과정을 진술하는 오류이다.

다음 두 가지 형태의 진술을 비교해 보자.

① 가정이 사회의 최소 단위가 되는 까닭을 세 가지 이상 보기를 들어서 설명할 수 있다.(○)

② 가정이 사회의 최소 단위가 되는 까닭을 예를 들어가면서 서로 토론한다.(×)

위 두 가지 예에서 전자는 학생들이 학습이 끝난 후에 어떤 행동을 할 수 있느냐가 명시되어 있으나, 후자는 학습의 결과를 가져오기 위한 방법·절차를 진술하는 것이다. 수업목표는 수업의 절차나 방법의 요약을 기술하는 것이 아니라 의도한 결과를 진술해야 한다.

셋째로, 가르칠 교과목의 내용이나 주요 제목을 수업목표로 열거하는 일이다.

① 빛의 세 가지 성질(×)

② 미생물과 고등생물의 차이점(×)

③ 종교개혁의 배경(×)

등과 같이 교과목이나 제목을 수업목표로 진술해 놓은 경우를 흔히 볼 수 있다. 여기에는 학생이 어떤 것을 할 수 있는지의 어떤 특정한 학습결과를 나타내는 동사가 명시되어 있지 않다. 「종교개혁의 발단이 된 사건을 말할 수 있다(○)」와 같이 수업목표는 최소한 내용과 행동이 포함된 이원적인 진술이 필요하다.

넷째로, 하나의 목표 진술에 두개 이상의 학습결과를 포함시키는 오류이다.

예를 들어, 「과학적 방법을 이해하고 이를 효과적으로 적용할 수 있다(×)」라고 진술한 경우, 「이해한다」와 「적용한다」라는 두 가지 학습결과를 포함하고 있다. 이 경우에 어떤 학생은 이해는 하지만 그것을 효과적으로 적용하지 못할 경우도 있을 수 있으므로 학습된 결과를 확인하기도 어렵다. 그러므로 수업목표는 「과학적 방법이란 어떤 것인지 말할 수 있다(○)」와 같이 하나의 목표 진술에 하나의 학습결과만을 진술해야 한다.

다섯째로, 수업목표를 기대되는 성취행동이 나타나는 조건을 포함하여 진술해야 한다고 해서 실험의 과정이나 예상의 결과를 기대되는 성취행동으로 진술해서는 안 된다.

예를 들어, 「요오드를 천천히 가열하면 보라색의 기체가 생긴다는 것을 말할 수 있다(×)」등으로 진술한다면, 실험의 결과 얻어진 지식을 제시하였으므로 학생들에게 수업목표 제시의 의미가 없다. 이런 경우에는 「요오드를 천천히 가열하면 어떠한 색의 기체가 나오는가를 설명할 수 있다(○)」라고 하거나 「분자의 운동을 요오드 실험으로 설명할 수 있다(○)」로 진술하는 것이 좋다.

또 「황산구리를 물에 넣으면 파란색으로 변하고 아지랑이처럼 녹아내림을 알 수 있다(×)」로 진술하는 것보다는 「황산구리를 물에 넣어 어떻게 변하는가를 알아보는 실험과정을 통해서 황산구리의 특성을 설명할 수 있다(○)」로 진술하는 것이 더 좋다.

여섯째로, 수업목표를 명확하게 진술할수록 좋다는 생각 때문에 너무나 지나치게 세분화시켜 한 시간의 수업목표가 4~5개 이상이 되어 너무 많은 목표를 진술하는 수가 있다.

교과나 학습과제에 따라서 달라질 수 있겠으나 대개 한 시간의 수업목표는 1~3개 정도이면 적당할 것이다. 그 이상이 되면 시간이 부족하여 어느 한 가지도 성취하지 못하게 될 수도 있다. 따라서 학습과제의 분석단계에서 너무 많은 개수의 수업목표가 나오게 되면 이를 내용과 행동별로 통합하여 몇 개의 수업목표로 진술하는 조정 작업이 필요하다.

라. 단원 전개 계획

단원 전개 계획은 선정된 단원을 교수·학습 상황에서 실제로 전개하기 위한 사전계획으로서 하나의 통일된 안으로 사용되지 못하고 단원 지도 계획, 단원 학습지도 계획, 수업 실천 계획 등 수업 설계자에 따라서 다양하게 사용되고 있다. 이 계획은 수업설계 중에서 진단, 차시별 지도, 발전 등을 포괄하기 때문에 단원 전개 계획이라는 용어가 적절하다고 본다. 다음은 단원 전계 계획의 예이다.

<표 3-4> 단원 전개 계획(예)

단계	소 단 원	학 습 내 용	차시	학습자료	학습형태	지도상의 유의점
진단	진단학습 및 교정·심화학습	• 진단학습 • 교정·심화학습	1	• 진단학습지 • 교정·심화학습지	• 개별학습 • 모둠별 협동학습	• 선수학습내용 교정 및 예습 정도 확인
지도	차시별 소단원		2~6			
발전	확인학습 및 보충·심화학습	• 확인학습 • 보충·심화학습	7	• 확인학습지 • 보충·심화학습지	• 개별학습 • 모둠별 협동학습	• 개인별 수준별로 확인 조치
지도	차시별 소단원		8~13			
발전	확인학습 및 보충·심화학습	• 확인학습 • 보충·심화학습	14	• 확인학습지 • 보충·심화학습지	• 개별학습 • 모둠별 협동학습	• 개인별 수준별로 확인 조치

한국교육개발원의 새 수업체제에서는 진단단계에서 진단평가를 '진단학습'으로, 발전단계에서 형성평가를 '확인학습'으로 부른 것은 진단단계와 발전단계가 학생들의 학습을 평가하는 데만 목적을 두는 것이 아니라 평가 자체도 수업 내지 학습활동의 일환으로 간주하기 때문이다. 여기에서도 '진단학습'과 '확인학습'이란 용어를 그대로 사용하기로 한다.

예시와 같이 단원 전개 계획에서 사회과와 같이 단원 내용이 많은 경우에는 5~6차시 정도 끝나면 단원 중간 중간에 확인학습을 실시하도록 한다. 그러나 일선 학교에서는 편의상 단위 수업시간의 정착단계에서 대부분 실시하고 있는 실정이나 평가의 질을 높이고 주기적으로 학습내용을 상기시켜 피드백을 시켜준다는 의미에서 단원 중간 중간에 확인학습을 실시하는 것이 매우 효과적일 것이다. 그러나 영어과와 같이 한 단원의 내용이 6~10차시 정도 이루어질 경우에는 진단, 지도, 발전단계가 하나의 과정으로 전개된다. 이때 발전 형태의 확인학습(형성평가)을 하고자할 때는 형성평가를 실시하고 보충·심화학습을 실시한다.

2. 출발점 행동의 진단

가. 출발점 행동

출발점 행동(entering behavior; 시발행동, 투입행동)이란 하나의 새로운 단원이나 학습과제를 학습하기 전에 학습자가 이미 획득하고 있는 지식·기능·태도 등을 의미하며, 새로운 수업과정이 시작되는 단계에 있어서 학생들이 필수적으로 가지고 있어야 할 선행학습의 정도를 말한다. 특히 주어진 수업목표를 획득하는 데 관계되는 능력·태도·흥미 등은 그 단원을 학습을 위한 출발점 행동이 된다. 이 개념과 관련된 특성에는 준비성(readiness)이 있다.

출발점 행동은 규정하기에 따라서 여러 가지 요소를 포함하지만 대개 세 가지로 나눈다(변영계, 1979). 첫째, 어떤 단원이나 학습과제의 수업목표를 달성하기 위해서 수업이 이루어지기 전에 반드시 갖추고 있어야 할 것으로 판단되는 능력을 들 수 있다. 흔히 선수학습능력이나 선수학습요소라고 부르는 것이 이에 해당된다. 둘째, 어떤 단원이나 학습과제에서 가르치려고 의도하고 있는 수업목표들 중에 수업이 시작되기 전에 이미 습득하고 있는 능력을 들 수 있다. 이 능력은 단원의 수업이 시작되기 이전에 가정이나 학교에서 학습자가 획득한 사전학습능력이다. 셋째, 특정한 수업전략이나 수업방법에 관련이 있을 것으로 짐작되는 흥미·성격·경험배경·적성·기능·태도 그리고 지금까지의 학력을 들 수 있다.

이러한 세 가지의 출발점 행동 요소는 학습자 개개인에 따라서 각기 차이가 있을 것이며 주어진 수업목표가 어떠한 것인가에 따라서도 그 차이가 있을 것이다. 따라서 한 개인의 출발점 행동은 고정된 것이 아니라 교과목이나 단원에 따라서도 달라질 것이다.

나. 출발점 행동 진단

출발점 행동 진단은 전통적으로 학습준비성을 따지는 일에 해당되며 한 단위의 수업 시작에 즈음하여 학생들이 주어진 단원의 학습과제나 수업목표를 학습하기 위하여 최소한으로 갖추고 있어야할 능력을 갖추고 있는지, 그리고 주어진 단원의 수업목표에 대하여 무엇을 이미 학습했는지를 파악하는 일이다.

일반적으로 볼 때 교사는 수업이 시작되면 학급의 모든 학생들에게 똑같은 시점에서 똑같은 정도의 교수를 투입한다. 이것은 모든 학생들이 똑같은 수준에 있다는 기본 가정아래서만 그 타당성을 갖는다. 그러나 학급은 다양한 사회적 배경을 가지고 있으며 과거의 학습은 질과 깊이에 있어서도 상당히 이질적인 학생들이 모여 있는 것이 사실이다. 블룸(Bloom)에 의하면 학생들의 출발점 행동에 있어서의 개인차는 학생들의 학업성적의 개인차에 50~60%를 결정할 만큼 중요한 요인이다. 따라서 성공적인 수업전개를 위해서는 단원전개에 앞서 출발점 행동을 사전에 진단해 볼 필요가 있다. 출발점 행동 진단은 학생들이 새로운 학습과제를 학습할 때 부딪칠 문제점을 사전에 발견하고 이에 따른 적절한 조치를 가하여 새로운 학습과제를 모든 학생들이 다같이 학습할 수 있도록 하는 데 목적이 있다(고영희, 1981).

일반적으로 출발점 행동의 진단은 크게 세 가지로 나누어 생각할 수 있다. 첫째는 기초학습능력의 진단으로 흔히 학년초에 실시하게 되며 어느 교과에 필요한 기초능력을 알아보려는 데 있다. 중·고등학교에서 학년정치(學年定置)를 위해 신입생들에게 실시하는 반배치 고사도 여기에 해당된다고 하겠다. 진단 방법은 표준화 학력검사지를 이용할 수도 있으나 대부분 교사가 직접 제작한 검사지를 이용한다. 진단을 실시한 다음에는 학생 개개인의 결손을 알아보기 위해 문항별 분석표를 만들어 각 문항에 대한 학급 전체의 반응형태와 개개 학생의 반응형태를 분석하여 결함이 발견되면 이에 대한 지도가 있어야 할 것이다.

둘째는 심리특성(지능·적성·흥미·태도 등)의 진단으로 지능·적성·성격·학습유형·정서·흥미·태도 등의 검사를 실시함으로써 학생들의 특성을 진단하고 그러한 정보에 기초해서, 어떤 수업방법으로 어떠한 프로그램을 투입할 것이며 어떤 학습 집단을 편성하는 것이 좋은가를 결정하는 의사결정이 선행되어야 한다. 이런 방법도 수업전략의 일환이다.

셋째는 교과의 성취수준의 진단으로 이는 어떤 단원을 학습하기 전에 그 단원의 학습과제들을 학습하기 위해서 사전에 알고 있어야 할 선수학습(선행학습)능력을 진단하는 것과 새로운 단원에서 학습해야 할 학습과제들을 어느 정도 알고 있는지를 단원 학습에 임하기 전에 알아보는 사전학습능력의 진단이 있다.

여기에서는 세 번째로 제시한 선수학습(선행학습) 능력 진단과 사전학습능력 진단에 대해 변영계(1979)가 제시한 내용을 중심으로 자세하게 알아보려고 한다.

1) 선수학습능력 진단

가) 선수학습능력

선수학습능력이란 한 특정한 학습과제나 단원의 수업목표를 학습하는 데 학습자가 전 학년이나 전 학교급에서 반드시 습득하고 있어야 할 지식·기능·태도를 의미한다. 다시 말하면 어떤 단원이나 학습과제의 수업목표를 달성하기 위해서 수업이 이루어지기 전에 반드시 갖추고 있어야 할 것으로 판단되는 능력이라고 할 수 있다.

나) 선수학습능력의 추출

한 단원의 학습을 위한 선수학습능력을 추출하고 진단하는 방법으로는 일반적으로 학습과제 분석법을 이용하게 된다. 최종수업목표가 결정되고 이 최종수업목표를 성취하기 위해서 학습자가 하위 학습과제가 무엇인지를 순차적으로 밝혀 나가다 보면 최종적으로 전학년이나 전단원에서 학습되어야 할 최하위 학습과제(학습요소)가 추출되어 나온다.

따라서 이렇게 분석된 학습과제를 도식화한 학습위계별 분석도에서 제일 아랫부분에 있는 하위 학습과제가 선수학습요소 또는 선수학습능력에 해당된다. 그런데 학습과제분석을 해 놓고 뽑혀진 하위 학습과제를 모두 선수학습능력의 요소로 결정하기는 어렵다. 학습과제를 분석해 놓고 어떤 것이, 어느 수준이 선수학습능력으로 규정해야 하는지는 수업설계자가 교과 전문가나 교육과정 전문가의 도움을 받아 스스로 판정을 내리는 도리밖에 없다.

그리고 수학·과학·기능교과에 해당하는 것은 매 단원별로 이러한 선수학습요소를 뽑아내는 일이 비교적 용이하지만, 교과목에 따라서는 이와 같은 방법으로 선수학습능력의 요소를 찾아내기가 극히 어렵다. 그러므로 각 학년별로 기초학습기능에 관한 것을 뽑아서 그 학년의 해당 교과목 선수학습능력의 요소로 추출하는 방법도 생각할 수 있다.

다) 진단 검사 도구 제작

선수학습능력의 요소가 선정된 다음에는 그 각 요소에 대해서 진단을 위한 검사도구를 제작해야 한다. 진단검사도구 제작 시 주의할 점은 일반 평가도구 제작 때와 동일하나 특히 다음 사항에 유의해야 한다.

- 채점 결과가 절대기준평가의 기본 입장에 대하여 합격인지 불합격인지가 명확히 밝혀지도록 검사도구를 제작해야 한다.
- 타당도와 신뢰도를 고려하여 각 요소별로 최소한 한 문항 이상을 제작하여 야 한다.
- 채점이 용이하도록 제작해야 한다.
- 제작된 검사의 각 문항은 어느 선수학습능력의 요소에 해당되는지를 명확히 알 수 있도록 표시되어야 한다.
- 진단 문항은 편의상 1시간 이내에 진단평가와 교정·심화학습을 모두 마칠 수 있도록 7~10문항 정도로 제작하는 것이 바람직하다.
- * 진단문제 해결 10분 내지 15분, 채점 5분, 교정·심화학습 25분 내지 30분 실시

(1) 진단평가 관점(예)

문제 번호	진단평가 요소	비 고
1	o 삼각형의 변, 꼭지점	* 진단평가 요소는 단원의 선수학습요소에서 추출
2	o 삼각형의 합동조건	
3	o 사각형의 성질	

(2) 진단평가 문제

진단평가 관점에 근거해서 진단평가 문제를 일반 평가 문제와 마찬가지로 주관식 또는 선다형(4지, 5지) 등으로 출제한다.

라) 선수학습능력의 진단 실시와 처치

선수학습능력에 대한 진단을 실시하는 횟수, 실시방법, 실시 후의 처리 등은 교과에 따라서 다르고 또 어떠한 수업전략을 택할 것인가에 따라 다르다.

(1) 개별화 수업에서 진단과 처치

개별화 수업에서는 학습자의 학습속도에 알맞게 수업이 제공될 수 있어야 하기 때문에 선수학습 능력에 있어서 결손이 없는 학생은 시간을 지체하지 말고 바로 본시 수업으로 들어갈 수 있도록 본시 학습목표를 위한 학습이나 심화학습을 해야 할 것이며, 결손이 있는 학생들은 어느 부분이 결손이 있는지 그 결손 부분만 교정학습을 받고 본시 수업으로 들어갈 수 있도록 해야 할 것이다.

검사가 실시된 후에는 채점을 한다. 채점은 크게 세 가지 방법으로 할 수 있다.

- 첫째는 자기 채점으로서 교사가 답을 불러주고 학생들은 자신의 검사지에 스스로 채점하는 것이다. 이것은 즉각적인 피드백과 강화가 이루어지나 채점을 잘못할 경우 교사로 하여금 교정학습을 위한 정확한 분류를 못하게 할 가능성이 있다.
- 둘째는 학생 상호채점 방법으로서 검사문항이 적을 때는 즉각적인 피드백과 강화가 이루어지나 문항이 많을 때는 피드백과 강화가 적은 반면 정확한 채점이 이루어지므로 분류를 정확히 할 수 있다.
- 셋째는 교사채점 방법으로서 이것은 초등학교 저학년처럼 학생들이 직접 채점할 능력이 부족할 때나 진단검사 문항이 복잡하게 구성되었을 때 교사가 채점을 하게 된다. 채점은 정확히 이루어지나 피드백과 강화의 효과는 적고 교사의 부담을 가중시킨다.

예를 들어, 한 학급 35명의 학생들을 대상으로 어떤 교과에서 한 단원의 선수학습기능 7개 요소에 대해 진단을 실시하여 채점을 한 결과가 다음과 같이 나타났다.

다음 표에서 보는 바와 같이 학생들은 선수학습능력에 있어서 각기 다른 수준을 갖고 있음을 알 수 있다. 결손이 없는 학생에서부터 모두 결손인 학생에 이르기까지 결손이 다르게 판정된 것이다. 만일 학급의 학생수가 35명이라면 결손이 중복된 경우를 포함해서 훨씬 다양하게 나타날 것이다.

채점이 끝난 후에는 각자 자기 문제지를 가지고 어떠한 요소에 결손이 있는지를 알도록 한다.

진단요소 / 학생명	1	2	3	4	5	6	7	통과문항수 (통과율%)
고◇◇	○	○	○	○	○	○	○	7(100)
김◇◇	×	○	○	○	○	○	○	6(86)
노◇◇	×	×	×	×	×	×	×	0(0)
문◇◇	○	×	×	○	×	○	○	4(57)
윤◇◇	×	○	×	×	×	○	○	3(43)
하◇◇	×	×	×	○	○	○	○	4(57)
통과자수 (정답률%)	8 (23)	24 (69)	10 (29)	30 (86)	19 (54)	31 (89)	34 (97)	

* ○는 통과 문항, ×는 실패 문항

개별화 수업을 위해서는 각종 교수・학습 자료를 충분히 마련하여 학생들의 학습 속도에 맞도록 수업 프로그램을 제공해 주어야 한다. 즉, 선수학습 기능에 통과한 (정답률 80% 이상) 무결손 학생은 바로 본시 수업으로 들어갈 수 있도록 예습을 하거나 심화학습을 하도록 하고, 탈락한 부분 및 전반적 결손 학생들에게는 몇 가지 부족 부분을 보충해 주는 문항별 교정학습 자료나 교정학습 프로그램교재가 제공되어야 한다. 그리고 탈락하여 교정학습 프로그램 수업을 받았을 경우 결손이 있었던 선수학습능력이 보완되었는지를 재확인하고 통과하면 종료하고, 다시 실패하면 다른 교정학습 프로그램을 제공하여 특별지도가 이루어지도록 하여야 한다[그림 3-1 참조]. 가장 좋은 것은 학습자 개인별로 결손이 있는 요소만 교정학습을 받도록 하는 것이 이상적이다. 그러나 수업자는 각 요소별 정답률이 40% 미만으로 떨어질 경우에는 그 요소에 대하여 전체적으로 교정학습을 실시하는 것도 좋다.

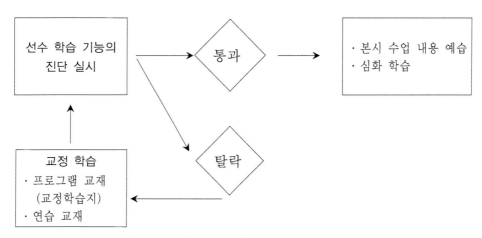

[그림 3-1] 개별화 수업에서 진단학습의 과정

자료: 변영계(1979). 수업설계. 서울: 배영사. P.225. 내용 수정

(2) 일반 학급에서의 진단과 처치

일반 학급에서 학생들의 선수학습기능을 진단하고 그 결과에 합당한 처방을 해주기는 대단히 어려운 일이다. 다시 말해서 진단 후 결손 부분만을 교정 내지 보완해 줄 수 있는 자료가 있어야 하고, 또 학생들의 학습속도를 어떻게 맞추어 나갈것인가에 큰 문제점이 있다. 따라서 일반 학급에서는 학급 내 전체 학생들을 대상으로 하여 어떠한 측면에 결손이 있는지를 밝혀 그 부분에 특별한 지도를 해 주는방법을 생각할 수밖에 없다.

첫째로, 학년이나 학기초에 실시하는 전학년(前學年)의 학년정치검사나 기초학력검사를 통해 자기 학급 학생들은 어떠한 면에 결손이 많이 있는지를 정확하게파악하여 계속적으로 보완시켜주는 방법을 생각할 수 있다. 그리고 특수한 학생들을 골라 그들만을 위한 프로그램을 생각할 수 있다. 예를 들어, 방과 후에 남겨서기초학습기능에 해당하는 부분을 별도로 지도해 준다든가, 또는 학생들끼리 소집단을 지어주어 상호 결손부분을 보완 받을 수 있도록 지도해 주는 방법이 있을 수있다.

둘째로, 한 특정한 단원에 실시하는 선수학습기능 진단의 경우에 있어서도 학급학생 중 절반 이상이 결손이 있다고 판명된 부분부터 전학생을 대상으로 교정학습을 시켜주는 방법을 생각할 수 있다. 이 때 결손이 없는 학생은 배우게 될 본 단원에대하여 예습을 하거나 심화학습 기회를 줄 수도 있다.

채점은 앞의 개별화 수업에서 진단과 처치와 동일한 방법으로 채점을 실시한다. 예를 들어, 한 학급 40명의 학생들을 대상으로 어떤 단원의 선수학습기능 7개 요소에 대해 진단을 실시하여 채점한 결과가 다음과 같이 나타났다.

진단요소 / 학생명	1	2	3	4	5	6	7	통과문항수 (통과율%)
강◇◇	○	○	○	○	○	○	○	7(100)
김◇◇	×	×	○	×	○	○	○	4(57)
민◇◇	○	○	×	×	×	×	×	2(29)
박◇◇	○	×	×	○	○	○	×	4(57)
이◇◇	○	○	○	×	○	○	×	4(57)
장◇◇	○	×	×	○	×	○	×	3(43)
통과자수 (정답률%)	39 (98)	34 (85)	19 (48)	24 (60)	10 (25)	38 (95)	8 (20)	

* ○는 통과 문항, ×는 실패 문항

이 경우 이상적으로는 학생들 각자가 갖는 선수학습기능의 결손 부분만 보충해 주어야 하지만 다인수 학급에서 그것이 불가능하므로 차선책으로 학급 전체를 한 집단으로 보고 학생들이 어떠한 요소에 결손이 있는가를 통과 문항수(통과율)에 따라 세 가지 집단으로 나누어 결손을 처치해 주는 것이다.

- 첫째, 무결손(6~7문항 통과) 학생들은 그 단원과 관련된 선수학습요소를 거의 모두 알고 있다. 따라서 이들에게는 심화학습으로 단원 내용을 미리 예습하거나 다른 심화과제나 관련 학습자료를 주어 해결하게 할 수 있다. 또 결손이 있는 학생들을 도울 수도 있다.
- 둘째, 부분적 결손(4~5문항 통과) 학생들은 교정학습으로 ① 프로그램 교재(교정학습지)나 연습교재를 주어 스스로 문제를 해결해 보도록 한다. ② 무결손 학생과 부분 결손 학생들이 두 사람 이상 집단을 구성하여 무결손 학생이 부분 결손 학생을 가르쳐주는 방법으로 구성원끼리 서로 돕는 과정을 통해서 학습과제를 해결해 나가는 상호학습을 실시한다. 그리고 교사는 해결한 문제를 점검하고 확인한다.

- 셋째, 전반적 결손(0~3문항 통과) 학생들은 매우 지도하기가 힘들고 교정과 처치가 단기간에 이루어지기가 힘들며 장기적으로 특별한 계획과 지도가 있어야 한다. 따라서 방과 후나 특별활동 시간에 집중적으로 특별지도를 하거나 부모에게 통보하여 가정에서 지도해 주도록 요청하여 처리한다.

그러나 일반적으로 다인수 학급에서는 문항별 정답률에 따라서 3수준으로 나누고, 진단평가 결과 문항별 정답률이 80%를 넘는 문항의 경우에는 심화학습 자료를 주어 심화학습을 하도록 하고, 정답률이 40% 미만의 문항에 대해서는 교사가 일률적으로 설명 등을 통해 전체적으로 교정학습을 해주고, 나머지 오답 문항에 대해서는 프로그램 교재나 교정학습 자료를 주어 부분적 결손 학생의 진단 결과 처치와 같은 방법으로 교정학습을 할 수도 있다.

2) 사전학습능력 진단

가) 사전학습능력 진단

사전학습능력이란 한 특정한 학습과제나 단원에서 학생들에게 가르치려고 의도하고 있는 수업목표에 대하여 수업이 이루어지기 전에 학생들이 이미 획득하고 있는 능력을 말한다(고영희, 1981). 다시 말하면 그 단원의 수업을 받지 않았지만 이미 획득하고 있는 학생들의 학습능력이라고 할 수 있다.

한 학급의 학생들은 사전학습능력에 있어서 상당한 수준의 변차(變差)를 지니고 있다. 학급 안에서 이렇게 변차가 있는 학생들을 똑 같이 한 가지 방법으로 가르치는 데는 여러 가지 문제가 있다. 따라서 사전 학습능력을 명확히 진단하고 그 결과에 따라서 학생 각자에게 알맞은 수업을 제공하는 일은 오늘날 수업지도에서도 큰 관심거리이다.

개별화 수업이 가능하다면 사전학습능력 진단은 학생 개개인이 무엇을 학습하고, 무엇을 생략해도 되는지에 대한 유익한 자료가 될 수 있다.

사전학습능력을 진단하기 위해서 고려해야 할 사항은 다음과 같다(변영계, 1979).

- 사전학습능력 진단요소는 본 단원에서 학생들에게 가르치려고 의도하고 있는 하위 학습과제나 세부 수업목표가 된다.

- 사전 학습능력 진단을 위한 평가도구는 해당 단원의 형성평가나 총괄평가지를 사용하는 것이 좋다.
- 평가 결과 분석을 통해 학생 개개인별로 무엇은 알고 무엇은 모르는지를 밝혀야 한다. 다시 말하면 수업목표 중에 무엇 무엇은 이미 학습되어 있고 무엇 무엇은 앞으로 학습되어야 할 것인가가 밝혀져야 한다.
- 사전 학습능력 진단은 교과의 특성에 따라 다르지만 매 단원별로 1회씩 실시하는 것이 좋다.

나) 사전학습능력의 추출

전 학년이나 전 학교급에서 배운 내용(선수학습)과 관련지을 수 없는 새로 선정된 한 단원의 학습을 위한 사전학습능력을 추출하고 진단하는 방법으로는 선수학습능력 진단과 마찬가지로 학습과제 분석법을 이용하게 된다. 최종 수업목표가 결정되고 이 최종수업목표를 성취하기 위해서 학습자가 하위 학습과제가 무엇인지를 순차적으로 밝혀나가면 전 학년이나 전 단원에서 학습되어야 할 학습과제(학습요소)를 제외한 본 단원의 하위 학습과제들이 추출되어 나온다.

따라서 이렇게 분석된 학습과제들을 도식화한 학습위계별 분석도에서 보면 선수학습요소를 제외한 점선 상단에 있는 본 단원의 위계별 하위 학습과제 모두가 해당된다. 이 학습과제는 본 학습에서 학습해야 할 세부 수업목표가 되기도 한다. 그런데 어느 수준을 사전학습능력으로 규정해야 하는지는 수업설계자가 교과 전문가나 교육과정 전문가의 도움을 받아 스스로 판정을 내리되 형성평가나 총괄평가와 연계시켜 추출해보는 것도 필요하다.

다) 진단 검사 도구 제작

사전학습능력의 학습과제(학습요소)가 선정된 다음에는 그 각 요소에 대해서 진단을 위한 검사도구를 제작해야 한다. 진단 검사 도구 제작시 주의할 점은 선수학습능력 진단검사에서 제시한 내용과 동일하다.

라) 사전학습능력의 진단과 처치

제작된 사전학습 검사도구를 활용하여 앞의 선수학습능력 진단과 동일한 방법으로 진단을 실시하고 채점을 하여 처리한다.

예를 들어, 어떤 한 단원의 사전학습능력 진단을 실시하여 채점한 결과, 처방하는 방법으로 가장 좋은 것은 학생 개개인별로 결손이 있는 문항만 교정학습을 받도록 하는 것이 이상적이다. 그러나 현실적으로는 선수학습능력의 일반 학급에서 진단 및 처치와 동일한 방법으로 각 요소별 정답률이 80%를 넘는 경우에는 심화학습을 하도록 하고, 정답률이 40% 미만의 문항에 대해서는 교사가 일률적으로 설명 등을 통해 전체적으로 교정학습을 해주고, 나머지 오답 문항에 대해서만 부분적 결손 학생의 진단 결과 처치와 같은 방법으로 교정학습을 할 수도 있다.

☑ 발전계통이 뚜렷하여 선수학습요소 추출이 가능한 교과는 선수학습 능력진단을 실시하고, 선수학습요소 추출이 곤란한 교과는 본 단원의 하위학습요소를 추출하여 사전학습 능력 진단을 실시한다. 또한 선수학습요소가 미약한 교과는 선수학습능력 진단과 사전학습능력 진단을 동시에 실시할 수도 있다. 이때 문항으로는 선수학습능력에 70~80%를, 사전학습능력에 20~30%를 배정하여 제작한다.

3. 수업전략 수립

수업전략이란 주어진 수업목표를 성공적으로 달성하기 위해서 어떤 학습 내용을 어떤 방법으로 가르칠 것인가에 대한 종합적인 계획이라 할 수 있다(김신자, 1998). 수업전략에는 수업계열 결정, 수업방법 결정, 학생조직이 포함된다.

가. 수업계열의 결정

수업계열은 교육과정의 계열적 조직에서처럼 수업의 전개를 순서적으로 계열화하는 것을 의미한다. 한 단원이나 한 학습과제를 가르치기 위해서는 최소한 몇 시간의 수업시간이 요구된다. 즉 최종수업목표를 달성하기 위해서는 하위수업목표인 세부수업목표가 달성되어야 한다. 따라서 한 단원이나 한 학습과제 속에는 몇 개의 세부수업목표가 있을 수 있는데, 이 세부 수업목표를 어떤 순서에 의해서 학습한 후에라야 학습자는 최종의 단원 수업목표에 도달할 수 있을 것이라는 생각을 할 수 있다. 이러한 경우에 몇 개의 세부수업목표 중 무엇을 제일 먼저 가르치고, 무엇을 그 다음에 가르쳐야 하는지를 생각하는 것은 대단히 중요하다.

한 수업목표를 학습한 결과는 다음 수업목표의 학습에 큰 영향을 준다. 한 수업목표의 학습이 후속되는 수업목표의 학습에 전이를 일으키지 않더라도, 그 학습순서에 있어서 선후가 결정되어야 할 경우도 많다. 그러므로 한 단원의 수업목표들은 학습자의 학습을 용이하게 하고, 효과를 높이기 위해서 어떤 계열(系列)을 지워야 할 것이다.

수업의 계열을 결정하기 위해서는 무엇보다도 먼저 생각해야 할 일이 학습과제 분석표이다. 즉 한 수업목표의 학습이 다음 수업목표의 학습에 최대한의 전이를 줄 수 있도록 배열하는 것이다. 그러나 한 단원의 수업목표들도 모두 이러한 관계 속에 있지 않은 경우가 많다.

한 단원 속의 수업목표들은 어떤 관계 속에 있는가?

- 한 수업목표의 학습결과가 다른 수업목표의 학습을 보다 쉽게 하는 경우에는 상호 위계적 관계를 중심으로 수업계열을 결정할 수가 있다.(제3장 위계별 학습과제 분석 참고)
- 두 수업목표 간에 하등의 위계적 관계를 찾아보기 어려운 경우에는 한 단원 속에서 가르치려고 하는 목표들이 서로 단속적으로 되어 있어 한 수업의 학습이 그것으로 끝나는 경우가 많다.

그럼 이 두 가지 특성을 지니고 있는 한 단원이나 한 학습과제의 수업목표는 어떠한 기준으로 그 계열을 결정하는 것이 좋은가? 즉, 한 단원에서 가르쳐야 할 수업목표가 최소한 두 가지 이상 도출되었다고 가정하고 이 목표들을 어떤 순서로 가르칠 것인가에 대하여 몇 가지 원칙을 알아보면,

첫째, 공통요소(common element)는 가능한 한 초기 단계에서 가르친다.

둘째, 선수학습능력(prerequisite skill)의 관계를 보아 한 수업목표의 선수학습 능력이 다른 수업목표의 선수학습능력에 해당되는 것부터 먼저 가르친다.

셋째, 작업의 의존성에 따라 선후를 가린다. 즉 작업의 순서나 학습되는 과정으로 볼 때, 그 일의 앞뒤가 분명히 나누어지는 경우에는 그 작업의 순서에 따라서 결정해야 한다.

넷째, 하등의 위계적 관계나 공통요소 등의 관계가 없는 경우에는 교과의 특성이

나 이미 만들어져 있는 자료의 특성에 따라 그 순서를 결정한다. 이때에는 수업설계
자의 임의적 기준에 따를 수밖에 없다(변영계, 1979).

또한 오스벨(Ausubel)은 수업계열을 배열하는 방법으로 연역적 방법과 귀납적
방법을 들고 있다(고영희, 1981). 전자는 개념이나 원리와 같은 일반적인 것(최종수
업목표)을 먼저 순차적으로 제시하고 특수한 것(세부수업목표)은 나중에 제시하는
계열이고, 후자는 특수한 예를 먼저 제시하고 일반적인 것을 나중에 순차적으로
제시하는 계열을 의미한다. 보통 계열이 뚜렷한 교과들(수학, 사회 등)은 연역적
방법을 주로 사용하나 음악과 같이 계열이 미약한 교과는 귀납적 방법을 적용하기
도 한다.

나. 수업방법 결정

어떤 교과에서 주어진 수업목표를 학습자에게 성취시키기 위해서 제공될 수 있는
수업방법에는 다양한 것들이 있을 수 있다. 수업이 시작될 때부터 끝날 때까지 교사
가 설명하는 형태의 수업을 생각할 수 있고, 또 때로는 교사의 별다른 지도를 받지
않고 학생들이 자율적으로 학습하는 형태도 있을 수 있다. 변영계(1979)는 여러
가지 수업방법 중에서 대표적인 것을 골라 수업 단계별로 어느 단계에 있어서 보다
효과적인가를 다음〈표 3-5〉과 같이 제시하고 있다.

〈표 3-5〉 수업단계별 최적의 수업방법

수업방법 \ 수업단계	도 입	전 개	정 착
강 의 법	○		
시 범	○		
반 복 법		○	○
토 의 법		○	○
실 연 법		○	○
자 율 학 습 법			○
프로그램학습	○	○	○
학생상호학습법	○	○	○
모 의 학 습 법	○	○	○
협동학습법(참여식수업)	○	○	○

위의 표에서 「○」표가 있는 곳은 해당 단계에 수업 방법이 적합하다는 뜻이고, 없는 곳은 그 효과성을 말하기가 어렵다는 뜻이다.

따라서 예를 들면 강의법은 한 단원의 도입단계나 한 시간 수업의 초기 단계에 적합하다는 뜻으로 말할 수 있다. 그리고 위의 표에서 도입·전개·정착은 한 시간 수업뿐만 아니라, 한 단원이나 한 학습과제의 학습에서 도입·전개·정착(혹은 열기·수업중·마무리)으로 구분하여 이해해도 좋다. 결국 하나의 단위수업시간에 적용되는 수업방법은 도입·전개·정착에 모두 동일한 방법이 적용될 수도 있고, 각 단계별로 다른 방법이 적용될 수도 있으며, 두 가지 이상의 방법이 복수로 적용될 수 있다. 그러나 핵심적인 수업방법은 전개부분에서 적용되는 방법이라고 말할 수 있다.

여기에서 제시한 수업방법 외에도 여러 학자들이 개발하여 활용하고 있는 수업방법(학습방법)은 매우 다양하며 한국교육개발원의 교과별 수업과정 하위모형도 함께 고려해볼 수 있다. 따라서 교사는 교과나 학습과제의 성격에 알맞은 수업방법을 선택하여 수업의 효과를 기할 수 있도록 수업설계를 하여야 한다.

다. 학생조직

수업목표를 효과적으로 달성하기 위해서는 학습과제의 성격에 따라서 학생들을 수업활동에 필요하게 재조직해야 한다. 학생조직은 수업활동을 위한 모둠(조별) 조직과 좌석 배치에 의한 조직을 생각할 수 있으며, 과제 수행을 원활히 할 수 있고 교사의 통제가 용이하도록 조직되어야 한다.

1) 모둠(조별) 조직

일반적으로 교실에서 수업을 전개할 때에는 특별한 조직을 하지 않고 칠판을 보고 앉은 좌석을 그대로 유지하며 수업을 진행한다. 그러나 특별히 수업 활동의 효과를 노리기 위해서는 과제의 성격에 맞게 분단을 재조직해야 한다. 과제수행의 성격에 따라 한 학급의 학생수를 2명씩 조를 짜서 배쌍 협력학습을 할 수도 있고, 4~6명 정도로 모둠을 짜서 모둠별로 과제를 부여하고 해결하여 발표하는 모둠학습을 수행할 수도 있다. 모둠을 짤 때는 학생들의 수준을 고려하여 상·중·하 학생들이 한 모둠에 고루 배치되어 리더를 중심으로 협력학습이 가능하도록 하는 것이 바람직하다. 특히 학생주도형의 문제해결학습은 과제의 성격에 알맞도록 모둠을 조직하여 학습활동을 전개하면 효과가 클 것이다. 또한 모둠원끼리 문제를 해결하는 과정에서 서로 돕고 이해하며 남과 더불어 살아갈 줄 아는 인성을 기를 수 있는 장점도 있다.

2) 좌석 배치

좌석은 학습 형태에 따라서 다양하게 배치할 수 있다. 전체 학생의 좌석 배치는 모든 학생이 칠판을 바라보는 전통적 기본형인 형과 ≣형, 칠판을 중심으로 한 반달형, ⊔형, ⊔형, ▣형, 이중원형, 그리고 법정의 배심원 좌석 형태 등을 생각할 수 있다. 조별(모둠별) 좌석배치는 2인 1조, 3인 1조, 4인 1조, 5인 1조, 6인 1조에 따라 ⊟형, ◫형, ⊞형, 田자형, ⊔⊔형 등을 생각할 수 있다. 일반적으로 학생들은 모둠 좌석 배열 형태를 좋아하나 학생들이 지도교사의 얼굴을 보지 못하고 등지며 수업에 참여하는 형태의 좌석배치는 바람직하지 못하다. 따라서 모둠 좌석으로 배열할 경우에는 교사의 적절한 지도가 필요하며, 특히 실험이나 실습을 요하는 교과는 전형을 초월해 학습목표의 효과를 극대화할 수 있는 모둠이 되도록 좌석을 배치할 수도 있을 것이다.

그러면 집단 구성에 따른 몇 가지 좌석 형태를 살펴보기로 한다.

• 기본형

전통적인 교실에서 볼 수 있는 좌석 배치 형태로서 모든 학생이 정면 칠판을 향해 앉아 있는 좌석배치 형태로서 학생들이 마주 볼 수 없어 소란스러워지지 않고 자신의 할 일에 집중할 수 있다. 전체 학생을 대상으로 발표하기에 좋다.

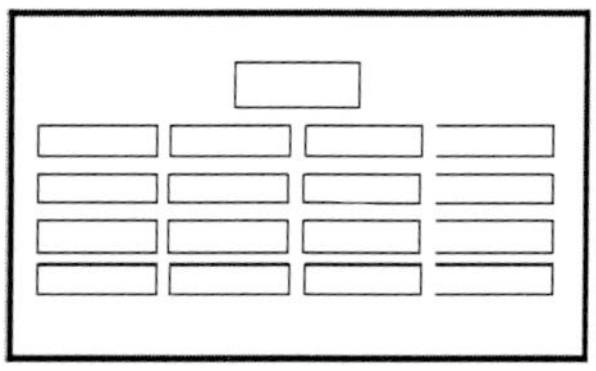

• 이중 원형

발표가 많은 수업일 때 상대방을 보며 발표하고 들을 수 있어 집중력을 높여 주는 좌석 배치라고 할 수 있다. 일반 교실에서는 책걸상을 재배치해야하는 어려움이 있다. 주로 말하기, 듣기, 전체 토의 등에서 이용하면 효과적이다. 모둠 좌석에서는 원형으로 배치하여 활용할 수 있다.

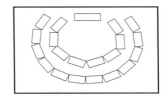

- 오케스트라형(부채형)

음악 수업을 할 때 이용하면 지휘자를 중심으로 음을 모을 수 있다.

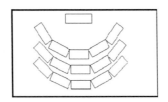

- ⊔자형

가운데 빈 공간을 이용하여 시범, 연극, 게임, 발표 등을 하기에 좋은 좌석배치이다. 우리나라 교실 상황에서는 원형보다는 ⊔자형을 활용하기가 용이하다고 볼 수 있다.

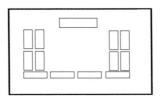

4. 수업매체의 선정

가. 수업매체의 개념

수업매체(instructional media)란 수업사태에서 교사와 학생 사이에 전달될 내용(message)을 운반하는 수단을 총칭한다(신통철, 1983). 다시 말하면 인쇄매체에서부터 실물, 컴퓨터에 이르기까지 교재, 학습자료, 교구(教具), 기재(器材), 도구 등을 망라해서 수업매체라고 할 수 있다.

메시지의 내용은 학습내용의 핵심이다. 메시지의 내용을 어떠한 방법으로 큐 (cue; 신호)를 넣고 어떠한 표시적(表示的) 기호를 선정할 것인가를 결정해야 한다. 표시적 기호는 시각으로 할 것인가, 청각으로 할 것인가, 그리고 표상적 기호(모형, 영화, 사진녹음, 그림, 도표, 지도, 약화, 다이아그램))로 할 것인가, 상징적 기호 (언어, 수)로 할 것인가에 대한 선정을 말한다(고영희, 1981).

나. 수업매체의 특성

다양한 매체들이 교실 수업에 활용되게 된 동기는 교육매체가 지닌 여러 가지 특성 때문이라고 할 수 있다. 김철주(1999)는 수업매체가 지닌 일반적인 특성을 다음과 같이 제시하고 있다.

• 수업기능을 강화시켜 준다.

수업매체를 통해 수업의 질을 높일 수 있다. 전자통신매체의 발달로 인하여 추상 적인 언어 일변도의 학습방법에서 탈피하여 영화나 슬라이드, 비디오와 같은 시각 적이고 청각적인 수업자료를 곁들어 수업할 경우 더욱 효과적으로 학습할 수 있다. 시각교구를 사용하면 내용을 구체적으로 설명할 수 있고 현실감을 더해주며 기억력 의 향상을 꾀할 수 있다.

• 학습의 직접화 및 즉시화가 가능하다.

교과서의 내용이 어떤 분야에서 시대에 뒤떨어진 내용이나, 교과서에 담겨지지 않은 현시에 일어나고 있는 사회의 많은 사건 내용들을 매체에 담아 수업에 활용한 다면 최신의 정보나 사건을 수업현장에 그 즉시, 직접적으로 전달할 수 있다.

• 수업에 소요되는 시간을 보다 효과적으로 사용할 수 있다.

매체를 통해 많은 양의 정보들이 학습자에게 짧은 시간에 전해질 수 있는 면은 교사가 시간을 효과적으로 사용하는 데 매우 효과적이다. 교사는 같은 내용의 설명 을 계속할 필요 없이, 매체가 대신 내용의 설명을 맡게 되며, 교사는 지식의 전달에 서 벗어나 수업의 운영자, 설계자, 상담자의 입장으로 전환될 수 있다. 미국 펜실베 니아의 와튼 스쿨(Wharton School)과 미네소타(Minnesota)대학에서 연구한 바에 의하면 시각 교구를 병행한 프레젠테이션(presentation)은 개념 설명에 소요되는 시간을 40%나 단축시키고 좋은 의사결정의 가능성을 높여준다고 하였다(밥 파이크, 2005).

• 수업이 표준화 될 수 있다.

교사가 매체를 활용하여 내용을 전달할 때는 모든 학습자들이 같은 표준화된 수업매체를 보고 듣게 됨으로써 교사 개개인의 경험과 지식의 차이에 따른 수업의 양과 질의 차이를 줄일 수 있다.

• 학습경험을 흥미있고 풍부하게 할 수 있다.

다양한 매체의 활용은 학습자들에게 수업에 적극적으로 참여할 수 있는 효과적인 동기체제를 부여할 수 있으며, 학습자들의 지적 활동을 효과적으로 자극할 수 있다.

다. 수업매체의 선정

1) 수업매체 선정시 고려사항

수업매체의 선정은 수업목표나 수업기능 뿐만 아니라 실제적인 몇 가지 조건도 고려해 넣어야 할 것이다(신통철, 1983).

• 수업매체가 목표를 성취하기에 적절한가?(적절성)

교사가 예상하는 학생들의 행동이 어떤 매체에 의해서 가장 많이 변화될 수 있는지를 고려해야 한다. 한 특수한 하위 수업목표를 성취하기 위해서 어떠한 수업사태를 마련해야 하며, 이 수업사태를 마련하기 위해서 어떠한 수업매체를 필요로 하는지를 고려해야 한다.

• 학생들이 정확히 이해할 수준을 매체가 유지하는가?(이해수준)

매체의 내용, 어휘의 정도, 제시속도, 시각화, 형태 등이 학생들의 연령, 지적수준, 흥미 등에 적절한지를 고려해야 한다. 학생들의 연령이 낮을수록, 또 지능이 낮을수록 추상적인 기호나 언어를 수단으로 하는 수업매체보다는 구체적이고 감각적인 매체로 학습하는 것이 보다 효과적이다. 도표나 도형은 저학년의 학생이나 독서력이 부족한 학생에게 더욱 유용하다(변영계, 1979).

• 특정매체의 비용은 적합한가?(비용효과; 경제성)

교사가 직접 구두로 수업하는 경우와 특정 매체를 사용해서 수업할 경우를 학습효과, 재정적 부담 등과 비교해야 할 것이다.

• 필요시 쉽게 구입할 수 있는가?(유용성; availability)

어떤 과제에 필요한 매체가 계획되고 경제적 여건이 허용된다 해도 필요할 때 쉽게 구입할 수 있어야 한다. 만약 그렇지 못하다면 다른 대안을 고려해야 할 것이다.

• 매체의 질은 만족한 것인가?(기술적인 질)

어떤 외국어 교사가 라디오 방송을 청취하던 중 일부 내용을 녹음해두었다가 다시 활용하고자 할 때, 녹음 된 내용 가운데서 상업메시지는 제외시키고 필요한 부분만 재편집을 해서 활용해야 수업매체로서 기능을 발휘할 것이다.

2) 수업매체 선정 과정

필요한 수업매체를 선정하고 고안하는 것은 한 학습과제나 수업목표를 보다 효과적으로 성취시키기 위한 핵심적인 과정이다. 그러면 수업목표 성취를 위해 어떠한 수업매체를 어떻게 선정할 것인가에 관해 변영계가 제시한 내용을 중심으로 그 과정을 살펴보기로 한다.

• 수업목표 재확인

수업목표를 명확히 알지 못하고는 적당한 수업매체를 선정할 수가 없다. 이미 계획단계의 과제분석과 수업목표의 진술에서 의도하고 있는 수업목표를 행동적 목표로 진술했다. 진술된 수업목표가 학습자들이 주어진 수업을 성공적으로 끝냈을 경우에 기대되는 행동이 무엇인지를 분명히 알 수 있는 것인가를 다시 살펴보아야 한다.

알렌(Allen)은 수업목표를 몇 가지 형태의 유형으로 나누고 이들 수업목표와 활용되는 수업매체의 상관을 〈표 3-6〉으로 나타내고 있다(고영희, 1981).

• 학습유형의 규정 및 수업사태의 구체화

학습유형을 분명히 규정하는 일은 수업목표의 의미를 분명히 해주는 동시에 다음의 수업사태를 생각하는 데 도움을 준다. 이 학습유형의 규정은 가네(Gagné)가 제시한 8개의 학습유형에 따라 의도한 수업목표가 어느 수준의 학습유형에 속하는지를 밝히는 것이다. 가네가 제시한 학습유형은 가장 단순한 행동부터 매우 복잡한 행동에 이르기까지 신호학습, 자극-반응학습, 연쇄학습, 언어연합학습, 변별학습, 개념학습, 원리학습, 문제해결학습과 같이 8개로 이루어져 있다. 수업사태에서 가장 많이 일어나는 학습유형은 개념학습·원리학습·문제해결학습이고, 나머지는 아주 가끔 일어나며 저학년으로 갈수록 상급학년에 비해 자주 일어난다.

<표 3-6> 알렌의 수업목표와 수업매체간의 상관

수업매체＼수업목표	사실적 정보의 학습	시간적 확인의 학습	원리·개념·규칙의 학습	과정의 학습	기능 작업의 학습	태도·견해·인식의 학습
사 진	▲	◎	▲	▲		
영 화	▲	◎	◎	◎	▲	▲
텔레비전	▲	▲	◎			
입체자료		◎				
녹 음	▲			▲		▲
프로그램학습	▲	▲		◎		▲
시 범		▲		◎	▲	
교 과 서	▲		▲	▲		▲
강 의	▲		▲	▲		▲

◎ 높은 상관　　▲ 보통의 상관
자료: 고영희·김재복(1977). 수업 전략. 서울: 배영사. p.120. 재인용. 내용 수정보완

또 수업목표를 성취시키기 위해서 어떠한 수업사태(events)를 마련할 것인가를 구체적으로 생각해야 한다. 일반적으로 수업목표를 성취시키기 위한 수업사태는 동기유발, 수업목표에 관한 정보제공, 기본 개념의 상기, 사고를 유도한 자극 제시, 정착, 평가 등을 들 수 있다. 또한 가네는 수업 사태를 자극제시, 주의활동의 촉구, 성과모형 제시, 학습활동의 촉진, 사고방향의 지도, 전이유인, 평가, 피드백으로 보고 각종 매체들을 연관시켜 <표 3-7>과 같이 제시하고 있다.

<표 3-7> 수업사태와 수업매체와의 관계

수업사태＼수업매체	교사	대상시범	그림	문서	환등녹음	영화	교수기계 컴퓨터
자 극	△	○	○	△	△	○	○
주의활동	○	×	×	○	×	○	○
성과모형	○	△	△	○	△	○	○
학습촉구	○	△	△	○	○	○	○
사고지도	○	×	×	○	△	△	○
전이유인	○	△	△	△	△	△	△
평 가	○	×	×	○	△	△	△
피 드 백	○	△	×	○	△	△	○

○ 가능　　△ 제한　　× 불가능
자료 : 고영희(1981). 수업기술. 서울: 교육과학사. P.185. 내용 수정

● 매체 분석표의 작성

수업사태가 규정되면 수업사태에 따라서 가능한 수업매체를 나열한 매체분석표를 만들어야 한다. 즉 가능한 매체를 고안하는 일이 있어야 한다. 그러자면 수업사태별로 전달한 메시지를 어떠한 표시적 기호로, 어떤 수단(운반체)에 담을 것인가를 결정해야 한다〈표 3-8 참조〉. 이를 좀 더 자세히 설명하면, 동기유발이라는 수업사태에서 학생들에게 제시해야 할 내용을 시각적으로 할 것인가 청각적으로 할 것인가, 또는 표상적으로 할 것인가 비표상적인 기호적으로 할 것인가를 결정하고 난 뒤, 이를 일시적 운반체에 담을 것인가 장기적 운반체로 할 것인가, 또는 영상자료로 할 것인가 비영상 자료로 할 것인가를 결정해야 한다.

〈표 3-8〉 수업매체 분석표

수업목표	수업사태	표시적 기호				운반체 선정				학습자극의 종 류	가능한 매 체	최 종 매 체
		시각	청각	표상	비표상	장기	일시	영상	비영상			
물의 침식 작용을 말 할 수 있다	동기유발	○		○		△	○	○		영상자료에 표상적 기호로 표시한 시각자료	모형·슬라이드·사진·필름스트립영화	슬라이드

○ 가능   △ 제한
자료: 고영희(1981). 수업기술. 서울: 교육과학사. P.187. 내용 수정

● 수업매체 계획서 작성 및 제작

교사는 매체 분석을 통해 최종적으로 선정된 수업매체를 어떻게 개발하고 제작해야 할 것인가에 대한 구체적인 계획서(설명서)를 작성해야 한다. 즉 '물의 침식작용'과 관련된 슬라이드를 제작하고자 한다면 크기·색깔 그리고 그림을 그려서 할 것인가, 실제 사물을 사진으로 찍어서 할 것인가, 또한 제작시 유의점 등에 대해서 구체적으로 계획을 세우고 그것에 터해 매체를 제작해야 한다.

▶ 수업매체 계획서 작성 예

단 원	지표의 변화	교과	중학교 과학 1
수업목표	물의 침식작용을 말할 수 있다.		
매체 종류	슬라이드		
설명서	• 침식작용을 쉽게 알 수 있는 산의 계곡, 강기슭의 침식된 곳, 비온 뒤 푹 파인 운동장, 강가의 모래톱 등에 관한 천연색 슬라이드가 좋다. • 실제로 현장을 답사하여 촬영하고, 장면별로 사진을 2~3번 찍어 그 중에서 상태가 좋은 것을 선택하여 제작한다.		
매 수	가능한 한 5매 이상 제작		
유의점	슬라이드필름을 사용해 수동식 카메라로 찍으면 좋고, 사진을 찍을 때는 찍는 방향과 크기를 잘 잡도록 한다.		

☑ 밥 파이크(2004)는 시각교구를 잘 기획하고 사용해야 하는 이유를 다음과 같이 들고 있다.

① 주의를 환기시키고 유지하기 위하여

시각적인 자극은 학생들로 하여금 머릿속에서 다른 생각을 하지 못하게 하고 프레젠테이션에 집중하도록 한다.

② 아이디어를 강조하기 위하여

우리는 들은 것보다 본 것을 강조하는 경향이 있다. 기억력에 대한 통계를 보면, 읽는 것은 10%를 기억하고, 들은 것은 20%를 기억하고, 본 것은 30%를 기억하고, 듣고 본 것은 50%를 기억하고, 말한 것은 70%를 기억하고, 말하고 행동한 것은 90%를 기억한다고 한다. 수업시간에 시청각 자료를 사용하는 것은 학생들의 기억력을 50%나 더 향상시킨다는 것을 알 수 있다.

③ 구체적으로 설명하기 위하여

중국 속담에 "그림 하나는 천 마디 말과 똑 같다"는 말이 있다. 하지만 우리가 그 말을 조금 다듬어서 표현한다면 "잘 선택된 그림이나 시각교구는 천 마디 말과 같다."라고 할 수 있다.

④ 오해의 소지를 줄이기 위하여

시각 자료는 잘 이해되지 않는 단어의 의미를 설명해 준다. 한 번도 가보지 않았던 답사 장소를 처음 가보려고 할 때 어떻게 가는 길을 알아낼 것인가? 여러분이 답사 장소의 위치와 방향을 조사했던 경우를 생각해 보라. 지도나 시각교구를 이용해서 현재의 위치를 찾고 나서 가고 싶은 장소나 방향을 쉽게 파악할 수 있었을 것이다.

⑤ 기억력 향상을 위하여

"들은 것은 잊어버리고, 본 것은 기억되나, 직접 한 것은 이해된다."라는 공자의 말처럼 무엇인가를 활용하기 위해서는 먼저 기억을 해야 한다.

⑥ 현실감을 더하기 위하여

교실에 필요한 모든 자료를 다 준비해 놓을 수는 없지만 시각교구를 통해 현실 세상의 한 부분을 보여 줄 수는 있다.

⑦ 시간과 경비를 절약하기 위하여

프레젠테이션이나 수업에서 시각교구인 도표나 그림을 활용하면 학습시간을 28%정도 줄일 수 있으며, 명쾌하고 빠르게 의사소통을 할 수 있게 해 줌으로써 전달하려는 내용을 학생들이 더욱 잘 이해할 수 있도록 도와준다.

⑧ 생각을 정리하는 것을 돕기 위하여

시각교구는 우리의 생각을 명확하게 해주고 의사소통에서 논리성을 더해 준다.

⑨ 중요 포인트를 확인하기 위하여

시각교구는 진행을 쉽게 해주며 중요한 포인트를 놓치지 않게 해주고 적절한 순서로 이야기할 있도록 도와준다.

⑩ 자신감을 갖게 하기 위하여

프레젠테이션을 할 때마다 기억력에 의존할 필요는 없다. 시각교구는 프레젠테이션을 더 자신감 있게 할 수 있도록 도와주는 지도이다.

5. 수업평가

가. 학교 수업과 평가의 의의

평가(evaluation)는 특정 교육현상의 가치를 판단하여 의사결정에 도움을 주기 위한 활동으로서 접근 방식에 따라 다양하게 정의되고 있다. 교육평가는 크게 두 가지 의미, 즉 학생의 성취도에 의해 질적인 판단을 내리는 과정과 프로그램, 성과, 과정, 프로젝트, 교육과정 등과 같이 평가 대상의 가치, 질, 효과를 결정하는 과정이라는 의미로 사용되고(권대훈, 2005) 있으며 학교 수업과 관련된 평가는 전자에 해당된다.

평가는 학생들의 행동변화를 절대적으로 평정(절대평가)하여 교육내용이나 지도방법 등의 자료로 활용하는 발달적 교육관을 지향하며, 평가대상의 장점과 가치를 판단하는 가치지향적인 활동이라는 점에서는 학생들의 능력을 상대적으로 평정(상대평가)하여 선발, 분류에 활용하는 선발적 교육관을 지향하고, 수량적 기술의 과정으로 가치판단이 배제되어 있거나 최소화 되어 있는 측정(measurement)과는 구분이 되며, 측정은 평가나 사정과정의 일부에 포함된다. 따라서 평가는 분류, 선발의 기능보다는 교육개선의 기능이라는 측면에서 학교수업의 평가방법으로 큰 의의를 가진다. 교육목표의 달성도는 검사 등을 포함한 여러 가지 방법의 측정을 통하여 자료를 수집하고 수집된 자료를 기초로 평가가 이루어진다.

교수·학습평가는 수업계획에서 설정하여 놓은 목표가 어느 정도 달성되었지를 확인하여 더 나은 교육계획을 세우기 위하여 필요한 기초자료를 얻는 과정을 통틀어 말하며 설정된 수업목표(혹은 학습목표)의 명확한 의식 아래서 전개되는 모든 활동은 마지막의 평가를 통하여 판정을 받게 되는 것이다. 학습자의 학업성취도, 즉 수업목표에 도달했는가 하지 못했는가를, 그리고 교사는 그 동안의 자기 수업활동이 효율적으로 일어났는가 일어나지 않았는가를 이 평가를 통하여 확인하게 되는 것이다(홍성윤·진위교, 1983). 학습과정의 한 부분으로서의 평가는 교수 및 학습을 개선하고 학생의 학습에 도움을 주는 것이어야 한다. 교육평가의 기능은 학생들의 성적을 매기는데 한정된 것이 아니라 교수·학습 과정에 최대한의 도움을 주면서 학생의 학습을 극대화하는데 있다.

황정규(1973)는 교육에서 평가가 갖는 특징을 다음과 같이 요약하고 있다.

① 수업과 학습을 개선하기 위해 필요한 증거를 수집하고 처리하는 방법이다.

② 보통 기말이나 연말에 부과하는 필답검사 뿐만 아니라 다양한 증거를 포함한다.

③ 중요한 목표와 목적을 명확히 하는데 도움을 주며 학생들이 이러한 목적을 어느 정도 성취했는지를 결정하는 과정이다.

④ 교수·학습과정의 각 단계에서 그 과정이 효과적인지 아닌지를 밝히며 만일 비효과적이라면 늦기 전에 어떤 조치를 취해야 하는가를 결정하는 질적 관리체계이다.

⑤ 같은 교육목표를 달성하기 위해 다른 교수절차 혹은 학습방법이 있는지, 있다면 그 효과가 어떠한지를 결정하는 도구이다.

평가는 교육을 개선해 나가기 위한 수단이다. 교수·학습활동을 개선하기 위해 실시하는 평가의 기능은, 첫째, 학생지도의 자료를 얻기 위한 것, 둘째, 교사의 반성을 위한 자료를 얻는 것, 셋째, 교육의 질적, 양적 관리를 위한 것 등이다.

나. 교육평가의 유형

교육평가의 유형은 기준에 따라 다양하게 분류할 수 있다. 일선학교에서 학생을 대상으로 일반적으로 실시되는 평가 유형으로는 첫째, 원점수(raw score)를 해석하는 방법 혹은 해석하기 위한 기준의 성질에 따라 규준지향평가(상대평가)와 준거지향평가(절대평가)로 구분하고, 둘째, 수업활동이 이루어지는 시점, 특히 수업과정에서 기능적 역할을 기준으로 진단평가(정치평가 포함), 형성평가, 총괄평가 등으로 구분할 수 있다.

1) 규준지향평가와 준거지향평가

가) 규준지향평가

상대평가라고 부르는 규준지향평가(norm-referenced evaluation)는 점수를 규준집단(비교집단)에서의 상대적 위치나 서열에 비추어 해석하는 방법이다. 다른 집단 또는 다른 개인의 학업성취 결과에 비추어 한 개인의 위치 또는 성취 정도를 결정하는 것을 말한다. 한 개인의 성취가 어떤 규정된 교수 목적이나 기준에 따라 그가 선정한 목적을 얼마나 달성하였는가에 비추어 학업성취 정도가 결정되는 것이 아니라 다른 비교되는 집단의 성취의 정도에 따라 한 개인의 성취 정도가 결정된다. 즉 한 학생의 학업성취도를 그가 속한 집단의 평균치에 비추어 상대적으로 나타내는 평가방법으로 5단계식(수·우·미·양·가)의 평가방법이 그 대표적인 예이다. 상대평가에서는 '한 학생이 무엇을 얼마나 성취했느냐?'라는 질문보다 '한 학생이 다른 학생들에 비해 얼마나 잘 했느냐?'라는 질문에 더 많은 관심을 두고 있다. 'A학생은 자기 반에서 최고성적을 받았다.'는 것은 규준지향평가 해석의 한 예라 할 수 있다.

상대평가는 교육평가의 기능보다는 교육측정의 기능을 강조하고 있으며 교육평가 본래의 목적에서 벗어난 다음과 같은 문제점을 가지고 있다(이영덕, 1979).

첫째, 학생들에게 점수 제일주의를 강조하는 악영향을 줄 수 있다.

학습목표의 달성여부와는 관계없이 잘 한 사람과 못 한 사람으로 분류하고 등급을 매기고 순서를 정하는 데에 관심을 갖는다. 따라서 학생들에게는 점수 제일주의를 은연중에 강조하는 결과가 된다.

둘째, 기준 자체가 다른 학생의 성적에 있기 때문에 경쟁심을 조장하고 경쟁을 학교교육의 당연한 윤리로 받아들이게 하고 있다.

셋째, 상대평가 방법은 학습이론에 맞지 않을 가능성이 있다. 한 학생이 교육목표를 성공적으로 달성했다 하더라도 그 보다 더 잘한 학생이 있다면 그의 성적은 상대적으로 낮아지게 되므로 목표 달성에 대한 적절한 강화가 되지 않을 수도 있게 된다. 이와 같이 상대평가는 학생들의 학습행동과는 무관한 평가방법이다.

넷째, 상대평가는 학생간의 상대적 비교에 주로 관심을 두고 있으며, 교육과정이나 수업의 질을 밝혀주지는 못한다. 수업의 성공 여부와는 상관없이 일정한 비율에 따라 등급을 매기게 되므로 이러한 평가결과는 한 학급의 교수·학습과정이 성공적이었는지를 판단하는 자료로는 적합하지 않다.

그러나 상대평가는 이러한 문제점을 가지고 있음에도 물구하고 어떤 특수한 상황에서는 다음과 같은 장점을 갖고 있다.

① 상대평가는 엄밀한 개인차의 변별이 가능하다는 점이다. 신뢰도와 객관도를 강조하고 검사의 제작기술을 강조하고 있는 근본적인 이유는 개인차를 엄밀하게 변별하기 위한 것이다.

② 경쟁을 통하여 학생들의 외현적 동기를 유발시키는데 적합한 방법이다. 학교에서 실시하는 시험은 학생들로 하여금 공부를 가게 하는 자극제가 될 수 있으며 특히 등급이나 당락을 결정하는 평가일 경우 외현적 동기를 유발하는 효과가 있다.

나) 준거지향평가

절대평가라고 부르는 준거지향평가(criterion-referenced evaluation)는 무엇을 어느 정도 할 수 있는가(준거)에 비추어 검사점수를 해석하는 평가방법이다. 준거지향평가는 그 의미가 여러 가지 의미로 사용되고 있고 영역지향평가

(domain-referenced evaluation)와 목표지향평가(object-referenced evaluation)라는 해석 방식의 개념을 포함하고 있기 때문에 논란이 계속되고 있다. 영역지향평가는 매우 구체적인 지식, 기능, 행동에 대한 성취수준을 결정하기 위한 평가를 의미하며, 목표지향평가는 교수·학습 장면에서 수업목표의 도달여부나 정도에 비추어 검사점수를 해석하는 평가방식이다(권대훈, 2005).

절대평가는 흔히 '한 학생의 학업성취도(또는 성적)를 그가 속해 있는 집단의 검사결과와는 상관없이 주어진 교육목표를 어느 정도 달성했느냐 하는 교육목표의 달성도에 의해서 해석하고 결정하는 평가방법'이다. 이 평가는 '한 학생이 다른 학생들에 비해 얼마나 잘 했느냐?'라는 질문보다 '한 학생이 무엇을 얼마나 성취했느냐?'라는 질문에 더 관심이 있다. 여기에서 '무엇'이라는 것이 곧 달성해야 할 교육목표 또는 준거(성취도 기준)가 된다. 따라서 절대평가에서는 학생 개개인의 성취도를 확인하고, 해석하고 의사결정을 내리는 평가의 전체과정이 항상 교육목표(또는 수업목표)에 있다(강승호 외, 2003). 'B학생은 수학시험에서 만점을 받았다.'는 것은 준거지향평가 해석의 한 예라 할 수 있다.

절대평가는 한 학생의 성취도를 설정된 학습목표에 비추어 평가하는 방식으로 다음과 같은 몇 가지 장점과 특징을 갖는다(이영덕, 1979).

첫째, 점수 제일주의보다는 지적 성취 그 자체를 강조하고 경쟁보다는 협동학습을 중시하며 학습목표 달성도에 따른 평가로서 진정한 의미의 학습효과를 비교할 수 있다.

둘째, 학습에서 경쟁을 지양하고 성취의 성공감을 강조함으로써 학생들의 정신위생을 위해 보다 적절한 방법이다.

셋째, 절대평가 체제에서는 평가의 준거가 학생간의 상대적 비교가 아닌 학습목표 달성여부이기 때문에 인간이 계속적으로 발전할 수 있는 가능성과 교육의 효과에 대한 신념을 가질 수 있다. 모든 학생들은 적절한 교육을 통해 사전에 설정된 학습목표에 도달할 수 있다는 '발달적 교육관'에 기본 입장을 두고 있다.

넷째, 절대평가의 결과는 학습목표의 달성도를 직접적으로 나타냄으로써 다음 단계의 학습을 성공적으로 끝내기 위하여 요구되는 현재의 학습결손이 무엇이며 어느 정도인가에 대한 정보를 제공해 준다.

반면에 절대평가는 개인차의 변별에 부적합하며 경쟁을 통한 외현적 동기를 유발하고자 할 때 적절한 방법이 못된다. 이 외에도 다음과 같은 문제점을 갖고 있다.

① 평가의 기준이 되는 절대기준을 누가, 어떤 내용을, 어떤 방법으로, 설정해야 하느냐 하는 것이 문제이다. 이럴 경우에 교육부가 구체적인 수업목표 설정을 위한 기초자료를 제공하면, 각급 학교와 교과별로 각 교과에 밝은 전문가와 일선교사들로 구성된 위원회를 구성하여 교육목표에 대한 성취도 기준을 구체적으로 설정할 수 있다. 그러나 실제로 절대평가 기준으로서 수업목표를 교사의 주관적 결정에 의해 타당하게 설정하기가 어렵고 그러한 기준의 타당성에 입증해 줄 수 있는 충분한 증거를 수집하기도 어려운 것이 가장 큰 취약점이다.

② 절대평가는 통계적 방법의 활용에 문제가 있다. 절대평가에서는 점수의 변산이 적고 정상분포가 아닌 편포를 가정하기 때문에 점수의 변산을 전제로 한 위의 통계적 방법을 이용하기에는 문제가 있다. 즉 검사 자체는 신뢰롭고 타당하다 하더라도 대부분의 학생이 의도한 목표를 달성한다면 점수의 변산이 적게 되므로 산출된 상관계수는 낮아지는 불합리성을 내포하고 있다.

2) 진단평가 · 형성평가 · 총괄평가

평가는 그 기능에 따라 진단평가 · 형성평가 · 총괄평가로 분류할 수 있으며 수업과정 전개와 관련된 평가과정의 계열은 [그림 3-2]와 같다(고영희, 1981).

가) 진단평가

진단평가(diagnostic evaluation)는 수업 도중 계속적인 학습실패의 원인을 정확하게 규명하여 학습에 도움을 주려는 평가활동이다. 넓은 의미에서 진단평가는 정치평가를 포함하는 의미로 사용되기도 한다. 수업 중에 실시되는 진단평가는 수업자료 및 방법을 개선함으로써 수업효과를 극대화하기 위한 목적으로 실시되는 형성평가와 유사한 것처럼 보이지만 양자는 분명하게 구분된다. 진단평가는 수업방법이나 자료의 개선으로 개선되지 않은 학습결함, 환경요인, 신체적 및 정서적 문제를 확인하려는 목적으로 실시되는 평가활동이라는 점에서 형성평가와 구분된다. 진단평가에 대한 구체적인 내용은 출발점행동 진단에서 자세하게 언급하였으므로 여기에서는 생략한다.

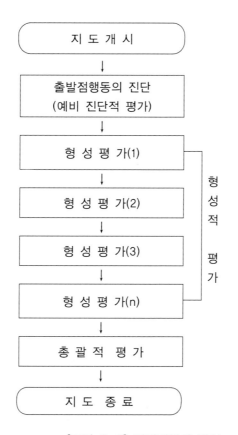

[그림 3-2] 평가과정의 계열

☑ 정치평가

권대훈(2005)은 특별히 진단평가를 정치평가와 구별하여 제시하고 있으며, 정치평가(placement evaluation) 혹은 배치평가는 수업의 적절한 출발점을 결정하기 위해 수업이 시작되기 전에 특정집단 내에서 학습자들의 개인차의 법위가 매우 크다는 것을 전제하고 그에 적극적으로 대처하기 위한 평가활동이다. 이 평가는 출발점 행동의 진단에 따라 학습전략이 가장 극대화 될 수 있도록 학생을 적절히 정치(定置)하기 위해 실시한다. 정치평가 결과는 수준별 수업을 위한 능력집단별(심화반, 보통반, 보충반) 분류 배치나 학년초 반배치 등에 활용된다.

나) 형성평가

(1) 형성평가의 의의와 기능

형성평가(formative evaluation)는 교육과정 구성에서 뿐만 아니라 수업과 학습 활동 과정에서, 그것을 개선하기 위한 목적으로 실시되는 체계적인 평가활동이다. 다시 말하면 어떤 학습과제에 대한 수업이 진행되는 동안에 학습이 잘 이루어져가고 있는지, 아니면 학습곤란을 겪고 있는지를 파악함은 물론 만일 곤란을 겪고 있다면 어떤 학습요소에 결함이 있는지를 교사가 알아서 그것을 학생들에게 알려주고 교정학습 및 보충학습의 기회를 주어 다음에 오는 학습 및 수업을 개선할 목적으로 실시하는 평가라고 할 수 있다. 스크리븐(Scriven)에 의해 사용된 형성평가를 한국 교육개발원의 수업과정 일반모형의 발전단계에서는 '확인학습'(이영덕, 1979)이란 용어를 사용하고 있다.

형성평가는 수업과정이나 수업사태에서 중요한 역할을 하게 된다. 형성평가의 기능을 요약하면 다음과 같다(변영계, 1979; 이영덕, 1979).

첫째, 학습동기를 유발해주고 학습의 방향을 명시해준다. 각 단원에 대한 수업목표가 설정되어 있고 평가계획이 되어 있으므로 필요한 학생들의 학습동기를 더 적절히 유발하게 된다. 일정한 한 학습단원을 끝마쳤을 때는 형성평가를 받게 되는데 전 교과과정을 통하여 볼 때는 처음 단계가 대개 중요하므로 처음 단계에서 좀 더 형성평가를 자주 실시하는 것이 바람직하다. 또한 교수·학습과정 중에 실시되는 형성평가를 통하여 학생들의 학습진전 속도를 조절해 줌으로써 계획적으로 학습하도록 학습의 방향과 학습활동에 대한 시사를 받게 된다.

둘째, 한 단원을 철저하게 학습한 다음 형성평가를 실시하여 문항을 통과한 학생에게 평가결과는 그의 학습행동을 강화해 주고 그의 현재의 학습방법과 학습태도가 적절하다는 것을 인정받게 되는 셈이다. 따라서 학기말이나 학년말에 주어지는 시험으로는 계속적으로 나타나고 있는 중요한 학습행동들을 즉각적으로 강화해 주지 못한다. 그러나 지속적으로 형성평가를 통과한 학생은 자기가 공부하는 교과에 대해서 충분히 잘하고 있는지에 대한 불만이 해소되고 학습에 자신감을 갖게 된다.

셋째, 학습성취가 어떤 일정한 수준에 이르지 못하여 형성평가를 통과하지 못한 학생이 당면하고 있는 학습곤란이나 학습결손이 특별히 어디에 있는가를 밝혀 이를 교정 또는 보충하는 기회를 제공한다는 점이다.

셋째, 수업이 아직 진행되고 있는 상태에서 수업을 개선하기 위한 자료를 체계적으로 수집할 수 있다는 것이다. 수업개선을 위한 체계적인 과정을 거치지 않음으로써 학생들의 무능력 때문이 아니라 교사의 부적절한 수업전개 때문에 학생들이 학습결손을 갖게 되는 결과를 흔히 볼 수 있다. 교사가 전의 수업을 반성하지 않고 계속되는 수업을 그저 진행해 간다면 더 많은 학생들이 학습곤란을 경험하게 되리라는 것은 분명한 일이다. 따라서 교사는 반드시 수업과정을 돌이켜보고 학생들이 수업에서 어려움을 느끼기 시작한 곳이 어디인지를 밝혀내도록 해야 할 것이다. 그러기 위해서는 사전 수업에 대한 구체적인 자료가 필요하다. 교사는 형성평가를 통하여 수업개선에 필요한 자료를 체계적으로 수집할 수 있으며 그 결과를 필요에 따라 분석함으로써 유용하게 활용할 수 있을 것이다.

☑ 형성평가는 하나의 수업절차로서 한 단원의 수업이 진행되는 중간 중간에 실시되는 것으로 보통 4~10시간의 한 과제가 끝난 후에 실시되며(한 단원에 2~3회 정도), 보충·심화학습과 함께 이루어지게 되어 있어서 한국교육개발원의 수업과정 일반모형에서는 형성평가를 '확인학습'이라는 용어로 사용한다. 그러나 일선 학교 현장에서는 형성평가를 매 차시별 단위수업 시간의 정착단계(5~7분 정도)에서 간편하게 수업내용을 '확인학습' 하는 형태로 형성평가를 실시하고 있다.

(2) 형성평가의 특징

형성평가가 갖추어야 할 주요 특징(이영덕, 1979)은 다음과 같다.

첫째, 형성평가는 교수·학습 진행 과정 중의 평가이다. 최종목표를 향한 학습과정의 각 단계에서 학습이 성공적으로 이루어지기 위하여 요구되는 각 하위 단계의 주요한 학습요소의 학습이 이루어졌는가를 점검하는 과정이다.

둘째, 형성평가의 결과는 채점은 하되 성적을 주어서는 안된다. 형성평가의 결과가 맞았는가 틀렸는가를 확인하는 과정은 있어야 하지만 이를 최종적인 성적에 포함시켜서는 안된다는 것을 의미한다. 형성평가의 근본 목적은 학습행동을 강화하여 학습동기를 유발하는 데 있다. 만약 형성평가 결과를 성적에 포함시킨다면 처음에 한두 번 형성평가에 실패한 학생은 좋은 성적을 얻을 가망이 없어지므로 그들에게는 다음부터 학습의욕을 상실할 수도 있어 오히려 학습동기를 저하시키는 결과를 초래하게 될 위험성이 있다.

셋째, 형성평가는 학생들의 내발적 학습동기에 의존하고 또는 이를 유발시키도록 하여야 한다. 형성평가의 결과를 교사가 채점하고 틀렸을 때 이를 교정해 주기보다는 학생 자신이 학습결과의 정오를 확인하고 틀렸을 때는 이에 대한 정답을 학생 자신이 찾아보도록 하여 형성평가의 과정 자체가 학습과정의 일부가 되도록 해 주어야 한다. 형성평가는 학생들이 좋은 성적을 받거나 벌을 피하기 위한 과정이 아니라, 학생 자신이 자기의 학습을 주의 깊게 반성해 보는 기회를 가질 수 있도록 해 주어야 할 것이다. 따라서 형성평가 결과는 학생 상호간이나 분단활동을 통해서 채점하고, 틀렸을 때는 이를 상호검토하고 토의하는 학습과정의 일부로 활용되어야 할 것이다.

넷째, 형성평가 도구는 원칙적으로 교수·학습과정을 직접 이끌어가는 교사가 제작하는 것이 좋다. 형성평가는 현재 이루어지고 있는 수업의 과정에 관한 정보를 수집하여 파악하고 개선하는 데 목적이 있기 때문에 그 평가문항은 진행 중인 교수·학습과정의 역동성을 가장 잘 파악할 위치에 있는 교사 자신이 제작하는 것이 원칙이다.

다섯째, 형성평가는 반드시 간단한 필답시험에만 의존하는 것이 아니라 형성평가 원래의 기능을 발휘할 수 있다면 어떠한 방법도 활용되어야 할 것이다. 예를 들어, 수업 과정 중에 아는 사람은 손을 들어보라고 한다든가 또는 어떤 문제에 대해서 몇 학생에게 칠판에 나와 풀게하므로써 학생들의 학습이 어떠한가를 점검할 수 있는 동시에 이는 학생들에게는 강화의 기능을, 모르거나 틀린 학생에게는 교정의 기회가 된다.

여섯째, 형성평가는 비교적 자주 실시하는 것이 좋다. 형성평가는 소단원 또는 주제에 대한 수업을 마무리 지어가는 시기에 실시한다. 구체적으로는 4~10시간 내에서 5~6시간 간격으로 실시하기도 하고, 교사에 따라서는 매 차시에 실시하기도 한다. 교수·학습이 진행되는 과정에서 학습의 효과를 극대화하는 데에 장애가 되는 학습결손이나 교수방법의 결함을 조기에 발견하여 개선해야 할 필요성이 있다면 횟수에 구애 받지 않고 실시하는 것이 좋다.

(3) 형성평가 검사도구 제작시 고려 사항

첫째, 최종적으로 분석되어진 학습요소 중 중요한 내용요소나 행동목표는 모두 포함시켜서 출제해야 한다. 총괄평가에서는 먼저 전체 문항의 수를 정하고 이에 맞추어 학습목표를 표집하는 방법을 취하지만, 형성평가에서는 문항수에 관계없이 필요하다고 생각하는 내용과 행동목표를 모두 문항화 한다.

둘째, 문항의 형식은 다양하게 선택할 수 있다. 지필검사에서 활용하는 여러 가지 문항 형식 즉, 선다형, 배합형, 진위형, 논문형 등은 물론, 지필검사 이외의 방법(예: 표집된 학생 대상 구두질문, 실기과목의 작품평가 등)에 의해서도 평가할 수 있다.

셋째, 낮은 위계의 문항에서의 정답이 높은 위계의 문항을 해결하는 데 필수조건이 되도록 계층화되어야 한다. 따라서 낮은 위계에 정답을 하는 학생이 높은 위계에 정답을 하는 학생보다 많아질 수 있도록 출제되어야 한다.

넷째, 문항의 출제에 있어서는 문항 곤란도를 사전에 고려하지 않는다. 형성평가는 절대평가이기 때문에 결과의 분석도 주어진 문항을 학습했느냐 못했느냐에 의해 판단해야 한다. 따라서 지나치게 수준이 높은 문항은 학생들에게 부정적 강화를 줄 수 있으므로 학생들의 수준에 따라 같은 목표를 측정하는 문항 중 쉬운 문항을 택하는 것도 고려해야 할 것이다(변영계, 1979).

(4) 형성평가의 절차와 방법

형성평가를 실시하는 방법에는 여러 가지가 있을 수 있겠으나 여기서는 이미 계획된 수업을 운영하면서, 교사 자신이 직접 수업의 과정을 평가는 데 도움을 줄 수 있는 일반적 절차에 초점을 두고 살펴보기로 한다.

① 수업목표에 맞추어 하위 목표들을 분류한다. 각 수업에서 다룰 내용의 양과 범위를 결정해 준다.

② 분류된 수업 단위에 따라 이미 수업설계 때 개발해 놓은 평가문항을 연결 배치한다.

③ 평가문항을 적절한 형태로 구체화하고 재조정한다. 필요에 따라 포괄적인 평가문항을 세부 개념별로 쪼개기도 하고, 관련된 내용들을 함께 묶기도 한다. 또한 결과 처리나 분석을 위해 평가문항의 형태를 바꾸기도 한다.

④ 학생들이 그 수업단위를 성공적으로 학습하기 위해 꼭 필요한 지식과 기능을 수업 후에 성취 여부를 점검한다.

⑤ 일련의 수업이 끝난 후 평가를 실시하고 각 개인별 결과를 분석한다. 이 분석을 기초로 어떤 부분을 다시 가르쳐야 할 것인지 아니면 특정한 학생 개개인에게

재학습의 기회를 제고할 것이지 등을 결정하게 된다(이영덕, 1979).

(5) 형성평가 검사도구 제작

① 형성평가 관점(예)

문제 번호	형성평가 요소	비 고
1	○ 삼각형의 변, 꼭지점	* 형성평가 요소는 단원의 하위 학습목표에서 추출
2	○ 삼각형의 합동조건	
3	○ 사각형의 성질	

② 형성평가 문제

형성평가 관점에 근거해서 교사 자신이 직접 수업의 과정을 제대로 평가할 수 있도록 수업목표 성취정도를 측정할 수 있도록 다양한 방법으로 출제한다.(구두질문, 지필검사, 작품평가 등)

별도의 평가시간을 확보한 경우에는 15문제 내외 정도 출제(문제 해결 15분 내지 20분, 채점 5분, 보충·심화학습 20분 내지 25분 실시)한다. 또한 과목에 따라 문항 수를 적절히 선택한다. 만약 단위 수업시간에 실시할 경우에는 정착시간에 처리할 수 있을 정도로 평가문항수를 제작 활용한다.

(6) 형성평가 실시와 처치

형성검사를 실시한 후에 채점을 실시한다. 채점은 자기채점을 하는 것이 좋으나 경우에 따라서는 상호채점이나 교사채점으로 할 수도 있다.

형성평가 결과의 분석에는 다음과 같은 표를 이용하는 것이 편리하다(Ibid.). 예를 들어, 한 학급 20명을 대상으로 어떤 단원의 10개 문항에 대해 형성평가를 실시하여 채점한 결과가 다음과 같이 나타났다.

수업목표	번호문항	1	2	3	4	5	6	7	8	9	10	11	12	13	14	15	16	17	18	19	20	통과자수
2	1	×							×			×						×	×			15
1	2		×									×										18
1	3		×																			19
2	4	×			×		×			×		×		×		×		×			×	9
2	5																					20
1	6					×		×				×	×									16
2	7	×	×								×	×	×	×	×	×		×	×			8
1	8										×						×					18
1	9				×							×						×				17
2	10	×					×							×		×						16
통과문항수		6	7	10	8	8	9	8	9	9	8	4	7	8	9	7	9	6	8	9	9	

* 목표가 2일 때 각 목표마다 5개의 문항을 우선 표집함
* ×표는 학생이 틀린 문항이고 나머지는 통과 문항임

위 표에서 우리는 학생들이 곤란을 느끼고 있는 목표를 쉽게 찾아낼 수 있다. 학생들이 잘못 반응한 것이 개인의 학습곤란 때문인지 전체 수업의 과정에서 오는 곤란인지를 분명히 밝혀낼 필요가 있다. 이 판단의 기준은 잠정적으로 50%로 선정하기로 한다면, 문항 4와 7에서는 50% 이상의 학생들이 잘못 반응했기 때문에 이 목표에 해당하는 수업은 수정·보완되어야 할 것이다. 다른 문항에서는 소수의 학생들만이 틀리고 있으므로 수업 자체가 전체적으로 개선될 필요는 없으나 잘못 반응한 학생들에게는 그 문항에 포함된 개념 등을 다시 학습할 수 있도록 보충과제를 주는 것이 바람직하다.

형성평가 결과의 분석이 이루어진 다음에는 교정조치가 뒤따라야 한다[그림3-3 참조]. 즉 일반적으로 문항별 통과자수에 따라 학습완성(8~10문항 통과)에 해당되는 학생들에게는 심화학습 활동을 할 수 있도록 하고, 학습이 부분적으로 미완성(5~7문항 통과) 학생들에게는 보충학습 자료나 연습교재를 제공해야 한다. 이들 자료는 원칙적으로 형성검사 문항 제작 시에 어떠한 내용을 제공해야 할 것인가를 미리 결정하여 제작해야 할 것이다. 일선학교 현장의 사정에 따라 문항제작이 어려울 경우에는 반드시 자료제공만으로 심화나 보충학습을 시킬 필요는 없다. 학습완성 학생들에게는 다른 조사활동을 시키거나, 다른 과제를 제시하여 해결하는 방안이 있을 수 있다. 또한 학습 미완성 학생들에 대해서는 이미 배운 내용을 복습하게

하거나 관련 연습문제를 제공하기도 하고, 학습완성 학생과 짝을 짓게 하여 상호학습으로 보충지도를 할 수도 있다. 그리고 정규 수업시간을 이용하여 보충지도를 할 수 없을 만큼 학습이 전반적으로 미완성(0~4문항 통과)인 학생들에게는 가정학습으로 과제를 해결하도록 하거나 별도의 특별활동 시간을 이용하여 보충지도의 방법도 고려할 수 있다.

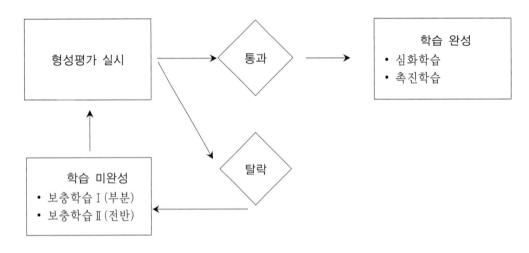

[그림 3-3] 확인학습(형성평가)의 과정

☑ 그러나 일반적으로 다인수 학급에서는 문항별로 확인하고 지도하는 경우가 많아, 형성평가 결과 정답률(통과자수 백분율)이 80%를 넘는 문항의 경우에는 심화학습을 하도록 하고, 정답률이 40% 미만의 문항에 대해서는 교사가 일률적으로 설명 등을 통해 보충학습을 해주고, 나머지 오답 문항에 대해서만 학습미완성 학생의 결과 처치와 같은 방법으로 보충학습을 할 수도 있다.

대부분 일선 학교에서는 교과 학습량이 많고 수업시수가 부족하다는 이유로 형성평가를 발전 단계에서 별도로 실시하지 않고, 매 단위수업 시간의 정착단계에서 하위 목표에 따른 5문항 이내의 문제를 가지고 평가를 실시하고 간단히 처치하는 경우가 많다. 그러나 교과 수업시수가 부족하더라도 적절하게 진도를 조절하여 형성평가 본래의 취지대로 발전단계의 일환으로서 확인학습(형성평가)을 실시한다면 교수·학습 개선은 물론 피드백을 통한 학습증진에도 크게 도움을 받을 수 있을 것이다.

(7) 형성평가 결과의 활용

학습이 진행되는 동안 수시로 얻어진 학생의 학습 성취 결과는 효율적인 교수-학습활동을 위해 많은 정보를 제공해 준다.

무엇보다도 학생의 학습결손 부분을 발견, 교정할 수 있도록 보충학습의 기회를 통해 학습을 증진시켜주며, 교사는 형성평가의 각 문항에 반응한 오류의 분석을 통해 자신의 수업을 반성하고 수업목표를 수정하며 수업방법의 미비점을 개선할 수 있게 된다. 이러한 수업의 효율성 검토와 아울러 학습내용·활동 및 사용된 자료의 적절성 등을 검토할 수 있게 된다. 또한 학생의 단계별 성취 여부를 제시해 줌으로서 학습활동을 강화하게 된다.

이와 같이 형성평가의 결과는 효율적인 교수·학습활동과 수업의 개선, 교육과정 및 학습자료의 개선을 위해 다양하게 활용되어진다(변영계, 1979).

다) 총괄평가

총괄평가(summative evaluation; 총합평가)란 학교교육에서 사용되어 온 대표적인 평가 형태로서 한 학습의 과제·단원·교과의 수업활동이 모두 끝난 시점에서 학기말 고사나 학년말 고사를 통해 원래의 교육목표가 어느 정도 실현되었는지를 최종적으로 확인하는 평가활동이다.

(1) 총괄평가의 목적

전체 교과목이나 혹은 단원의 일반적인 성과가 얼마나 달성되었는가 하는 정도를 평가하는 데 목적이 있다. 구체적인 목적을 정리해 보면 다음과 같다(강승호 외, 2003; 이영덕, 1979).

첫째, 수업활동이 끝난 다음, 사전에 설정된 수업목표에 대한 학생의 성취도 수준을 종합적으로 판정하기 위해 실시된다. 성적을 판정하고 등급을 매긴 결과는 학생들의 분류나 선발, 그리고 교육적 정치를 할 때 중요한 정보로 활용할 수 있다.

둘째, 후속과정의 수업 시발점을 결정하는 데 도움을 준다. 총괄평가 결과는 다음 학년의 수업이 시작될 때 각 학생 또는 학급의 학생들에게 어느 정도의 수준에서 교수해야할 것인지를 결정하는 데 도움을 준다. 만일 전체 학생이 전 학년의 교과를 상당한 정도 성취하지 못한 것으로 나타났다면 다음 학년에서는 그 수준에 맞추어지도해야 할 것이다.

셋째, 학생들에게 피드백을 제공한다. 총괄평가 결과는 형성평가의 결과와 마찬가지로 학생들에게 그들의 학습진보가 어느 정도 이루어지고 있느냐 하는 정보를 알려주는 데에 활용될 수 있다. 총괄평가 결과가 피드백의 역할을 다하기 위해서는 각 학생이 어디에 결함이 있는지를 충분히 알 수 있을 정도로 내용별로 세분화된 점수가 예시되어야 한다.

넷째, 진단간의 성적결과를 비교할 수 있는 정보를 제공한다. 진단간의 비교는 국가적 수준에서 학력수준을 비교할 수도 있고, 규모가 작은 지역별, 학교별, 학급별 학력수준을 비교할 수도 있다. 이러한 학력 수준을 비교하기 위해 사용되는 총괄평가의 문항은 교육목표를 잘 반영할 수 있고, 가장 잘 대표할 수 있는 문항으로 구성되어야 한다.

다섯째, 총괄평가 결과는 교수·학습의 지속적, 장기적인 질적 관리를 위해 적절히 활용될 수 있다. 한 교과의 수업목표가 전년도와 같거나 비슷할 때에는 현재의 총괄평가 결과를 과거의 총괄평가 결과와 비교해 볼 필요가 있다. 이러한 비교는 학생들이 보여주는 학업성취도의 연도별 변화를 파악하며 교육의 질적 관리를 위해 바람직한 것이다.

(2) 총괄평가의 특징

총괄평가는 평가 실시 시기, 평가에 사용된 문항의 일반성의 정도, 문항의 성질, 채점기준 등이 형성평가에 비해 두드러진 차이점(이영덕, 1979)이라고 할 수 있다.

① 평가 실시 시기

총괄평가는 대개 한번, 때에 따라서는 두세 번 정도 과하는 것이 보통이다. 학습이 끝난 다음에 과하는 빈도가 드물고 길이가 긴 검사라고 할 수 있으며 현재 학교현장에서 실시하고 있는 중간고사·기말고사·일제고사·학력고사라는 것은 모두 여기에 해당된다. 이에 비해 형성평가는 교과가 포괄하고 있는 한 학습과제당 적어도 한 두 번씩 실시한다. 대개의 경우 학습이 시작되기 전에 진단평가를 실시하고, 그에 기초한 교정학습이 끝나면 본 학습에 들어가서 형성평가는 수시로 과하는 것이 특징이다.

② 평가문항의 일반성의 정도

총괄평가에서 다루는 교육목표는 보다 큰 일반화 가능성 혹은 전이 가능성이 있는 포괄적이고 거시적인 교육목표를 대상으로 하고 있으며 보다 일반화되고 광범위한 목표를 평가하려는 것이다. 반면에 형성평가는 한 개의 학습과제를 다시 분명한 위계를 가진 조그만 학습단위로 세분하고 이 각 단위를 평가의 단위로 보아 그것을 제대로 성취했느냐 혹은 성취하지 못했느냐에 관심이 있다. 그러므로 각 단위는 미시적인 교육목표이며 특수화되고 세분화되어 있다.

③ 문항의 성질

총괄평가의 문항은 교육목표를 모집단으로 하는 문항 모집단에서 모집단을 가장 대표할 수 있는 문항 표본을 골고루 표집해야 한다. 문제가 되는 것은 어떻게 표집하느냐에 따라 문항 표본의 성질이 달라지기 때문에 문항 모집단을 가장 대표할 수 있도록 골고루 표집한다는 것이지만 때에 따라서는 어느 일부분을 더 중요시하고 거기에 비중을 두어 표집할 수도 있다.

또한 총괄평가의 난이도는 일반적으로 대단히 쉬운 문항부터 대단히 어려운 문항에 이르기까지 연속되어 있다. 대부분의 경우 검사문항은 너무 쉽지도 너무 어렵지도 않을 때 효과적으로 측정될 수 있다

이에 비해 형성평가는 문항의 난이도에는 전혀 관계없이 학습한 내용의 성취 · 불성취에만 관심이 있다. 형성평가의 관심은 문장의 난이도에 있는 것이 아니라 그 문장에서 평가하려는 교육목표를 성취했느냐 실패했느냐에 있기 때문에, 문항의 난이도가 별로 큰 대상이 되지 못하고 있다.

④ 채점기준

총괄평가의 목적과 기능은 학생을 판정하고, 등급을 정하고, 자격을 부여하고, 분류하는 데 있다. 그렇기 때문에 자연히 평가를 할 때 채점의 의거점이 되는 것은 학생들의 성적 사이의 상대적 위치에 있다. 그러나 최근의 경향은 여기에 덧붙여 총괄평가 자체도 기대하는 목표에 얼마나 도달했는가를 보는 목표 지향적 평가의 성격도 아울러 갖도록 하고 있다. 이에 비해 형성평가는 철저하게 교육목표에 기초해서 평가한다는 것이 주요 기능이므로 목표지향적 평가이다.

(3) 총괄평가 도구의 제작

총괄평가를 위한 평가도구 제작의 방법과 절차(Ibid.)는 다음과 같다.

(가) 평가내용의 선정

총괄평가의 목적은 주어진 학습과제나 교과의 일정한 단위가 끝났을 때 수업목표를 어느 정도 달성했는가를 알아보기 위한 것으로서 평가계획 단계에서 가장 먼저 해야 할 일은 그러한 목적을 효과적으로 달성할 수 있는 내용을 어떻게 선정하느냐 하는 것이다. 이를 위해 첫째, 학습과제를 분석하고, 둘째, 학습의 결과로서 교사가 학생에게 기대하는 행동(혹은 수업목표)을 진술하고, 셋째, 이를 기초로 내용과 목표의 이원분류포를 작성하는 과정이 요구된다(이영덕, 1979).

① 학습과제 분석과 수업목표 진술

위의 세 과정 중 학습과제 분석과 수업목표 진술은 이미 앞에서 구체적으로 다루었으므로 여기에서는 생략하고, 참고로 각 교과나 단원의 수업설계를 할 때 계획단계에서 학습과제 분석과 수업목표 진술을 상세히 하여 두면 총괄평가를 할 때 이들을 활용하는 것이 좋을 것이다. 따라서 여기에서는 이원분류표의 작성에 관해 살펴보고자 한다.

② 교육목표 이원분류표 작성

학습내용이 선정되고 수업목표가 진술되면 이것을 기초로 내용과 행동으로 양분된 이원분류표를 작성할 수 있다. 이원분류표는 지적 영역이든 정의적 영역이든 평가내용을 선정하는 기초가 되며 평가계획을 구체화시키는 방법이 된다. 여기에서 교육목표는 곧 평가목표가 될 수 있다.

〈표 3-9〉에서 행동의 분류는 블룸(Bloom)의 지적 영역의 분류, 즉 지식·이해·적용·분석·종합·평가에 의하여 분류될 수 있고 교과에 따라 그 밖의 다른 방법에 의해서도 분류될 수 있다. 내용은 검사 기간에 따라 한 단원이 될 수도 있고 또는 몇 개의 단원이 종합되거나 학기말 고사인 경우에는 교과내용이 해당될 수도 있다.

〈표 3-9〉 교육목표 이원분류표(음악과의 예)

내용 \ 행동	지적 행동의 수준			계 (내용 영역별 문항수)
	지식(30%)	이해(40%)	적용(30%)	
음계의 구별(10%)	1	1	1	3
리듬의 결합(35%)	3	4	3	10
5선상의 박자표시(35%)	3	5	3	11
박자와 리듬의 통합(20%)	2*	2	2	6
계 (지적 행동 수준별 문항수)	9	12	9	30

* 이원분류표의 각 칸은 내용과 행동의 비율에 따른 문항수를 나타낸 것임.

　각 칸의 문항수=[가로 칸의 비중(%)]×[세로 칸의 비중(%)]×[총문항수]

　따라서 넷째 열 2*칸의 계산은 30%×20%×30=1.8(2문항)이 된다.

* 지적행동 수준의 내용은 교과목의 특성에 따라 다르게 적용될 수 있음.

　자료: 박병철(1990). 교과교육의 원리와 실제. 서울: 정민사. p.180. 내용 수정

③ 문항의 표집

지금까지 문항 선정을 위한 뚜렷한 기준은 제시된 바 없으나 몇 가지 방법을 제시하면 다음과 같다.

- 문항은 일차적으로 분류표에 제시된 모든 내용영역(혹은 단원)에서 골고루 선정해야 한다. 이때 내용영역별 평가문항수는 내용영역별 학습과제의 수 또는 내용영역별로 투입된 교수·학습 시간량에 비례해서 선정할 수 있다.
- 내용영역별 평가 문항수가 결정되면 목표영역별 문항수를 결정한다. 목표영역별 문항수는 내용영역별로 선정된 문항수를 기초로 그 내용과 관계있는 목표별 학습과제의 수에 따라 그 비율을 결정할 수 있다.
- 내용과 목표영역별로 문항 선정 비율이 결정되면 무선 표집에 의하여 비율에 따라 필요한 문항 수만큼 선정한다.

(나) 성취기준의 결정

이상과 같은 방법으로 평가내용(평가항목)이 결정되면, 그러한 평가내용을 어느 정도 성취했을 때 주어진 수업목표를 달성했다고 할 수 있는가 하는 성취수준의 결정문제가 뒤따른다. 성취수준은 실제로 누가 보아도 객관적이고 타당성 있도록 결정되어야 하기 때문에 교사 개개인의 주관적 판단에 의해 결정하기 보다는 동교과협의회 또는 동학년 교과협의회의 합의에 의해 결정하는 것이 바람직하다. 그러나 교과협의회의 합의된 결정은 객관성을 높일 수는 있지만 타당성을 높이는 데는 충분하지 못하다. 따라서 타당한 평가수준을 결정하는 데는 어떠한 준거가 필요하다.

성취수준은 평가내용 및 목표에 따라 다르게 결정될 수 있다. 한 단원 혹은 교과의 수업목표는 필수수업목표(하위목표)와 최종수업목표(상위목표)로 구분되는 데, 여기에서 필수수업목표란 내용 차원에서는 다음 단계 학습의 기초가 되는 학습요소를 포함하고 행동차원에서는 주로 단순한 지식이나 최소한의 이해력을 포함한 수업목표를 말한다. 그리고 최종수업목표는 내용차원에서는 단원(혹은 교과)의 수업을 목표로 하는 최종 학습과제를 포함하고 행동차원에서는 분석력, 종합력, 평가력을 포함한 수업목표를 뜻한다. 총괄평가는 이러한 최종 수업목표 달성도의 평가에 중점을 둔다.

위의 두 가지 유형의 수업목표는 각기 특징적인 차이가 있기 때문에 목표 성취수준도 다르게 설정하여 평가하는 것이 바람직하다. 필수수업목표를 측정하는 검사를 실시하였을 때는 이상적으로는 100%의 도달률을 보일 수도 있으나 학생들의 학습동기를 유지하면서 다음 학습을 성공적으로 학습하는 데는 80~85%의 수준이 적합하다고 보고 있다(Block, 1971). 반면에 최종수업목표를 측정하는 검사에는 단순한 지식만이 아닌 고등정신기능을 측정하는 문항들도 포함된다. 따라서 최종 수업목표를 측정하는 검사의 성취수준은 꼭 결정해야 할 필요는 없으며 만일 필요할 경우에는 일률적으로 결정하기보다는 목표학습의 곤란도(난이도)를 기초로 하여 결정하는 방법을 택할 수 있다.

☑ 평가도구 제작상 유의점(박병철, 1990)

- 객관성 : 검사 결과를 각각 다른 사람이 채점했을 때, 그 판단이 서로 얼마나 일치하느냐 하는 문제이다. 이 객관성을 유지하기 위해서는 문항 자체가 객관성 있게 제작되어야 하고, 또한 채점자가 객관적인 태도로 주의 깊게 채점해야

한다.

- 타당성 : 평가를 할 때 얼마나 수업목표에 합당하게 평가할 것을 평가하는가 하는 문제이다. 이를 위해 이원분류표를 작성할 때부터 내용과 행동을 명확하게 분석해서 어떤 것을 꼭 평가할 것인가를 심사숙고해야 할 것이다.
- 신뢰성 : 평가를 할 때 얼마나 정확하게 믿을 수 있는 평가를 하는가 하는 문제이다. 다시 말하면 평가 결과 얻은 점수가 얼마나 믿을 수 있느냐 하는 문제이다. 신뢰성을 유지하기 위해서는 문항 제작상의 유의점을 잘 지켜야 하고 검사 과정이 엄정하게 관리되어야 한다.
- 난이성(곤란도) : 평가문제가 얼마나 어려운가 쉬운가 하는 문제이다. 교과내용의 절대 목표 수준이나 필수적 내용 및 발달적 내용과 관련되는 문제이기도 하고, 학생들의 학력수준과도 관련되는 문제이다. 문항은 적당한 곤란도를 유지하는 것이 바람직하다.

(다) 문항형식의 결정

이원분류표에 의해 최종적으로 평가할 내용과 목표가 선정되면 이를 기초로 검사 문항을 제작한다. 검사문항의 형식은 크게 서답형(필답형)과 선택형으로 나눌 수 있다. 서답형은 주관식 유형의 문항으로서 아무런 단서 없이 주어진 질문을 피험자 스스로 해석하고 반응(답)을 제시하는 것이다. 서답형에 속하는 문항 형식은 논문형, 완성형(빈 칸 채우기), 단답형 등이 있다. 서답형 검사는 지적인 영역, 즉 고등정신 기능으로서 기억력·이해력·사고력·표현력 등에 관한 행동의 증거를 포착하는 데는 매우 효과적이지만 태도·흥미·가치관·습관·기능 등의 정의적 영역과 심체적 영역의 행동증거를 포착하는 데는 부적절하다. 선택형은 객관식 유형의 문항으로서 주어진 두개 또는 그 이상의 답지 중에서 가장 적합한 답을 선택하면 된다. 여기에는 진위형(○,×), 배합형(결합형), 선다형의 문항 형식이 있다.

서답형 문항은 답에 대한 단서가 주어지지 않기 때문에 선택형 문항보다 좋은 것으로 평가될 수 있으나 채점의 객관성이 낮다는 것이 문제점이다. 일반적으로 학교 현장에서 가장 많이 쓰이는 검사는 선택형 검사로서 선다형(5지) 문항이 많이 쓰인다. 선다형은 서답형이나 진위형, 배합형 문항보다 다음과 같은 장점을 가지고 있다. 첫째, 선다형은 제작기술과 목적에 따라 단순한 수준으로부터 복잡한 수준의 행동목표를 측정할 수 있다. 둘째, 4~5개의 선택지가 제시되기 때문에 추측에 의한 정답 가능성이 적어진다. 셋째, 각 문항별 오답지는 학생이 범하기 쉬운 오류나 행동 등에 관한 진단적인 정보를 제공해 준다. 넷째, 넓은 범위의 학습내용을 측정할 수 있고 채점과 자료 처리가 용이하다. 이와 같은 장점 때문에 절대평가에서도 선다형 문항을 많이 이용한다.

(라) 검사실시에 따른 지시사항 작성

평가계획 단계에서 고려해야 할 사항은 학생들이 검사의 규칙을 확실히 알 수 있도록 지시사항을 작성하는 것이다. 대체적으로 문제지의 첫머리에 지시사항을 제시하는 것이 보통이다. 지시사항은 사전에 결정해야 하며, 학생들이 전체 문항에 모두 답해야 하는지, 최선의 답을 선택해야 하는지, 정답을 찾아야 하는지, 검사시간은 얼마인지 또는 답안을 기입하는 경우에는 내용만이 채점이 대상이 되는지 맞춤법이나 문법도 채점의 대상이 되는지, 문항당 배점비율은 어떻게 되는지 등이 포함된다.

(마) 채점계획의 작성

채점은 총괄평가를 어디에 사용할 것인가 하는 용도에 따라 달라질 수 있다. 만일 성적을 사정하는 것이 목적이라면 단일 점수를 표시하는 것이 바람직하고 자격을 부여하는 것이 목적이라면 하위 기능에 따라 점수를 따로 채점하는 것이 좋다. 예언이 목적일 때는 단일 점수뿐만 아니라 내용별, 행동별로 채점하는 것이 바람직하다.

채점에 있어서 고려해야 할 사항은 각 문항에 대한 배점이다. 검사문항이 선다형 뿐만 아니라 단답형, 배합형, 논문형 등 여러 가지 형식으로 구성되었다면 채점을 위한 문항의 배점 계획이 사전에 신중히 검토되고 수립되어야 한다. 또한 이원분류표에 의한 평가목표 선정과정에서 학습요소나 학습목표의 중요도를 고려함이 없이 각각의 학습요소나 학습목표에 대해 동일한 수의 문항을 출제하였다면 그 타당도나 비중에 따라 점수 배점을 다르게 할 수도 있다.

☑ 문항제작의 일반적 유의사항

① 선택형 문항의 경우

• 문장은 그 뜻이 명료하게 진술되어야 한다.
• 정확한 의미의 단어를 사용한다.

- 정답에 필요한 조건은 다 진술한다.
- 불필요한 말은 집어넣지 않는다.
- 지나치게 특수한 것은 피하는 것이 좋다.
- 이치에 안 맞는 내용은 피한다.
- 적당한 곤란도를 유지한다.
- 정답의 단서를 주지 않도록 한다.
- 상투적 표현이나 교과서에서 그대로 적은 내용은 가급적 피한다.
- 언어로만 표현하기보다 그림, 도표, 수표 등의 자료를 제공한다.

② 서답형의 경우

- 평가목표를 명료하고 의미있게 설정한다.

  이해, 적용, 분석 등 무엇을 평가하는지를 분명하게 설정해야 한다.
- 평가목표에 적절한 문항을 제작한다.

  이해력을 평가하겠다는 목표를 설정했는데 단순한 지식이나 재생하는 문항을
  제작해서는 안 된다.
- 반응 자유의 정도를 알맞게 통제한다.

  내용 범위, 또는 분량을 제시하여 그에 맞게 기술하도록 한다.
- 신뢰로운 채점, 평정의 방법을 강구한다.

  정답의 한계가 어디까지인가, 채점 혹은 평정은 어떤 기준으로 할 것인가 등을
  구체화시켜야 한다.

☑ 진단평가 · 형성평가 · 총괄평가의 비교

구 분	진단평가	형성평가	총괄평가
기 능	출발점 행동 진단, 지속적 학습 장애 원인 확인 및 교정, 학습의 중복 회피	학습곤란의 확인 · 교정, 피드백 제공으로 학습촉진, 수업 방법 개선	수업효과 확인, 성적 판정, 자격부여, 집단 간 학습효과 비교
실시시기	수업 전(단원 전개 전), 수업 중 필요시	수업 중 수시(매시간, 또는 단원 중간 중간)	수업 후 학기말, 학년말
측정내용	선수 필수 출발점 행동, 구체적 목표와 일반적 목표	필수수업목표 (구체적)	일반적인 목표, 최종 수업목표
문항수준	선수학습요소(쉬움)	목표에 따라 다름	다양한 수준

라) 수행평가(performance assessment)

과거에 학교에서 실시해오던 지필고사 위주의 객관식 평가나 단순 암기 위주의 평가, 지적 영역 중심의 평가 등은 미래의 지식정보화 사회에서 요구하는 정보 활용 능력, 창의력, 문제해결력 등의 고등 정신 기능을 평가하는데 부적합하다고 보기 때문에, 제7차 교육과정 시행과 더불어 창의력과 문제해결력 등 고등 정신 능력 함양을 위한 수업 방법 개선의 노력과 함께 질적 평가의 대안으로서 수행평가가 실천되고 있다.

수행평가(performance assessment)는 구성주의에 바탕을 둔 참평가, 대안평가, 총체적 평가, 성과 중심 평가 등 다양한 개념으로 등장하였으나, 그 중에서 수행평가란 용어가 일반적으로 사용되고 있다.

수행평가는 "학생 스스로 자신의 지식이나 기능을 나타낼 수 있도록 답을 작성(구성)하거나, 발표하거나, 산출물을 만들거나, 행동으로 나타내도록 요구하는 평가방식"이라고 정의할 수 있으며, 여기에서 행동이란 단순히 신체를 움직이는 것만을 의미하는 것이 아니라 말하거나, 듣거나, 쓰거나, 그리거나, 만들거나 하는 인간의 모든 활동을 포함하는 것이다(백순근, 1999a).

(1) 수행평가의 특징

단편적인 지식만을 암기하도록 조장하는 기존의 교수·학습 평가 방식을 지양하고, 학생의 창의성이나 문제해결력 등 고등 사고 기능을 파악하며 개별적인 학습을 신장하기 위해 사용될 수 있는 수행평가의 일반적 특징은 다음과 같다.

(가) 학생이 문제의 정답을 선택하게 하는 것이 아니라 자기 스스로 정답을 작성하거나 행동으로 나타내도록 하는 평가 방식이다. 자신이 옳다고 생각하는 답을 직접 작성 또는 수행하게(글로 쓰게 하든지, 말로 하게 하든지, 행동으로 하게 하든지) 함으로써 학생의 인지구조나 문제해결 과정을 파악한다.

(나) 추구하고자 하는 교육목표 달성 여부를 가능한 한 실제 상황 하에서 파악하는 평가이다. 추상적인 상황(다른 작가가 써놓은 작품) 하에서 정답을 선택하게 하여 평가하기 보다는 실제적인 상황(자기 직접 쓴 글)에서 직접 관찰할 수 있는 방식으로 평가한다.

(다) 교수·학습의 결과뿐만 아니라 교수·학습의 과정도 함께 중시하는 평가방

식이다. 새로운 교수 · 학습에서는 '학습하는 방법을 학습하는 것'도 중요시 하기 때문에 수행평가에서는 선언적 지식(무엇에 대해 아는 것, 내용적 지식)의 습득뿐만 아니라 절차적 지식(어떻게 하는지 아는 것, 방법적 지식)의 습득 수준과 실제 적용 능력도 파악한다.

(라) 단편적인 영역에서 일회적으로 평가하기 보다는 학생 개개인의 변화 · 발달 과정을 종합적으로 평가하기 위해 전체적이면서 지속적으로 이루어지는 평가이다. 교사가 학생 개개인의 변화 · 발달과정을 진단 · 평가하기 위해 수시로 관찰하거나 면담을 통해서 그 결과를 누가적으로 기록하는 등 다양한 형태로 평가한다.

(마) 개개인을 단위로 평가하기도 하지만 집단에 대한 평가도 중요시 하는 평가이다. 하나의 연구 과제를 주고, 팀을 이루어서 공동으로 그 과제를 해결하도록 한 후 팀을 단위로 평가함으로써 학생 상호간의 협력과 사회성을 신장시킨다. 개인이나 집단을 평가할 때는 객관적 평가 준거에 근거해서 평가하는 성취수준평가(절대평가) 형태를 취한다.

(바) 학습과정을 진단하고 개별학습을 촉진하기 위한 평가이다. 수행평가는 학생의 선발 · 분류 · 배치를 위한 목적으로 사용할 수도 있지만 학생의 지적수준을 진단하고 학생의 이해수준을 높이며 개별학습을 촉진하는 데 활용된다.

(사) 학생의 인지적 영역(창의성이나 문제해결력 등 고등사고 기능)뿐만 아니라 정의적 영역(행동발달 상황, 흥미 · 태도), 그리고 심동적 영역(체격이나 체력)에 대한 종합적이고 전인적인 평가이다.

(2) 수행평가의 시행 절차

학교현장에서 수행평가를 타당성 있게 시행하기 위해서는 평가방법이나 절차뿐만 아니라, 교육목표와 수업방법도 동시에 고려할 필요가 있다. 수행평가를 내실 있게 시행하기 위한 순차적인 절차를 정리하면 다음과 같다(백순근, 1999b).

① 학기별 혹은 연간 수업 및 평가계획서를 작성한다.

② 가르치고자 하는 성취기준(교육목표 및 내용)을 구체화한다.

③ 실제로 다양화 · 전문화 · 특성화한 수업을 진행한다.

④ 성취기준을 실제로 얼마나 성취했는지, 그 성취 기준을 파악하기 위한 평가기준을 명확히 한다.

⑤ 적절한 평가 방법을 결정하고 평가도구를 제작한다.

⑥ 실제로 다양화·전문화·특성화한 평가를 실시한다.

⑦ 채점 기준표에 따라 채점하고 그 결과를 공개한다.

⑧ 평가의 결과를 교수·학습 활동에 피드백 한다.

(3) 수행평가의 방법

수행평가는 교수·학습 과정을 개선하고 개별 학생에게 지도·조언하며 충고하기 위한 목적으로 사용되기만 한다면 어떠한 평가 방법도 수행평가에 포함될 수 있다. 특히 수행평가에서는 교수·학습활동과 평가활동이 상호 통합적으로 진행하는 것을 강조하기 때문에 다양한 교수·학습 방법(예: 현장조사, 작품감상, 만들기, 발표대회. 개념도 구성하기 등)들이 수행평가에 활용될 수 있다. 수행평가는 선택형 지필평가(진위형이나 배합형 포함) 이외의 다른 모든 방법으로 평가하는 방식이라 할 수 있다〈표 3-10 참조〉.

〈표 3-10〉 수행평가에 포함되는 평가 방식

구 분	세부 평가 내용
구성적 반응 요구	완성형 문항(빈칸 채우기), 단답형 문항, 도표나 그림에 제목 붙이기, 시각적 자료 만들기(개념도, 흐름도, 그래프, 도표, 도안 등)
특정 산출물 요구	수필, 연구보고서, 과제일지, 실험보고서, 이야기/극본, 시, 포트폴리오, 미술작품, 전시물, 과학 프로젝트, 모형 구성, 비디오 구성, 오디오 구성
특정 활동 요구	구두발표, 무용/동작 발표, 과학실험 시연, 체육경기, 연극, 토론, 음악발표
과정을 밝힘	구두질문, 관찰, 면담, 회의, 과정(process)에 대한 기술, 생각하는 과정을 말로 표현, 학습일지

※ 완성형이나 단답형 문항이 단순 암기력을 재는 것이라면 수행평가에 포함되지 않음.
자료: 허경철(1999). 수행평가 정책의 과제와 전망. 한국교육과정평가원. p.4.

(가) 평가 문항 제작 절차

• 수행 주제 및 과제를 선정한다.

• 평가목표를 추출하고 이를 명확히 한다.

• 문제상황을 설정하여 문항의 체계 및 발문을 구상한다(서술형, 논술형 검사 경우).

- 모범답안을 작성한다. 서술형과 논술형의 경우, 적어도 2명 이상의 출제진이 각자 나름대로 예비적인 모범답안을 작성한 후, 토론 및 협의를 거쳐 최종적인 모범답안을 작성한다. 모범답안을 작성하지 않고 채점 기준표를 만들면 채점기준표가 애매모호해지는 경우가 많다.
- 채점 기준표를 작성한다. 문항별로 모범답안에 근거하여 채점 기준표를 작성함에 있어서 채점 요소의 대항목과 소항목을 결정하고 각각에 대한 배점을 한다. 배점은 요소의 비중에 따라 배점을 차등화 하여 채점기준을 상세화 한다.

(나) 평가의 유형

수행평가의 대표적인 유형을 정리하면 다음과 같다.

- **면접법**

평가자가 학생과 직접 대면하여 평가자가 질문하고 학생이 대답하는 서로 대화의 과정을 통해 지필식 시험이나 서류만으로는 알 수 없는 사항들을 알아보고 그것을 평가한다. 면접에는 1 대 1 면접, 1 대 다수 면접, 다수 대 1 면접, 다수 대 다수 면접 등이 있다.

- **관찰법**

학생을 이해하고 평가하기 위한 가장 보편적인 방법 중의 하나로서 한 집단 내에서 학생 개인 간 또는 소집단간의 역동적인 관계를 집중적으로 관찰한다. 객관적이고 정확한 관찰을 위해서 대상을 있는 그대로 기술하는 일화기록법, 체크리스트법, 평정척도법, 비디오 녹화 분석법 등이 활용된다.

- **구술시험**

학생으로 하여금 특정 교육내용이나 주제에 대해서 자신의 의견이나 생각을 발표하도록 하여 학생의 준비도, 이해력, 표현력, 판단력, 의사소통 능력 등을 직접 평가한다.

- **토론법**

특정 주제에 대해 학생들이 서로 토론하는 것을 보고 평가한다. 이 방법은 교수·학습 활동과 평가활동을 통합적으로 수행하는 대표적인 평가방법이다.

- **서술형 및 논술형 검사**

흔히 주관식 검사라고 하는 것으로서 서술형 평가는 학생이 답이라고 생각하는 지식이나 의견 등을 직접 서술하도록 하는 평가 방식이고, 논술형 평가는 주어진

주제에 대하여 자신의 생각이나 주장을 창의적이고 논리적으로 설득력 있게 조직하여 진술하는 것이다.

- 실기시험

수행평가의 실기시험은 종래의 실기시험과 같이 시험 치르는 상황이 통제되거나 강요되지 않는 자연스런 평가 상황에서 이루어진다. 평가는 가능한 한 교수·학습 활동과 평가활동을 분리하지 않고 수업시간에 자연스런 상황 하에서 평가하는 것이 바람직하다.

- 실험·실습법

어떤 과제에 대하여 학생들로 하여금 직접 실험·실습(개인 또는 팀별)을 하게 한 후 학생들의 실험·실습 과정을 직접 관찰함과 동시에 제출한 결과 보고서를 동시에 고려하여 평가한다.

- 자기평가 및 동료평가 보고서법

자기평가(self-evaluation) 보고서법은 특정 주제나 교수·학습 영역에 대하여 자기 스스로 학습과정이나 학습결과에 대한 자세한 평가보고서를 작성·제출하도록 하여 평가하는 것을 말하며, 이와 유사하게 동료학생들이 상대방을 서로 평가하도록 하는 동료평가(peer-evaluation) 보고서법을 이용하여 학생들을 평가할 수도 있다.

- 연구보고서법(프로젝트법; project method)

각 교과별로나 통합교과적으로 여러 가지 연구 주제 중에서 학생의 능력이나 흥미에 적합한 주제를 선택하되 그 주제에 대해서 가지 나름대로 자료를 수집하고 분석·종합하여 연구보고서를 작성·제출하도록 하여 평가한다.

- 포트폴리오(portfolio)법

자신이 쓰거나 만든 작품을 지속적이고 체계적으로 모아 둔 개인별 작품집 혹은 서류철을 이용하여 평가한다. 학생의 그림, 사진, 시나 소설, 글짓기 한 것, 교과 과제물, 연구보고서, 실험·실습 결과보고서 등을 순서대로 정리해 둔 자료집을 이용하여 평가할 수 있다. 이 평가 방법은 단편적인 영역에 대해 일회적으로 평가하지 않고 학생 개개인의 변화·발달 과정을 종합적으로 평가하기 위해 전체적이면서도 지속적으로 평가하는 것을 강조하는 것으로서 수행평가의 대표적인 방법 중 하나이다.

교수·학습 과정안
작성의 실제

1. 교수·학습 과정안 계획 수립 원칙 및 요소

2. 교수·학습 과정안의 구비조건

3. 교수·학습 과정안의 형식

4. 교수·학습 과정안 예시

5. 교수·학습 과정안 구성 분석

교수·학습 과정안 작성의 실제

교수·학습 과정안이란 한 단원 또는 한 시간의 교수·학습 과정을 효과적으로 이끌기 위한 실제 수업의 시안이며 수업가설이다. 따라서 건축의 설계도와도 같은 것이다. 또한 항해사가 가진 나침반과도 같이 수업이 나아갈 방향을 분명히 지시해 준다(이종섭 외, 1978).

교수·학습 과정안은 지금까지 학습지도안, 단원전개안, 수업지도안, 수업전개안 등 여러 가지 용어로 사용되고 있다. 그러나 여기에서는 교수·학습 과정에 초점을 맞춰 교수·학습 과정안이란 용어를 사용하기로 한다.

교사는 수업을 전개하기 전에 학생들의 출발점행동 수준을 진단하고 그에 적절한 교정 조치를 취해야하며, 단위 수업시간에는 수업목표를 어떻게 제시하고 학습에 흥미를 유발시키기 위한 동기유발을 어떻게 할 것이며, 수업 중간 중간에는 어떤 자료를 제시하고 학생들이 학습자체에 주의를 기울이도록 조정하며 학생들을 어떻게 참여시키고 통제할 것인가, 그리고 평가는 어떻게 할 것인가를 예상하여 계획한 기본 설계도, 즉 교수·학습 과정안을 작성하는 것이 필요하다. 이렇게 치밀하게 작성한 과정안을 활용함으로써 수업에 불필요한 요소를 줄이고 학습활동을 촉진하여 수업목표를 효과적으로 달성할 수 있을 것이다.

교수·학습 과정안은 평소 단위 수업에서 사용하는 약안(본시안, B안)과 수업연구나 연구수업처럼 공개수업에서 쓰이는 세안(A안)의 두 종류가 있다. 교수·학습 과정안 작성은 반드시 교재연구를 전제로 하고 있기 때문에 실질적으로 쓴다면 세안이 아니라 약안이라도 수업에 도움이 될 것이며, 과정안을 씀으로써 수업을 자신있게 전개할 수 있고 학습요소를 빠짐없이 지도할 수 있으며, 지도의 과정이 명료해져서 수업에 효율성을 가져와 성공적인 수업으로 이어질 수 있다.

1. 교수 · 학습 과정안 계획 수립 원칙 및 요소

교수 · 학습 과정안 계획 수립의 원칙 및 요소는 다음과 같다.

- 과정안은 학습내용과 학습활동의 선택과 조직이 합리적으로 되어 있어야 한다.
- 과정안에는 미리 예상했던 달성결과에 대한 설명이 되어 있어야 한다.
- 기존의 학습과 연결이 되어있지 않으면 안된다.
- 과정안에는 학습에 합당한 지도기술이 나타나 있어야 한다.
- 과정안에는 목표실현의 성공도에 대하여 적절한 평가가 되어있지 않으면 안된다.
- 과정안은 다음 학습에 관련되도록 계획되지 않으면 안된다.
- 교사는 학습내용이나 교실 경험의 중핵이 되는 모든 활동에 정통하고 있어야 한다.
- 교사는 학급 전원에게 영향을 주는 환경에 대해서 충분히 알고 있어야 한다.
- 교사는 예상되는 교실조건과 학습의 법칙과의 관계를 이해하고 학습과정에 대한 심리학적 기초를 충분히 알고 있어야 한다.
- 교사는 면밀한 안을 세우고 이것을 과정안 중에서 간결하게 정리해야 한다.
- 가급적이면 같은 것은 피하고 언제나 새로운 분위기를 만들어야 한다.

2. 교수 · 학습 과정안의 구비조건

교수 · 학습 과정안은 수업의 효과를 최대한 거양하면서 학습활동을 가장 적합하게 진행시킬 수 있도록 혼란을 일으키지 않는 범위 안에서 정밀하게 작성되어야 한다. 일반적으로 교수 · 학습 과정안이 갖추어야 할 기본적인 요건은 다음과 같다

(고영희, 1981)

- 학생의 능력과 흥미수준을 고려해야 한다.
- 과제 분석을 통해 수업계열을 논리적으로 조정하여 그 계열을 따르면 자연히 수업의 목적이 실현되도록 계획한다.
- 가장 적절한 목표를 선택하고 진술해야 한다.
- 먼저 실시한 수업(사전 또는 선수학습)과 관련을 지어야 한다.
- 학생들의 기존 습득 지식(선수 내용)을 잘 고려해야 한다.
- 교과서에 있는 자료에 대하여 충분히 연구해야 한다.
- 이용할 수 있는 최선의 실례를 준비한다.
- 효과적이고 비판적인 발문(또는 질문)을 포함시켜야 한다.
- 수업 전개 요령과 학년의 요구사항에 준거를 두어야 한다.
- 수업사태에 적합한 과정을 선택해야 한다.
- 적절한 과제를 포함시켜야 한다.
- 과제를 제출하도록 할 경우에는 도서관의 보충자료와 개인이 해결가능 한 자료를 고려해야 한다.
- 학습내용에 대한 적절한 요약을 준비한다.
- 중요한 여건을 생각하여 흥미를 강조한다.
- 지도안대로만 학습을 전개시키려 하지 말고, 때로는 학생의 흥미, 경험에 따라 변경할 수 있도록 탄력적이고 신축성 있는 계획을 세운다.
- 수업의 각 단계에 배당한 소요 시간을 예정해야 한다.
- 수업의 결과를 적절하게 평가하는 방법을 강구해야 한다.

3. 교수·학습 과정안의 형식

교수·학습 과정안은 주제와 내용, 그리고 수업목적에 따라서 그 양식이 다양할 수 있으므로 여기에서는 한국교육개발원의 새 수업과정 일반모형을 적용한 수업지침서에 제시된 각 단계별 내용체계를 소개한다.

I. 계획
  1. 단원 개관
    가. 학습문제
    나. 발전 계통
    다. 지도상의 유의점
  2. 과제 분석
  3. 단원목표(일반목표)
  4. 단원 전개 계획(또는 수업 실천 계획)
II. 진단
  1. 진단학습
    가. 진단학습 문제
    나. 분류 및 대책
  2. 교정·심화학습
III. 지도
  1. 본시 교수·학습 과정
  2. 본시 확인학습
IV. 발전
  1. 확인학습(형성평가)
    가. 확인학습 문제
    나. 분류 및 대책
  2. 보충·심화학습
V. 평가
  1. 이원분류표
  2. 총괄평가 문제(* 대부분 중간고사, 기말고사로 대체)

※ 최근에는 ICT(정보통신기술)를 활용한 수업지도가 많이 이루어짐으로 교수·학습 과정안도
  'ICT활용 교수·학습 과정안'이 작성 활용되고 있으나 큰 틀은 5단계 과정안을 유지하되 하위모
  형의 형태로 지도, 발전 부분을 특색있게 작성하여 활용할 수 있다.

가. 교과별 하위모형의 예

새 수업과정 일반모형에서 지도단계의 내용이 교과의 특성에 따라 다르게 적용된다.

- ○ 도덕과 : 문제제시 및 확인-문제분석 및 해결-반성 및 계획세우기
- ○ 국어과 : 전체적 접근-부분적 접근(1)-부분적 접근(2)-통합적 접근
  - * 부분적 접근 1(형식적 접근-내용적 접근)
  - * 부분적 접근 2(내용적 접근-형식적 접근)
- ○ 사회과(탐구수업) : 안내-정의-가설-탐색-증거제시-일반화
- ○ 수학과 : 과제 제시-탐구-문제해결-음미(과정, 해답 검토)-정리
- ○ 과학과 : 대면-계획-수집-형성-정착
- ○ 체육과(운동학습) : 준비-탐색-발전-훈련-정착
- ○ 음악과 : 감각적 감지-기초기능파악- 표현방법 탐색- 창조적 표현- 내면화
- ○ 미술과 : 준비-발상-구상-표현(제작)-감상

나. 기타 수업의 하위모형의 예

- ○ ICT 활용 수업(문제추구 및 해결 과정에서 정보기술 활용)
  - * ICT(정보 탐색, 정보분석, 정보안내, 정보만들기) 활용
  1) 문제파악 : 도입(학습목표 안내, 학습과제 제시)
  2) 문제추구 및 해결 : 문제해결계획, 정보검색, 네트워크에서 의견교환 및 협력 학습, 자료와 아이디어 공유, 보고서 작성 및 발표, 자료와 아이디어 공유
  3) 적용 발전 : 정리 및 안내, 형성평가
- ○ 열린 수업(자기주도적 학습)
  1) 문제파악 : 도입(학습분위기 조성, 예습과제 검토, 학습문제 선정하기)
  2) 문제추구 : 탐구문제 찾기, 자료 찾기
  3) 문제해결 : 정보 수집 분석하기, 전체 토의하기
  4) 적용 발전 : 정착(학습결과 정리, 생활에 적용하기, 형성평가)

4. 교수 · 학습 과정안 예시

가. 중학교, 과학과 2학년 교수 · 학습 과정안(예)

```
o 교   과 : 과학
o 단   원 : 7. 전기    7-3. 전압과 전기 저항
                    ② 전압과 전류의 관계
o 일   시 : 2007. 5. 30(수) 4교시
o 대   상 : 2학년 6반(33명)
o 장   소 : 과학실
o 수업자 : ○ ○ ○
```

I. 계 획

1. 단원의 개관

가. 학습문제

이 단원은 4학년의 '전구에 불 켜기'와 5학년의 '전기 회로 꾸미기', 그리고 6학년의 '전자석' 등 기본적인 전기 현상을 학습한 학생들이 전기의 발생, 전하와 전류, 전압과 전기 저항 등 전기에 관한 구체적인 내용을 이해하도록 하기 위하여 설정되었다.

전기의 성질을 이해하기 위하여 주변의 물건들을 이용하여 마찰 전기를 발생시켜 보고, 정전기 유도에 의해 물체를 대전시켜 보게 한다. 또 이 결과와 일상생활에서 경험한 대전 현상과 비교하여 설명하고, 검전기를 이용하여 물체의 대전 여부와 정전기 유도 현상을 확인하도록 한다.

전하와 전류에서는 전류를 물의 흐름과 비교하는 간단한 모형을 사용하여 전류의 방향에 대하여 설명함으로써 전류에 대한 정성적인 이해를 하도록 돕고, 전류란 전하의 흐름이며 도선에서는 실제로 전자가 전류의 방향과 반대로 이동한다는 것을 설명한다. 이때 전류계를 이용하여 전류의 세기를 측정하고 전류가 흐를 때 전하가

보존된다는 것을 알 수 있게 한다.

전압과 전기 저항에서는 전류의 세기와 전압과의 관계를 고찰하여 저항의 개념을 자연스럽게 형성하도록 하고, 실험을 통하여 전압과 전류의 관계를 밝히며, 이를 저항의 직렬연결과 병렬연결에 적용하도록 한다.

전기 단원은 이 단원에서 학습한 것을 토대로 9학년에서 '전류에 의한 열의 발생', '전류가 만드는 자기장', '자기장 속에서 전류가 흐르는 도선이 받는 힘' 등에 대해서 배우게 된다.

수업은 MBL을 이용한 실험활동으로 하고자 한다. 그동안 학교 과학 실험활동의 대부분은 데이터 수집에 측정도구를 사용하지만 측정값을 읽을 때는 우리의 감각기관에 의존해온 전통적인 실험방법이었다. 그러나 이와는 달리 컴퓨터를 기반으로 하는 MBL실험은 자연의 물리량을 측정할 수 있는 다양한 센서들(온도센서, 압력센서, 전압센서, 습도센서 등)을 이용하여 실시간으로 자연의 물리량을 측정함과 동시에 인터페이스를 통해 컴퓨터로 데이터가 보내어지고 컴퓨터 화면에 수집된 데이터가 표와 그래프로 자동으로 그려지게 된다. 따라서 MBL실험은 학생들로 하여금 화면에 나타는 표와 그래프를 변환시켜보며 실험결과를 분석하고 토론을 통하여 결론을 도출시키고 궁극적으로 과학적 개념을 형성할 수 있도록 도와주는 실험활동이다.

본 수업을 통해 MBL의 과학수업에 활용방법을 제시하고, 학생들에게 과학을 무조건 암기하기 보다는 자신이 알고 있는 지식을 바탕으로 하여 실험과 같은 체험활동으로 탐구하려는 자세를 갖게 하며, 과학에 대한 호기심 및 적극적인 태도를 함양시키고자 본 단원을 선정하였다.

나. 발전 계통

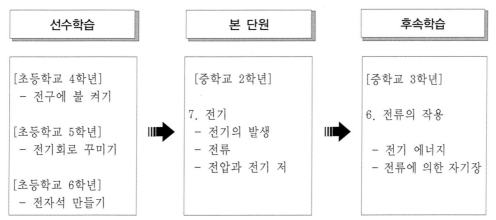

다. 지도상의 유의점

1) 생활 주변에서 볼 수 있는 전기 현상들의 예를 들어 학습할 수 있게 하고, 각종 실험과 토론, 관찰 등을 통하여 전기의 기본 개념을 이해하고 관심을 갖는 기회가 되도록 한다.

2) MBL, 전류계, 전압계 등을 사용하는 탐구 활동은 가능한 사전에 실험을 하여 그 결과를 확인한 후 학생들이 실험에 임할 수 있도록 한다.

3) 전기 현상을 물의 흐름으로 예를 들어 설명할 때에는 부적절한 예로 인한 오개념이 발생하지 않도록 주의하여야 한다.

4) 전압과 전기 저항 단원을 학습할 때, 실험 결과에 의해서 정성적으로 결론을 이끌어 내고, 수식을 통한 계산을 너무 자세하게 설명하여 흥미를 잃는 일이 없도록 주의 한다.

2. 과제 분석

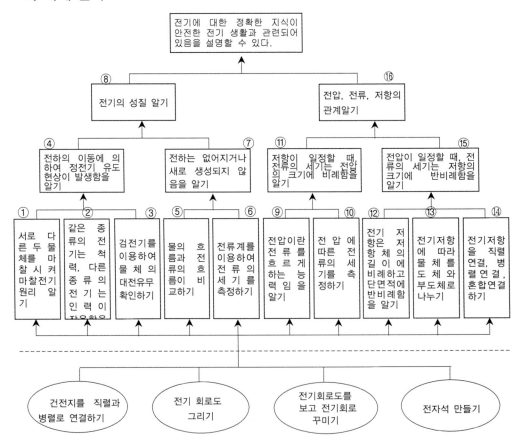

3. 단원 목표

가. 마찰 전기를 발생시켜, 전기의 성질을 이해하고 설명할 수 있다.

나. 검전기를 이용하여 정전기 유도 현상을 확인할 수 있다.

다. 전기 회로에서 전류의 방향과 전자의 이동 방향을 설명할 수 있다.

라. 전류계를 이용하여 전류의 세기를 측정할 수 있다.

마. 전류가 흐를 때 전하가 보존됨을 설명할 수 있다.

바. 전류계를 이용하여 전류의 세기를 측정할 수 있다.

사. 실험을 통하여 전압, 전류 및 저항 사이의 관계를 설명할 수 있다.

아. 저항을 생기는 원인을 통하여 저항의 의미를 설명할 수 있다.

자. 저항의 직렬연결과 병렬연결에서 전압과 전류의 관계를 설명할 수 있다.

4. 단원 전개 계획

단계	중단원	차시	학습내용	학습형태	학습자료	지도상의 유의점
진단	진단학습 및 교정·심화학습	1	• 진단학습 • 교정·심화학습	개별활동	• 진단학습지 • 교정학습지	선수학습 결손 내용의 교정 및 예습정도 확인
지도	7-1. 전기의 발생	2	• 단원 도입 활동 • 생활속의 마찰전기 조사 • 마찰 전기의 성질	토의학습 ICT 활용수업	탐구활동지 PPT자료	마찰전기는 습하지 않은 맑고 건조한 날에 잘 발생하기 때문에 가능하면 오후에 관찰한다.
		3 4	• 마찰하지 않고 전기를 게 하는 방법 • 정전기 유도 현상 〈심화과제: 정전기유도 현상〉	탐구/실험	실험 활동지 실험 보고서	손이 건조한 학생이 에보나이트막대와 털가죽을 마찰시킨다.
	7-2. 전류	5	• 물의 흐름과 전류 비교	토의학습 ICT 활용수업	탐구활동지 PPT자료	전류의 흐름을 물의 흐름으로 설명하는데 이것은 단순히 비유임을 설명한다.
		6	• 전지의 직렬연결에서 전지의 개수에 따른 전구의 밝기 관찰	탐구/실험	실험활동지 실험보고서	건전지를 직렬로 연결할 때 전구의 정격전압을 넘지 않도록 한다.
		7	• 전류의 세기 측정 • 전하량 보존 〈보충과제: 전하량 보존〉	탐구/실험	실험활동지 실험보고서	전류계의 (+)단자와 (−)를 단자를 잘 구별하여 연결하도록 한다.
발전	확인학습 및 교정·심화학습	8	• 확인학습 • 보충·심화 학습	개별활동	• 확인학습지 • 심화학습지 • 보충학습지	확인학습 후 심화학습 및 결손을 보충하는 학습을 하도록 한다.
지도	7-3. 전압과 전기 저항	9 10	• 전압의 의미 • 전압의 측정방법 〈심화과제: 과일 전지〉	ICT활용 토의학습 탐구/실험	탐구활동지 PPT자료	전압계는 회로에 병렬로 연결해야함을 설명한다.
		11	• 전압과 전류의 관계	탐구/실험	실험 활동지 실험 준비물 실험 보고서	전압에 따른 전류의 세기 측정을 5초 간격으로 실시하도록 한다.
		12	• 전기 저항의 의미 • 저항이 큰 경우 〈보충과제: 연필심저항측정〉	탐구활동 토의학습 탐구/실험	탐구활동지 PPT자료 실험활동지	전기저항은 전자와 원자핵의 충돌로 발생함을 설명한다.
		13 14	• 저항의 직렬연결 • 저항의 병렬연결	탐구/실험	실험활동지 PPT자료	전기 저항의 의미와 연결하여 설명한다.
발전	확인학습 및 보충·심화학습	15	• 확인학습 • 보충·심화 학습	개별활동	• 확인학습지 • 심화학습지 • 보충학습지	확인학습 후 심화학습 및 결손을 보충하는 학습을 하도록 한다.
평가	총괄평가	16	• 총괄평가	개별활동	• 문제지	총괄평가를 실시한다.

II. 진 단

1. 학생 실태 조사
가. 과학 흥미도

흥미도	매우 좋아한다	좋아한다	보통이다	싫어한다	매우 싫어한다	계
학생 수(명)	2	9	18	2	2	33
백분율(%)	6.1	27.2	54.5	6.1	6.1	100

나. 과학 학습 시간

학습 시간	매일30분 이상	매일1시간 이상	매일 2시간이상	시험기간에만	전혀 안함	계
학생 수(명)	7	4	0	20	2	33
백분율(%)	21.2	12.1	0	60.6	6.1	100

다. 과학 성적 분포도(1차 지필고사 성적)

성적(점수)	0 ~ 20	21 ~ 40	41 ~ 60	61 ~ 80	81 ~ 100	계
학생 수(명)	1	2	14	7	9	33
백분율(%)	3.0	6.1	42.4	21.2	27.3	100

라. 과학 수업 이해도

흥미도	매우 쉽다	쉽다	보통이다	어렵다	매우 어렵다	계
학생 수(명)	0	6	13	10	4	33
백분율(%)	0	18.2	39.4	30.3	12.1	100

마. 과학 학습 도우미

흥미도	자신	학교 선생님	학원 선생님	형제자매	부모님	계
학생 수(명)	10	13	8	1	1	33
백분율(%)	30.3	39.4	24.3	3.0	3.0	100

바. 학습 실태 분석 및 대책 수립

과학에 대한 흥미도	과학과목을 매우 좋아하는 학생이 2명, 좋아한다는 학생 9명으로 전체 33명중 11명 즉 1/3 정도는 과학을 좋아하는 편이며 흥미도가 보통인 학생은 18명으로 50% 이상이 차지하고 있다. 과학을 싫어하거나 매우 싫어하는 학생이 총 4명 정도 이므로 대체적으로 과학대해 거부감을 갖고 있지는 않는 것으로 보인다. 더욱더 많은 학생들이 과학에 대해 흥미를 느낄 수 있도록 학습내용에 관련된 적절한 동기 유발 에 힘써야 할 것이다.
과학 학습 시간	시험 기간에만 공부한다는 학생이 전체 33명중 20명으로 반 이상의 학생들이 대체로 평소에는 과학 공부를 하지 않는 것으로 나타났다. 과학의 중요성과 필요성을 느껴 더욱 학습에 투자하는 시간을 느끼도록 해야 할 것이다.
과학 성적 분포	1차 지필고사의 결과 성적의 분포를 보면 중하 집단학생에 몰려 있는 경향이 있다. 따라서 높은 성취도를 보이는 학생들을 위한 심화 학습과 활동을 하고 낮은 학업 성취도를 보이는 학생들을 위한 보충과정으로 전체적으로 학생들의 요구를 충족시키며 수준에 맞는 교육과 여러 가지 자료의 제시도 고려되어야 할 것이다.
과학 수업 이해도	과학 수업에 대한 이해도는 '보통 이다'와 '어렵다'에 응답한 학생이 각각 13명, 10명씩으로 23명 정도의 학생이 수업을 쉽게 받아들이지 못하고 있었다. 과학에 대한 거부감은 없으나 과학을 어렵게 생각하는 것으로 보아 좀 더 학생들의 수준에 맞게 쉽고 재미있는 수업의 형태로 이끈다면 많은 학생들이 흥미도도 함께 높이고 성적향상도 가능 할 것이다.
과학 학습 도우미	조사 결과 자율적으로 공부하며 모르는 부분은 학교 선생님과 학원을 통해 보충하고 있는 것을 알 수 있다. 사교육에 의존하기보다는 과학수업 내에서 학습의 틀을 형성하고 스스로 공부하는 방법을 익힐 수 있도록 도와주어야 할 것이다. 학생들의 수준과 흥미를 고려하여 좀 더 알찬 수업자료를 제시해야할 필요가 있다.

2. 진단학습

가. 진단학습 문제

구분	진단학습 요소	진단학습 문항	정답
선수학습	전구에 불켜기	1. 3V의 전지를 연결했을 때 불이 밝게 켜지고 오랫동안 불이 켜져 있는 전구를 고르시오. ① 1.5V 전구　　　② 3V 전구 ③ 4.5V 전구　　　④ 6V 전구 ⑤ 9V 전구	②
	전구의 밝기	2. 아래 그림과 같이 전지와 전구를 연결하였다. 전구 한 개를 연결했을 때와 비교하여 전구의 불이 어두운 것을 골라 기호를 쓰시오. 	㉠
	전지의 연결 방법	3. 다음과 같은 특징을 가진 전지의 연결 방법을 쓰시오. • 전지를 1개 사용할 때보다 전구의 밝기가 밝습니다. • 전지를 오래 사용하지 못합니다.	직렬연결
	전기회로의 연결	4. 오른쪽 전기 회로도에서 ㉢ 스위치를 열었을 때 옳은 현상을 고르시오. ① ㉠ 쪽의 전구에만 불이 켜진다. ② ㉡ 쪽의 전구에만 불이 켜진다. ③ ㉠, ㉡ 쪽의 전구에 모두 불이 켜진다. ④ ㉠, ㉡ 쪽의 전구에 모두 불이 꺼진다. ⑤ ㉠, ㉡ 쪽의 전구에 불이 계속 깜박인다. 	①
사전학습	전압을 높이기 위한 전지 연결 방법	5. 다음 중 전압이 가장 큰 것을 고르시오. ① ㄱ　　　② ㄴ　　　③ ㄷ ④ ㄹ　　　⑤ 모두 같다.	③

나. 개인별 문항분석 및 문항별 성취도

번호	이름	진단학습 문항 번호					성취 문항 수	지도 대책
		1	2	3	4	5		
1	김○○	X	X	O	O	X	2	교정 II
2	김○○	O	X	O	X	X	2	교정 II
3	김○○	O	O	O	O	X	4	교정 I
4	김○○	O	O	O	O	O	5	심화
5	박○○	O	O	O	O	O	5	심화
6	박○○	O	O	O	X	O	4	교정 I
7	송○○	O	X	O	X	X	2	교정 II
8	이○○	O	O	X	O	O	4	교정 I
9	이○○	X	O	O	O	O	4	교정 I
10	장○○	O	O	O	O	O	5	심화
11	장○○	O	O	O	O	O	5	심화
12	정○○	O	O	O	O	O	5	심화
13	조○○	O	O	O	O	O	5	심화
14	조○○	O	O	O	O	O	5	심화
15	한○○	X	X	O	O	X	2	교정 II
16	고○○	O	O	O	O	O	5	심화
17	김○○	O	O	X	X	O	3	교정 I
18	김○○	O	X	O	O	O	4	교정 I
19	김○○	O	X	X	X	X	1	교정 II
20	박○○	O	O	O	O	O	5	심화
21	박○○	X	X	O	O	O	3	교정 I
22	박○○	O	O	O	O	O	5	심화
23	서○○	O	O	O	X	O	4	교정 I
24	송○○	X	X	O	X	X	1	교정 II
25	양○○	O	X	O	O	O	4	교정 I
26	오○○	O	O	O	O	O	5	심화
27	이○○	O	O	O	O	X	4	교정 I
28	이○○	O	X	O	X	O	3	교정 I
29	이○○	X	O	O	O	X	3	교정 I
30	이○○	O	X	O	O	O	4	교정 I
31	전○○	X	O	O	X	X	2	교정 II
32	조○○	O	X	O	X	X	2	교정 II
33	최○○	X	O	O	O	X	3	교정 I
성취학생수(33)		25	21	30	23	21	120	
성취도(%)		75.8	63.6	90.9	69.7	63.6	72.72	

다. 분류 및 대책

분류	성취 문항수	통과 학생수(통과율%)	대책
무결손	5	11명(33.3%)	심화학습 (개별학습)
부분적 결손	3~4	14명(42.4%)	교정학습 I (모둠학습)
전반적 결손	0~2	8명(24.2%)	교정학습 II (개별지도)

2. 교정 · 심화 학습

가. 심화학습

진단학습 관련요소	심화학습 문항	정답
전구의 밝기 (2)	1. 다음 그림과 같이 같은 종류의 전구 세 개를 직렬로 연결한 회로가 있다. 전구 (가), (나), (다)의 밝기를 비교하시오. A B C D (가) (나) (다)	(가)=(나)=(다)
전기회로의 연결 (4)	2. 전기 회로도에서 스위치를 닫으면 전구에 불이 켜질지거나 전동기가 도는 것을 모두 고르시오. ① ② ③ ④ ⑤ ⑥	①,④,⑤

나. 교정학습Ⅰ

진단학습 관련요소	교정학습 문항	정답
전기회로의 연결(4)	1. 다음 중 전기 회로의 직렬연결에 대한 설명으로 옳은 것을 고르시오. ① 전구가 밝아진다. ② 전선이 많이 든다. ③ 회로 검사가 복잡하다. ④ 모든 전기 기구를 한꺼번에 통제할 수 있다. ⑤ 한 곳이 끊어져도 다른 곳의 전기 기구는 작동한다.	④
전지의 연결(3)	2. 전지의 직렬연결에 대한 설명은 '직', 병렬연결에 대한 설명은 '병'으로 나타내시오. (1) 전체 전압은 전지 수에 비례한다. ·················( ) (2) 전체 전압은 연결한 전지 수에 관계없이 일정하다.( )	(1) 직 (2) 병
전구에 불켜기 (1)	3. 다음 회로의 ㉠부분에 물체를 연결하였을 때 불이 켜지는 것을 고르시오. ① 못 ② 지우개 ③ 색종이 ④ 유리컵 ⑤ 플라스틱 자	①

다. 교정학습Ⅱ

진단학습 관련요소	교정학습 문항	정답
전지의 극(3)	1. 전지의 플러스극에는 '⊕', 마이너스극에는 'θ' 표시를 하시오. ㉠( ) ㉡( )	㉠ (⊕) ㉡ (θ)
전구에 불켜기 (1)	2. 다음 그림을 보고, 불이 켜지기까지 전기가 흐르는 길을 ( ) 안에 순서대로 쓰시오. 전지의 ⊕극 → 전선 → (①) → 필라멘트 → (②) → 전선 → 전지의 θ극	① -전구의꼭지 ② -전구의꼭지쇠

III. 지 도

1. 본시 교수·학습 과정

단원	7-3. 전압과 전기 저항 ② 전압을 높이면 전류의 세기는 어떻게 변할까?			차시	11/16	수업 모형	탐구실험학습
학습 목표	o 저항에 걸리는 전압과 전류의 관계를 알아볼 수 있는 전기회로를 꾸밀 수 있다. o 전압을 높일 때 전류의 세기 변화를 그래프를 보고 설명할 수 있다.						
학습 자료	MBL 인터페이스1, 전압센서1, 전류센서1, 통신케이블1, 센서케이블2, 전지끼우개 5, 니크롬선 저항판, 악어클립2, 컴퓨터						

지도 단계 (시간)		학습내용	교수 – 학습 활동		자료 및 지도상유의점
			교 사	학 생	
도 입	5분	학습환경 조성	* 상호 인사한다. * 출석을 확인한다.	* 상호 인사한다. * 수업태도를 갖춘다.	• 학습준비상황 확인
		전시학습 확인	* 우리가 지난시간 배운 전압이란 무엇일까요? * 전압의 단위는 무엇일까요? * 전류계와 전압계는 측정하고자 하는 전기회로에 어떻게 연결해야 할까요?	* 전류를 흐르게 하는 능력입니다. * V(볼트)를 씁니다. * 전류계는 직렬로 전압계는 병렬로 연결해야 합니다.	• 모든 학생이 참여할 수 있도록 유도한다. • PPT
		동기유발	* 전기 회로에서 직렬로 연결된 전지의 개수가 많아지면 전구의 밝기는 어떻게 되었나요? * 왜 그럴까요? * 만약 110V용 전기 기구를 220V의전원에 연결하여 사용하면 전기 기구가 어떻게 될까요? * 그 이유는 무엇일까요?	* 전구가 점점 밝아져요. * 전류가 증가하기 때문입니다. * 전기 기구가 고장이 나서 사용 할 수가 없습니다. * 너무 센 전류가 흐르기 때문입니다.	• 개인 또는 전체학생이 대답하도록 한다. • O조 조장 지명
		학습목표 제시	* 그러면 이 시간에는 전류는 전압에 따라 어떻게 달라지는지 실험을 통해서 알아봅시다. * 학습목표를 함께 큰 소리로 읽어봅시다.	* 학습목표를 큰 소리로 읽으며 인지한다.	• 학습목표 게시 (차트)
			1. 저항에 걸리는 전압과 전류의 관계를 알아볼 수 있는 전기회로를 꾸밀 수 있다. 2. 전압을 높일 때 전류의 세기 변화를 그래프를 보고 설명할 수 있다.		

지도단계(시간)		학습내용	교수 – 학습 활동		자료 및 지도상유의점
			교 사	학 생	
전개	5분	실험설계 실험방법 주의사항	* 실험보고서를 보고 실험 방법과 주의사항을 살펴보게 한다. * 실험방법과 주의사항을 설명한다.	* 탐구활동보고서를 통해 실험방법과 주의사항을 살핀다. * 실험방법과 주의사항을 인지한다.	• 탐구활동 보고서 • PPT • 실험시 주의사항
	25분	실험실시 실험결과 토의 실험결과 발표	* 실험을 실시하도록 하며 조별로 순회하면서 지도한다. * 실험이 끝나면 실험결과를 저장한 후 선생님의 홈페이지에 올리도록 한다. * 실험결과를 토의하여 실험보고서를 작성하도록 한다. * 홈페이지를 열어 ○조의 실험결과 데이터를 스크린에 띄운 후 1번과 2번에 대해서 발표시킨다. 1. [전압-전류 관계 그래프1]에서 그래프모양은 어떠한가요? 2. 위 그래프로 보아 전압과 전류는 어떤 관계가 있나요? * ○조의 실험결과를 스크린에 띄운 후 3번과 4번에 대해서 발표시킨다. 3. [전압-전류 관계 그래프1]에 전압이 같을 때 두 니크롬선 중 전류가 더 잘 흐르는 것은 어느 것인가요? 4. [전압-전류 관계 그래프1]에서 10 Ω의 저항을 사용한 것과 20 Ω의 저항을 사용한 것 중 어느 것의 기울기가 더 큰가요?	* 실험을 실시한다. * 실험결과를 저장한 후 선생님의 홈페이지에 올린다. * 실험보고서를 작성한다. * [그래프: 전류-전압, 직선] 1. 전압이 증가하면 전류도 증가하는 직선모양이 나옵니다. 2. 비례관계입니다. * [그래프: 전류-전압, 10 Ω, 20 Ω] 3. 10 Ω입니다. 4. 10 Ω입니다.	• 탐구활동 보고서 • 실험기구 및 재료 (MBL 실험 세트) • 다른 조의 발표를 경청하도록 지도한다. • ○조 조장 지명 • Excel 자료 • ○조 조장 지명 • Excel 자료

지도 단계 (시간)		학습내용	교수 – 학습 활동		자료 및 지도상유의점
			교 사	학 생	
전 개		실험결과 발표	* ○조의 실험결과를 스크린에 띄운 후 5번과 6번에 대해서 질문 후 설명한다. 5. [전압-전류 관계 그래프1]에 서 기울기는 무엇을 의미할까요? 6. [전압-전류 관계 그래프2]에서 기울기는 무엇을 의미할까요?	* 선생님의 질문에 대답한 후 설명을 듣는다. 5. 기울기$=\dfrac{I}{V}=\dfrac{1}{R}$ 6. 기울기$=\dfrac{V}{I}=R$	• Excel 자료 • 자유롭게 답하게 한다.
정 착	3분	학습내용 정리	* 본시학습내용을 정리해준다 1. 전류는 전압에 비례한다. 2. [전압-전류 관계 그래프1] 에서 기울기는 저항의 역수이다. 3. [전압-전류 관계 그래프2] 에서 기울기는 저항이다. 4. 전류에 대한 전압의 비를 저항이라고 한다. * 오늘 배운 내용 중 궁금한 점이 있으면 질문하게 한다.	* 1. 전압-전류 관계 그래프 1) 전류는 전압에 비례한다. 2) 저항이 작을 수록 전류가 더 잘 흐른다. 2. 전류-전압 관계 그래프 전류에 대한 전압의 비를 저항이라고 한다. * 궁금한 점에 대하여 질문한다.	• PPT
	7분	확인학습 과제제시 차시예고	* 활동지 뒷면에 있는 확인학습 문제를 각자 풀어보도록 한다. * PPT를 이용하여 함께 풀어본다. * 문제를 모두 맞춘 사람은 손을 들도록 한다. * 문제를 다 맞춘 사람은 [심화과 정]을, 한 문제라도 틀린 사람은 [보충과정]을 풀고 답을 작성해서 제출하도록 한다. * 전류, 전압, 저항의 관계를 나타내는 옴의 법칙에 예습해 오도록 한다.	* 각자 확인학습 문제를 푼다. * 함께 풀면서 자신의 결과를 확인한다. * 문제를 다 맞춘 사람은 손을 든다. * 심화와 보충과제를 수준별로 다음 시간까지 해결하여 제출한다. * 다음 시간에 배울 내용을 숙지하고 미리 예습하도록 한다.	• PPT • 확인학습문제 (문제를 해결할 수 있는 시간 부여) • 반드시 개인별 학습 결과 확인 • PPT자료

2. 본시 확인학습

가. 확인학습 문제

확인학습 요소	확인학습 문항	정답
전류계와 전압계의 연결	1. 저항과 전지 연결된 회로에 전류계와 전압계를 연결하고자 한다. 전류계와 전압계가 옳게 연결된 회로도를 고르시오. ① ② ③ ④ ⑤	③
전압과 전류의 관계	2. 다음 중 니크롬선에 걸리는 전압 (V)과 흐르는 전류 (I)와의 관계를 바르게 나타낸 그래프를 고르시오. ① ② ③ ④ ⑤	②
전압과 전류의 관계	3. 그림과 같은 전압과 전류의 관계 그래프에서 직선의 기울기는 무엇을 나타내는지 쓰시오. 전류 / 전압 ( )	1/저항

나. 보충 · 심화 학습지

1) 보충학습지

확인학습 관련요소	보충학습 문항	정답
전류(1)	1. 전류를 흐르게 하는 능력을 무엇이라고 하는지 쓰시오.	전압
전류계와 전압계(1)	2. 전압과 전류의 관계를 알아보는 실험에서 전류계와 전압계의 바늘이 그림과 같이 되었을 때, 측정된 전류 (가)와 전압 (나)는 각각 얼마인지 구하시오.	(가) 200mA (나) 1.2V
전류와 전압의 관계(2)	3. 전류는 전압에 ( ) 한다.	비례

2) 심화학습지

확인학습 관련요소	심화학습 문항	정답
전압과 전류의 관계 (2)	1. 다음은 니크롬선 A, B에 걸린 전압과 전류의 관계 그래프이다. 니크롬선 A, B의 저항의 비 를 구하시오. 전류(A): 1.5, 1.0, 0.5 / 전압(V): 0, 3, 6, 9 / A, B	A : B =2:3
저항의 크기 (3)	2. 다음 그림에서 A, B, C에 대한 저항 값을 옳게 비교한 것을 고르시오. ① A > B > C ② A > C > B ③ A < B < C ④ A = B = C ⑤ B > A > C 전압 / 전류 / A, B, C	①

3. 좌석배치도

교 탁

1조	2조	3조
4조	5조	6조
7조	8조	9조

4. 판서안

7-3. 전압과 전기 저항

2 전압을 높이면 전류의 세기는 어떻게 변할까?

1. 전압-전류 관계 그래프

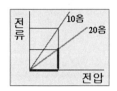

$$기울기 = \frac{전류}{전압} = 1/저항$$

1) 전류는 전압에 비례한다.
2) 저항이 작을 수록 전류가 더 잘 흐른다.

2. 전류-전압 관계 그래프

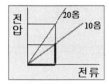

$$기울기 = \frac{전압}{전류} = 저항$$

전류에 대한 전압의 비를 저항이라고 한다.

---

5. PPT 자료

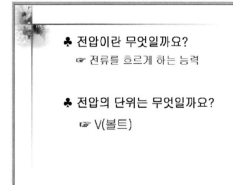

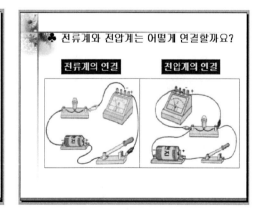

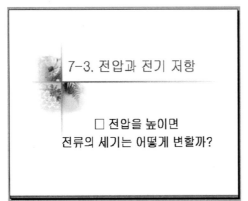

7-3. 전압과 전기 저항

□ 전압을 높이면
전류의 세기는 어떻게 변할까?

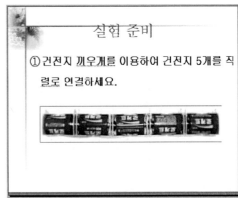

실험 준비

① 건전지 끼우개를 이용하여 건전지 5개를 직
렬로 연결하세요.

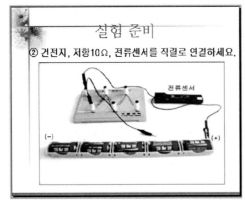

실험 준비

② 건전지, 저항10Ω, 전류센서를 직렬로 연결하세요.

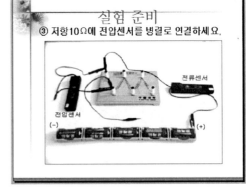

실험 준비

③ 저항10Ω에 전압센서를 병렬로 연결하세요.

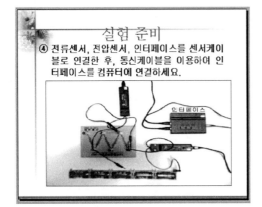

실험 준비

④ 전류센서, 전압센서, 인터페이스를 센서케이
블로 연결한 후, 통신케이블을 이용하여 인
터페이스를 컴퓨터에 연결하세요.

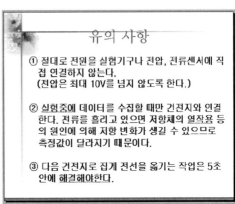

유의 사항

① 절대로 전원을 실험기구나 전압, 전류센서에 직
접 연결하지 않는다.
(전압은 최대 10V를 넘지 않도록 한다.)

② 실험중에 데이터를 수집할 때만 건전지와 연결
한다. 전류를 흘리고 있으면 저항체의 열작용 등
의 원인에 의해 저항 변화가 생길 수 있으므로
측정값이 달라지기 때문이다.

③ 다음 건전지로 집게 전선을 옮기는 작업은 5초
안에 해결해야한다.

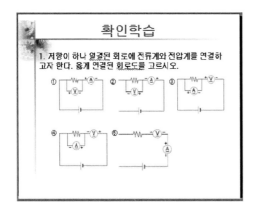

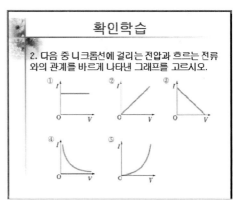

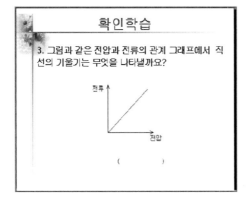

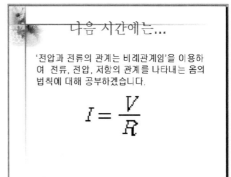

6. 탐구활동지

가. 전압과 전류의 관계 실험안내서

1. 무엇을 알아볼까요?
   ◎ 전압과 전류의 관계
2. 무엇을 얻을까?
   ① 저항에 걸리는 전압과 전류의 관계를 알아볼 수 있는 회로를 꾸밀 수 있다.
   ② 전압을 높일 때 전류의 세기는 어떻게 되는지 그래프를 보고 설명할 수 있다.
3. 준비물
   MBL 인터페이스1, 전압센서1, 전류센서1, 통신케이블1, 센서케이블2, 전지끼우개 5, 니크롬선저항판, 악어클립2

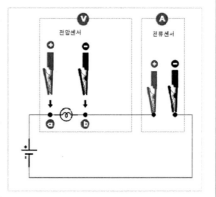

4. 실험과정
   ■ 실험 준비
   ① 건전지 끼우개를 이용하여 건전지 5개를 직렬로 연결한다.
   ② 건전지, 저항 10 Ω, 전류센서를 직렬로 연결한다.(단, 건전지의 (-)극은 연결하지 않는다.)
   ③ 위 회로에서 저항10 Ω에 전압센서를 병렬로 연결한다.
   ④ 전류센서, 전압센서, 인터페이스를 센서케이블로 연결한 후, 통신케이블을 이용하여 인터페이스를 컴퓨터에 연결한다.

   ■ 실험하기
   ① 『실험 1』 프로그램을 실행시키고 『과학실험』 메뉴에서 『실험시작』을 클릭한다.
   ② 첫 번째 데이터가 나오면, 5개의 건전지중 첫 번째 건전지의 (-)극에 집게 전선을 연결하여 전압과 전류를 측정하고 그래프의 모양을 관찰한다.
   ③ 건전지의 개수를 최대 5개까지 직렬로 늘리면서 ③번 과정을 반복하고 『실험정지』를 클릭한다. (단, 건전지의 개수를 늘리는 과정은 실험데이터가 나올 때마다 5초안에 해결한다.)
   ④ 『실험 2』 프로그램을 실행시키고 니크롬선의 저항은 20 Ω을 연결하여 위 실험의 ①-③번 과정을 반복한 후 결과를 저장한다.
   ⑤ 저장해 놓은, 『실험 2』의 결과 데이터를 김덕영선생님의 홈페이지에 올린다.
      홈페이지 주소 - http://chonnam-amold.chonnam.ac.kr/club/ybbird
   ⑥ 『실험 2』의 결과 데이터를 출력하여 조장의 보고서에 붙이고 보고서를 작성한다.
      (단, 각 조의 조장의 보고서는 제출한다.)
5. 실험상의 유의점
   ① 건전지와 전류센서를 직접 연결하지 않는다(반드시 저항 연결).
   ② 전압은 최대 10V를 넘지 않도록 한다.
   ③ 실험중에 데이터를 수집할 때만 전원을 공급한다. 전류가 계속 흐르면 저항체에 열이 많이 발생하여 저항의 변화로 인해 측정값이 달라지기 때문이다.
   ④ 센서케이블과 통신케이블을 연결하거나 분리할 때는 머리부분을 잡는다.

나. 전압과 전류와의 관계 실험보고서

탐구명	전압과 전류와의 관계	
일 시	2007년 월 일 교시	2학년 반 조
탐 구 목 표	1. 2.	
가 설 설 정	◎ 전압을 높이면 전기회로에 흐르는 전류의 세기는 ( )질 것이다.	
실 험 결 과	※ [전압과 전류 관계 그래프]를 보고 다음 물음에 대하여 토의해서 답해 보세요. 1. 전압과 전류관계 그래프의 모양에 대해서 [전압-전류 관계그래프1]을 보고 답하시오? ☞ 전압이 증가할수록 전류값이 ( )하는 ( )모양의 그래프이다. 2. [전압-전류 관계 그래프1]에서 저항이 일정할 때 전압과 전류는 어떤 관계가 있나요? 3. [전압-전류 관계 그래프1]에서 전압이 같을 때 두 니크롬선 중 전류가 더 잘 흐르는 것은 어느 것인가요? 4. [전압-전류 관계 그래프1]에서 10 Ω의 저항을 사용한 것과 20 Ω의 저항을 사용한 것 중 어느 것의 기울기가 더 큰가요? 5. [전압-전류 관계 그래프1]에서 기울기는 무엇을 의미한다고 생각하는지 쓰시오. 6. 〈전압-전류 관계 그래프2〉에서 기울기는 무엇을 의미한다고 생각하는지 쓰시오.	
발전	◎ 실험 결과가 가설과 다르거나 다른 조와 다른 이유를 토의해서 쓰세요.	

IV. 발 전

1. 확인학습(형성평가)

가. 확인학습 문제

확인학습요소	확인학습 문항	정답
건전지의 연결	1. 한 개의 전압이 1.5V 인 전지를 여러 개 연결시키더라도 전체 전압이 그대로 1.5V 가 되는 경우를 고르시오. 	④
전류, 전압 관계 그래프	2. 어떤 전구에 걸리는 전압에 대한 전류의 세기를 측정하였더니 다음 그림과 같았다. 이 전구의 저항을 구하시오. ① 5 Ω ② 10 Ω ③ 15 Ω ④ 40 Ω ⑤ 60 Ω 	④
저항	3. 다음 그래프에서 저항이 가장 작은 것을 고르시오. ① a ② b ③ c ④ d ⑤ e 	⑤
옴의 법칙	4. 저항이 5Ω 인 니크롬선에 10V의 전압을 걸어주면 도선에 흐르는 전류는 몇 A인지 쓰시오. ( )A	2
전압계의 사용법	5. 다음 중 전압계의 사용 방법에 대해서 틀린 설명을 고르시오. ① 직류용과 교류용을 바꿔서 사용하면 안 된다. ② 전압계는 회로에 병렬로 연결한다. ③ 전압계의 (+)단자는 전지의 (+)극 쪽에, (-)단자는 전지의 (-)극쪽에 연결한다. ④ 측정하려는 전압이 전압계의 최대 측정값을 넘지 않도록 (-)단자를 선택한다. ⑤ 전압계는 전지의 양극에 저항 없이 바로 연결하면 기계 고장의 원인이 된다.	⑤

나. 개인별 문항분석 및 문항별 성취도

번호	이름	확인학습 문항 번호					성취 문항수	지도대책
		1	2	3	4	5		
1	김○○							
2	김○○							
3	김○○							
4	김○○							
5	박○○							
6	박○○							
7	송○○							
8	이○○							
9	이○○							
10	장○○							
11	장○○							
12	정○○							
13	조○○							
14	조○○							
15	한○○							
21	고○○							
22	김○○							
23	김○○							
24	김○○							
25	박○○							
26	박○○							
27	박○○							
28	서○○							
29	송○○							
30	양○○							
31	오○○							
32	이○○							
33	이○○							
34	이○○							
35	이○○							
36	전○○							
37	조○○							
38	최○○							
성취 학생수(33)								
성취도(%)								

다. 분류 및 대책

분류	성취 문항수	통과 학생수(통과율%)	대책
학습 완성	5		심화학습(개별학습)
부분적 미완성	3 - 4		보충학습Ⅰ(모둠학습)
전반적 미완성	0 - 2		보충학습Ⅱ(개별학습)

2. 보충·심화 학습

가. 심화 학습

확인학습 관련요소	심화학습 문항	정답
전압과 전류의 관계(2,3,4)	※ [1-2]두 종류의 저항 (A), (B) 각각에 대하여 저항 양끝에 대한 전압과 흐르는 전류를 측정하여 아래와 같은 그래프를 얻었다. 1. 이 그래프에 대한 다음 설명 중 옳지 않은 것을 고르시오. ① 전류의 세기는 전압에 비례한다. ② 같은 전압을 걸었을 때, 저항 (A)에 더 큰 전류가 흐른다. ③ 저항 (A)가 (B)보다 크다. ④ 그래프의 기울기는 저항의 역수이다. ⑤ 저항 (A)는 10Ω 이다.	③
옴의 법칙 (4)	2. 저항 (B)에 10V의 전압을 가했을 때, 흐르는 전류의 세기를 고르시오. ① 0.5A ② 0.8A ③ 1.0A ④ 1.2A ⑤ 1.5A	①

나. 보충 학습 I

확인학습 관련요소	보충학습 문항	정답
옴의 법칙 (2)	1. 다음 그래프는 전압, 전류, 저항 사이의 관계를 나타낸 것이다. 바르게 나타낸 것을 고르시오. ① 전류-저항 일정-전압 ② 전류-저항 일정-저항 ③ 전압-저항 ④ 전류-전압 일정-저항 ⑤ 전류-저항 일정-전압	①
건전지의 연결(1)	2. 그림 (가), (나)는 전지의 개수에 따른 전체 전압과의 관계를 나타낸 것이다. 그림 (가)와 같은 연결 방법의 특징을 다음에서 모두 고르시오. (가) 전압-전지의 개수 (나) 전압-전지의 개수 A. 높은 전압을 얻을 수 있다. B. 전압의 변화가 없다. C. 전지의 수명이 길어진다. D. 단위 시간에 흐르는 전하량이 많아진다. E. 단위 시간에 흐르는 전하량이 적어진다.	A, D

다. 보충 학습 II

확인학습 관련요소	보충학습 문항	정답
전지의 연결에 따른 전구 밝기변화(1)	전지의 개수를 증가시키면서 전지를 직렬 연결할 때 전지의 개수가 증가하면 할수록 회로에 연결된 전구의 밝기가 어떻게 변화하는지 쓰시오.	전구가 밝아진다.

V. 평 가

1. 이원분류표

평가 단원	문항 번호	내용	행동 지식	이해	적용	출제 근거 (쪽)	정답	배점	문제 형식	내용분류 필수적	발달적
	1	마찰 전기 현상			○	222	②	6	선다형	○	
	2	마찰 전기 현상		○		224	③	7	〃	○	
	3	정전기 유도			○	225	④	6	〃	○	
	4	검전기		○		227	③	7	〃	○	
	5	검전기			○	227	④	7	〃	○	
	6	전류의 방향	○			229	②	6	〃	○	
	7	전류 측정	○			231	①	6	〃	○	
	8	전류 측정		○		231	②	7	〃	○	
	9	전압	○			236	④	6	〃	○	
7. 전기	10	전압 측정			○	237	②	7	〃		○
	11	옴의 법칙		○		239	⑤	7	〃	○	
	12	옴의 법칙	○			240	③	6	〃	○	
	13	저항의 직렬연결		○		244	④	6	〃	○	
	주1	전하량 보존			○	232	350 mA	8	주관식		○
	주2	저항의 직렬연결	○			244	60 Ω	8	주관식		○
계	15		5	5	5			100		12	3

평가 결과 분석 및 지도대책									부장	교감	교장
지도교사 :　　　　김 덕 영 (인)											
반	1	2	3	4	5	6	7	8	학 년 평 균		
평균											
예상점 : (　　 점)			예상점과 차 : (　　　　　)						재출제 할문항		
지도 대책											

주　관　식　채　점　기　준							
문항	배점	정답	채점 기준	문항	배점	정답	채점 기준
1	4	350mA	부분점수 없음				
2	4	60 Ω	부분점수 없음				
문항	배점	채　점　기　준					
서술형							

2. 총괄평가 문제(생략)

나. 일반계 고등학교, 국사과 1학년(예)

○ 교 과 : 국사
○ 단 원 : Ⅲ. 통치구조와 정치활동
　　　　　 5. 근·현대의 정치
　　　　　 ② 개화와 주권 수호 운동
　　　▶ 본시 학습 주제
　　　　 "특명, 병인양요 때 잃어버린 문화재를 찾아라!!"
○ 일 시 : 2007. 9. 19(수) 5교시
○ 대 상 : 1학년 6반(37명)
○ 장 소 : 1학년 6반 교실
○ 수업자 : ○ ○ ○

Ⅰ. 계 획

1. 단원 개관

가. 학습문제

　국사 교과의 내용 구성이 '시간의 흐름'보다 '사람의 생활'에 중심을 둠에 따라 분류된 이 단원은 정치사의 영역이다. 본 단원에서는 민족사의 전개 과정에서 이루어진 정치 활동을 사회의 내재적인 발전 과정으로 인식하고, 통치 구조의 변화 과정이 당시 사회의 모순을 해결하기 위한 노력의 결과임을 학습하게 된다.

　1) 고대의 정치에서는 강력한 권력을 지닌 국왕이 출현하여 고구려, 백제, 신라의 고대사회로 성장한 각국의 대외항쟁 과정을 살피고 신라의 삼국통일을 자주적인 노력으로 이해하면서 발해를 우리민족 국가로 파악하게 된다.

　2) 중세의 정치에서는 고려의 성립이 중세사회의 형성임을 이해하고 10세기말에 중앙집권적 귀족정치체제를 마련하였으나, 12세기에 이르러 문벌귀족 사회의 모순이 드러나게 되었으며 무신정변을 계기로 고려사회의 성격이 크게 변질되어 갔음을 학습한다.

　3) 근세의 정치에서는 15세기 조선의 정치적 변천으로 한국의 근세사회가 형성되었으며 사림의 진출이 정치·경제·사회·문화적인 면에 많은 영향을 끼쳤음을 학

습한다.

4) 근대태동기의 정치에서는 17세기 이후의 조선사회에 나타난 근대화 요소를 탐구하고 정치면에서의 붕당정치의 전개와 변질, 탕평책 및 세도정치폐단으로 인한 사회의 혼란에 대하여 학습한다.

5) 근 · 현대의 정치에서는 19세기 후반 이후 안으로는 개혁을 추진하고, 밖으로는 외세의 침략 속에 근대화를 추진하는 과정, 일본의 침략에 맞서 독립을 쟁취하려는 노력, 광복이후 정부수립과 민주주의를 위한 시련과 발전, 통일에의 추구 등을 학습한다.

역사를 학습하는 궁극적 목적은 과거에 대한 이해를 통해 현재를 바르게 인식하고, 미래를 올바로 설계하는 역사적 지식을 재창출하는 데 있다. 따라서 현실세계와 가까운 때의 역사일수록 보다 생생히 학생들에게 전달될 수 있다는 점에서 근 · 현대 정치사 단원은 더 의미가 크다고 하겠다. 다시 말해 학생들의 구체적인 경험과 연계된, 나아가 학생들이 접하는 일상과 직 · 간접적으로 관계가 있는 학습 내용을 재구성함으로써 역사 학습의 효율성을 제고할 수 있다는 데 그 의미가 있다고 할 것이다.

이 단원은 19세기 후반의 복잡한 역사 전개를 역사모의 재판, 모둠별 탐구학습, 역할극 등의 형태를 통하여 학생들이 흥미를 갖고 학습할 수 있는 단원이다.

나. 발전 계통

선수학습		본 단원		후속학습
초등학교(6-1) 사회 2. 근대사회로 가는 길 2) 외세의 침략과 우리 민족의 대응 중학교 (9학년)국사 Ⅶ. 개화와 자주운동 1. 흥선 대원군의 정치	⇒	고등학교(10학년) 국사 Ⅲ. 통치구조와 정치활동 1. 고대의 정치 2. 중세의 정치 3. 근세의 정치 4. 근대 태동기의 정치 5. 근 · 현대의 정치	⇒	고등학교(11학년) 한국근현대사 Ⅱ. 근대사회의 전개 1. 외세의 침략적 접근과 개항

다. 지도상의 유의점

1) 일방적인 역사적 사실에 대한 내용 전달을 피하고, 학생들의 학습의욕을 고취 시키기 위하여 여러 매체를 이용하여 자료를 습득하고 스스로 학습할 수 있도 록 지도한다.

2) 역사 수업을 통하여 우리 민족의 발전 능력에 대한 자부심을 갖고 미래사회에 대비할 수 있는 능력을 기르며, 세계사와의 관련 속에서 한국사의 흐름을 파 악하도록 지도한다. 특히, 학생들이 폐쇄적이며 저항적인 민족주의에 빠지지 않고 개방적 민족주의를 바탕으로 세계의 다른 민족과 함께 세계의 발전과 인류 문화의 발달에 기여할 수 있는 자세를 확립할 수 있도록 노력한다.

3) 본시 단원의 내용 요소에 대하여 사전에 학습이 끝난 상태에서 수행과정으로 진행하는 만큼 내용요소에 대한 충분한 이해가 선행되어야 한다.

4) 정치사 단원을 중심으로 하되 문화사에 해당하는 내용을 함께 학습함으로써 통합적인 역사의식을 함양할 수 있도록 기본적인 역사적 사실을 정확하게 알 수 있게 한다.

5) 문화재의 반환 과정에서 나타나는 각국의 입장을 비교하여 보고, 감정적 대응 이 아닌 보다 현실적 방안을 모색할 수 있는 진지함을 견지할 수 있도록 사전 지도를 한다.

2. 과제 분석

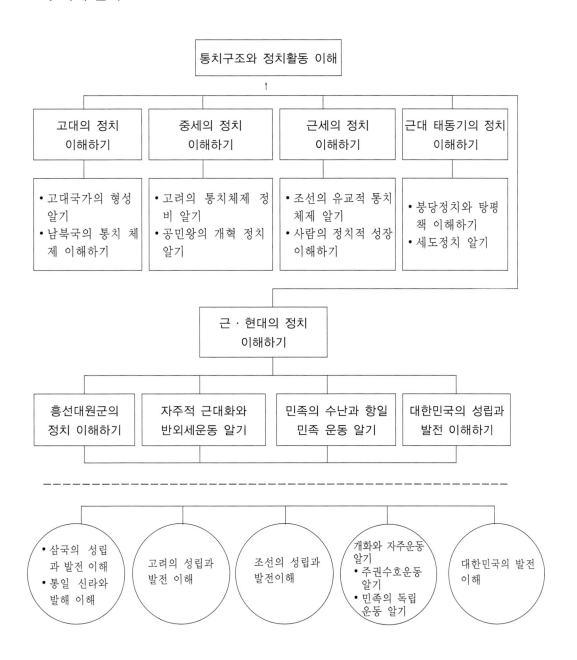

3. 단원 목표

가. 고대의 정치

(지식 · 이해면)

- 고대사회에 대하여 지역별 특수성을 파악할 수 있다.
- 가야의 수준 높은 문화를 설명할 수 있다.
- 신라 하대의 변화를 설명할 수 있다.
- 발해가 우리민족 국가였음을 이해할 수 있다.

(기능면)

- 삼국의 성장과 대외항쟁 과정을 도표로 나타낼 수 있다.
- 삼국통일의 토대를 다각적으로 분석하고 추론할 수 있다.
- 통일신라와 발해의 대외 교류도를 백지도에 표시할 수 있다

(가치태도면)

- 고대사회의 성격을 규정하는 요소가 다양함을 인정한다.
- 고구려가 민족의 방파제 구실을 하였음을 높이 평가한다.
- 신라의 삼국통일이 민족사에서 가지는 의미를 내면화한다.

나. 중세의 정치

(지식 · 이해면)

- 나말여초의 호족이 중세사회의 형성에 기여한 바를 이해할 수 있다.
- 중세의 정치적 변천을 정리하고 요인을 설명할 수 있다.
- 공민왕의 개혁정치의 내용과 의의를 알 수 있다.
- 동 · 서양의 고대사회를 지역별로 특수성을 파악할 수 있다.

(기능면)

- 중세의 정치적 변천 및 집권 세력층의 변화를 연표로 작성할 수 있다.
- 중세의 대외항쟁 및 영토 확장 과정을 백지도에 나타낼 수 있다.

(가치태도면)

- 왕건의 통일정책과 노력이 민족의 통합에 기여한 점을 높이 평가할 수 있다.

- 고려의 항몽 정신으로써 민족 자주 정신을 함양할 수 있다.

다. 근세의 정치

(지식·이해면)
- 사대부 계층의 근세 국가에의 역할을 이해할 수 있다.
- 사림의 진출과 그 영향을 다각적으로 파악할 수 있다.

(기능면)
- 근세의 중앙집권화를 위한 정부의 시책을 추론해 볼 수 있다.
- 붕당의 긍정적·부정적 영향을 나열할 수 있다.

(가치태도면)
- 조선의 대외정책의 기본 정신이 동아시아의 평화관계를 유지하기 위함이었음을 인정한다.

라. 근대태동기의 정치

(지식·이해면)
- 조선 후기의 정치적 변화와 사회의 혼란을 역사적 인과관계로 이해할 수 있다.
- 붕당정치의 전개와 그 극복을 위한 노력을 알 수 있다.

(기능면)
- 조선 후기 사회의 근대적 요소를 분석하여 도표로 나타낼 수 있다.
- 조선 후기 수취제도의 변화에 따른 농민 부담의 변화를 양적으로 표현할 수 있다

(가치태도면)
- 조선 후기의 내재적 발전 요소를 민족사적 역량으로 판단할 수 있다.

마. 근·현대의 정치

(지식·이해면)

■ 흥선대원군의 대내적 대외적 개혁정치의 내용을 파악하고 강화도 조약이 불평
등조약임을 알 수 있다.

■ 현대사에 나타나는 민주주의와 경제발전, 통일에의 나아감이 역사의 진보과
정임을 파악할 수 있다.

■ 개화 운동으로 근대 문물이 수용되어 국민 생활에 많은 변화를 가져왔으나,
동시에 외세의 침략 과정과 결부되었음을 추론할 수 있다.

(기능면)

■ 개항 이후 전개된 일제의 경제적 침탈의 내용을 시대별로 구분하여 정리할
수 있다.

■ 민족의 독립 운동 전개에 나타나는 실력양성운동과 대한 큰 흐름을 설명할
수 있다.

(가치태도면)

■ 민족의 독립과 발전, 민주주의의 발달, 평화와 통일에의 노력에 보탬이 될
수 있는 방안을 모색할 수 있다.

4. 단원 전개 계획

중단원	소단원	차시	학습 내용 및 활동	학습 형태	자료 및 유의점
진 단	진단학습 및 교정・심화학습	1	•진단학습　　　•교정・심화학습	개별 협동	결손 교정
1. 고대의 정치	고대국가의 형성	2	•고대 국가의 성격을 이해하기	일제 학습	PPT, 부도
1. 고대의 정치	삼국의 항쟁과 통일	3	•고구려가 민족의 방파제 역할을 담당하였음을 파악하기 •신라가 삼국통일을 할 수 있었던 이유를 알기	탐구 학습	PPT, 영상
1. 고대의 정치	남북국의 통치체제	4	•남북국의 정치발전상황을 비교 파악하기 •신라하대의 사회변동에 대해 학습만화로 표현하기	사료 학습	사료활용 안내
2. 중세의 정치	고려의 통일과 정치 발전	5	•고려 초 국왕의 정책 알기 : 　호족중심 → 유교적 정치질서의 강화	일제 학습	PPT, 영상
2. 중세의 정치	문벌귀족사회의 동요	6	•문벌귀족사회의 전개과정 파악하기 •무신정권의 발생원인과 결과 표현하기	역할 학습	파일자료
2. 중세의 정치	공민왕의 개혁정치	7	•공민왕의 개혁정치 내용 파악하기 •공민왕의 개혁 정치가 실패한 요인 알아보기	사료 학습	PPT, 영상
발 전	확인학습 및 보충・심화학습	8	•확인학습　　　•보충・심화 학습	개별 협동	결손 보충
3. 근세의 정치	조선의건국과 유교적 통치체제	9	•조선의 건국과정과 통치조직에 나타난 특징 알기 •이성계와 최영에 대한 역사적 평가 해보기	탐구 학습	PPT, 영상
3. 근세의 정치	사림의 정치적 성장	10	•사림의 출현 배경과 정치적 역할 알기	극화 학습	파일자료
3. 근세의 정치	임진왜란과 병자호란	11	•임진왜란 병자호란 극복 과정 파악하기	발표 학습	영상자료
4. 근대 태동기의 정치	붕당정치의 전개와 탕평책	12	•붕당정치의 변질과 영・정조의 탕평정치 •붕당정치에 대한 비판 및 올바로 이해하기	탐구 학습	PPT, 영상자료
4. 근대 태동기의 정치	세도정치	13	•19세기 세도정치의 폐단에 대해 알기	토의 학습	파일자료
발 전	확인학습 및 보충・심화학습	14	•확인학습　　　•보충・심화 학습	개별 협동	결손 보충
5. 근・현 대의 정치	흥선대원군의 정치(본시)	15-16	•흥선대원군의 대내・대외 정책 파악하기 •병인양요 때 약탈된 문화재의 환수에 대한 논의와 방법 모색하기	모둠 학습	PPT, 사례준비 활용
5. 근・현 대의 정치	자주적 근대화와 반외세운동	17	•개항, 갑신정변, 동학농민운동, 갑오개혁 등 근대화의 노정 알기	토의 학습	영상자료
5. 근・현 대의 정치	민족의 수난과 항일민족운동	18	•일제의 침략에 대항한 우리 민족의 노력 알기	탐구 학습	PPT, 영상
5. 근・현 대의 정치	민주주의의 시련과 발전	19	•해방 후 민주주의의 시련과 발전과정 파악하기 •통일에 대한 의지를 다지기	모둠 학습	PPT, 녹음
발 전	확인학습 및 보충・심화학습	20	•확인학습　　　•보충・심화 학습	개별 협동	결손 보충
총괄 평가		21	•총괄평가 문제		문제지

169

Ⅱ. 진 단

1. 진단학습

가. 진단학습 문제

진단학습 요소	진 단 학 습 문 항	정 답
흥선대원군의 정치	1. 흥선대원군이 집권할 무렵 조선의 정세로 바르지 않은 것은? ① 지속적인 세도정치로 왕권이 약화되었다. ② 삼정의 문란으로 각지에서 농민 봉기가 일어났다. ③ 부패한 관리의 횡포로 정치 기강이 문란해지고 있었다. ④ 서양 세력의 위협으로 위기의식이 고조되고 있었다. ⑤ 천주교와 동학은 포교의 자유가 인정되어 농촌사회와 민중 사이에서 전파되었다	⑤
대외정책	2. 병인양요와 신미양요의 전적지를 살펴보려고 한다면 어디를 가야 하겠는가? ① 서울　　　　② 부산　　　　③ 경주 ④ 강화도　　　⑤ 제주도	④
내정개혁	3. 다음 중 흥선대원군의 개혁 정치에 해당하지 않은 것은? ① 고른 인재의 등용　② 비변사의 기능 강화 ③ 서원의 대폭 정리　④ 호포제 실시 ⑤ 대전회통 편찬	②
민생경제	4. 흥선대원군이 취한 정책 중에서 국가 경제를 어렵게 하고 백성들의 원성을 사는 부작용을 초래한 것이 아닌 것은? ① 경복궁 중건　　② 원납전 징수 ③ 환곡제도 개혁　④ 당백전 발행 ⑤ 농민의 부역 동원	③
통상수교거부 정책	5. 병인양요와 신미양요를 겪은 조선 정부가 취한 정책은? ① 개화정책을 적극 추진하였다. ② 미국과 프랑스에 사절단을 파견하였다. ③ 미국과 프랑스를 통하여 유럽의 문물을 적극 수용하였다. ④ 서양과의 통상수교를 반대한다는 척화비를 전국 각지에 세웠다. ⑤ 일본의 메이지유신을 본 뜬 근대화 정책을 추진하였다.	④

나. 개인별 문항 분석 및 문항별 성취도

번호	성 명	문 항 번 호					성 취 문항수	지도대책
		1	2	3	4	5		
1	강○○	○	○	○	○	○	5	심화 학습
2	김○○	○	○	×	×	○	3	교정학습 I
3	김○○	○	×	○	×	○	3	교정학습 I
4	김○○	×	○	○	×	○	3	교정학습 I
5	김○○	○	○	○	○	○	5	심화 학습
6	김○○	○	×	×	○	×	2	교정학습 I
7	김○○	×	○	○	×	×	2	교정학습 I
8	김○○	×	○	○	×	×	2	교정학습 I
9	김○○	○	×	○	×	×	2	교정학습 I
10	김○○	×	○	○	×	○	3	교정학습 I
11	김○○	○	×	○	×	×	2	교정학습 I
12	류○○	×	○	×	×	×	1	교정학습 II
13	문○○	○	○	○	○	○	5	심화 학습
14	박○○	○	○	×	×	○	3	교정학습 I
15	박○○	○	×	○	○	×	3	교정학습 I
16	박○○	○	○	○	○	×	4	심화 학습
17	서○○	×	○	×	○	×	2	교정학습 I
18	양○○	○	×	×	×	×	1	교정학습 II
19	양○○	○	×	×	○	×	2	교정학습 I
21	온○○	○	×	○	×	×	2	교정학습 I
22	원○○	×	×	○	×	○	3	교정학습 I
23	유○○	○	○	○	○	×	4	심화 학습
24	이○○	×	○	×	○	×	2	교정학습 I
25	이○○	×	○	○	×	○	3	교정학습 I
26	이○○	○	×	○	○	×	3	교정학습 I
27	이○○	○	○	○	○	×	4	심화 학습
28	이○○	○	○	○	×	×	3	교정학습 I
29	임○○	○	×	○	×	×	2	교정학습 I
30	장○○	○	×	○	○	×	3	교정학습 I
31	장○○	○	○	○	○	○	5	심화 학습
32	정 ○	○	×	○	○	×	3	교정학습 I
33	조○○	×	○	○	×	○	3	교정학습 I
34	진○○	○	○	○	○	○	5	심화 학습
35	추○○	○	○	×	○	×	3	교정학습 I
36	한○○	○	○	○	○	○	5	심화 학습
37	황○○	○	○	×	○	×	3	교정학습 I
38	이○○	○	×	○	○	○	4	심화 학습
성취 학생수		26	25	26	20	15	112	
성 취 도(%)		70.2	67.6	70.2	54.1	40.5	60.52	

* 성취문항수는 통과문항수, 성취도는 통과율과 같은 의미로 사용함

다. 분류 및 대책

진 단 학 습 결 과			대 책
분 류	통 과 문 항 수	통과율 (학생수)	
무 결 손	4 ~ 5	27% (10)	심 화 학 습
부 분 적 결 손	2 ~ 3	68% (25)	교 정 학 습 I
전 반 적 결 손	0 ~ 1	5% (2)	교 정 학 습 II

2. 교정 · 심화학습

구분	진단학습 관련요소	심 화 학 습 문항	정답
심 화 학 습	통상수교 거부정책 (5)	흥선 대원군의 통상 수교 거부 정책이 가져온 결과는? ① 러시아의 남하 정책을 견제할 수 있었다. ② 문호 개방을 통해 근대 문물 수용의 계기가 마련되었다. ③ 준비 없는 개항으로 인한 충격을 완화시킬 수 있었다. ④ 서양 세력의 침략을 영구적으로 저지시킬 수 있었다. ⑤ 세계 정세에 역행하여 자주적 근대화가 지연되었다.	⑤
	내정개혁: 서원의 철폐 (3)	다음 내용과 관련 있는 흥선 대원군의 개혁은? "진실로 백성을 위하는 일이라면 비록 공자가 다시 살아난다 하더라도 나는 용서하지 않겠다." ① 호포제 실시 ② 서원 정리 ③ 경복궁 중건 ④ 사창제 실시 ⑤ 당백전 발행	②
교 정 학 습 I	흥선대원군의 정치 (1)	※ 다음 내용을 알아봅시다. 흥선대원군이 추진하였던 내정개혁의 근본 목적 ① 왕권강화 ← 비변사 폐지, 대전회통 편찬, 경복궁 중건 등 ② 국가재정확충 ← 호포제, 서원철폐 등 ③ 민생의 안정 ← 사창제 등	

구 분	진단학습 관련요소	교 정 학 습 문 항	정답
교 정 학 습 Ⅰ	대외정책: 강화도의 역사 (2)	강화도에 대한 탐구 학습 결과이다. 그 내용이 바르지 못한 것은? ① 군사 면에서 절대적으로 불리한데도 양헌수 부대가 프랑스로 부터 이 섬을 지켜냈어. ② 미국 상선이 통상을 요구하면서 한바탕 소란을 피웠는데, 주 민들이 크게 혼내 주었어. ③ 광성진에서 미군과 격렬한 전투를 벌인 어재연과 조선 수비대 는 장렬히 전사했어. ④ 조선의 문호 개방을 위해 일본의 운요 호가 조선군의 경고 포 격을 유도하였던 곳이야. ⑤ 프랑스에게 약탈당한 외규장각 도서는 반드시 반환되어야 할 소중한 문화재야.	②
교 정 학 습 Ⅱ	통상수교 거부정책 (5)	1. 다음 비문의 내용의 대상이 되지 않는 나라는? 洋夷侵犯 非戰則和 主和賣國(서양 오랑캐와 싸우지 않는 것은 …… 나라를 파는 것이다.) ① 미국　　　　② 일본　　　　③ 청 ④ 러시아　　　⑤ 프랑스	③
	통상수교 거부정책 (5)	2. 다음의 역사적 사실을 시대 순으로 바르게 나열하시오. ① 제너럴셔먼호 사건　　② 병인박해 ③ 병인양요　　　　　　④ 오페르트 도굴사건 ⑤ 척화비 건립　　　　　⑥ 신미양요	② ① ③ ④ ⑥ ⑤

Ⅲ. 지 도

1. 본시 교수·학습 과정

단원 (주제)	Ⅲ. 통치구조와 정치활동 5. 근현대의 정치 ② 개화와 주권 수호 운동			차 시	16/20
				수업 모형	ICT 활용 모둠별 발표학습·토론학습
학습 목표	○ 해외로 유출된 문화재에 대해 사례를 들어 설명할 수 있다. ○ 해외문화재의 환수방안에 대해 자신의 견해를 발표할 수 있다.				

지도 단계 (시간)	학습 내용	교수·학습 활동		자료 및 지도상의 유의점
		교 사	학 생	
도 입 (8분)	• 학습 분위 기 조성	▷ 학생들과 인사한다. ▷ 출석 및 학습 상태를 확인한 다.	▷ 선생님과 인사한다. ▷ 주변 정리정돈과 학습을 위 한 준비를 한다.	▷ 모 둠 자 리 배치(준비 상황 확인)
	• 전시학습 상기 및 확 인	▷ 전시내용의 확인을 위해 간략 히 질문을 한다. • 대원군의 대외정책은? • 그 정책에 대한 현재 역사의 일 반적 평가는 어떠한가? • 우리나라의 근대화를 추구하는 과정에서 나타나는 여러 사건 들을 알고 있나요? • 그 중 여러분이 가장 인상 깊게 배웠던 것은 무엇인가요?	▷ 교사의 질문에 답변하며 전 시내용을 상기한다. • 통상수교거부정책 • 외세에 대한 적극 대응으로 자주권을 지켰으나 근대화를 지연시켰다. • 강화도조약, 갑신정변, 동학 농민운동, 갑오개혁 등이 있 습니다. • 각자 대답하고 지명된 학생 은 자신의 생각을 큰소리로 발표한다.	▷ 상·중·하 위권 학생 고루 지명 ▷ 자율적 학 습 분위기 조성
	• 학습동기 유발	▷ 해외에 나가 있는 우리나라 약탈문화재의 환수문제에 대 한 동영상을 제시하고, 이에 대한 대응방안으로 개인적 견 해를 물음으로서 우리 문화재 에 대한 관심을 유도한다.	▷ 제시된 자료를 보고 우리문 화재에 대한 관심과 현실을 되돌아보며 나름의 견해를 발표해본다.	▷ 동영상 자료 ▷ 임의 학생 발표
	• 본시수업 안내 (주제 파악)	▷ 병인양요 때 프랑스가 외규장 각 고문서를 약탈한 것과 관 련하여 해외문화재에 대한 우 리의 대응방안을 배울 것이라 고 안내한다.	▷ 오늘 수업이 해외에 나가 있는 우리문화재를 환수할 수 있는 현실적 방안을 모 색해 볼 수 있는 시간임을 인식한다.	PPT.
	• 학습목표 제시	▷ 해외문화재 동영상 시청과 모 둠과제를 해결하는 과정을 바 탕으로 학생들이 학습목표를 추출해내도록 유도한다.	▷ 본시 학습목표를 유추해보 고 발표한 뒤 교사가 제시 해 준 것과 비교해본다.	▷ 학습목표 인지

지도 단계 (시간)	학습 내용	교수 · 학습활동		자료 및 지도상의 유의점
		교　　사	학　　생	
도입 (8분)	• 학습목표 　제시	▷학생들의 발표를 통해 학 　습목표를 확인한 후 교사 　가 이를 요약 정리하여 칠 　판에 부착해 제시한다.	▷학습할 목표를 하나씩 읽으 　며 확실히 학습목표를 인지 　한다.	▷차트 및 　PPT.
전 개 (35분)	• 모둠　발표 　준비	▷학습과제와 관련하여 모둠 　에서 발표할 내용을 협의 　하게 한다. [모둠활동 과제] • 1모둠: 해외문화재의 현황 • 2모둠: 문화재 관심도 알아 　보기 • 3모둠: 외규장각문서의 약 　탈 경위 알기 • 4,5모둠: 해외문화재의 환 　수 방법 논의 • 6모둠: 해외문화재에 대한 　관심과 실천 방안	▷자기 모둠활동 과제를 확인 　하고, 자기 모둠에서 준비한 　내용을 점검하고 발표를 잘 　할 수 있도록 의논하며, 진 　지한 자세로 모둠활동에 임 　할 것을 다짐한다.	▷발표수업에서 　필요한 유의점 　을 안내한다.
	• 1모둠 발표 　(해외문화재 　현황)	• 학생들의 발표가 원활하도 　록 돕는다. • 1모둠의 발표에 대하여 칭 　찬하고 다른 학생들의 질문 　을 받은 후 교사가 부족한 　부분을 보충해준다.	• 1모둠: 해외문화재의 현황을 　국가별, 시기별, 종류별로 　조사하여 PPT로 발표한다. • 궁금한 점은 발표자에게 질 　문하여 알아본다.	▷해당 모둠 활동 　에 적극적으로 　참여하며, 다 　른 모둠 활동에 　대하여도 진지 　하게 경청할 수 　있도록 한다.
	• 2모둠 발표 　(문화재 관심 　도 알아보기)	• 조사해 온 자료를 명확히 　표현하도록 도우며, 홈페 　이지에 학생들의 의견을 쓸 　수 있도록 사전에 안내했음 　을 상기시켜준다. • 학생들의 설문조사 등을 토 　대로 각자 자신의 생각과 　비교하며 다른 사람의 의견 　도 존중할 수 있게 한다.	• 2모둠: 해외문화재에 대한 　학생들의 관심도를 알아보기 　위하여 학급원에게 설문을 　실시한 후 얻은 결과를 발표 　하고, 교사홈페이지에 올라 　온 다른 학생들의 응답 자료 　를 통해 결과를 발표한다. • 우리들의 문화재지수를 생각 　해본다.	▷학생들이 컴퓨 　터 등의 매체를 　이용할 때 분위 　기가 흐트러지 　지 않도록 한 　다.
	• 3모둠 발표 　(외규장각 문 　서 약탈경위 　알기)	• 역할극을 재현하는 가운데 　출연자가 대사나 감정을 잘 　표현할 수 있도록 도우며 　관객과 공감하는 분위기 조 　성에 힘써 추체험이 되도록 　한다.	• 3모둠: 모둠원들이 강화도 　외규장각 문서의 약탈 상황 　을 역할극으로 재현한다. • 역할극을 보면서 당시의 나 　라면 어떤 기분이 들었을까 　를 느껴본다.	

지도 단계 (시간)	학습 내용	교수·학습활동		자료 및 지도상의 유의점
		교　　　사	학　　　생	
전 개 (35분)	• 4,5 모둠 발표(해외문화재환수방안논의)	• 교사는 대좌식 토론으로 진행을 원활히 이끌며, 2인 1조 양측의 토론 참여자가 활발히 활동하도록 돕는다. • 토론에서 나타나는 학생들의 견해를 확인 정리하여 준다.	• 4,5모둠: 해외문화재의 환수방법으로 4,5 두 모둠이 우리나라의 입장과 프랑스의 입장으로 나누어 대좌식 토론에 참여한다. 다른 학생들은 경청하며, 자신의 생각과 어떻게 다른지 비교하며 모둠원들과도 의논해본다.	▷ 감정보다는 논리적 근거를 제시하면서 상대방의 의견도 존중할 수 있게 한다. ▷ 역사학습에서의 내면화 과정을 진지하게 할 수 있도록 정리하도록 한다.
	• 6모둠 발표(해외문화재에 대한 관심과 실천방안)	• 모둠 발표를 원활히 하도록 한다. • 학생들의 활동을 토대로 고등학생인 우리가 구체적으로 실행할 수 있는 방법이 되도록 학습지에 자신의 생각과 각오를 추가로 써 보고 발표할 수 있게 한다.	• 6모둠 : 해외문화재 환수를 위한 실천방안으로 지금 우리가 할 수 있는 일에 대하여 의견을 종합한 뒤 발표한다. • 각자의 생각을 학습지에 표현한 뒤 발표한다.	
정 착 (7분)	• 학습내용 정리	▷ 학습목표와 관련지어 모둠활동을 정리한다. • 핵심요소를 구조화하여 판서하고 멀티미디어 자료를 제시하여 학습내용을 정리해준다.	▷ 수업시간에 배운 내용을 떠올리며 정리한다.	▷ 주의 집중
	• 확인학습(보충·심화학습)	▷ 형성평가를 실시하여 학업성취도를 확인한다. ▷ 성취도에 따라 심화와 보충 과제를 제시하여 해결하게 한다.	▷ 평가 문제를 해결한다. ▷ 오답자는 보충 설명을 듣고 바르게 이해한다. ▷ 심화와 보충과제를 수준별로 해결한다.	▷ 지나치게 미비한 부분은 과제로 제시한다.
	• 과제제시 및 차시예고	▷ 다음 시간에 배울 우리 나라 경제사인 교과서 '1. 고대의 경제' 단원에 나오는 용어(예 : 식읍, 녹읍, 관료전, 민정문서 등)를 조사해 오도록 예습 과제로 제시한다. ▷ 학생들과 인사하며 수업을 마친다.	▷ 차시 과제를 숙지하고 메모한다. ▷ 함께 인사한다.	▷ 교재 및 PPT.

2. 본시 확인학습

가. 확인학습 문제

확인학습요소	확 인 학 습 문 항	정답
문화재 반환	1. 다음은 최근 진행 중인 우리나라의 문화재 반환 협상에 관한 내용이다. 유네스코를 중심으로 전쟁과 침략을 통해 약탈한 문화재를 본국에 돌려줘야 한다는 움직임이 일고 있는 가운데, 한국과 프랑스 사이에 외규장각 고문서 반환을 둘러싸고 협상이 진행되고 있다. 그러나 양국의 입장차이가 현격하여 반환협상은 뚜렷한 성과를 내지 못하고 있는 실정이다. 위의 고문서가 프랑스로 건너간 경위를 알아보고자 할 때, 그 주제로서 적절하지 <u>않은</u> 것은? (본시 1) ① 대원군 집권기의 대외관계를 조사한다. ② 조선왕조의 고문서 관리 실태를 알아본다. ③ 조선과 프랑스의 군사적 충돌에 대해 조사한다. ④ 프랑스 내에 소장된 외국 문화재의 입수 경로를 알아본다. ⑤ 프랑스가 조선에서 얻어낸 각종 이권의 내용을 조사한다.	⑤
의궤 국가 의례	2. 다음 글이 설명하는 것은? 가. 의궤라는 말은 의식과 궤범이라는 말입니다. 의궤의 의미와 가치로는 왕실의 중요한 의식이라고 여겼던 결혼식이라든가 장례식, 궁중 잔치 그리고 외국 사신의 영접, 왕이 친히 나서서 행하는 활쏘기 행사 등 모든 행사를 그대로 기록하고 후대 왕이 계승해 나가도록 하는 것, 그리고 왕실의 중요한 행사를 기록으로 담아둠으로써 왕실의 권위와 위엄을 대내외에 과시하는 것이었습니다." 　－ 신병주(〈조선왕실 기록문화의 꽃 의궤〉 저자) 나. "의궤는 전 세계적으로 조선왕조에서만 생산된 기록문화의 특성입니다. 그 밖의 서양이나 이런 나라에서는 상상할 수도 없는 일이죠. 그래서 저는 이것을 세계적으로 기록문화의 꽃으로 자랑할 수 있는 문화유산이 아니냐 이렇게 생각하고 있습니다." 　－ 한영우 교수(〈조선왕조 의궤 국가의례와 그 기록〉 저자) ( )	조선왕조의궤
문화재 환수 방안	3. 다음 중 해외문화재 반환을 위한 방안으로 적당하지 <u>않은</u> 것은? 　(본시 2) ① 예슬 : 정부–시민단체–학계의 공동대응으로 관리시스템을 구축하여 대응했으면 좋겠어. ② 문희 : 우리문화재에 대한 관심과 기부문화를 이끌어내야 되겠어. ③ 영주 : 우리와 비슷한 처지의 나라와 연대를 강화하여 공동 대응해야 할 것 같아. ④ 지예 : 우리 문화재를 환수하는 문제에는 명분과 원칙론을 고수하여 타협 없는 추진이 제일이야. ⑤ 영주 : 해외문화재에 대한 사전 지식이 없으면 되찾을 수도 없으니 우선 우리가 그에 대해 충분히 알아야 하지 않을까?	④

나. 보충·심화학습지

구 분	확인학습 관련요소	심 화 학 습 문항	정답
심 화 학 습	문화재 반환 (1)	다음은 약탈된 외규장각 도서 반환에 관한 내용이다. 물음에 답해 보자. 　정조는 1781년 강화도에 외규장각을 지어 귀중한 도서를 따 로 보관하게 했다. 그러나 1866년 병인양요 때 6000여권의 책 이 방화로 불탔고, 300권의 어람용 의궤(임금이 보던 왕실 행사 기록)가 약탈당했다. 이 외규장각 도서 반환 문제는 지난 91년 서울대 이태진 교수(국사학)와 백충현 교수(법학)가 "프랑스는 1866년 병인양요 때 자국 함대가 약탈해 간 강화도 외규장각의 297권 왕실궁중의례 도서를 한국에 돌려줘야 한다"고 문제 제 기하면서 시작됐다. 이어 두 나라는 지난 93년 9월 '등가물에 의한 교환과 무기한 대여방식'으로 해결하기로 의견을 모았다. 한국 쪽에서 같은 값어치를 가진 문화재를 프랑스 쪽에 주면, 프랑스가 외규장각 도서를 한국에 영원히 '빌려주겠다'는 것이 다. 이에 한국 쪽은 97년 3월 279권의 도서와 370점의 중국동 전을 '교환물'로 제시하는 등 3차례 교환물 목록을 제시했으나 프랑스 쪽이 가치가 낮다며 거부해 왔다. 　　　　　　　　　　　　　　　　/한겨레. 1999. 3. 24/ (1) 위 글을 읽고 프랑스가 요구하는 대로 교환을 한다면 어떤 문제 　　가 있는지 이야기 해 보자. (2) 우리나라의 약탈된 문화재를 되찾기 위해 우리가 할 수 있는 노 　　력과 방법에 대해 써 봅시다.	
보 충 학 습 Ⅰ	문화재 환수방안 (3)	* 함께하는 학습지 * | "문화재야 어디 있니?"	(1)학년 ( )반 번호( ) 이름 (　　)
---	---
활동주제 1. 나는 문화재 애호가	활동주제 2. 해외문화재 환수를 위한 실천 방안
가. 나의 가장 관심있는 해 외문화재를 한 점씩 소 개해봅시다.	가. 나는 지금 해외문화재 환수 를 위해 무엇을 할 수 있을 까요?
나. 모둠과제를 해결하면서 새로 알게 된 내용은 무 엇입니까? 간단히 써 봅시다.	나. 문화재환수에 대한 자신의 생각과 각오를 써 봅시다.		• 실천 가능한 방법 모색 • 각오 쓰기

구 분	확인학습 관련요소	보 충 학 습 문항	정답
보충학습 Ⅱ	조선의궤 (3)	1) 의궤란 무엇인가? 　의궤란 조선왕조(대한제국)의 왕실(황실)이나 국가에 큰 행사가 있을 때 행사의 주요 장면이나 도구 등을 그림으로 그려 넣고, 그 행사의 과정(절차), 참여자, 들어간 비용 등을 기록하여 놓은 책을 말한다. 말하자면 행사보고서인 셈이다. 오늘날 열렸던 서울올림픽이나 한일월드컵 등의 큰 스포츠 행사에 관한 보고서가 의궤와 비슷하다 하겠다. 2) 의궤를 만든 목적 　의궤를 만든 목적은 무엇일까. 수많은 반복적 행사의 원활한 집행이라는 실용적인 목적과 함께 모든 이들에게 모범이 되게 한다는 목적도 있었을 것이다. 의궤가 '의식(儀式)의 궤범(軌範)'의 줄임말이란 점에서 이러한 목적들은 어렵지 않게 짐작할 수 있다. 3) 의궤의 종류 　왕조의 국가적 행사는 실로 다양했고, 그만큼 의궤의 수도 많았고, 그 종류도 다양했다. 의궤의 제목은 임시 기구인 도감(都監)을 그대로 가져와 붙였으며, 어떤 행사냐에 따라 그 이름이 달랐다. 세계문화유산 등재 기념 조선의궤 전시회	

3. 판서안과 학습활동자료(필요시 첨부)

Ⅳ. 발 전

1. 확인학습(형성평가)

가. 확인학습 문제

확인학습 요소	확 인 학 습 문 항	정답
문화재환수	1. 다음은 조건 없이 문화재를 반환한 다른 나라의 사례들이다. ( )안에 그 나라 이름을 적어 보자. <table><tr><td>나 라</td><td>반 환 내 용</td></tr><tr><td>오스트레일리아</td><td>1977년 파푸아뉴기니에 약탈한 문화재 17점 반환</td></tr><tr><td>(가)</td><td>1977-78년 콩고에 약탈 문화재 반환</td></tr><tr><td>네덜란드</td><td>1978년 인도네시아에 프라즈냐 파라미터 상(像) 반환</td></tr><tr><td>(나)</td><td>4차례에 걸쳐 에티오피아에 약탈 문화재 반환</td></tr><tr><td>(다)</td><td>시나이 반도에서 약탈한 유물 수백 점 이집트에 반환</td></tr><tr><td>이탈리아</td><td>1982년 밀반입된 에콰도르 문화재 1만 2천점 반환</td></tr><tr><td>(라)</td><td>유대 인 약탈 문화재 무조건 반환키로 결정</td></tr></table> 참고문헌 : 이구열(1996). 『한국문화재수난사』 서울: 돌베개	(가) 벨기에 (나) 이탈리아 (다) 영국 (라) 미국
구국 민족 운동 (동학)	2. 수업 시간 중 동학농민운동에 대한 연극 수업을 시도할 때, 농민군을 맡은 학생의 주장으로 바르지 않은 것은? ① 주환 : 탐관오리는 그 죄목을 조사하여 엄징하라! ② 태희 : 빨리 개화를 하여 경제를 발전시키라! ③ 가진 : 토지를 분배하여 농사를 짓게 하라! ④ 민재 : 왜적과 통하는 자는 엄징하라! ⑤ 문희 : 노비문서는 불태워버리자!	②
일제의 식민 통치 정책	3. 일제의 식민통치에 대한 근현이의 근·현대사 노트이다. 어느 시기에 해당하는 것인지 연표에서 찾으면? <table><tr><td>일제의 주장</td><td>실제 내용</td></tr><tr><td>문관 총독도 임명 가능하다.</td><td>역대 총독 모두 군인이었다.</td></tr><tr><td>헌병경찰을 보통경찰로 전환한다.</td><td>경찰관서와 경찰 예산이 세 배 이상 증가하였다.</td></tr><tr><td>일본인과 조선인을 동등하게 교육한다.</td><td>보통학교에 취학한 조선인 학생은 18%에 불과하였다.</td></tr><tr><td>신문의 발행을 허가한다.</td><td>신문의 검열을 강화하였다.</td></tr><tr><td>지방제도를 개정하고 선거제를 도입한다.</td><td>일부 지역의 상층 자산가에게만 선거권을 주었다.</td></tr></table> <table><tr><td>1905</td><td>1910</td><td>1919</td><td>1931</td><td>1941</td><td>1945</td></tr><tr><td></td><td>①</td><td>②</td><td>③</td><td>④</td><td>⑤</td></tr><tr><td>을사조약</td><td>국권피탈</td><td>3·1운동</td><td>만주사변</td><td>태평양전쟁</td><td>광복</td></tr></table>	③

확인학습 요소	확 인 학 습 문 항	정답
1920년대 사회경제 운동	4. 1920년대 (가)~(마)의 각 지역에 거주했던 외국인들이 볼 수 있었던 장면을 바르게 연결한 것은? (가) 평양 (나) 원산 (다) 서울 (라) 암태도 (마) 진주 ① (가)- 총파업에 참가하는 조선인 노동자 ② (나)- 조선 형평사를 결성하기 위해 모인 백정 ③ (다)- 황제의 장례식 날 만세 시위를 주도하는 학생 ④ (라)- 국채보상운동에 참여를 호소하는 지사 ⑤ (마)- 지주의 횡포에 맞서 쟁의를 벌이는 소작농	③
민주주의 발전과정	5. 다음 사건들의 공통점에 해당하는 것은? • 4 · 19혁명(1960) • 5 · 18 민주화운동(1980) • 6월 민주화운동(1987) ① 독립 운동 ② 통일 운동 ③ 경제 자립 운동 ④ 민주화 운동 ⑤ 신탁 통치 반대 운동	④

나. 개인별 문항 분석 및 문항별 성취도

번호	성 명	문 항 번 호					성 취 문항수	지도대책
		1	2	3	4	5		
1	강○○							
2	김○○							
3	김○○							
4	김○○							
5	김○○							
6	김○○							
7	김○○							
8	김○○							
9	김○○							
10	김○○							
11	김○○							
12	류○○							
13	문○○							
14	박○○							
15	박○○							
16	박○○							
17	서○○							
18	양○○							
19	양○○							
21	온○○							
22	원○○							
23	유○○							
24	이○○							
25	이○○							
26	이○○							
27	이○○							
28	이○○							
29	임○○							
30	장○○							
31	장○○							
32	정 ○							
33	조○○							
34	진○○							
35	추○○							
36	한○○							
37	황○○							
38	이○○							
성취 학생수								
성 취 도(%)								

다. 분류 및 대책

분 류	통 과 문 항 수	통과율 (학생수)	대 책
학 습 완 성	4~5	% ( )	심 화 학 습
부 분 적 미완성	2~3	% ( )	보 충 학 습 Ⅰ
전 반 적 미완성	0~1	% ( )	보 충 학 습 Ⅱ

2. 보충·심화학습

구 분	확인학습 관련요소	심 화 학 습 내 용	정답
심 화 학 습	문화재 환수 (1)	해외문화재의 반환을 놓고 서로 다른 의견을 제시하고 있다. 아래의 두 글을 읽고 여러분의 생각은 어떠한지 정리해봅시다. 외교교섭이 다 그렇겠지만 명분이나 실리를 한쪽에서만 취하려 한다면 협상은 이루어지지 않는다. 실리를 얻으면 명분은 저쪽에 주거나, 실리도 명분도 함께 나눌 수 있을 때 교섭은 이뤄진다. 의궤를 돌려주는 것이 프랑스에 명분을 세워줄 뿐만 아니라 국익에도 도움이 된다는 것을 설득할 수 있는 논리를 개발해야 한다. 문화재는 협상의 대상이 될 수 없다. 더구나 약탈 문화재가 어떻게 협상의 대상이 될 수 있는가? 지금가지 문화재 반환을 위한 노력을 "협상"이라는 이름으로 진행해 왔다면 지금이라도 말을 바꿔야 한다. 가. 난 명분론적 입장에 한 표! 나. 난 실리론적 입장에 한 표! 다. 난 이렇게 생각해요!!	생략
	1920년대 사회경제운동 (4)	다음에 제시된 바와 같은 상황을 타개하기 위한 우리민족의 노력으로 가장 적절한 것은 무엇인가? 1920년대 이후 민족주의 진영은 물산장려운동, 민립대학설립운동 등을 추진하였으나 일부 인사들이 일제의 식민통치를 인정하는 자치론과 참정론을 주장함으로써 대중적 지지 기반이 약화되어 갔다. 한편, 사회주의 진영은 농민과 노동자들을 규합하여 소작 쟁의와 노동쟁의를 전개하였으나 1925년에 치안유지법이 제정되는 등 일제의 탄압으로 조직을 유지하기가 어려웠다. ① 만주에서의 적극적인 무장투쟁 ② 좌우합작에 의한 민족협동전선운동 ③ 서구 국가들과의 외교활동 ④ 농민들의 조세 저항 운동 ⑤ 학생들의 동맹휴학 및 농촌 야학 활동	②

구 분	확인학습 관련요소	보 충 학 습 내 용			정답

구 분	확인학습 관련요소	보 충 학 습 내 용	정답
보 충 학 습 Ⅰ	일제의 식민통치 정책 (3)	**1910년대와 1920년대 일제의 식민지 지배 정책 비교** | 1910년대	1920년대	비 고 | |---|---|---| | 헌병 경찰 | (가) 경찰 | 경찰 수는 4배, 경찰관서는 5배 증가 | | 조선총독으로 군인만 임명 | (나)도 임명 가능 | 실제 문관총독 임명된 적 없음 | | 언론, 표현의 자유 없음 | 언론·출판·집회·결사의 자유 부분 허용 | (다) 간행→기사삭제, 정간, 폐간 | | 교원에게 제복과 칼을 착용 | 교사의 제복과 칼 폐지, 일본어, 일본역사 교육 강화 | |	(가) 보통 (나) 문관 (다) 신문
	민주주의 발전 (5)	다음 글 (가), (나) 운동에 대한 설명으로 옳지 <u>않은</u> 것은? (가) 우리는 다음을 엄숙히 결의하는 바이다. 　　ㅡ부정 공개 투표의 창안 집단을 법으로 처벌하라. 　　ㅡ국민의 자유로운 의사 표시를 허용하라. 　　ㅡ경찰은 국민의 권리와 자유를 침해하지 말라. 　　ㅡ정부는 마산 사건에 모든 책임을 지라. (나) 무엇보다도 우리는 이른바 4·13 대통령 특별 조치를 국민의 이름으로 무효임을 선언한다. …(중략)… 헌법 개정의 주체는 오로지 국민이다. 국민 이외의 어느 누구도 이 신성한 권리를 대행하거나 파기할 수 없다. ① (가)를 막기 위해 계엄령이 선포되었다. ② (가)는 내각 책임제 개헌으로 이어졌다. ③ (나)는 유신 헌법이 폐지되는 계기가 되었다. ④ (나)에는 박종철의 죽음에 분노한 시민이 가세하였다. ⑤ (가)와 (나)는 국민의 힘으로 민주화 요구를 관철시켰다.	③

구 분	확인학습 관련요소	보 충 학 습 내 용	정답
보충학습 Ⅱ	구국민족운동-의병 (2)	다음에서 설명하고 있는 의병운동을 각각 쓰시오. (가) 명성황후 시해와 단발령에 반발하여 일어났으며, 유생과 동학 농민군의 잔여 세력이 결합하였다. (나) 일제의 외교권 강탈에 대한 반발로 일어났으며, 평민 출신 의병장이 활약하기도 하였다. (다) 고종의 강제 퇴위와 군대 해산이 원인이었으며, 서울 진공 작전을 펼쳤으나 실패하였다. (가) - (　　　　　　　　) (나) - (　　　　　　　　) (다) - (　　　　　　　　)	(가) 을미 의병 (나) 을사 의병 (다) 정미 의병
	구국민족운동-동학 (2)	다음은 19세기 말 어떤 운동에서 제시된 개혁안이다. 이를 통해 추론할 수 있는 이 운동의 성격으로 가장 적당한 것은? • 왜와 통하는 자는 엄징한다. • 무명의 잡세는 일체 폐지한다. • 토지는 평균하여 나누어 경작한다. • 탐관오리는 그 죄상을 조사하여 엄징한다. ① 전제 황권을 강화하고자 하였다. ② 반봉건·반침략적 민족운동이었다. ③ 서양의 기술을 적극 도입하고자 하였다. ④ 전통적인 사회 체제를 유지하고자 하였다. ⑤ 실력을 양성하여 국권을 회복하고자 하였다.	②

V. 평 가

1. 이원분류표

2008년 제( )학기 제( )회 지필 평가 이원분류표											결재	계	부장	교감

제 1 학년 (국사)과	실시일 : 2008. . . ( )요일. ( )교시													전결
	응 시 : ( ) 과정 ( )반 ~ ( )반													
	출제교사 :　　　　　⑪　　　　　⑪													

문항 번호	평가내용	행동영역			성취기준		문항형식		배 점	정 답	출제 근거	문항통과율 (%)
		지식	이해	적용	필수	발달	선택	주관				
1	고구려 광개토왕	○			○		○		5	2		
2	신라 하대 사회 현상		○			○	○		5	2		
3	고대 국가의 귀족 회의			○		○	○		5	5		
중			간			생					략	
17	영조와 정조의 탕평책		○		○		○		5	4		
18	동학농민운동의 성격		○		○		○		5	2		
19	민족협동전선	○			○		○		5	3		
20	민주주의의 시련과 발전		○		○		○		5	2		
	이 하 여 백											
계		6	7	7	13	7	20	0	100			

주관식(서술형) 문항 채점 기준								
문항	정 답	배 점	유사답 1	배 점	유사답 2	배 점	유사답 3	배 점
주1								
주2								
비고								

평가 결과 분석				결재	계	부 장	교 감
제( )학년 ( )과	담당교사						전 결

1. 학급별 점수					2. 개인별 점수	
학 급	평 균			비 고	최고점	
	공 통	인문·사회	수학·과학		최하점	
1					3. 결과 분석 및 지도대책	
2						
3						
중	간		생	략		
7						
8						
총 평균						
최고, 최저 학급간 차이						

2. 총괄평가 문제(생략)

5. 교수·학습 과정안 구성 분석

교수·학습 과정안이 완성되었으면 다음에는 수업을 실시하기 전에 미리 작성한 교수·학습 과정안 구성이 얼마나 잘 이루어졌는가를 점검해 보고 피드백하여 보완함으로써 더 좋은 과정안과 수업을 기대할 수 있을 것이다. 교수·학습 과정안 구성 분석은 아래 관점표를 활용하여 실시할 수 있다.

교수·학습 과정안 구성 분석 관점표는 심덕보(1994)가 "수업분석의 실제"에서 제시한 내용을 보완하여 제시한다.

가. 교수·학습 과정안 구성 분석 관점

알맞다고 생각되는 곳에 ∨ 표시

구성 요소	교수·학습 과정안 구성 분석 관점	평 점				
		매우 부족	조금 부족	보통	조금 만족	매우 만족
(표지)	1. 지도교사명, 일시, 대상이 명시되어 있다.					
(단원명)	2. 단원명이 명시되어 있다.					
(학습문제)	3. 단원의 성격을 잘 개관하였다.					
(단원목표)	4. 단원의 목표진술이 지시·이해·기능 등 일반동사로 진술되었다.					
(학습계획)	5. 차시별 학습계획이 학습요소나 성격을 감안하여 타당성 있게 짜여졌다.					
(단원평가)	6. 단원 평가계획이 합리적으로 수립되었다.					
(수업목표)	7. 본시 학습목표가 그 시간에 달성될 수 있으며, 명세적 동사로 진술되었다.					
(도입)	8. 도입은 전시학습과 관련하여 진술되었다.	◎ 나 별도 분석 관점 항목				
(수업내용)	9. 수업목표와 학습내용이 일치되도록 짜여졌다.					
(시간배당)	10. 수업과정에서 단계별(분절마다) 시간 배정이 적절히 안배되었다.					
(수업과정모형)	11. 수업과정 모형이 교과, 체제의 특성에 맞게 적용되었다.					
(교수학습활동)	12. 활동난은 학습문제나 방법보다는 행동적인 용어로 진술되었다.	◎ 다 별도 분석 관점 항목				
(교사발문)	13. 교사의 발문계획이 학생의 학습의욕을 자극할 수 있도록 계획되었다.					
(판서)	14. 판서의 내용 구조화가 적절하게 계획되었다.	◎ 라 별도 분석 관점 항목				
(매체활용)	15. 수업매체의 선택 및 활용계획이 적절하게 계획되었다.	◎ 마 별도 분석 관점 항목 / ◎ 바 별도 분석 관점 항목				
(형성평가)	16. 형성평가(확인학습) 계획이 수업목표 성취점검에 적합하게 수립되었다.	◎ 사 별도 분석 관점 항목				
(예습과제)	17. 예습과제의 활용이 유효하도록 제시되었다.					
(지도상 유의점)	18. 학습과정에서 지도상의 유의점을 적절히 제시하였다.					
(차시예고)	19. 다음 학습의 예고와 준비가 적절하게 제시되었다.					
(참고자료)	20. 수업에 도움이 되는 참고자료들을 친절히 소개하였다.					
(출발점 행동)	21. 학생들의 출발점 행동 상태를 점검하여 제시하였다.					

※ 각 항목을 5, 4, 3, 2, 1점의 5단계로 평정하여 분석하고 그 결과를 피드백함.

나. 학습목표의 분석 관점

적당하다고 생각되는 곳에 V 표시

분석 관점 항목	평점				
	매우 부족	조금 부족	보통	조금 만족	매우 만족
1. 한 시간 내에 성취될 수 있는 분량으로 학습목표가 진술되었다.					
2. 학습내용의 요소와 구조를 충분히 반영한 학습목표이다.					
3. 학습목표가 학습 후에 나타나는 학생의 행동 또는 학습결과로 진술되었다.					
4. 학습목표가 관찰될 수 있는 명세적 동사로 진술되었다.					
5. 한 개의 학습목표 속에 두개이상의 성취행동이 포함되지 않도록 진술되었다.					
6. 학습목표가 성취행동, 조건, 도달기준의 3요소(또는 내용, 성취행동의 2요소)를 포함하도록 진술되었다.					
7. 일반수업목표 달성을 적절히 반영할 수 있는 충분한 수의 명세적 목표를 설정하였다.					

다. 교수·학습과정 모형 분석 관점

적당하다고 생각되는 곳에 V 표시

분석 관점 항목	평점				
	매우 부족	조금 부족	보통	조금 만족	매우 만족
1. 교과 및 제재의 특성에 적합한 교수·학습과정 모형을 적용하였다.					
2. 도입에서 정리까지의 수업흐름이 학생의 사고형성 과정과 적극적인 참여를 유도하는 과정 모형이다.					
3. 학생이 학습목표에 도달되는 절차를 이해하도록 짜여진 모형이다.					
4. 학생이 학습문제에 호기심과 흥미를 갖도록 짜여진 과정모형이다.					
5. 학생의 학습준비도에 알맞게 학습자료와 활동을 개별화시켜주는 과정모형이다.					
6. 학생이 단순한 암기나 공식에 의하기보다 이해, 적용, 정리, 판단 등에 역점을 두도록 하는 과정모형이다.					
7. 학생이 다양한 학습방법을 활용할 수 있도록 짜여진 과정모형이다.					
8. 학습결과에 대한 강화나 교정이 효율적으로 이루어질 수 있게 하는 과정모형이다.					
9. 학습과제의 전체적인 성격을 학습자가 이해할 수 있도록 짜여진 과정모형이다.					
10. 학생이 학습한 것을 새롭고 다양한 상황에 적용하는 연습을 할 수 있게 하는 과정모형이다.					
11. 학생 자신이 학습결과를 평가할 수 있도록 하는 과정모형이다.					
12. 수업자가 수업목표 달성여부를 확인할 수 있도록 한 과정모형이다.					

라. 교사의 발문계획 분석 관점

적당하다고 생각되는 곳에 ∨ 표시

분석 관점 항목	평 점				
	매우 부족	조금 부족	보통	조금 만족	매우 만족
1. 학생의 학년수준에 맞는 발문계획이다.					
2. 교과, 학습제재 특성에 알맞은 발문계획이 수립되었다.					
3. 도입, 전개, 정리의 과정에 따라 단계적으로 수준을 높여가는 발문계획이다.					
4. 재생, 추론, 적용적 발문을 적절히 조화시킨 발문계획이다.					
5. 학생들을 생각하게 만든 발문계획이다.					
6. 학생들의 흥미를 유발시킨 발문계획이다.					
7. 학생들이 답변을 쉽게 할 수 있는 발문계획이다.					
8. 수업의 구조화에 도움을 주는 발문계획이다.					
9. 목적이 뚜렷한 발문계획이다.					
10. 명확하고 간결한 발문계획이다.					

마. 판서계획의 분석 관점

적당하다고 생각되는 곳에 ∨ 표시

분석 관점 항목	평 점				
	매우 부족	조금 부족	보통	조금 만족	매우 만족
1. 학습목표, 교재의 본질에 밀착된 간결한 판서계획이다.					
2. 수업의 흐름을 제삼자가 쉽게 파악할 수 있을 만큼 명료한 판서계획이다.					
3. 판서의 내용, 판서의 양, 판서시기 등이 적절하게 계획되어 있다.					
4. 교재의 본질에 맞으면서 학생의 사고를 자극하는 판서 계획이다.					
5. 수업의 흐름에 맞추어 사고를 발전적으로 이끌어가는 판서계획이다.					
6. 문자, 지도, 도해 등을 조화롭게 활용하는 판서계획이다.					
7. 학생의 노트정리를 고려한 판서계획이다.					
8. 다른 매체 또는 교구와 병행하여 융통성 있게 활용하는 판서계획이다.					
9. 내용을 함축성 있게 요약한 구조화된 판서계획이다.					

바. 수업매체 활용 계획의 분석 관점

적당하다고 생각되는 곳에 V 표시

분석 관점 항목	평 점				
	매우 부족	조금 부족	보통	조금 만족	매우 만족
1. 학습과제, 학습유형, 학습자의 특성을 고려해서 매체를 선정하려고 하였다.(선정조건)					
2. 매체의 특성과 장단점을 충분히 검토한 활용계획이다. (매체의 특성)					
3. 수업사태에 적합한 매체활용 분석표를 작성하여 효율성 높은 매체를 선정하려는 노력이 반영되어 있다.(선정절차)					
4. 수업해야 할 과제와 시간량에 비례하여 적합한 수업매체를 준비하였다.(준비량)					
5. 준비된 수업매체가 수업과정의 흐름에 맞추어 효과적으로 활용할 수 있는 정확성을 보장하고 있다.(정확성)					
6. 학습의 능률화를 가져올 수 있는 다양한 매체 활용계획을 수립하였다.(다양성)					
7. 학생의 탐구적 활동을 촉진하는 생동감 있는 매체를 전정하였다.(효과성)					

사. 확인학습(형성평가) 계획의 분석 관점

적당하다고 생각되는 곳에 V 표시

분석 관점 항목	평 점				
	매우 부족	조금 부족	보통	조금 만족	매우 만족
1. 수업과정 중 확인학습 계획이 적절하게 수립되었다.					
2. 확인학습 문항이 수업목표 성취도를 충분히 반영하고 있다.					
3. 확인학습이 학생들의 학습동기를 유발시킬 수 있는 요소들로 구성되었다.					
4. 확인학습 계획이 창의적이고 방법이 다양하다.					

아. 분석 결과 및 활용

각 항목별로 위 관점표의 평정(5단계 : 매우 만족 5점, 조금 만족 4점, 보통 3점, 조금 부족 2점, 매우 부족 1점 부여)에 따라 수업 계획의 각 영역에 따라 분석 관점 항목별로 분석하여 수정·보완함으로써 치밀하고 효과적인 수업계획을 수립하여 적용할 수 있을 것이다.

평정은 교수·학습 과정안 작성자가 직접 평정해 볼 수도 있겠으나, 특히 동일 교과 교사(초등의 경우 동일 학년교사)나 수업 전문가인 제삼자로 하여금 관점표에 따라 각 계획을 분석하게 하고 평점을 부여하여 항목별 합산평점을 낸 후 다시 평균 평점(2인 이상이 참여할 경우)을 기준으로 분석결과의 판단의견을 반영한다면 더욱 효과가 클 것이다.

7개의 분석 관점 중 마지막 확인학습(평성평가) 계획 분석을 사례로 살펴본다.

▶ 확인학습 계획 분석(예)

○ 단 원 : 3. 우리고장의 여러 보습(9/18차시, 초등 2학년)
　◇ 본시 학습제재 : 안전한 생활을 돕는 곳
　◇ 본시 학습목표
　　① 소방관이 하는 일을 알 수 있다.
　　② 화재를 예방하고, 안전한 생활을 위해 노력하는 태도를 가진다.
　◇ 확인학습 문제
　　① 소방관은 어떤 일을 할까요?
　　　㉠ 불이 났을 때　　　㉡ 평상시
　　② 불이 나지 않도록 하기 위하여 우리가 지켜야 할 일은 무엇이 있나요?

① 분석 결과

● 분석자 : 초등학교 담임교사 7명

항목 내역	1	2	3	4	
합산평점	34	35	34	32	
평균평점	4.9	*5.0	4.9	4.5	
참가의견	소방관이 하는 일은 발표를 통해 확인하고, "불이 나지 않기 위해서 우리들이 할 일"은 각자 노트에 생각을 써보도록 하는 방법도 좋을 것 같다.				

② 분석결과 판단 의견

2개의 확인학습 문항이 본시 학습목표 성취행동을 충분히 파악할 수 있도록 수립되었고(평균평점 5.0), 확인학습 실시로 학습성취 행동이 강화되는 효과를 가져올 수 있는 역할도 기대된다.

Chapter

창의적 수업 전략과 기술

5

1. 수업 시작(도입) 기술

2. 수업 전개 기술

3. 수업 종료(정착) 기술

4. 첫 수업을 효과적으로 이끌기 위한 유용한 방법

창의적 수업 전략과 기술

수업을 계획하는 것은 건축가가 좋은 집을 짓기 위해 기본 설계를 하는 것과 같은 방법이다. 따라서 본시 교수·학습 과정을 도입, 전개, 정착(정리)의 체제[그림 5-1 참조]를 갖추어 계획하고 전략을 수립하여 잘 실행한다면 수업의 효과를 극대화할 수 있을 것이다.

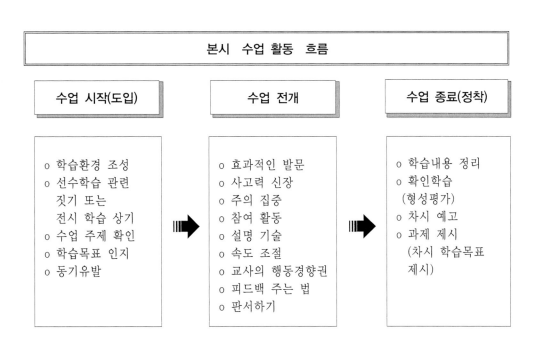

[그림 5-1] 본시의 단계별 수업 전략

1. 수업 시작(도입; introduction) 기술

수업이 시작되는 도입단계에서는 학생들의 마음에 불을 지펴어 심진(心震)을 일으키게 하고 마중물을 부어 넣어 본물이 나오도록 유도해 나가야 한다. 도입은 '수업을 어떻게 시작할 것인가?'에 해당되며 도입에서는 수업목표에 학생들이 관심을 가지도록 주의를 환기시킬 수 있는 활동을 제시해야 하며, 전 시간에 배운 내용과 본시에 배울 내용을 연관짓도록 도와주고(인지적 기여), 학생들에게 다음에 이어질 학습에 대비할 수 있도록 준비시키며(인지적 정의적 기여), 상황에 적응할 수 있는 시간과 기회 제공(실용적 기여)해 준다.

사람들은 처음에 하는 것을 가장 잘 기억하므로 수업의 시작이 중요하며 처음에 시작하는 것들은 수업의 내용에 맞는 것이어야 한다. 수업을 시작할 때 알아야 할 정보로서 아래의 몇 가지 질문을 통해 효과적인 도입인지를 확인할 수 있다(밥 파이크, 2004).

- 수업과 상관없는 학생들의 선입견(pre-occupation)을 타파하거나 딴생각을 하지 못하게 하고 있는가?

학습자들은 몸은 여기에 있으나 마음은 다른데 있을 수 있다. 다 끝마치지 못한 일, 아침에 집에서 있었던 일, 학교까지 오면서 겪은 일, 이 수업에 대한 염려 및 두려움, 수업 후 친구들과 할 일 등 여러 가지 다른 것들에 정신이 팔려 있을 것이다. 학습자들이 이런 생각을 떨쳐버리고 수업에 집중하게 해야 한다.

- 네트워킹(networking)을 촉진하는가?

도입(밥 파이크는 오프닝; opening이라고 칭함)이 학습자들을 편안하게 느끼게 해주고 있는가? 긴장할수록 기억력은 떨어진다. 학습자들은 앉아서 내가 잘 적응하고 있는지, 다른 학습자들이 알고 있는 것만큼 나도 알고 있는지, 자기가 어떤 기여라도 할 수 있을지 등에 대해 염려하고 있을 수도 있다. 시간이 지날수록 가장 중요한 것은 학습자들이 서로 편안하게 느끼도록, 의사소통 하도록, 조별활동을 하도록 도와주는 것이다.

- 수업 내용(contents, 또는 프로그램)과 관련이 있는가? 내가 하고 있는 오프닝과 과정 내용 사이에 논리적인 연결점이 있는가?

교사가 수업 내용과 관련 없는 아이스브레이크(분위기 조성을 위한 얼음장깨기)를 하면 학습자들로부터 다음과 같은 질문을 받을 수 있다. "이것이 우리가 배울 내용과 무슨 관련이 있나요?" 여기에 교사는 "여러분과 친숙해지고 싶어서요"라고 대답할 수도 있으나, 사전에 조금만 더 생각하고 준비하여 오프닝을 수업주제와 관련시킨다면 학습자들은 시작부터 수업의 소중함을 생각하게 될 것이다. 그룹별로 주제와 관련된 내용(교사가 사전에 선정하여 제시해 줌)을 차트나 시트지에 써넣도록 하여 발표하게 함으로써 동기를 부여하고 주제 관련성을 이해하게 되고 의사소통이 이루어져 긴장이 완화된다.

• 자존심(self-esteem)을 높여주고 유지시키고 있는가?

교육목적 중 하나는 교사를 위협하지 않는 수준에서 학습자들로 하여금 자기 자신을 억누르지 않고 이전에 몰랐던 것을 알게 되어 흥분하게 하는 것이고, 또한 전에는 할 수 없었던 것을 하게 되어 기뻐하는 것이다. 학습자들로 하여금 이전보다 자기 자신에 대해 자신감과 좋은 감정을 느끼게 하고, 그 자리에 있다는 사실에 대해 만족감을 갖게 함으로써 오프닝을 학습자들의 자신감을 향상시키는 시간으로 만들 수 있다. 교사들이 평소 자신의 수업에서는 참여가 부족하다고 불평하는 말을 자주 듣곤 하는데 그것은 아마도 학습자들 스스로가 그 수업에 기여하지 못한다고 생각했기 때문일 것이다. 그러므로 참여자(학습자) 중심 수업에서 오프닝은 학습자들이 그룹에 공헌할 수 있도록 도와주는 최적의 기회가 될 것이다. 어떤 수업에서 교사는 학습자들이 내용에 대해서 잘 모르고 있다는 사실을 알아차렸을 것이다. 따라서 학습자들은 주제와 관련해서 나름대로 경험을 갖고 있기 때문에 오프닝으로서 학습자들이 주제와 관련된 자신들의 경험이나 생각을 서로 나누도록 함으로써 자신들이 무언가 공헌할 수 있다는 자신감을 심어줄 수 있고, 더 많은 참여가 이루어지도록 하는 기초가 될 것이다.

• 교사와 학습자 모두에게 새미가 있는가(fun)?

재미가 항상 중요한 것은 아니지만 수업의 첫 단계에서 이것이 또 다른 지루한 수업이 아니라는 확신을 학습자들에게 줄 수 있어야 한다. 무엇인가를 배우면서 동시에 재미도 느낄 수 있다는 확신을 주어야 하는 것이다. 교사도 즐겁고 재미있어야 하는 데 그러기 위해서 당신이 즐길만한 활동을 오프닝에 넣도록 노력해야 한다. 보통 오프닝은 당신의 자유 영역으로서 당신에게는 위험부담이 적은 활동이므로 자신감을 가지고 밀고 나갈 수 있다. 학습자들도 이와 같은 점들을 알고 안정감을 느끼면서 당신이 생각한 것보다 더 많은 참여를 할 것이다. 학습자들의 열정과 참여를 이용해서 그들 스스로 개인적인 학습활동으로 빠져들게 함으로써 오락 프로그램에서 얻을 수 있는 즐거움을 교과학습에서도 얻게 할 수 있으며 교사의 진정한 유머는 스트레스와 긴장을 감소시키고 학습능력을 향상시킬 수 있다.

• 학습자들의 호기심(curiosity)을 불러일으키는가?

호기심은 대단히 좋은 동기부여가 될 수 있다. 여러 교육 프로그램에서 사용해 온 네 가지 검증된 오프닝이 있는데 그것은 네 가지 사실, 즉 페니(penny) 연습, 철자법 찾기, 특이함, 평범함이다. 이 네 가지 오프닝은 모두 다르면서도 위에 제시한 모든 조건에 다 부응한다고 할 수 있다.

• 마지막으로 도입에서 본문으로 넘어갈 때 어떤 전환 방법을 쓸 것인지 생각하라. 이것이야말로 그룹의 목표를 정립하고 명확하게 하는 데 아주 좋은 시점이 될 것이다. 대부분의 교사들이 교육 효과를 향상시키기 위해 프레젠테이션의 시작과 끝을 강조하는데 이는 학습자들에게 시작 부분에서 흥미와 기대감을 갖게 하기 위함이다.

Richards & Lockhart(1996)는 도입에 적용할 수 있는 전략을 다음과 같이 들고 있다.

• 본시 수업과 전시 수업과의 관련짓기(선수 학습 및 전시 학습 복습)
• 학습목표 기술
• 학습자들이 배울 정보나 기술 명시
• 수업시간에 학습자들이 해야 할 것을 기술
• 학습자들의 관심을 끌어 학습동기를 부여할 수 있는 활동 제시
• 수업의 전체적 개요 설명
• 학습자 활동 명시

그러면 [그림 5-1]에서 제시한 본시의 도입기술에 대해 살펴보기로 한다.

가. 학습환경 및 수업분위기 조성

"학습환경 및 수업분위기는 가르치는 교사가 만든다."

단위 시간의 교수·학습 과정의 첫 단계인 도입단계에서 학습환경을 갖추는 일은 의미있는 일이며 여기에는 학습환경과 학습 준비 상황을 확인하는 일이 포함된다. 가능하다면 교사는 수업시작 몇 분 전에 교실에 들어가서(밥 파이크는 수업 시작 전에 교실에 들어갈 것을 강조함) 학습환경을 확인하고 정비하여 수업준비를 마치는 것이 좋을 것이며 그것으로 인해 수업시간이 허비되지 않도록 유의할 필요가 있다. 학습환경 정비가 마무리 되면 교사는 학생들과 상호 인사를 하고 출석 확인을 한 다음 수업으로 들어간다.

• 학습환경을 확인하고 정비한다.

교과담임(학급담임) 교사는 출석부, 교과서, 지도안 등 각종 자료를 가지고 수업 시작종이 울리기 전에 교실에 들어간다. 이 때 지도교사는 맨 먼저 해야 할 일은 학습환경을 살피는 일이다. 학습환경은 물리적 환경과 심리적 환경으로 나누어 볼 수 있는데, 물리적 환경으로는 창문은 바르게 열려있는가? 커튼의 위치는 바른가? 책걸상 정리정돈 상황은 잘 되어 있는가? 교실 내 청결 상태는 어떠한가? 칠판은 깨끗이 닦여있는가? 각종 수업매체는 작동이 가능한가? 등을 점검하고, 학습자의 학습의욕, 흥미, 동기, 분위기 등 심리적 환경도 살펴 잘못된 환경을 즉시 고침으로써 정리 정돈되고 충만된 학습환경을 갖추고 학습에 임하도록 해야 한다.

• 학습 준비 상황을 확인한다.

바람직한 학습활동이 전개되기 위해서는 학습활동이 시작되기 전 학습자의 학습 준비가 잘 되어 있어야 한다. 교사는 학습활동에 필요한 교과서와 학습장, 필기도구 등 여러 가지 교재, 교구가 준비되어 있는가를 확인하고 지도해야 하며(하영철, 2002), 또한 학습자가 수업에 관심을 갖고 배우고 싶은 의욕에 차 있도록 분위기를 조성하여야 한다.

허용 지지적 수업분위기 조성은 도입 단계뿐만이 아니라 수업 전개활동 중에도 줄곧 필요한 것이다. 수업을 계속하다 보면 자기만의 수업분위기 조성방법이 있기 마련이지만, 이것이 곧 자기 교과 수업분위기로 굳어져 버리는 경우가 많다. 따라서 수업분위기가 좋은 반에서는 학생들의 참여도가 높아 교수하기도 좋고 수업도 잘되어 학습성과까지 좋게 나오는 경우가 많다.

항상 웃는 얼굴로 학생을 대하는 것은 모든 교사들의 꿈일 것이다. 그러나 학생에게 뭔가를 이야기할 때 학생이 듣기 싫다는 식의 표현을 한다면, 혹은 버릇없이

군다면 어떻게 해야 할까. 다음은 한국교육신문(2006.1.23.)에 소개된 전미교육협회(NEA) 월간지 'NEA Today'에 실린 '교사들을 위한 유용한 정보' 가운데 수업 분위기 조성을 위해 정리한 핵심내용을 소개한다.

1) 역할을 바꿔보라.

수학교사 쉴라는 산만한 학생에게 "네가 수업을 진행해보면 어떻겠니? 자료를 줄 테니 집에 가서 수업준비를 해오렴. 모르는 게 생기면 언제든지 찾아와도 된다"고 말했다. 그 후 그 학생은 크게 달라졌다고 한다.

2) 꾸짖음이 효과가 없을 때는 임무를 맡겨라.

뉴저지의 말시 트린 교사는 소위 '문제 학생'에게 심부름을 시킨다. 그 학생이 돌아올 때쯤이면 말시 트린 교사는 이미 다시 일에 집중할 수 있는 상태로 돌아와 있다고 말한다. 심부름 대신 교사의 수업진행을 도와주도록 임무를 맡길 수도 있다

3) 계획하고, 계획하고, 또 계획하라.

몽고메리 센트럴고교 헤이즌 교사는 단어가 적힌 종이 조각들을 컵에 넣고, 하나씩 꺼내 누가 빨리 사전에서 그 뜻을 찾아내는지 아이들을 경쟁시켰다. "아이들이 바쁠수록 교실 분위기를 흐릴 여지가 없어져요. 그러니 다양한 계획들을 많이 준비해둬야죠."라고 하여 학생들을 계속 계획에 참여시켜 효과를 보았다는 것이다.

4) 수업에 양념을 쳐라.

코너스 에머슨 학교의 카렌 바터 교사는 매년 2학년을 대상으로 '손 씻기 실생활 수업'을 실시한다. 아이들은 세면대, 문손잡이, 자신들의 손에서 박테리아를 채취하고 그 수를 세는 데 열중하고 있다. "뒤뜰에서 1시간을 놀았다고 친구의 손에 1만 마리의 박테리아가 있다고 누가 생각하겠어요? 아이들은 완전히 혼이 나갔죠."

5) 변명을 용납하지 마라.

네브라스카의 랜디 고든 교사는 학생이 숙제를 하지 못하는 이유를 늘어놓으면 이해한다는 뜻으로 고개를 끄덕이며 "그래도 해"라고 말한다. "변명을 해도 아무런 반응을 보이지 않는 것이 중요해요. 교사가 일단 '잃어버리지 말랬지, 책가방에 잘 넣으라고 했잖니'라며 잔소리를 하기 시작하면 아이들은 말을 듣지 않아요."

6) 카드를 보내라.

테네시주의 헤이즌 교사는 수업시간 전에 각 가정에 보낼 엽서에 주소를 써둔다. 그리고 몇 주에 걸쳐 짬짬이 간단한 메모를 엽서에 적는다. "주소를 적어 놓으면 그 다음은 2분도 안 걸려요."

7) 규칙을 정하라.

학부모에게도 아이에 대한 교사의 기대치를 밝히는 것이 중요하다. 8월이 되면 (새 학기 시작 전) 라조이스 웨더스푼 교사는 각종 규칙과 그것을 어겼을 때 따르는 결과를 적은 일종의 계약서를 각 가정에 보내 학생과 학부모의 사인을 받는다.

8) 보너스를 제공하라.

뉴저지의 마이클 다마토 교사는 모든 시험의 학습 가이드를 만들고, 시험 이틀 전 아이들과 함께 이를 복습한다. 아이들이 부모나 다른 가족과 가이드를 복습하고 사인을 받아오면 보너스 점수 5점을 준다. "공부한 내용에 대해 아이들에게 간단한 퀴즈를 내는 것은 가족들에게도 그다지 성가신 일이 아니에요."

9) 원인을 파악하라.

오클라호마 특수교사 케서린 비숍은 아이들의 그릇된 행동을 꾸준히 관찰해 그것이 언제 발생하는지 보라고 한다. 이 방법을 통해 원인을 쉽게 찾아낼 수 있을 것이다. 대개의 경우, 아이들은 어떤 것을 하기 싫어서, 또는 관심을 받고 싶어서 그런 행동을 보인다.

10) 아이들에게 혼자만의 공간을 주라.

아이들이 화가 났을 때 마음을 가라앉힐 수 있는 공간을 제공해야 한다. 워싱턴주 무어 교사의 교실에는 아이들이 앉아서 마음을 가라앉힐 수 있는 작은 의자가 마련되어 있다. 또한 혼자서 조용히 마음을 진정시킬 수 있도록 학교 운동장을 돌게 하기도 한다.

위에서 제시한 내용은 주로 초등학교에 해당하는 내용이므로 교사들이 실제 수업에 적용할 때는 초·중·고의 학교급별로 또는 도입, 전개, 정착 등 수업 단계별로 필요에 따라 가감하여 적용하는 것이 바람직할 것이다.

허용 지지적 교실 분위기 조성(황윤한, 2003)을 위해 교실환경을 정리하고 수업 중에 학습내용을 개발하는 데 있어서 교사는 학생들의 사전 지식과 경험을 연결하고 이끌어 내는 것이 좋다. 교사들은 학생들이 자신들로부터 무엇을 배울 것인가를 강조한 학습활동을 소개함으로서 학습을 촉진시키며, 학생들의 실수를 학습과정의 자연스런 한 부분으로 대하고, 학생들로 하여금 서로 협동하여 공부할 수 있도록 격려한다. 학생들은 부끄러워할 필요 없이 자연스럽게 질문을 할 수 있도록 유도하며, 자신들의 생각들이 잘못되어 창피당할까 두려워하는 마음 없이 수업에 참여할 수 있고, 여러 가지 활동을 하는 데 있어서 짝을 짓거나 작은 그룹으로 협동 학습을 할 수 있도록 해야 한다.

나. 선수학습 관련짓기(또는 전시학습 상기)

선수학습 또는 전시학습 관련 지도는 모든 교과지도에 필요하나, 특히 계열성이 강한 수학, 과학 등의 교과에 있어서는 선수학습과 관련짓고, 계열성이 약한 교과 지도는 선수학습요소와 관련짓기가 어려우므로 전시학습을 상기하면서 본시 학습 과제를 성공적으로 학습할 수 있는가를 진단하는 과정이 필요하다.

본시 학습과제와 전시 학습과제 사이에 관련성이 있는 경우에는 물론이고 관련성이 없는 경우일지라도 학습력을 높이기 위해서 전시 학습내용을 다시 상기시키는 지도가 필요하다. 도입단계에서 본시와 관계있는 전시 학습내용을 발문을 통하여 반복 지도함으로써 연계성 있는 학습활동으로 학습자의 이해를 돕고 파지효과와 전이효과를 높일 수 있다. 그러므로 본시 학습과제를 지도하기 전에 전시 또는 선수 학습과제를 다시 지도하는 기회를 가져야 한다. 이 때 전시 학습과제와 본시 학습과 제를 관련지어 효과적인 학습활동을 전개해 나가기 위해서는 과제학습(복습, 예습)을 활용하는 것도 바람직한 일이며(하영철, 2002), 나아가 학생들에게 질문을 받아서 그것을 가지고 복습을 하거나 교사가 준비한 자료(시청각, 조사), 그리고 지난 시간에 제시해준 과제 또는 새로운 시사성 있는 문제를 가지고 접근하여 관련지도를 할 수도 있다.

다. 학습 주제(단원) 확인

학생들에게 질문을 통하여 이 시간에 공부할 주제(단원)를 확인한다.

지명 또는 임의적으로 "이 시간에 공부할 주제는 무엇이지요?" 라고 질문을 하여 물어본 다음 주제 답변이 확인되면, 주제에 사용된 어휘나 내용에 대하여 이해 정도를 확인하고 학습목표 또는 학습문제와 관련하여 안내 지도한다. 공부할 주제가 교과서와 다른 주제일 경우에는 학생들과 함께 공부할 주제(과제)를 설정하여 학습하는 것도 좋을 것이다.

라. 학습목표 제시 및 인지

교수·학습 과정안에 진술된 학습목표를 학생이 분명히 알게 되면 이 시간에 무엇을 배울 것인가가 분명해져서 학습 주의력과 학습효과를 높일 수 있다. 이렇게 중요한 학습목표를 실제 교수·학습 과정에서 학습자에게 효과적으로 인지시키는 일은 본시의 학습활동을 성공적으로 진행할 수 있는 기초가 된다. 따라서 지도교사는 학습목표를 효과적으로 제시할 수 있는 다양한 방법을 연구하고 계획을 세워야 할 것이며, 학습목표를 제시하는 과정에서도 학습자의 인지정도를 확인해야 하며, 내용 전개 및 형성평가를 할 때도 목표달성도를 확인해야 한다.

학습목표는 다음과 같이 몇 가지 방법으로 제시할 수 있다(Ibid.).

1) 교사가 일방적으로 제시하는 경우: 차트, 판서, 구두, TP자료, 컴퓨터 등을 통해 교사가 목표를 제시한다.

학습목표는 일반적으로 구두로 제시하는 경향이 있으나 학습의 효과를 높이기 위해서는 차트를 작성하여 제시할 수도 있고, 직접 칠판에 판서하는 방법도 생각할 수 있으며, OHP나 실물화상기, 컴퓨터 등 다양한 영상매체를 통해 제시하기도 한다. 그러나 여기서 유의해야 할 점은 학습목표는 지도교사가 일방적으로 학습자에게 제시하는 것으로 끝나는 것이 아니라, 학습자가 철저히 인지할 수 있도록 해야 한다는 것이다. 제시된 학습목표를 한 학생이나 전체 학생에게 1회 정도 읽게 한다든지 교사가 간단히 설명하는 정도로는 학습목표 인지가 미흡하기 때문에 학습자에게 명확히 인지시킬 수 있는 방법을 미리 계획하고 실천해야 한다.

 **잘못된 사례(예): 단순히 학습목표만 제시하는 것**
① 교사가 학습목표를 읽는다.
② 전체 학생에게 큰 소리로 함께 읽도록 한다.
③ 한 학생이 읽고 난 다음 전체 학생이 따라 읽는다.
☑ 위 사례와 같이 학습목표를 단순하게 읽히는 방법으로 확인하는 것은 학습자에게 학습목표를 충분히 인지시키기에는 미흡하다. 그러므로 지도교사는 학습목표를 읽거나 읽히는 정도에 그치지 말고 구체적으로 설명해 줌으로써 학

습자로 하여금 본시에 달성해야 할 학습목표가 이것이라는 확신을 갖게 해야 한다.

▶ 좋은 지도 사례(예): 학습목표와 함께 학습결과를 명확히 제시하는 것

교사: 오늘은 삼국통일의 역사적 의의에 대하여 공부합니다.

그러면 오늘 여러분이 학습해야 할 학습목표를 살펴봅시다.

> 판서 내용: 삼국통일의 역사적 의의를 5개 이상 발표할 수 있다

교사 지시: 이 때 학생들에게 조용히 상기 목표를 음미하도록 시간을 준다 (교사는 지시봉으로 목표를 가리킨다).

교사: 자, 여러분! 여러분이 이 시간에 삼국통일의 역사적 의의에 대하여 학습한 다음, 내가 여러분에게 학습결과를 물어볼 것입니다. 여러분은 열심히 공부하여 누구나 역사적 의의를 5개 이상 발표할 수 있어야 합니다. 이 시간에 여러분은 어떤 일이 있어도 이 목표를 달성해야 합니다. 자, 그러면 다 같이 큰 소리로 목표를 읽어봅시다.

학생: ....

교사: 그러면 이 시간 수업이 끝날 무렵 내가 삼국통일의 의의에 대해 물었을 때 5개 이상 발표할 수 있는 각오가 된 사람 손을 들어봐요.

학생: 손을 든다.

이 때 학습목표 인지 확인결과가 만족스럽지 않은 경우(소수의 학생만 거수한 경우)에는 교사는 최선의 방법을 통하여 다시 한 번 학습목표를 학생들에게 인지시킨 다음 학생들의 인지 사실을 또 확인한다. 결과적으로 대부분의 학생이 오늘의 학습목표를 확실하게 인지했다는 판단이 섰을 때 지도교사는 수업에 임한다.

2) 질문을 통해 학습자의 발표를 유도하고 의사를 종합하여 제시하는 경우: 학습자의 발표를 통하여 단위 시간에 성취해야 할 목표를 제시한다.

교사의 일방적인 제시방법을 지양하고 학습자에게 오늘 공부할 학습목표가 무엇이겠는가를 반문하고 발표하게 한 후 학습자의 견해를 수합하여 학습목표를 제시하는 방법도 있다. 이 방법은 학습자의 참여로 목표인지가 잘 이루어진다는 이점이 있으나, 목표를 추출해 내는 데 많은 시간이 소요된다는 문제점도 생각해야 한다.

이 때 시간을 줄이기 위해서는 본시의 정착단계에서 차시의 학습목표를 학습자들로부터 미리 도출해내게 하여 본시에 다시 확인하고 활용하는 것도 시도해 볼 방법 중의 하나이다.

3) 예비검사를 통해 목표를 제시하는 경우: 본시의 목표 달성도를 알아보기 위한 문항(주로 형성평가 문항)을 통해 학습목표를 제시한다.

학습목표를 학습자가 학습 후에 나타내는 구체적인 행동으로 진술하여 제시하는 방법에는 여러 가지가 있으나, 직접 학습목표를 달성도를 알아볼 수 있는 확인학습 문항을 만들어 제시함으로써 학습자로 하여금 본시 학습목표 인지와 동기유발에 더 큰 관심을 갖게 하는 방법도 있다. "여러분은 이 시간의 수업이 끝날 무렵에 다음과 같은 문제를 풀어 그 정답을 구할 수가 있어야겠습니다"라는 목표를 제시하는 경우, 본시에 풀어야 할 문제가 구체적으로 제시되기 때문에 학습자는 목표달성을 위한 적극적인 학습을 할 수 있을 것이다. 학습목표를 어떠한 형태나 방법으로 제시하더라도 학습자에게 철저히 인지시켜야 한다. 그러기 위해서는 교수·학습 과정안 작성시에 학습목표 인지도를 높이는 방법을 학습목표 제시방법과 함께 생각해야 한다. 또한 학습목표를 제시하기 전에 단원명을 칠판에 기입하고 본시의 학습 범위도 학습목표와 함께 제시하는 것도 학습효과를 높이는 방법이 될 것이다. "여러분, 이 시간에는 교과서 몇 쪽 몇 줄부터 몇 쪽 몇 줄까지 공부하겠습니다." 라는 교사의 지시는 학습자의 학습행위에 도움이 되며, 특히 이와 같은 학습범위 제시는 차시 예고 시 미리 차시 학습목표와 같이 제시해 주는 경우 더욱 효과적일 수 있을 것이다.

4) 수업과정 중 필요시 다시 확인할 수 있도록 제시하는 경우: 학습목표는 도입단계에서만 제시하는 것으로 끝나는 것이 아니고 교수·학습 과정 중에도 계속하여 그 목표 달성도를 확인할 필요가 있을 때는 다시 볼 수 있도록 제시하는 것도 좋을 것이다.

판서나 차트로 제시할 경우에는 항상 확인이 가능하지만, OHP나 컴퓨터를 사용하여 제시하는 경우에는 교수·학습 과정 중 필요한 경우에 작동을 하여 제시해 줄 필요가 있다. 학습목표는 어떠한 방법을 통해서 제시하더라도 학습자가 필요한 경우에 언제든지 확인할 수 있도록 하는 것이 바람직하다.

☑ 학습목표를 제시하기 전에 반드시 단원명(또는 주제)을 칠판 중앙 상단에 판서해야 하며, 본시의 학습범위도 학습목표와 함께 제시되어야 한다.

마. 동기유발(동기부여; motivation)

"학생들에게 적절한 동기부여가 되었을 때 수업에 흥미를 갖고 몰입하게 되어 수업밀도와 학습효과는 높아진다. 이는 도입단계에서 특히 중요하지만 전개나 정착 등 전 수업과정에서도 중요하다."

1) 동기유발의 의의

동기유발(motivation)이란 학생들이 어떤 특정한 목표를 성취하기 위하여 어떤 행동을 유발시키고 그 행동을 지속시켜 주는 일련의 내용이나 과정이라고(이군현, 1997) 말할 수 있다. 이것을 교수·학습과 관련지어 보면 학습자가 자기 스스로 배우려고 하는 의욕을 가지고 적극적, 능동적으로 학습활동를 전개해 나가는 것, 즉 자발적 학습의욕을 환기시켜 학습자 자신이 스스로 학습하고 있는 자발적 학습상태(동기지워진 상태)라고 말할 수 있다.

동기는 학생 개인으로 하여금 의도적으로 행동을 유발하게 하는 내적 상태로서 직접 관찰이 불가능하고 단지 외부로 표출된 행동을 통해 추론할 수 있을 뿐이다. 개인의 동기는 욕구와 밀접한 관련이 있다. 개인이 욕구를 충족시키고자 행동으로 표현하는 과정에서 일정한 방향으로 행동하도록 하는 것이 동기이다. 따라서 동기는 개인의 욕구로부터 생긴 충동과 행동을 매개하는 심리적 상태라고도 설명할 수 있다.

학생들의 학습의욕을 자발적으로 환기시키기 위한 동기유발의 기본적 요인으로는 흥미, 욕구, 경험, 능력 등을 들 수 있는데 이 네 가지는 개별적으로 독립해 있는 것이 아니라 상호 관련되어 하나로 묶어져 있다. 학습지도에 있어서는 어떤 경우나 학생이 지금까지 없었던 흥미나 요구를 환기시키는 학습장면을 설정하여 학습자료를 준비시켜 주는 것이 선결문제이다. 그리하여 흥미나 요구를 이끌어 내도록 적당히 고무, 격려하여 적절한 조언이나 원조(援助)를 주는 것이 중요하다(이승익, 1982).

2) 동기유발의 종류

일반적으로 동기유발은 외적 동기유발과 내적 동기유발로 구분해 볼 수 있다(이군현, 1997).

① 외적 동기유발이란 외적보상(정적 강화물)에 의하여 생겨나는 동기유발을 말하며, 높은 점수, 칭찬, 금전과 음식 등의 외적 수단을 통해 학생들이 동기가 유발되는 것이다.

외적 동기유발 방법에는 상, 벌, 경쟁, 협동 등이 있다.

- 상(賞)은 성공감과 만족감을 갖게 하고 사회적 인정의 욕구를 충족시켜 학습에 활기를 준다.
- 벌(罰)은 학생에게 불쾌감, 공포감을 조성시켜 불필요한 학습을 강제적으로 억제하고 바람직한 학습만을 요구한다.
- 경쟁(競爭)은 다른 사람보다 높아지려는 특성을 이용해 성공감과 우월감을 통해 학습목표 성취를 높인다.
- 협동(協同)은 공동의 목표 달성을 위해 협력적인 행동을 함으로써 학습목표를 성취시킨다.

② 내적 동기유발이란 어떤 주어진 보상 없이 활동에 적극적으로 참여하였을 때 자기 자신의 내적 보상(자발적 흥미나 요구 등)에 의하여 생겨나는 동기유발을 의미하며, 학생 스스로 재미로 그리거나 실험하는 것을 좋아하는 것과 같이 지적 호기심, 학습의 만족감, 성취감 등에 의해 동기가 유발되는 것이다. 활동 그 자체가 보상적인 성격을 가지며, 교사들은 자신들의 말이나 행동을 통해 학생들의 성취동기에 영향을 줄 수 있다.

- 도전에 대한 선호
- 흥미와 호기심을 만족시키기 위해 노력하는 동기
- 독립적으로 완수하려는 시도
- 성공에 대한 내면적 기준 등이 내적 동기를 유발시키는 영역에 속한다.

3) 동기유발(동기부여)을 막는 5가지 방법

밥 파이크(2004)가 성인을 대상으로 한 동기부여를 막는 방법을 제시하였는데, 이를 일반 학교의 수업시간에 동기부여를 막는 방법과 관련지어 살펴보고자 한다.

이 방법을 제시하는 이유는 동기유발을 막는 방법을 제대로 알아야 역(逆)으로 동기유발 방법(♣)을 더 잘 이해할 수 있기 때문이다.

① 개인적인 접촉을 적게 하라

동기부여를 시키고 싶지 않으면 교실에 늦게 나타나서 수업만 하고 즉시 또는 가장 먼저 떠나고, 쉬는 시간에도 학생들과 이야기를 나누지 않는다.

♣ 하지만 수업시간에 동기부여가 잘 되기 위해서는 수업시간 전에 일찍 교실에 도착하여 수업 준비 상태를 확인하고, 평소에도 학생들과 활발한 대화를 통한 인간관계와 의사소통이 잘되어 있으면 효과적이라고 볼 수 있다.

② 학생들을 수동적으로 만들고 그 분위기를 유지하라

예를 들면, 어떤 질문도 허락하지 말라는 이야기다. 수업 시간 내내 학생들이 원하지도 않은 질문을 두개 했을 뿐이다. 또한 모든 자료를 교사가 나누어주고 학생들은 가만히 앉아서 기다리도록 하는 것이다.

♣ 하지만 동기부여가 잘 되기 위해서는 교사가 적절한 발문을 통해 활발한 발표와 참여를 유도해내고, 수업자료 배부도 학생들이 할 수 있는 것은 교사가 직접 배부하지 말고 학생 자원자들을 활용하여 자료를 가져가서 나누어 주고 걷도록 한다.

③ 학생들이 배운 내용을 적용할 것이라고 가정하라

구체적인 예를 들어 그들을 귀찮게 하지 말라. 그들을 위해 그림을 그려 줄 필요도 없고 그저 내용만 전달하라. 예 따위를 들지 않는다면 시간을 훨씬 단축할 수 있을 것이다. 배운 내용을 적용하는 것은 그들의 몫이다. 대부분의 학생들이 가끔 예제나 삽화를 다른 내용보다 잘 기억한다는 사실과 이것이 기억하는 데 중요한 점이라는 것도 잊어버려라.

♣ 하지만 동기부여를 위해서는 학생들이 예제나 삽화를 다른 내용보다 잘 기억한다는 사실을 기억하라. 또한 전달한 내용을 적용할 만한 시간을 제공해야 한다는 것을 기억하라. 우리의 경험에 비추어 학생들이 그 적용 방법들을 집에 가서 생각하지 않을 것이라는 사실을 잘 알고 있으므로 수업 중에 적용해 볼 수 있는 시간을 마련해 주어야 한다.

④ 즉시 비판하라

"비판은 공개적으로, 칭찬이 필요한 경우는 사적으로"라는 말을 기억하라. 비판하지 못하도록 토론에 관한 질문서나 자료를 배부하지 않는다.

♣ 하지만 동기부여가 잘 되기 위해서는 "가능한 한 비판이나 질책은 삼가거나 필요한 경우 짧게 사적으로, 칭찬은 공개적으로 많이" 하라. 소그룹들이 적용 방안에 대한 질문들만을 가지고 토의하게 한다.

⑤ 수업시간에 질문하는 것은 멍청한 일임을 학생들이 느끼게 하라

편안한 학습분위기를 만드는 것은 학습내용을 기억하고 교실의 긴장을 낮추는 데 중요한 요소이다. 그러나 질문을 어리석다고 여기면 편안했던 학습분위기는 순식간에 썰렁해지고 만다.

♣ 동기부여를 위해서는 수업시간에 가능한 한 학생들의 많은 질문과 답변(또는 교사의 발문)이 오가는 것이 좋으며, 소그룹들이 궁금해 하는 질문들을 모두 적게 하거나, 휴식시간이나 점심시간에 개인이 익명으로 질문을 적어 게시판(홈페이지)을 활용하거나 제출하게 하여 처리하는 것도 한 방법이다.

4) 일반적으로 학생들에게 어떻게 동기유발(부여)을 할 것인가

밥 파이크가 제시한 학습 동기부여 방법을 살펴보기로 한다.

① 필요를 느끼게 하라

학생들은 끊임없이 자기 자신에게 "여기에서 무엇이 내게 도움이 되는가?"라고 질문한다는 것을 기억해야 한다. 교사는 수업의 첫 부분에서 그들에게 도움이 되는 것을 이야기하는 데 시간을 할애해야 한다.

- 왜 이 정보(주제)가 필요한가?
- 어떻게 지식(이익)을 얻을 것인가?
- 실제로 어떻게 활용할 것인가?

② 개인적인 책임감을 키워주라

교사는 학생들에게 동기부여를 할 수 없고 단지 그들이 스스로 동기부여할 수 있는 환경과 분위기를 조성할 수 있을 뿐이라는 기본 원칙을 기억하라. 학습에 대한

책임은 개인에게 있지만 학습할 수 있는 최고의 분위기를 조성하는 것은 교사의 책임이다.

그렇게 할 수 있는 효과적인 방법은 수업을 시작할 때 학생들이 다음 사항을 이야기하도록 기회를 주는 것이다.

- 무슨 기대를 갖고 있는가?
- 기대하는 성과는 무엇인가?
- 성과를 얻기 위해 기꺼이 할 수 있는 것은 무엇인가?

③ 흥미를 불러일으키고 지속시켜라

이를 위한 효과적인 방법은 계속해서 질문을 하고 격려하는 것이다. 질문은 흥미를 자아내고 주의를 환기시킨다. 흥미를 유발하고 지속시킬 수 있는 다른 방법은 게임이나 역할연기 외에도 다양한 방법과 기법을 활용하는 것이다. 예를 들면, 차트, 토의, 강의, 필름(영화), 컴퓨터 그래픽, OHP, Project, 사례연구, 시뮬레이터(Simulators), 사진, 포스터, 플란넬(Flannel) 그래프, 지도, 오디오 테이프 등이 있다. IBM컨설턴트 데이비드 피플즈(David A. Peoples)는 그의 저서 《프레젠테이션 플러스(Presentation Plus)》에서 사람들은 75%는 보는 것에서, 13%는 듣는 것에서, 나머지 12%는 냄새·맛·감촉을 통하여 사물을 인식한다고 한다. 따라서 학생들의 주의를 집중시키고 학습과정에 참여시키기 위해서는 여러 방법을 혼합하여 활용하도록 해야 한다.

④ 내적 동기를 갖게 하고 인정하라

당신은 교사로서 동기를 갖고 있으나, 학생들은 개인적이고 내적인 열망으로 동기부여가 더 잘될 수 있다. 따라서 그들의 개인적 동기를 인정하고 격려하라.

⑤ 목표를 갖고 수업에 임하게 하라

교사는 토의하고, 소개하고, 가르치는 영역에 대해 그들이 자신감을 가지고 임할수록 장기적으로 이익이 된다는 점을 깨닫게 하라. 아이들에게 과제를 주면 아이들은 단순히 그것만 하며 특별히 그 과제가 다른 것과 연관되어야 한다고 생각하지 않는다. 따라서 성인들과 같이 큰 그림을 보고 난 후 그 다음 세부 조각에 초점을 맞추도록 하라.

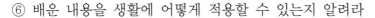

⑥ 배운 내용을 생활에 어떻게 적용할 수 있는지 알려라

학생들은 "교육 내용이 내게 어떻게 유용할 것인가?"에 대해 알고 싶어 한다. 물론 이론도 중요하지만 그들은 배운 것을 실제로 적용하고 싶어 한다. 따라서 수업 시간에 배운 내용을 실제 생활에 활용할 수 있는 방법을 연계시키도록 사례활용과 실습을 해야 한다.

⑦ 칭찬하고 격려하며 승인하라

하버드의 심리학자 윌리엄 제임스(William James)는 "모든 사람의 가장 큰 욕구는 인정받는 것"이라고 말했다. 대부분의 사람들은 칭찬의 물망울을 기다리는 스펀지와 같다. 사람들은 누구나 무엇을 잘못하기만 하면 매우 재빨리 그것을 지적하지만 잘한 일을 인정하는 데는 시간이 오래 걸린다.

우리는 자신도 믿기가 어려운 대단한 일을 해냈을 때 누군가가 성취한 것을 인정해 주기를 기다린다. 결국 학생들도 자기들이 한 일에 대해서 "정말 잘 했어요", "참 좋은 생각이다", "그것이 네가 한 일이었어", "놀랄만한 아이디어인데"란 얘기를 듣기 바란다. 교사는 교실에서 학생들에게 칭찬의 필요성을 알고 아낌없이 칭찬을 해주어야 한다. 칭찬은 강(RIVER)처럼 흘러야 한다는 점을 기억해야 한다.

- 무작위로(Random): 예측할 수 없는 시점에 칭찬하라.
- 간헐적으로(Intermittent): 가끔 칭찬하라.
- 다양하게(Variable): 매번 다른 방식으로 칭찬하라.
- 강화지속(Reinforcement): 이 세가지(RIV) 원칙을 지킨다면 놀랄 만큼의 강화 지속이 실현될 것이다.

⑧ 교사가 순수한 열정을 보여 주라

역동적인 방법으로 설명하고 가르치는 것에 흥미를 느끼며 열정을 보여주는 선생님은 학생들의 목표달성에 긍정적인 영향을 미친다고 한다. 그리고 학생들과 눈을 맞추어라. 주제에 대해 자신이 없거나 관심이 없는 교사는 절대 학습자들을 똑바로 보지 않는다. 그들은 '부드러운 응시'에만 익숙하여 이마 근처나 코 주위만 계속 바라볼 뿐 절대 눈을 맞추지 않는다.

⑨ 건전한 경쟁을 하게 하라

건전한 경쟁은 학생들로 하여금 스스로를 돌아보게 해 준다. 조별로 문제를 해결한다든가 수행정도에 따라 인센티브를 주는 것도 한 방법이다. 그리고 "나는 내 자신과 경쟁하는 거야"라고 이야기 하도록 하라.

⑩ 학생들에게 선택할 수 있게 하라

예를 들어, 2~3개의 사례를 준비하여 학생들에게 그 중 하나를 선택한 다음 연구하게 하거나, 또는 사전에 3개의 실행 활동을 준비하여 학생들로 하여금 그 중 하나를 실행하게 하라.

사람들은 자기 인생을 스스로 통제할 수 있다고 느끼고 싶어하는 데, 학생들이 선택할 때 그 기분을 느낄 수 있다.

개개인 모두를 흥분시킬 수 있는 연습문제, 과제, 사례나 활동을 기획하는 것은 불가능하다. 하지만 2개나 3개, 혹은 4개의 활동 과제 중 하나를 선택하게 하면 학생들에게 더 개인적인 동기부여 환경을 조성해 줄 수 있다.

통제(control)는 수업이 시작될 때 교사에게 주어지는 하나의 수단인데 이것이 없으면 교사가 수업을 진행할 수 없을 것이다. 그러나 학생들에게 선택권을 제공하는 것은 교사가 통제권의 일부를 학생들에게 돌려줄 수 있는 한 방법이 된다. 그러면 의무감 때문이 아니라 자발적으로 수업에 참여하는 학생수가 많아질 것이다.

5) 교수·학습 활동 과정 중의 동기유발 기술

가) 도입단계의 동기유발 기술
- 학습목표를 명확히 제시하고, 목표를 분명히 이해하도록 도와준다.
- 학습목표를 개인적 욕구와 결부시킴으로써 관심과 흥미를 갖도록 한다.
- 교사가 학습에 대해 갖고 있는 기대감의 수준이 적정해야 하며, 이것이 학생들에게 전달되어야 한다.
- 교과목이나 학습 과제에 긍정적인 태도를 가질 수 있도록 지도해야 한다.
- 학습하기에 적절한 환경을 마련해 주어야 한다.

나) 단원전개 중의 동기유발 기술
- 교사가 수업 전체를 주도하지 말고, 학생들의 직접적 참여를 유도한다.
- 학생들에게 성취의 기회를 자주 부여하고 바람직한 반응에는 즉시 강화를 해준다(칭찬이 벌보다 효과적임)

- 자극을 통한 학습 촉진을 위해 학습의 진전 정도를 수시로 알려주는 것이 효과
  적이다.
- 동료들 간에 협동적인 분위기를 조성하되, 때에 따라서는 적절한 경쟁심을 유
  발하는 것도 효과적이다.
- 과제나 문제 해결에 다양한 방법을 동원하고, 이를 기억케 하기 위한 다양한
  통로를 마련해 줌으로써 학습자가 다소간의 감탄과 더불어 학습에 흥미를 느끼
  게 한다.

다) 마무리 단계 및 수업 후의 동기유발 기술
- 학습 결과에 대해 긍정적인 평가를 해주고, 미흡한 점에 대해 언급해 주는 것이
  바람직하다.
- 학습 결과에 대해서는 반드시 그 정보를 피드백시켜 준다.
- 총평을 하는 경우, 우선 학생이 잘했다는 점을 밝혀 학생의 능력과 노력을 인정
  해 주고, 미흡한 점은 학생의 능력이 부족해서가 아니라 노력이 부족했거나
  보는 관점이 달랐다는 등 노력이 중요하다는 점을 부각시키는 것이 바람직하
  다.

☑ 동기유발이 부족한 교사의 특징

- 관심과 열의가 없는 교사: 학생들도 열의가 없어 맥이 빠진 수업이 된다.
- 자꾸 꾸짖는 교사: 학생들이 의기소침하여 분위기가 침체된다.
- 학생들의 노력을 지나치게 요구하는 교사: 노력해도 안 된다는 열등감에 사로
  잡히게 된다.
- 전혀 수업자료를 활용하지 않는 교사: 학습효과를 기대하기 어렵다.
- 부정적 기대감을 갖는 교사: 교사의 부정적 기대감은 학생이 학습에 대해 부정
  적 자아개념을 갖게 되고, 성취동기가 부족하게 된다.

2. 수업 전개(development) 기술

단위 수업의 가장 핵심적인 과정은 전개단계이다. 이 단계는 교과, 단원의 특성, 대상 학생, 교실 환경, 지도교사의 수업 철학에 따라 다양한 교수·학습 방법이 있을 수 있겠으며 그 효과 또한 다양하게 나타난다고 볼 수 있다. 따라서 여기에서는 다양한 전개 방법 중에서도 역동적이고 효과적인 교수·학습 전개를 위해 모든 교과에 공통적으로 적용할 수 있는 전개 기술에 대해 중요하다고 생각되는 몇 가지 내용을 중심으로 살펴보고자 한다.

가. 발문과 응답

단위 수업에서 학생들의 참여활동을 제외하면 대부분은 교사와 학생들의 언어적 상호작용인 의사소통에 의해 이루어진다. 유능한 교사들은 정보제시와 기능의 시범적인 적용뿐만 아니라 많은 부분을 내용 중심의 대화로 수업을 구조화한다. 교사들은 발문을 통하여 학생들을 자극하여 내용을 공부하고 반성적 사고를 하게하고, 주요 아이디어 사이의 관계와 그것들의 의의를 인식하게 하며, 비판적으로 사고를 하게 한다. 또 발문을 통하여 문제해결, 의사결정 또는 다른 고등사고 적용을 하게 한다. 대화는 주요 아이디어의 지속적이고 신중한 발전을 가져다주며 이러한 대화에 참여를 통하여 학생들은 내용과 관련된 지식을 구성하고 대화한다. 이 과정에 학생들은 어설픈 아이디어나 오개념(misconceptions)들을 버리고 수업목표로부터 나타나는 더 정교하고 타당성 있는 아이디어를 취하게 된다(황윤한, 2003).

이러한 수업과정에서 대화는 질문과 대답으로 구성되며, 특히 학생의 사고활동을 촉진한다는 의미에서 교사의 질문을 발문이라 하고, 교사의 발문에 응하는 학생들의 다양한 사고활동의 산물이라는 의미에서 학생의 대답을 응답이라고 한다.

1) 발문의 의의

발문법의 근원은 소크라테스(Socrates)가 대화에서 사용한 산파법(産婆法)에서 찾을 수 있다. 그는 제자들의 끊임없는 문답을 통해서 진리를 깨치도록 함으로써 발문과 토론을 학문 추구의 수단으로 활용하였다. 또한 페스탈로치(Pestalozzi)가 주장한 계발주의 교육 방법 역시 발문과 문답에 의한 교수법의 일종이라고 할 수 있다.

이러한 문답법은 지식의 주입식 교수방법에 비하여 학습자의 자주적인 사고 작용을 지원할 수 있기 때문에 그동안 널리 애용되어 왔다(광주교육대학광주부속국민학교, 1984).

그러나 아직도 교사가 수업 중에 학생들에게 사고를 촉진하거나 해답을 필요로 할 경우에 물어보는 물음을 발문이라 하지 않고 질문이라는 용어를 사용하거나 혹은 양자를 혼용하기도 한다.

수업 중에 발문이 사용되는 이유를 들면 다음과 같다(Richards & Lockhart, 1996).

- 학생들의 흥미를 자극하고 유지시키는 역할을 해준다.
- 학생들이 수업 내용을 생각하고 집중하도록 해준다.
- 교사로 하여금 학생이 말한 것을 명백히 설명하게 해준다.
- 교사로 하여금 특정한 내용구조나 어휘를 도출하게 해준다.
- 교사로 하여금 학생들의 이해정도를 점검하게 해준다.
- 학생들의 수업참여를 격려해준다.

조벽(2003)은 수업 중에 사용할 수 있는 질문에 대해 누가 질문하고 누가 대답하느냐에 따라서 네 가지로 구분하였다.

- 교사/교사 – 교사가 질문하고 교사 스스로 대답하는 경우
- 교사/학생 – 교사가 발문(질문)하고 학생이 대답하는 경우
- 학생/교사 – 학생이 질문하고 교사가 대답하는 경우
- 학생/학생 – 학생이 한 질문에 다른 학생이 대답하는 경우

일반적으로 교사의 질문에 학생이 응답하면 성공적이다. 그러나 여기에서 만족하지 않고 학생들에게 다시 "이 대답이 맞습니까?"라고 되물어서 학생들 스스로 판단하도록 한다. 만일 "아니오"라는 응답이 나오면 "왜 아닌가요?"라는 의견을 묻는 질문으로 다시 이어가서 그것에 대한 정답이 나올 때까지 물을 수 있다. 또한 학생의 질문에 대해 교사가 바로 대답을 하기 전에 "누가 이 질문에 대해 대답해볼 수 있을까요?"라고 하여 다른 학생이 대답할 기회를 주어 사고 과정을 거치는 경우도 있을 수 있다. 학생들 스스로 발산적이거나 열린 질문을 할 수 있는 기회를

교사가 만들어주는 것이 지식기반사회에 적합한 수업이다.

이와 같이 수업 중에 교사가 질문하고 학생이 응답하는 경우처럼 교사가 학생을 상대로 한 질문은 "새로운 문제의 제기로서 다양한 사고활동을 촉진하고 학생 스스로 문제해결의 실마리를 찾아 해답을 구할 수 있게 한다"는 의미에서 질문 대신 발문이란 용어를 사용한다.

종래에 사용해 왔던 질문이 수업 현장에 사용될 때에는 두 가지 의미로 사용되었던 것 같다. 하나는 교사가 학생들에게 지식이나 정보를 제공해 주기 위해서 사용하였고, 다른 하나는 학생들의 학습을 점검하기 위해 사용되었던 질문이라고 생각된다. 그러나 여기에서 사용하고자 하는 발문은 단순히 지식·정보를 제공하거나 수준 점검의 목적이 아니라 학생이 학습을 조성해 나갈 수 있도록 하는 교사의 물음, 즉 수업목표를 향하여 학생의 사고나 논리를 자극·유발하여 새로운 추구나 발견, 또는 상상의 확대를 가져오고 발전시켜 나가기 위한 문제제기(박병학, 1978)라는 점에서 질문과 구별되는 것이다. 다시 말해서 질문은 지식이나 정보를 제공하거나 기억 재생을 위한 물음으로 하나의 정답을 얻으면 만족하는 평가적 성격을 띠고 있는 반면, 발문은 학습활동을 조성하기 위해 사고 활동을 촉진하여 하나의 정답으로 만족하는 경우도 있지만 학생들에게 다양한 사고활동을 촉진하고 표현활동을 유발하여 문제해결을 위한 자극적인 문제제기 형태의 물음이라고 할 수 있다.

교사와 학생 간에 발문과 응답에 의해 이루어지는 수업의 이점은 다음과 같다(한국교육개발원, 1977).

첫째, 일련의 학습활동이 끝난 다음에 학습자가 계획하였던 학습목표에 어느 정도 도달되었는가를 확인할 수 있다.

둘째, 학생들이 가지고 있는 사전 경험을 학습지도에 결부시킴으로써 본 학습의 내용에 대한 이해를 증진시킬 수 있다.

셋째, 당면한 학습문제에 대해 관심과 흥미를 갖게 하며, 문제를 해결하려는 태도와 의욕을 갖게 할 수 있다.

넷째, 학습방법이나 작업방법에 대한 암시를 주게 되어 문제해결 절차에 따라 학생 스스로가 답을 구할 수 있게 된다.

다섯째, 이미 학습한 내용에 대해 비판·분석·평가·종합하는 등 고등정신기능을 촉진하여 기존의 지식과 기능을 새로운 사태에 적용하는 능력을 신장시킬 수 있다.

여섯째, 제시된 자료 또는 학습과정에서 얻은 결과를 분석·정리·발표할 수 있는 능력을 기를 수 있다.

일곱째, 가치판단의 힘을 길러준다.

여덟째, 학생들의 심미안과 감상력을 길러준다.

아홉째, 교사와 학생들 간의 인간관계를 인격적으로 결부시킴으로써 온화하고 민주적인 수업분위기를 조성할 수 있다.

발문에 의해 이루어지는 수업의 이점에서 보는 봐와 같이 교사는 수업과정에서 학생들의 참여와 사고활동을 촉진하여 효과적으로 과제를 해결할 수 있도록 다양한 발문을 개발하고 이를 수업에 역동적으로 적용할 필요가 있다.

2) 발문과 학업성취와의 관계

대부분의 수업이 발문과 응답에 의해 이루어진다는 점에서 발문은 수업에 있어서 대단히 중요하며, 발문의 빈도·수준·수준변화·발언양은 많은 연구결과에서 다음과 같이 학업성취와의 상관이 높다고 밝히고 있다.

첫째, 발문의 빈도와 학업성취와의 관계

김수천(1970)은 그의 연구에서 "발문의 빈도가 높은 수업이 대화형 수업에 비해 학력이나 사고력이 높게 나타났다."고 하여 발문의 빈도와 학업성취가 상관이 있음을 보여주고 있다. 그렇다고 교사의 단순한 발문 즉 "알았지요?", "예", "재미있지요?", "예"와 같은 발문을 자주 한다고 해서 학생의 사고와 학력에 아무런 영향을 끼칠 수 없다(고영희, 1981). 그러므로 교사는 다양하고 폭넓은 발문을 할 수 있도록 연구해야 할 것이다.

둘째, 발문의 수준과 학업성취와의 관계

Minnis & Shrable(1970)은 "재생보다 추론이 추론보다 적용적 발문이 높은 수준의 응답과정을 나타냈다"고 하였으며, Flanders(1970)는 "교사의 좁은 발문은 학생의 좁은 대답을, 반대로 교사의 폭넓은 발문은 학생의 폭넓은 대답을 유발한다."고 하여 발문의 수준과 학업성취가 상관이 있음을 보여주었다. 따라서 보다 높은 수준의 발문의 적용은 학생들의 사고활동과 고등정신기능을 향상시키는 데 효과적일 것이다.

셋째, 발문수준의 변화와 학업성취

김수천(1970)은 발문수준의 변화정도가 많은 융통성이 변화 정도가 적은 고정형

(固定型)에 비해서 학업성취가 높게 나타났다고 밝혔으며, Thompson & Bower은 수렴적 발문과 발산적 발문을 고루 사용하는 것이 학업성취에 가장 효과적이라고 하여 재생, 추론, 적용적 발문을 학생 수준에 따라 변화를 많이 주는 교사가 학업성취를 높였다는 것을 말해주고 있다.

넷째, 학생의 발언양과 학업성취와의 관계

학생의 발언양은 학생들이 얼마나 수업에 참여했느냐를 나타내주는 말이다. Flanders의 언어 상호작용 분석 방법의 수업형태 분류 항목 중 제9항은 학생의 자진적인 발언과 넓은 답변으로 학생이 자진하여 말하고 교사의 넓은 발문에 대하여 학생이 여러 가지 생각·의견·이유 등을 말하는 것으로서, 이 항의 빈도수, 즉 학생의 자진적 발언양이 많으면 많을수록 좋은 수업이며, 이는 불안·공포가 없는 분위기에서 지적 호기심이 많을 때 나타나고 창의력 함양에 큰 영향을 준다(고영희, 1981). 따라서 학생의 발언양과 활동이 많아지도록 학생들을 주도적으로 수업에 참여시킴으로써 역동적인 수업을 기대할 수 있을 것이다.

Orlich et al.(1994)은 발문과 인지적 효과에 대한 여러 연구 결과들을 다음과 같이 세 가지로 요약하였다. ① 교사들은 인지적 발문 수준을 증가시키는 방법을 터득하게 되고, ② 높은 수준의 발문은 학생들의 성취에 매우 긍정적 효과를 가져오며, ③ 인지적인 교사의 발문과 학생의 응답수준 간의 일치 정도는 낮은 편이다. 따라서 문답 학습방법의 훈련이 필요하다.

3) 발문의 유형

발문은 수업형태와 과정에 따라 여러 가지로 적용 가능하며, 이는 분석유형에 따라 편의상 다양하게 분류되고 있으나 여기에서는 기능과 수준, 그리고 대답유형에 따른 발문 유형을 중심으로 살펴보고자 한다.

가) 발문의 기능에 따라(Orlich et al., 1994)

① 수렴적 발문(convergent questions)

수렴적 발문의 핵심은 좁은 목표에 관한 발문으로서 중심 주제에 대해 핵심 내용을 대답하도록 촉진하기 위한 발문이다. 수렴적 발문은 학생들이 "예", "아니요" 또는 "간단한 말"과 같이 짧은 대답으로 이루어지는 행동을 나타내도록 한다. 따라서 낮은 사고와 구체적인 지식을 표현하도록 낮은 수준의 발문을 적용한다. 교사가 귀납적 교수 유형을 사용한다면 더 많은 수렴적 발문을 사용하게 될 것이다.

교사는 왜 수렴적 발문을 사용하기 위해 준비해야 하는가? 여기에는 고려해야 할 사항들이 많다. 예를 들어, 학생들이 구체적인 자료로부터 결론을 이끌어내는 귀납적 수업 유형을 원한다면 더 많은 수렴적 발문을 사용해야 한다. 또한 전통적인 수업의 단조로움을 극복하기 위해서는 예행연습(warm-up)과 같이 짧은 응답을 위한 발문을 사용해야 한다. 이러한 예행연습은 언어 수업에서 학생들의 어휘나 철자법 기능을 발달시키는 데 가장 적절한 방법으로 자주 물어보는 속발(速發; rapid-fire)적 발문 방법을 사용할 수 있으며, 또한 이러한 방법은 많은 학생들을 수업에 참여하도록 허용한다. 수렴적, 속발적 발문기법은 구체적인 학습목표, 기술, 용어, 간단한 응답처리에 초점을 둔다. 이 기법은 구두로 빠른 계산을 실행할 때 학생들이 간단히 대답할 수 있는 수학수업에서 찾아볼 수 있다.

수렴적 발문유형은 기본적으로 단순한 대답이나 제한된 논리적 대답을 포함하여 짧고 낮은 수준의 지적 반응을 위한 발문을 통해 학생들의 사고활동을 촉진한다. 이러한 수렴적 발문기법은 교사의 질문에 학생들이 일제히 답변하는 형태의 지시적 수업에 이상적으로 적용하며 모든 학생이 참여하는 효과가 있다.

수렴적 발문의 예를 들어보면 다음과 같다.

- 어떤 조건하에서 물은 100℃ 이하에서 끓을까요?
- 빵 반죽을 부풀어 오르게 하는 것은 무엇일까요?
- 어떤 나라의 사막에서 사람들은 상대적으로 거의 살지 않을까요?
- 빅뱅(Big Bang)이론을 설명해 보세요?

② 확산적 발문(divergent questions)

확산적 발문은 수렴적 발문과는 달리 넓은 목표에 관한 발문이며 학생들의 단순한 대답에 초점을 두는 것이 아니라 매우 다양한 응답을 유발하고 더 넓은 대답을 이끌어내기 위한 발문이다. 그러므로 교사가 수업 중에 토론을 생각하거나 학생들의 다양한 응답을 유발하기 위해서는 확산적 발문을 사용해야 한다. 이 기법은 종종 "옳음"이나, "그릇됨"의 응답이 거의 없기 때문에 소그룹의 학생들이 자아개념 설계를 할 때 이상적이다.

○ 다양한 응답을 이끌어내기

다양한 응답을 이끌어내기 위해서는 다양한 응답 기법을 사용해야 하며, 특히 확산적 발문으로 많은 학생들이 응답해야 한다고 생각될 때는 다양한 응답을 할 수 있는 발문을 해야 한다. 확산적 발문을 하고 난 뒤에는 학생들에게 토론을 수행하도록 가르치기 위해 3명 내지 4명으로 소그룹을 이루어 토론해 보도록 한다.

○ 다양한 응답을 수용하기

넓고 다양한 응답을 유발하기 위해서는 교사가 다양한 응답을 수용할 수 있도록 준비되어 있어야 한다. 다양한 발문을 할 때 학생들의 창의적 응답을 포함하여 다양한 응답을 기대할 수 있을 것이다. 참신한 해결 방법과 창의적 응답을 고려한다면 확산적 발문이 적절하다. 학생들로부터 다양한 응답을 이끌어내려고 한다면 학생들의 응답을 수용할 수 있는 전문가가 되어있어야 한다. 이는 발문 기술에 있어서 매우 중요한 개념이며 적절한 응답활동을 강화하기 위해 각 학생들의 반응을 폭넓게 수용해야 한다. 확산적 발문을 하려고 할 때는 학생들이 자유롭게 응답할 수 있는 분위기를 조성해 주어야 한다. 이렇게 응답 분위기를 조성하는 것은 또한 교실 수업에서 소외되어 있는 학생들을 수업에 참여시킬 수 있는 매우 중요한 기술이다.

○ 확산적 발문하기

처음으로 확산적 발문을 사용할 때 보통 학생들이 폭넓고 높은 수준의 사고를 통한 응답을 하지 않기 때문에 발문이 어렵고 실망조차 한다는 것을 첫 수업에서 알게 될 것이다. 확산적 발문기술을 사용하여 적절한 수준의 발문을 유발시키기 위해서는 학생들의 응답유형을 많이 구체화해야 한다. 수업 중 확산적 발문을 시작하려는 교사는 학생들에게 발문 수준을 바꾸고 또한 응답수준을 아주 과감하게 바꿔야 한다는 것을 알려주어야 한다. 이렇게 학생들이 미리 확산적 발문의 필요성을 인지하고 있다면 다른 교사들이 일방적으로 확산적 발문을 할 때보다 응답수준이 다를 것이다.

확산적 발문을 사용할 때 학생들은 인지적으로 분류되는 적용, 분석, 종합적 고등사고의 범주에서 응답한다는 것을 발견하게 될 것이다. 또한 교사는 분석적, 종합적 사고를 자극하기 위한 발문을 증가시키고 발문 시간 연장을 통하여 확산적 발문을 개발해 나가야 한다. 그렇게 함으로써 소외된 많은 학생들이 수업에 참여하게 될 것이다. 그러므로 학생들이 토론을 하고 더 길고 다양한 구두나 서면 대답을 준비하도록 원한다면 확산적 발문 기술을 사용하는 것이 적절하다. 확산적 방법은 학생들의 다양한 응답을 유발시키기 위한 적절한 방법이나 다른 수업에서 학생들이 응답을 반복하지는 않는다. 교사의 부적절한 행동을 피하기 위해서는 모든 학생들이 교사의 간섭 없이 응답을 할 수 있도록 해야 한다. 이것은 수업에서 학생들의 책무성과 참여를 증가시켜 매우 긍정적인 효과를 나타낼 것이다. 그러나 토론 기술을 사용할 때는 교사가 적절한 때 민첩하게 학생의 응답을 중단시켜야 하며 이것은 더욱 발전된 기술이다.

확산적 발문의 예를 들어보면 다음과 같다.

- 학교에 규칙이 없다면 어떤 일이 일어날까요?
- 환경은 인간행동에 어떻게 영향을 줄까요?
- 테니스의 유행은 우리 사회에 사회·경제적으로 어떻게 영향을 미칠까?
- 빅뱅(Big Bang)이론에 반대한다면 어떤 반대 증거를 찾아볼까?

③ 평가적 발문(evaluative questions)

평가적 발문은 확산적 발문에 비해 평가나 판단의 기준을 마련한다는 것이 다르며, 어떤 것이 좋거나 혹은 나쁜 이유를 묻고자 할 때 이 발문을 사용한다. 평가적 발문은 학생의 판단, 가치, 목표 혹은 인식의 적합성에 의한 기준을 구체화하는 것이 필요하다. 교사의 발문에 대해 평가적 응답을 하도록 학생을 격려해 주어야 하며, 평가적 발문의 틀을 구성하는 요소는 평가적 발문기준을 확립하기 위한 논리적 기초를 발전시키도록 학생들의 응답기술을 체계적으로 도와주는 일이다. 발문이 주어지고 학생의 응답을 관찰함으로써 평가적 발문에 대한 응답을 나쁜 것이나 비논리적인 것(부적절한)으로부터 좋은 것이나 논리적으로 발전된 응답(적절한)에 이르기까지 연속적인 응답유형을 확인할 수 있다. 그러나 발문과 응답을 "좋은(good)" 것이나 "나쁜(bad)" 것, 또는 "적합한(appropriate)" 것이나 "부적합한(inappropriate)" 것의 이분법적 개념으로 편리하게 분류하지는 않는다. 평가적 응답은 내적 일관성, 타당성, 책무성의 논리적 상태에 따라 분류한다. 발문에 대한 학생들의 응답에는 무응답도 포함된다는 것을 주의해야 한다. 결국 평가적 발문은 교사가 학생들이 배운 내용을 평가하고 판단하려고 할 때 사용한다. 또한 평가적 발문의 일부는 확산적 발문에 속하며 이를 변형시킨 것이라고 볼 수 있다.

평가적 발문의 예를 들어보면 다음과 같다.

- 왜 자동차 연료를 수소로 대체하는 것이 좋을까?

• 세상이 컴퓨터 때문에 좋아진 이유는 무엇인가?

• 왜 도시 환경을 헤치는 고속도로가 존재할까?

• 전문스포츠가 그렇게 대중적으로 성장한 이유는 무엇인가?

☑ Richards & Lockhart(1996)는 수렴적 발문, 확산적 발문, 그리고 절차적 발문(procedural questions)을 제시하였다.

이 가운데 절차적 발문은 학습내용과 대조적인 발문으로 수업절차 및 수업시간의 학생 관리와 관련된 발문이다. 이는 학생들의 사고와 관련이 없는 것이기 때문에 질문의 수준이라고 할 수 있다.

절차적 발문의 예를 들어보면 다음과 같다.

• 모두 숙제를 해왔을까?

• 얼마나 더 시간이 필요할까?

• 칠판에 판서한 내용을 읽을 수 있을까?

• 누가 수업시간에 사전을 가져왔을까?

나) 발문의 수준에 따라(Minnis & Shrable, 1970)

① 정보재생적 발문(date recall questions)

재생·암기·계산·열거 등 학생이 이미 학습한 지식을 기술적 진술로 반응하게 하는 교사의 발문으로, 학생의 사실 재생적 응답이 가능하다. 기억·재생적 발문·한정수렴적 발문 등과 같은 맥락으로 사용된다.

정보재생적 발문의 예를 들어보면 다음과 같다.

• 세계에서 가장 높은 산은?

• 전등을 발명한 사람은?

• 영동과 영서지방을 구분하는 산맥은?

• 둘에 셋을 더하면 얼마이냐?

② 추론적 발문(inferential questions)

학생이 지식이나 정보를 이용하여 인과관계를 따지거나 그것을 종합·분석·구분·비교·대조하여 응답하도록 하는 발문으로, 확산적 발문·부정적 발문·평가적 발문과 같은 맥락으로 사용된다.

추론적 발문의 예를 들어보면 다음과 같다.

- 철과 구리의 강도를 비교하면?
- 금속기 속에 산(酸)을 넣어 두지 않은 까닭은?
- 오늘날의 학교 모습은 옛날의 학교 모습에 비하여 어떻게 달라졌을까?
- 집합 A가 집합 B의 부분집합이 되는 이유는 무엇인가?

③ 적용적 발문(applicative questions)

학생의 발산적 사고를 위하여 이미 학습한 내용을 새로운 사태에 원리를 적용, 이론화, 예언을 통해서 반응을 나타내게 하는 발문이다.

적용적 발문의 예를 들어보면 다음과 같다.

- 금강산이 없어진다면 어떻게 될까?
- 태양열을 우리 생활에 이용할 수 있게 되면 어떻게 될까?
- 지구의 온도가 지금보다 10℃ 정도 낮아진다면 어떤 현상이 일어나게 될까요?
- 한 고장의 인구가 급증한다면 그 지역의 주민들에게는 어떤 새로운 문제가 생기게 될까?

다) 대답의 유형에 따라(조벽, 2003)

① 닫힌 발문: 정답이 하나밖에 존재하지 않는 발문
 - 삼국통일이 몇 년도에 이루어졌습니까?
 - 엔트로피가 증가하지 않는 경우는?

② 수렴적 발문: 정답이 여럿 존재하는 발문
- 삼국통일에 공을 세운 신라 장군은 누구누구입니까?
- 엔트로피 법칙을 수식으로 쓰면?

③ 발산적 발문: 정답이라고 볼 수 있는 대답이 여럿 존재하는 발문
- 당나라와 신라는 어떤 관계였나요?
- 엔트로피 법칙이 시간 개념에 주는 의미는?

④ 열린 발문: 정답이 아예 없는 발문
- 만약 백제가 삼국을 통일한다면?

• 엔트로피 법칙을 사회, 특히 정치 현상에 비유한다면?

이상 세 학자들이 제시하고 있는 발문유형 중에서 교사는 학생들의 단순한 답변을 유발하는 수렴적·정보재생적·닫힌 발문보다는 확산적·적용적·발산적 발문을 많이 사용함으로써 고등사고 활동을 통한 창의적 문제해결력을 향상시키는데 도움을 줄 것이다. 단순 암기된 지식을 요구하는 발문은 학생들이 예습, 복습을 했는가를 테스트할 뿐 지적사고와 관련된 동기를 유발하지 못하며 열린 발문 쪽으로 갈수록, 의견을 묻는 발문일수록 사고활동을 촉진하고 부담을 더 적게 주어 학생들이 수업에 더욱 활발하게 참여한다.

4) 발문의 구성

가) 발문의 정선 및 구성

교사의 발문은 수업의 과정 속에서 학습자들의 사고 활동을 유발하고 활성화시키는 자극이기 때문에 수업의 목표를 향해 중요한 요소가 되는 '주 발문'과 이를 보조해 주는 '보조적 발문'이 정선되어야 한다. 이 때 어떤 발문을 정선할 것인가 하는 문제는 교사의 교재연구에 대한 깊이와 역량에 따른다.

발문을 정선하고 구성하는 데 있어서 기본적인 관점은 다음과 같다(박병학, 1978).

① 발문은 수업의 목표와 직결된 뚜렷한 목적을 지니고 있어야 한다.
② 발문은 학생들이 곤혹, 의문, 놀라움, 모순 등의 의식, 즉 학생들을 의문의 상태 또는 곤혹의 상태로 유도하는 문제성을 지닌 것이어야 한다.
③ 발문은 학생들에게 다양한 사고활동이 기대되는 확산적인 것이어야 한다.
④ 발문은 그 취지와 내용을 분명히 밝히는 수준에서 간단, 명료해야 한다.
⑤ 발문내용은 교육내용을 철저히 분석한 가운데서 이루어진 것이라야 한다.
⑥ 발문은 수업과정의 일련의 계열 가운데서 이루어진 것이라야 한다.
⑦ 발문은 수업 목표 해결을 위해 '중심발문'과 '보조발문' 등이 잘 구조화 되어야 한다.
⑧ 발문의 수준은 학생들이 이해할 수 있는 범위 내에서 이루어져야 한다.
⑨ 발문내용에는 두 가지 이상의 물음이 겹치지 않아야 한다.

⑩ 발문의 내용은 수업의 계획단계에서 완전한 문장으로 준비되어야 한다.

☑ 토론수업을 위한 교과 내용 구성을 위한 고려요소

토론 중에서도 다른 사람을 설득할 목적의 찬반 토론 성격을 갖는 주제에 적합한 교과 내용 구성 방식으로, 쟁점 중심 교과 내용의 구성을 위해서 고려해야 하는 요소는 다음과 같다(한국교육평가원에서 열린 교수·학습 세미나 내용 중 구정화 교수의 '토론 수업을 위한 교과내용 구성'의 설계 노하우 소개, 한국교육신문. 2007. 7. 16. 4면).

- 하나의 핵심질문과 몇 개의 하위 질문을 중심으로 내용을 구성한다.
- 쟁점 질문의 선정은 '중요성, 유의미성, 탐구성, 자료의 풍부성'에 비추어 선정한다.
- 둘 중 하나의 관점을 정할 수 있는 주제보다는 좀 더 다양한 관점을 제시할 수 있도록 질문을 구성한다. 수업자료로 구성하기 위해서는 세부 질문 안에서 다시 차시별로 다루어야 할 작은 질문을 구별하고 다시 작은 질문별로 '찬' '반' 입장의 주장을 뒷받침 해줄 자료들을 내용으로 제시해야 한다. 쟁점 중심교육 내용 구성에서 가장 중요한 것은 수업에 적합한 핵심질문, 세부질문, 수업을 위한 차시별 질문의 위계를 정하고 이를 위한 자료제시를 제대로 배치하는 것이다.

나) 발문구성의 절차와 방법

발문은 교육내용과 학생과의 만남을 이룩해주는 매개적인 역할을 하는 것이므로 발문을 구성하기 위해서는 먼저 「무엇」에 대해서 발문할 것인가에 대한 고려가 있어야 하며, 다음에 「어떻게」발문함으로써 학생들의 사고활동을 유발하고 수업목표를 향하여 나아갈 것인가를 결정해야 한다.

교재 내용이 발문으로 구성되기 위한 몇 가지 절차와 방법을 제시하면 다음과 같다(고영희, 1981).

첫째, 학습과제를 분석하여 수업목표를 분명히 해야 한다.

둘째, 설정·확인된 수업목표 달성을 위한 수업계열(학습내용이 어떠한 순서로 제시될 것인가)을 결정해야 한다.

셋째, 학습내용의 순서에 따라 발문의 제재(題材)를 추출해야 한다.

넷째, 발문의 제재에 따라 발문을 구성해야 한다.

발문의 구성은 발문의 제재에 따라서 구성되어야 하나 학생들의 선행학습정도와 같은 학생들의 수준이 고려되어야 한다. 발문구성의 원천은 학습과제 분석표이며 그 구성을 위한 순서는 학습계열이다.

발문구성의 예를 들면 다음과 같다.

(1) 학습제재 : 좋은 어장(사회과)

(2) 발문의 내용 구성

학습내용 ⇨	발문제재 ⇨	발문구성
○ 해안의 조건	○ 수산업 발달과 해안의 조건	① 우리나라가 수산업이 발달될 수 있는 조건은 무엇인가? • 어떠한 해안선이 수산업을 발달시킬 수 있을까요?
○ 해류의 조건	○ 수산업의 발달과 해류의 조건	• 해류도 수산업을 발달시킬 수 있습니까?

발문내용을 구성함에 있어서는 다음과 같은 사항을 유의해야 한다.

첫째, 다양한 종류의 발문으로 구성되어야 한다.

단순한 지식이나 기억의 재생을 요구하는 발문은 학생들의 사고발달을 촉진시키는 데 별 효과가 없으므로 교사는 추론·적용적 발문과 수렴·발산적 발문을 적절히 조화시켜야 한다.

둘째, 단계적으로 발문수준을 높여가도록 발문내용을 구성해야 한다.

높은 수준의 사고를 유도하기 위해서는 높은 수준의 발문이 요구된다. 발문의 수준을 높이기 위해서는 단계적인 이행이 필요하다. 따라서 재생적 발문에서 추론적 발문으로, 추론적 발문에서 적용적 발문으로 이끌어줌으로서 학생들의 사고활동을 자연스럽게 촉진시켜줄 수 있다.

셋째, 발문은 학생 또는 교과별 학습과제의 특성에 따라 다르게 구성되어야 한다.

교과별 성취목표나 수업방법이 다르게 전개됨으로 발문 역시 다르게 구성되어져야 한다. 왜냐하면 발문의 유형은 그 각각이 수업의 어떤 특징적인 흐름을 나타내거나 또는 수업의 양태를 결정짓는 징표로 파악될 수 있기 때문이다. 같은 교과라도 학습과제의 특성에 따라서 다르게 구성되어야 한다. 또한 학생의 수준에 따라 다르게 발문내용이 구성되어야 한다.

넷째, 발문은 학습과제의 제시 단계에 따라 다르게 구성되어야 한다.

일반적으로 한 시간의 수업과정 중 도입·전개·정착의 단계로 수업이 진행될 때, 요구되는 발문내용과 구성도 단계별로 다르게 요구된다.

다섯째, 창의적 발문을 위해서는 교과서에 실린 구절이나 낱말들을 학생들이 그대로 인용하여 대답할 수 있는 것을 발문내용으로 구성되어서는 안된다. 그러나 전시 학습내용을 상기시키거나 본시 학습내용을 정리할 때는 복습 차원에서 교과서의 중요 내용(구절)을 발문내용으로 구성할 수도 있다.

5) 효과적인 발문 기술

가) 발문의 분위기

발문을 정선하고 철저하게 발문안을 구성하였다 하더라도 수업분위기에 따라 발문의 상황이 달라질 수 있으므로 수업(발문)분위기를 의도적으로 조성해야 한다. 발문에 의한 좋은 수업분위기가 되려면 허용적이고 탐구적인 분위기의 조성이 선결되어야 한다(박병학, 1978).

학생들의 아이디어, 지각력, 자기결정의 형성, 높은 책임감, 상호간의 이해력을 강조하는 교사의 비지시적 발문에 의한 허용적 분위기를 조성하고, 또한 토론 분위기, 가설 중시, 가설을 검증하는 사실의 효과적인 사용, 논리적 사고 등이 강조되는 탐구적 사고활동을 조장할 수 있는 분위기를 조장하거나 촉구할 수 있는 입장에서 발문이 이루어져야 한다.

나) 발문의 시기

발문이 실제에 있어서 효과를 얻을 수 있는 가장 적절한 시기는 탐구적 사고활동에서 어떤 문제점이나 곤란점, 모순점, 강한 의혹이 일어날 때 더 강화되므로 이 시기에 발문이 필요하다.

발문을 하고 나서 응답을 재촉하지 말고 사고하는 시간(발문의 형태나 내용에 따라 다르겠으나 10~20초 정도)을 충분히 준다. 또한 같은 내용을 계속해서 반복하지 말고 쉬운 것, 어려운 것, 복잡한 것 등 순차적으로 발문을 하고, 혹시 어려운 발문으로 인해 학생들의 응답이 없을 경우에는 더 쉬운 발문을 통해 응답을 유도하는 것이 좋다.

다) 발문의 표현

발문의 표현은 학습자의 문제 인식정도와 사고활동의 강도에 따라 발문의 표현기술이 달라져야 한다. 다시 말하면 강한 탐구의욕을 갖게 하거나 새로운 정보를 얻게 할 수 있는 발문표현은 명확하고 대상에 적합해야 하며 발문하는 교사의 부담감이 없도록 해야 한다.

박병학은 발문의 표현기술을 다음과 같이 제안하고 있다.

① 간단명료한 발문이어야 한다. 하나의 발문 속에 두 가지 이상의 물음이 끼어들지 않도록 해야 하며 발문의 초점을 흐리게 하는 중언부언하는 말을 하지 않아야 한다.

② 학습자의 능력 즉 그들의 경험이나 이해수준의 범위 내에서 이루어져야 한다. 발문에 활용되는 용어는 그 학년의 교과서에 나오는 수준의 용어로 한다.

③ 발문은 적절한 어조 즉 빠르기, 간격, 적절한 프로미넌스(prominence; 그 부분의 말을 강조하기 위해 들추어 내세우거나 주의를 집중시키는 것), 음의 장단, 악센트(accent) 및 억양을 고려하여 표현되어야 한다.

④ 몸의 자세, 제스처, 안면표현, 목소리의 질, 신체적 접촉 등 비언어적(nonverbal)적인 요소를 고려하여 발문해야 한다.

⑤ 양자택일을 위한 발문이나 발문의 중복을 피하는 것이 좋다.

라) 수업의 효과를 낮추는 발문

수업효과를 낮추는 것으로 나타나는 비효율적인 발문방법에 대해서는 발문 내용상 문제가 있는 경우와 발문 기술상 문제가 있는 경우가 있다(심덕보, 1994).

① 발문 내용상 문제가 있는 발문유형은 다음과 같다.

• 기계적으로 답이 나오기는 하지만 어떤 답변이 나오건 별 의미가 없거나, 아니면 어떤 답변이 나올지 너무나 분명한 발문

- 지나치게 상세한 사실을 묻거나, 교과서에 다 있는 단순한 내용들을 확인하는 발문
- 무엇을 요구하는지가 분명치 않은 막연한 발문
- 규격화된 정답을 요구하는 발문

② 발문 기술상 문제가 있는 발문유형은 다음과 같다.
- 적절한 시기를 놓친 발문을 하는 경우
- 발문을 한 후 교사가 학생들을 바라보지 않고 딴 일을 하는 경우
- 습관적인 자문자답 형식의 발문
- 습관적으로 같은 말을 몇 번씩 반복하는 발문
- 똑같은 발문을 여러 차례 반복하는 경우
- 답변의 형식을 지나치게 강조하는 경우

마) 수업의 효과를 높여줄 수 있는 발문

수업의 효과를 높여줄 수 있는 효과적인 발문방법으로는 ① 학생들을 생각하게 만드는 발문, ② 학생들의 흥미를 유발하는 발문, ③ 학생들이 답변을 쉽게 하도록 하는 발문, ④ 수업의 구조화에 도움을 주는 발문으로 분류할 수 있다(이용숙·조영태, 1989).

① 학생들을 생각하게 만드는데 효과적인 발문 유형으로는,
- 근거나 이유를 묻는 '왜'라는 발문과 사고의 과정에 대해서 묻는 '어떻게'라는 것이 잘 조화된 발문
- 학생들이 비교를 하도록 만드는 발문
- 일부러 정답을 구할 수 없는 발문을 하고, 학생들로 하여금 왜 그 발문이 성립되지 않는가를 찾도록 하는 발문
- 학생들이 가능한 모든 경우를 다 따지다 보면 답을 발견하게 만드는 발문
- 학생들이 종합을 하거나 결론을 내리도록 요구하는 발문
- 한꺼번에 2~3명의 학생에게 답 또는 문제풀이를 시키고 다른 학생들로 하여금 그것의 답이 왜 맞는지 찾도록 하는 발문
- 학생들 각자에게 문제해결 또는 표현 방법을 여러 가지씩 찾도록 하는 발문
- 그냥 넘어가기 쉬운 문제에 대해서 의문을 갖도록 해주는 발문

② 학생들의 흥미유발 효과가 높은 발문 유형으로는,

- 발문에 유머를 섞는 발문
- 학생들의 생활 및 경험과 관련된 발문부터 시작하는 발문
- 학습문제에 교과서의 사진이나 삽화를 연결시킨 발문
- 놀이 형식의 발문
- 행동으로 흥미유발을 시킨 후에 발문을 하는 방법 또는 행동으로 응답하게 하는 발문

③ 학생들의 답변이 쉽게 나오도록 하는 발문 유형으로는,

- 발문을 단계적으로 풀어서 하는 발문
- 처음에 답변하는 학생에게 완전한 답변을 요구하기보다는, 일단 생각나는 대로 답변하게 한 후 다른 학생들이 보충하게 하는 발문
- 교사가 발문을 한 의도를 설명해 주는 발문
- 학생들에게 가설적인 방법을 상상하게 함으로써, 그런 상황이라면 어떻게 답변할지를 쉽게 이야기할 수 있게 해주는 발문
- 학생들에게 추상적인 설명 대신 예를 들도록 하는 발문
- 답을 상기시키도록 단서를 제공하는 발문
- 학생들에게 답변하는 요령부터 설명한 후에 하는 발문
- 새로운 학습내용을 공부하는 경우, 답변에 앞서서 학습자료를 가지고 조사할 수 있는 기회를 주는 발문
- 교사가 어떤 개념과 관련된 여러 가지 명제를 제시하고, 학생들이 그 명제가 맞는지 틀리는지를 말하도록 하는 발문을 계속해 나감으로써 학생들이 어려운 개념의 특성을 확실히 확인할 수 있도록 하는 발문

④ 수업의 구조화에 도움을 주는 발문 유형으로는, 수업단계에 앞서서 설명, 교과서 읽기와 같은 관련된 발문

바) 창의력 신장을 위한 발문

① 생각을 파고드는 발문을 해야 한다.

"어느 것인가?", "이것이 맞는가?", "무엇인가?" 하는 식보다는 "왜 그렇게 되었다고 생각하는가?", "어떻게 고칠 수 있는가?" 등의 추론 · 적용적 발문을 많이 해야 한다.

② 분명하고 구체적인 발문을 해야 한다.

"이 단원을 읽고 무엇을 느꼈나요?"와 같이 발문을 하면 학생들은 너무 막연해서

무엇에 초점을 맞추어야 할지 몰라서 당황한다. 그래서 "주인공이 여행을 하면서 직접 보고 들은 이야기를 말해보자" 등의 질문이 바람직하다.

③ 유도한 내용의 발문구상이 되어 있어야 한다.

발문 속에는 교사가 의도하고 싶은 내용이 담겨져 있어야 한다. 그렇기 때문에 사전에 어떤 것을 유도할 것인지를 발문 전에 미리 발문구성을 해두어야 한다.

④ 생각할 수 있도록 발문 후의 간격을 두어야 한다.

한 학생의 말이 끝나기가 무섭게 또 다른 발문을 하여 생각할 틈도 주지 않고 학생들을 궁지에 몰아넣으면 사고력과 창의력을 막아버리게 된다. 따라서 발문을 하고 학생들이 생각할 틈을 준 다음 발표를 하게 한다. 또한 같은 문제에 대해 여러 학생들의 의견을 묻는 발문을 할 경우는 미리 문제를 제시하여 충분히 생각할 시간을 준다.

⑤ 학생의 반응을 학생들이 요약을 할 수 있도록 해야 한다.

학생의 반응을 교사가 요약할 것이 아니라 학생 스스로 요약할 수 있도록 해야 한다.

⑥ 다양한 반응을 기다리는 발문을 해야 한다.

교사가 학생에게 발문을 할 때는 대게 자신이 기대하는 답이 마련되어 있는 경우가 대부분이다. 이럴 때 학생의 발표 내용이 비교적 틀린 내용이 아닌데도 교사가 기대하는 답과 일치하지 않는다고 하여 학생의 응답 내용을 무시하거나 경시하고, 교사가 기대했던 답으로 이끌고 가려는 발문은 바람직하지 못하다. 그래서 대화의 과정에 예기치 않았던 엉뚱한 대답이 나왔을 때는 "그럴 수도 있겠구나?" 하고 그 대답도 중요하게 수용하여 처리해 주어야 한다.

⑦ 다른 사람의 생각을 존중해 주어야 한다.

다른 사람의 아이디어를 열심히 듣고 존중하도록 해야 한다.

⑧ 창의력 신장에 도움이 되는 발문을 해야 한다.

• 만약 내가 ~라면 어떻게 할까?

• ~와 다른 방법으로는 어떤 것이 있을까?

• ~(그림, 단어, 문장 등)을 바꾸어 보세요. ~을 바꾸었을 때 일어날 일은?

• ~문제를 다른 문제로 바꾸면?

• ~을 해결할 수 있는 다른 방법은?

• ~한 내용은 왜 나왔을까?

- ~을 부정하면 어떤 일이 일어날까요?
- ~으로 ~(재미있는) 이야기를 만들어 보세요.

사) 수업과정별 발문

한 시간 수업의 도입, 전개, 정착(정리) 단계에 따라 발문의 수준을 달리하여 재생적 발문에서 추론적 발문으로, 추론적 발문에서 적용적 발문으로 이끌어 학생들의 사고활동을 자연스럽게 촉진시켜야 한다.

학습활동 단계별 발문형태의 사례를 제시하면 다음과 같다(광주교육대학광주부속국민학교, 1984)

단 계		발 문 의 형 태		사 례
도입	문제파악	▶학습자의 현재 상태 파악과 동기유발 • 사실 확인 • 경험한 사실 ▶'공부할 문제' 추출을 위한 발문 • 지난 학습시간의 의문점, 문제점	재생적 발문	• 지난 시간에 배운 경인공업지역은 어디를 말하는가?
			추론적 발문	• 왜 남동 임해지역에 공장들이 많이 들어서게 되었을까? • 바다와 공업지역과는 어떤 관계가 있을까?
		• 과제해결상의 문제점 ▶사고를 자극하여 학습 참여의욕을 북돋는 발문 ▶'공부할 문제'의 확인에 관한 발문	재생적 발문	• 이 시간에 공부할 내용을 말해볼까?
전개	문제추구	▶해결방법에 관한 많은 의견을 구하는 발문 • 각종 자료, 정보 • 관점 제시	추론적 발문	• 어떤 자료를 이용해야 할까? • 어떤 자료를 중심으로 조사해야 될까? • 공업이 발달하게 된 이유로 3가지 이상을 들 수 있는데 ……
		▶해결방법에 따라 본격적인 활동을 촉진하는 발문 • 여러 사실간의 관계 파악 • 비교, 분석 • 대립되는 사고(思考)장면 조성 • 판단, 비판 • 학습활동 형태(실험, 작업 등)	추론·적용적 발문	• 공장이 들어서는 곳에서는 왜 강물이 꼭 필요할까? • 다른 공업지역의 특색과 다른 점, 같은 점은 무엇인가?

단　계		발　문　의　형　태		사　　례
전 개	문제해결	▶ 해결할 학습 내용을 해석하도 록 하는 발문 • 사실과 결과의 관계 • 비판적 아이디어의 산출 • 협의, 토론 • 종합하고 평가하기 • 결론으로 맺기	추론·적용 적 발문	• 지금까지 알아낸 사실 이외에 공업지역으로 발전하게 된 까 닭은 없을까? • 공업지역이 더욱 발전하려면 어떤 조건들이 필요할까? • 오늘 공부를 통해 새롭게 알 게 된 점은 무엇일까?
정 리	적용발전	▶ 현실에 적용할 수 있는 태도 를 기르기 위한 발문 • 개념, 법칙 정리 • 발전적 문제 해결방안 찾기	적용적 발문	• 공업지역으로 발전하게 된 까 닭은 무엇인가? • 우리 고장의 조건으로 보아 어 떤 공업이 발달할 수 있겠는 가?
	과제파악	▶ 차시학습 과제해결 계획	적용적 발문	• 다음 시간에는 무엇을 공부할 까요? • 준비할 자료를 말해 볼까?

* 일부 내용을 수정 보완함

6) 응답의 처리

교수·학습 과정에서 발문은 학습자들을 활동시켜 문제를 해결하도록 하는 것이기 때문에 교사의 발문에 대해 학습자의 응답이 나왔을 때 어떻게 처리해야 하는가는 중요한 의미를 가진다. 응답의 처리는 학생들이 학습에 대한 관심이나 탐구의욕을 어느 정도 갖게 할 것인지를 결정짓는 요인으로서 그 처리방법의 여하에 따라 학습자에게 자신감, 성공감, 좌절감, 불신감 등을 갖게 한다(광주직할시교육청, 1992). 따라서 교사가 학생들의 자유로운 표현과 적극적인 학습활동에 참여를 원한다면 응답처리는 신중히 다루어야 한다.

그러면 몇 가지 응답처리의 조건을 살펴보기로 한다.

① 성공적인 응답에 대해서는 칭찬과 격려로써 성공감을 갖게 하여 다음의 문제해결에 자신감을 주도록 한다(참신한 아이디어 칭찬).

② 구체적으로 틀린 곳이나 원인을 지적하여 격려적인 칭찬으로서 자기의 결점을 쉽게 찾아내게 하고 그 까닭을 찾으려는 태도와 계속적인 학습활동이 되게 한다(보완해 주기).

③ 수준이 낮은 학생, 발표력이 부족한 학생, 내향적인 학생에게는 한층 주의를 해야 한다.

　　　　* 낮은 수준 학생의 응답 지도

　　　　　• 응답을 기다리는 시간을 길게 주기

　　　　　• 단서나 힌트 주기

　　　　　• 더 낮은 수준의 보조 발문하기

　　　　　• 더 깊은 관심을 갖고 자주 지명하기

　　　　　• 칭찬과 격려를 자주 해주기

　④ 옳지 않은 답이나 또는 건의·제의가 바르지 않더라도 다시 집단사고로 돌려서 각자가 다시 생각할 기회를 갖도록 한다(다양한 반응 유도).

　⑤ 편애해서 어떤 학생의 응답은 받아들이고, 어떤 학생의 응답은 배척한다든가 질책이나 방관하는 등의 불공평한 처리는 삼가는 것이 좋다.

　또한, 학생들을 효과적으로 발표시키기 위해서는 응답에 대한 적절한 지도가 이루어져야 한다.

　박병학(1978)은 응답에 대한 적절한 지도를 위한 방안을 아래와 같이 제시하고 있다.

　응답에 대한 적절한 지도가 이루어지기 위해서는

　① 지명의 평준화를 기해야 한다. 이를 위해서는 좌석표를 활용하는 방법, 색주사위를 활용하는 방법, 손가락 사인(sign)을 활용하는 방법 등이 있다. ② 응답방법에 대한 지도가 있어야 한다. 서로 자기가 지명을 받으려고 소란을 피우지 않게 하려면 발문에 대한 각자의 생각을 노트에 메모하도록 하여 발표하게 하는 방법을 들 수 있다. 발문의 답을 노트에 적는 것은 학생의 실질적 응답이다. 교사는 노트에 응답 내용을 적는 동안 순시하여 개별지도를 꾀할 수 있다. 이같이 노트가 끝나면 상호 교환하여 비교하게 함으로써 자기가 지명되려고 애쓰기보다는 신중히 생각하고 또 다른 학생이 미처 생각하지 못한 것까지도 생각했는가를 자기평가의 기회를 갖게 된다. 그 다음 노트에 기록한 답을 발표하게 하고 발표자의 내용에 대해 정답을 확인하여 거수하게 한다. 이렇게 해서 해답을 정리하고 발문자의 입장에서 최종적으로 귀결하여 문답의 한 과정을 마치는 것이다.

　③ 학생들의 발언의욕을 높여주는 한편, 표현능력을 신장시키는 지도가 있어야 한다. 발문의 초점에 맞추어 발언들이 이루어지도록 훈련하고, 발언 상호간에도 적절한 접속어를 활용하여 긴밀한 관련성이 맺어지도록 지도해야 한다. 그리고 발

언의욕을 높여주기 위해서 학생의 발언을 성의 있게 들어주고 학생의 표정이나 태도 등에도 대응해 주는 것이 좋다.

다음으로 응답(대답)의 처리 방법에 대해 설펴보기로 한다(이승익, 1982).
• 발문에 대해 학생이 응답할 때 교사의 진지한 자세

발문에 대한 진지한 반응은 내용의 여부를 불문하고 일단 그 대답을 모두 잘 듣고 그 것을 인정하고 틀린 것과 초점을 잃은 대답에 대해서는 오답의 원인을 자각 인식시키는 자세가 필요하다.
• 정답을 하게 하는 요령

발문 직후 곧 해답을 구하지 말고 전원이 다 생각할 수 있는 여유를 두고 거의 생각이 되었으리라고 하는 때에 대답하게 한다. 특별한 경우 이외에는 전체를 향해서 질문을 하고 개인을 지명해서 답하게 하는 것이 좋다.
• 해답자에 대한 조언

교사가 발문한 후에는 학생이 생각하고 있는 중에 또는 해답 중에는 초점이 맞지 않을지라도 조언을 하지 말아야 한다. 혼란을 일으키기 쉽고 학생으로 하여금 불안하게 하고 자신을 잃게 하는 결과가 되기 때문이다. 그러나 완전히 대답하게 한 후에 불충분한 해답에 대해 힌트와 격려를 위한 발언이나 조언은 필요하다. 또한 열등아의 완전히 틀린 답에 대해서는 보완적 발문에 의해서 학생의 생각을 바른 방향으로 이끌어 정답으로 가도록 지도를 해야 한다.
• 해답의 정리

정답이 제기되었을 때 긍정적인 반응을 보이는 데서 그치지 말고 다른 정답도 생각해 보도록 격려하며, 해답은 지도자에 의해서 반복하고 또는 정리해서 판서하는 것이 바람직하다.

또한 학생의 답변에 대한 교사의 효과적인 반응방법을 들면 다음과 같다(심덕보, 1994).
• 학생의 답변이 잘 나오지 않을 대는 농담을 하며 분위기를 풀거나, 학 생들이 자존심을 부추겨주거나 학생들에게 답변할 용기를 북돋아준다.
• 틀린 답변이 나왔을 때는 가능한 한 간접적으로 하여, 학생들에게 자존심이 상하지 않도록 유의한다. 그리고 교사가 틀린 이유를 직접 지적하지 않고 그 답대

로 하면 어떤 문제점이 생길지를 생각하게 하는 발문을 하여, 학생들이 틀렸다는 사실과 틀린 이유를 스스로 알게 한다.

• 부적절하고 모호하거나 불충분한 답변에 대한 반응방법은 교사가 보충적인 발문을 해줌으로써 정확한 답변을 유도한다.

• 맞는 답변에 대한 반응방법은 학생의 답에 대한 이유나 근거 등을 물음으로써 다른 학생들에게 논리적 사고력의 계발기회를 준다. 그리고 학생의 답변을 이용하여 관련된 발문을 해나간다.

☑ 오답을 정답으로 이르게 하는 방법(광주광역시교육청, 2002)

○ 확인 발문법(probing)

확인 발문법은 학생들의 응답 내용을 점차 높은 수준으로 이끌어 나가기 위해 한 학생에게 목적성 있는 물음을 계속해 가는 타진방식이다. 정답일 경우에는 점점 학습내용을 발전시켜 나가는 물음을 계속하여 높은 수준으로 발전하도록 안내한다. 그러나 오답일 때에는 다른 말로 바꾸거나 더 낮은 수준의 발문으로 대치하여 답을 찾아간다.

학생들이 천천히 사고하여 정답에 이르도록 하기 위해서는 교사가 첫 발문보다 작은 스텝의 발문이나 보조 발문을 하거나 선수학습 경험을 상기시켜 다른 쉬운 말을 사용하여 발문을 해야 한다.

교사 : 3의 4배는 얼마입니까?

순용 : ···오   답

교사 : 그럼 2의 4배는? ····································확인발문1

순용 : 8입니다. ··정   답

교사 : 그렇지. 그런데 아까 3의 4배도 8이라고 하던데? ········확인발문2

순용 : ······

교사 : 자, 그럼 3의 배가 되는 수를 찾아보자. ·············확인발문3

순용 : 3, 6, 9, 12.입니다. ······························정   답

교사 : 좋아. 이제 3의 4배는 알겠지? ······················확인발문1

순용 : 12입니다.

○ 재지명법(redirecting)

재지명법은 교사의 발문에 학생들이 오답 또는 불완전한 답을 하였을 때 교사가 직접 정답을 알려주지 않고 성취 수준이 비슷하거나 조금씩 우수한 다른 학생에게 물어서 정답을 찾게 하는 방법이다.

교사 : 일주일 동안 날씨의 변화를 알아보는데 가장 적합한 그래프는 무엇일까요?

순철 : 원그래프입니다. ···오 답

교사 : 그럴까? 다시 생각해봐. 이번에는 승엽이가 답해볼까? ·····재지명1

승엽 : 띠그래프가 아닙니까? ··오 답

교사 : 글쎄, 영미는? ···재지명2

영미 : 꺾은 선 그래프라고 생각합니다. ·····································정 답

교사 : 그래 맞아. 순철아, 적합한 그래프가 무엇이라고? ··········재지명3

순철 : 꺾은 선 그래프입니다. ··정 답

교사 : 이제, 승엽이도 알겠니? ···재지명4

승엽 : 예, 꺾은 선 그래프입니다. ···정 답

7) 발문에 대한 지명요령

발문에 대한 지명요령을 제시하면 다음과 같다(하영철, 2002).

• 지명은 어떤 특정한 학습자에게만 치우쳐서는 안 된다.
• 발문은 전체 학생을 대상으로 던져 학습기회를 준 다음 가능하면 개별지명을 통하여 학습효과를 높여야 한다.
• 발문과 동시에 지명하는 것은 좋지 않다.
 ▷ 교사가 발문을 바로 던진 다음 바로 학습자를 지명하는 것보다는 학습자가 생각할 수 있는 여유를 준 다음 지명하는 것이 좋다.
• 발문을 해서 대다수의 학습자가 거수했을 경우에는 지명할 필요가 없다.
 ▷ 이런 경우에는 전체 학생의 일제 답이나 교사의 적절한 답으로 수업을 끌고 가는 것이 좋으며, 구태여 학습자를 지명하고자 할 때는 하위학생을 몇 명 지명하여 대답하게 하는 것이 좋다.
• 다양한 지명 방법을 활용한다.
 ▷ 발문에 대한 지명도 매시간 동일한 방법으로만 이끌어가는 것보다는 무작위

지명, 자원자 지명, 의도적 지명, 번호별 지명 등과 같은 다양한 지명 방법을 활용하여 모든 학습자에게 학습기회와 발표기회를 줌으로써 학습효과를 높여 갈 수 있다.

• 지명시 교사는 친근감 있는 태도를 보여야 한다.

▷ 교사가 지명을 할 때는 학생의 이름을 친근감 있게 부르고, 그의 응답이 서투를 때에는 옳은 답이 나오도록 교사의 기술적인 유도가 필요하다. 크기가 굵은 지시봉으로 학생을 위협적으로 지명한다든지 틀린 응답을 한 학생에 대해 체벌을 가하는 일은 지양하는 것이 좋다.

나. 사고력 신장의 방법과 지도

사고력이나 창의력은 교사의 발문에 의해 결정되는 경우가 많다. 이는 학생들이 생각하게 하는 매개체이기 때문이다. 사고력을 신장시키기 위해서는 창의적 발문과 더불어 교사의 지도방법과 태도도 중요하다.

1) 학생들이 어떠한 의견이라도 안심하고 발표할 수 있는 분위기 마련하기

엉뚱한 대답이나 오답이라도 미소로 수용해 주고 그 가치를 인정해 주는 허용적인 학습 분위기를 조성해 주면 학생들의 사고 활동도 활발해 진다.

2) 하나하나의 의견에 대해 그 가치성을 부여하기

어떤 의견이나 그 가치를 인정하여 새로운 사고의 시발점이 되도록 하는 것이 좋다. 이렇게 되면 아무런 부담 없이 자기가 생각한 바를 마음 놓고 발표할 수 있으며, 그러는 가운데 남다른 생각을 할 수 있게 된다.

3) 사고하는 길을 알게 하기

생각하는 과정은 사람마다 다르나, 새로운 문제에 직면하거나 사물이나 정보를 접할 때는 대체로 다음과 같은 사고의 순서와 방법을 거치는 것이 좋다(광주광역시 교육청, 2002).

① 이게 뭐지? ··· 문제와의 만남

② 왜 이럴까? ··· 문제의 소재 파악

③ 이렇게 하면 어떨까? ································· 문제의 추구(가설이나 예상)

④ 그렇게 해 보자. ·· 문제의 확인(해결)

⑤ 그랬었구나. ·· 결론: 자기 생각의 정리

4) 생각하는 시간을 길게 주기

개개인 마다 학습의 경향성이 달라서 생각하는 시간이 빠른 사람도 있고 늦은 사람도 있기 때문에 사고가 늦은 사람을 위해 기다려 주는 것이 좋다. 그러나 물음의 종류나 문제의 난이도 등에 따라 기다려 주는 시간을 조절해야 한다. 대체로 하나의 물음에 대해 응답을 바로 안할 경우 20초 정도 기다려 주는 것이 좋다.

5) 생각할 수 있는 실마리나 단서를 주기

학생들에게 생각해 보라고 했으나, 학생들은 무엇을, 어떻게 생각할 것인가를 뚜렷하게 알지 못하고 있기 때문에 좋은 아이디어를 생산하지 못한다. 어디서부터 어떻게 해야 할 것인지 곧 생각할 수 있는 실마리나 단서가 필요하다. 이때의 단서는 학생들의 생각을 잘 이끌어 낼 수 있는 것으로서 학생 주변의 친근한 것이나 경험 내용을 이용하며, 학생들의 이해를 도울 수 있는 구체적인 사례여야 효과가 높다.

6) 다른 입장에서 여러 방면으로 생각해 보게 하기

① 비교해 보게 한다.

겉으로 드러나는 것보다는 본질적인 성질을 비교하도록 하는 것이 더 효과적이다. '해바라기와 백합꽃을 비교해 보자'라고 하면 거의 모든 학생들은 색깔이나 모양 등 외형적인 것에만 관심을 보인다. 그러나 이 두 꽃의 성질, 구조, 성장 과정, 꽃말 등을 비교하게 하면 그들 꽃의 특성을 명확하게 대비할 수 있으며, 이 꽃에 대한 지식을 일상생활에 활용하거나 다른 꽃을 대하는 태도와 방법에 있어 더 높은 탐구성을 띠게 된다.

② 반대의 경우를 생각해 보게 한다.

사물을 보고 다르게 말하는 것은 상황을 바라보는 각도가 다르기 때문에 각도를 바꾸어 생각해 보게 한다.

• 이것을 줄이면 어떻게 될까?

• 배(倍)로 키우면 어떻게 될까?

• 거꾸로 보면 어떻게 보일까?

③ 다른 것으로 대체해 보게 한다.

시내버스의 손잡이를 지압봉처럼 만들어 사람들의 건강에 도움을 주면 어떨까? 와 같이 불편한 점을 보충하고 바꾸는 방식은 새로운 아이디어 창출에 도움이 된다.

다. 주의 집중하기

주의(注意)는 어떤 한 곳이나 일에 관심을 집중하여 주목하는 것을 뜻하며, 인지 심리학적으로는 지각과 복합되어 있는 것으로서 어떤 과제에 대해 한 번에 줄 수 있는 인지적 자원의 할당을 말한다. 주의에 관한 연구들은 인간이 동시에 주의를 기울일 수 있는 것이 한정되어 있음을 보여준다. 개인차가 있겠으나 —어떤 사람은 다른 사람보다 동시에 더 많은 일을 할 수 있다— 가장 능력 있는 사람이라 하더라도 동시에 몇 가지 일 밖에 수행할 수 없다. 따라서 학생들은 중요한 부분에 주의를 집중하여야 한다. 간단히 말해 주의가 주어지지 않은 것은 지각되지 않을 것이다.

교사는 학생들의 주의 용량이 한정되어 있다는 것을 기억하여야 한다. 주의가 제한되어 있기 때문에 학생들에게 줄 과제를 선택하고 이들의 주의를 관리하는 문제는 대단히 중요하다. 학생들은 TV를 보고, 음악을 듣고, 전화를 걸고 케이크를 먹으면서 숙제를 동시에 할 수 없으며, 이렇게 되면 숙제하기가 어려워진다. 또한 수업시간에 떠들면서 역사책을 읽는다면 수행은 어려워질 것이다. 교사는 교실환경을 구조화하여 학생들의 주의가 중요한 과제에 주어지도록 해야 한다. 교사의 최종목표는 정확한 지각이 아니라 지각된 것이 기억되도록 도와 복합적인 이해를 할 수 있도록 하는 것이다(이신동 외, 1999).

학습자의 주의를 집중시키는 것은 교사의 수업기술과 관계가 깊으며 단위 시간의 학습목표 달성에도 중요한 영향을 미친다. 수업 시간에 주의를 집중시키기 위한 방법(광주광역시교육청, 2002)을 제시하면 다음과 같다.

1) 수업 시작 전에 학생들과 눈빛을 공유하기

• 학생들과 눈 마주치기(eye contact)

교사는 정 위치에 서서 좌측이나 우측 열 맨 앞에 앉은 학생부터 차례로 전체 학생들과 눈을 맞추어 학습 준비도를 점검하되, 눈을 마주치지 않은 학생이 있을 경우에는 잠시 동안 그 학생을 주시하여 그 학생이 바로 하여 눈이 마주치면 다음 학생으로 옮겨간다.

- 자료를 제시하고 말없이 바라보기만 하기

가끔 고개를 갸우뚱하면서 바라보면 더 효과적이다.

2) 공부할 문제를 발표해 보게 하기

- 주의 집중이 잘 되지 않는 학생을 지명하여 공부할 문제를 말해 보게 한다.
- 이 시간이 끝난 다음에 공부할 내용에 대해 물어보겠다고 약속을 한다.

3) 발표할 기회를 고루 주어 학습활동에 참여하게 하기

- 학습활동의 결과를 발표하는 기회를 모든 학생에게 주어 스스로 즐겨 참여하게 한다.

4) 어떤 내용을 발표하더라도 그에 합당한 칭찬을 하기

- 틀렸을 때도 조그마한 꼬투리라도 잘한 점을 찾아내어 칭찬을 해준다.

5) 타이밍을 맞추어 간단한 주의 집중 게임이나 놀이하기
- 주의 집중을 위한 게임이나 노래 등을 하기

사전에 교사와의 약속(몸짓, 손가락 신호 등)을 하고 그 신호에 따라 게임이나 노래를 한다.

- 학습한 내용에 알맞은 동요 곡에 붙여 노래하기
- 놀이를 이용하기

수업 중간 중간에 노래, 박수, 간단한 율동을 이용하면 주의 집중과 함께 수업에 참여율을 높일 수 있을 것이다.

※ 주의 집중 게임이나 놀이는 교과나 단원, 또는 단위수업의 성격에 따라 선택적으로 적용할 수 있으며 저학년일수록 효과적이다.

라. 참여를 통한 학습촉진

강의 중심으로 수업을 진행해 온 대부분의 교사들은 참여 중심의 수업을 두려워한다. 그들은 대개 "참여 중심의 수업을 하기에는 시간이 부족하다" 또는 "다루어야 할 내용이 너무 많다."라고 말한다(밥 파이크, 2004). 그러나 교사는 수업시간에 교과 내용을 모두 다룰 수는 없으며 결국 핵심내용을 가르치고 이해하도록 도와야 한다. 더 나아가 학생 스스로 학습해 나갈 수 있는 자기 주도적 학습능력을 길러주는 일이 중요하다.

집단활동과 토론 같은 참여를 통한 수업은 오랫동안 행해져 왔다. 최근에는 모둠학습이라는 형태로 참여활동이 이루어지고 있으나 단원이나 주제의 특성과는 상관없이 현장 수업에서 남용되고 있는 경우도 적지 않다.

1) 수업 참여에 관련된 문제들(전성연 외, 2003)

① 많은 교사들이 실제로 토론 방식으로 진행해보려는 의도에서 수업준비를 하고 수업을 진행했었으나 토론이 무미건조했던 결과를 경험했을지 모른다. 이 때 교사는 분위기를 파악하는 데 민감해져야하며 적절한 방법을 동원해야 한다.

▷ 학습자가 수업자료에 직접적이고 적절하게 접하는 경험을 하였을 때, 그 경험이 어딘가에 저장되어 다시 비슷한 상황이 발생했을 때, 학습자는 토론에 적극적으로 참여하는 경향이 있다. 결국 이미 습득한 지식을 사용할 수 있을 때 토론 학습이 잘 이루어진다.

② 어떤 수업에서는 토론이 조금도 진전되지 않는 것처럼 보이며, 이런 상황이 지속될 때 교사들은 두려움을 느낀다.

▷ 가급적 친절하게 그러나 사사로운 감정에 치우치지 않으려고 노력해야 한다. 그리고 학생들의 참여에 대해 "토론이 활발하지 않습니다. 왜 그럴까요?"라고 독려하며 기다리는 인내심을 발휘해야 한다. 학습자가 따분하다는 말을 한다든가, 교수방식에 대해 비판적인 말을 할 때 교사는 상처를 받기도 하고 마음이 몹시 상하기도 한다. 이것은 교사가 감수해야 할 일시적인 충격이며, 순수한 참여는 교사가 합리적이고 개방적이고 다소간의 모험을 감수했을 때 촉진될 수 있다. 또한 교사는 학습자로부터 충고를 들었을 때, 화를 낼 것이 아니라 그것에 대해 자신의 생각을 솔직하게 말할 필요가 있다. 흔히 그런 대화를 통해 뭔가를 배우는 것이 있다.

③ 수업에서 학습자뿐만 아니라 모두에게 있어 적절한 참여수업이 이루어지는 경우가 있지만 모든 학생들에 의해 이루어지는 것은 아니다. 때로는 말을 거의 하지 않은 채로 자리를 지키는 학생도 있다.

▷ 이렇게 말수가 없는 학습자는 본래 말하는 것을 싫어하나 토론 자체를 싫어하

지는 않는 경우와, 토론 자체에 기피증을 가진 경우의 두 종류가 있다.

전자의 경우는 수줍음을 잘 타고 혼자서 공부하는 것을 좋아하여 토론에 참여하는 사람을 부러워한다. 따라서 교사는 모든 학습자에게 개인적으로나 비공식적으로 말할 수 있는 기회를 자주 준다. 남들 앞에서 말하는 것을 수줍어하거나 말을 하지 않는 학습자에게도 뭔가 말을 하도록 권유한다. 그리고 그들은 조리 있게 말을 준비하는데 시간이 필요하다. 그러한 학생에게 교사는 얘기를 듣거나 안심시키는데 최선을 다한다. 이후 수업에서 이들에게 뭔가 말을 해야 한다고 여길 때 이들의 이름을 호명한다. 이들은 자신들의 낮은 자아효능감(self efficacy)이 드러나는 게 두렵기 때문에 침묵으로 일관한다. 다른 경우의 학생은 수업에 대해 그들의 무관심을 알리기 위해 침묵으로 일관한다. 어떤 학생은 다른 친구들이 안 보는데서 비로소 말을 꺼내 놓기도 한다. 이런 환경에서 토론을 지속시키기는 어렵지만 교사들은 이런 종류의 학습자들도 토론에 참여하도록 고무시켜야 한다.

후자의 경우는 기본적으로 토론을 싫어하는 학습자로 구성되어 있다. 그들에게 토론을 요구했을 때 그들은 수업자료를 받는 것을 더 선호하였다. 그들에게 학습은 시험을 통과하는 데 도움을 주는 수단으로 여긴다.

※ 라우렌 위스페는 연구를 통해 학생들이 세 집단에 속한다는 것을 밝혔다.

학생들 중 23%는 토론을 좋아하고, 51%는 그렇지 않으며, 26%는 어떤 종류의 교수방식이든 만족한다. 이러한 비율은 일반적인 경향성을 보여준다.

위스페는 모든 면에서 학습자들은 자신이 선호하는 방식에 아주 집착하는 경향이 있음을 지적했으며, 그들이 선호하는 방향으로 조성되기를 원한다는 것을 발견하였다. 그리고 토론을 싫어하는 학습자들은 보다 설교적인 가르침을 선호하며, 분명하지 못한 주관적 태도를 취한다. 개방적인 분위기를 선호하는 학습자는 토론에 자주 참여하며, 수업시간을 '적당히 즐기는 듯한' 표정을 자주 보여준다.

학생들의 경향에 교사 자신의 교수방식을 조절하기보다는 그들의 학습에 도움이 된다고 생각되었을 때 언제든지 토론을 고무시키는 것을 지속한다면, 처음에는 토론에 시간을 허비하는 면에 불편하게 여겼던 학습자 대부분이 점차적으로 참여하는 정도가 높아진다.

아주 극소수의 학습자는 사회적 유대감 때문에 참여하게 된다. 이들에게 수업자료는 이차적이며 그들은 자신이 좋아하는 친구들, 선생님이 가르칠 때 참여가 고무

된다. 교사는 어떻게 참여를 고무시킬 것인지에 대한 통찰을 가져야 하는데, 사실 어쩌면 많은 학습자는 참여를 준비하고 있는지도 모른다.

2) 소집단 협동학습의 이점

학생들을 소집단에서 작업하게 하는 일은 학급이 대화하는 공간으로서 학생들에게 많은 것을 공유하게 하며, 언어 발달에 기여한다. 소집단이 제공하는 높은 수준의 친밀감과 참여의 정도는 다른 사람이 말하는 것에 반응하고 행동으로 나타낼 기회를 더 많이 제공하며, 전체 학급의 토의보다 학생의 듣기 능력을 향상시킬 더 나은 상황을 제공한다(정수경, 1999).

소집단 협동학습의 이점을 들면 다음과 같다.

① 학습 시간의 이용을 최상으로 한다.

• 학생들은 개인이나 전체 학급 집단으로 행하기보다는 협력적인 환경에서 더 나은 아이디어를 만들어낸다.

• 학습도구로서 언어를 이용할 우연한 기회와 의도적 기회를 더 많이 갖는다.

• 학생들은 가장 편하고 숙련된 상호작용의 패턴과 언어로 설명하고, 질문하고, 회상하고, 상상하면서 서로 배울 수 있으며, 서로 가르칠 수 있다.

② 학생들의 노력을 지원하는 협동적인 학습환경을 만들어 낸다.

• 조용했던 학생들이 말을 하게 된다.

• 탐구적인 방법으로 이야기 나누기를 하면서 생각하면서 말하기(think aloud)를 준비하게 된다.

• 잠정적인 제안과 스스로 미완성의 아이디어를 만들어 낼 것이다.

• 비판적인 청취자에게 자신이 알아낸 것들을 제시하는데 자신감을 얻게 된다.

③ 유익한 교사·학생 관계를 만들어 낸다.

• 교사의 역할은 지식전달자에서 학생의 학습을 돕고, 학습경험을 주의 깊게 구성하는 책임자로 바뀐다.

• 교사는 소집단의 토의를 주의 깊게 듣고, 이해의 정도를 어림잡기 위해 학생의 이야기를 모니터하고 필요할 때(즉각적으로) 도움을 준다.

• 교사는 개인적 접촉을 할 시간을 갖는다. 학급이 소집단으로 운영될 때, 교사는 전체 학급을 운영할 때 불가능한 방식인 학생 개인을 다룰 수 있다.

④ 학급 조직의 융통성을 많이 허용한다.

- 소집단이 기본 단위로 운영되는 학급은 학급조직의 융통성을 많이 허용한다.
- 모집단(home group; 특정 수업이 시작할 때의 집단)의 학생들은 개인적으로, 또는 짝을 지어 작업할 수 있다. 그들은 공유집단(sharing groups; 작업 결과를 공개할 때의 집단)을 광범위하게 재구성하거나 전체 학급으로 운영할 수 있다.

교사는 소집단 학습을 조직하고, 운영하고, 계획하는 데 숙달되고 익숙해지면서, 처음에는 복잡한 것 같고 지적인 학습에 뚜렷한 변화를 주는 것으로 여겨지는 일이 사실은 현존하는 지식과 전문성을 보다 효율적으로 이용하게 하는 수단에 불과함을 알게 될 것이다.

3) 그룹(조별) 참여를 효과적으로 사용하기 위한 지침

밥 파이크(2004)는 그룹 참여(모둠학습, 협동학습)를 효과적으로 사용하기 위한 지침으로 다음과 같은 네 가지를 들고 있다.

① 사람들이 서로 쉽게 의사소통할 수 있는 좌석배치가 필요하다.

교실 좌석배치는 교사의 통제력, 시야, 그리고 참여의 정도를 결정한다.

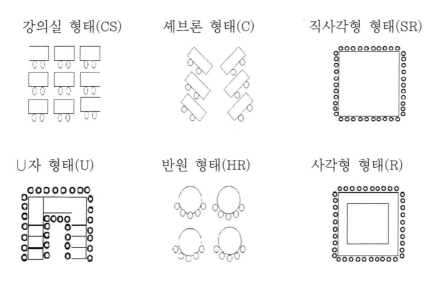

[그림 5-1] 교실 좌석 배치 형태

　　교사가 어느 수준으로 학습자들의 시선을 맞추게 할 것인가? 교사가 어느 수준으로 통제할 것인가?

　　학습환경을 더 잘 통제하려면 통제권을 소그룹이나 조장에게 넘겨주어야 된다는 점을 인식해야 한다. 직접적인 통제력은 없지만 학습자들 자신이 참여와 학습에 대한 책임감을 느끼기 때문에 더 높은 통제력의 효과를 나타내는 것이다.

　　학생들의 시선을 자주 맞출수록 서로에 대해 더 많은 책임감을 느낀다는 것을 기억하라. 따라서 교사뿐만 아니라 학생들이 서로를 잘 볼 수 있는 좌석 배치를 만들어야 한다.

　　그룹의 크기가 클수록 각 개인의 참여가 줄어들고, 학생들끼리 서로를 보거나 듣는 것이 어려울수록 참여도는 낮아진다.

　　아래 표와 같이 좌석배치는 이러한 요소들에 매우 큰 영향을 받는다.

좌석배치 형태	CS	U	HR	C	R	SR
강사의 통제	H	H	M	M	M	M
시야	L	M	H	H	M	M
참여도	L	M	H	H	L	M

H : 높음　　　　M : 중간　　　　L : 낮음

　　그러나 밥 파이크가 제시한 그룹참여를 위한 좌석배치는 성인교육을 대상으로 한 토의학습 위주로 되어 있기 때문에, 단위 학교의 일반 교실에서 교사가 적용할 경우에는 책상의 대부분이 직사각 형태로 되어 있어서 다양한 좌석을 위해서는 책상을 적절한 형태로 배치하여 활용해야 할 것이다.

　　② 다양한 기법들이 그룹 참여를 이끌어 내기 위해 사용된다.

　　전체 학생을 보다 효과적으로 참여시키기 위한 방법으로는 그룹을 작은 단위로 나누는 것을 들 수 있다. 예를 들어, 40명의 학생을 두 명씩 짝을 짓게 하거나 세 사람씩 나누어 참여시킬 수 있다. 가능하다면 반달형으로 앉게 하라. 이것은 책상이 원형일 때 원활할 것이다. 그러나 U자형도 바람직하다. 소그룹은 5~7명이 적당하다. 7명이상이 되면 쑥스러워서 참여를 못하거나 토의 주제를 벗어나 엉뚱한 방향으로 갈 수도 있다. 또 5명보다 적은 경우에는 한 사람이 전체 토의를 독점할 가능성이 있다.

③ 그룹 리더는 참여를 유도하는 데 도움이 된다.

- 그룹의 리더는 주어진 방향 안에서 그룹 활동을 주관한다. 이들은 학습 방향이나 지침을 알려 주거나 아니면 자료를 나누어 줄 수도 있다. 자료를 나누어 줄 때는 두 가지 방법이 있는데 그룹 리더에게만 주어서 그들이 토의 주제나 할당된 과제를 그룹 멤버에게 읽어 주게 하거나, 모든 사람에게 나누어 주고 주어진 과제를 하게 할 수도 있다.
- 그룹 리더는 그룹 멤버들이 잘 따라올 수 있도록 그룹 과제를 소리 내어 읽는다. 이럴 경우 다른 학습자가 읽는 것보다도 참가들은 다음과 같은 네 가지 이익을 얻을 수 있다.
  ▷ 그룹의 멤버들이 함께 주제에 집중할 수 있다.
  ▷ 듣고 보고 함으로써 좀 더 잘 기억할 수 있다.
  ▷ 그룹 리더의 자신감이 향상된다.
  ▷ 각각의 학습자에게 리더십의 역할을 부여한다. 학습자들이 리더의 역할을 돌아가면서 하게 되면 모두에게 기회가 돌아갈 수 있다. 수업시간이 짧은 경우에는 다음 시간에 역할을 돌릴 수 있다.
- 그룹 리더는 결론이나 토의 결과를 간략하게 요약한다.
  ▷ 각 리더들은 누구나 1분 동안 이야기 하도록 한다(엄격히 지키도록 함).
  ▷ 그룹 리더들이 잘 요약해서 설명하게 한다.
  * 교사는 리더의 발표에 의견을 말하지 말고 같은 내용으로 중립적 입장에서 종합하여 결론을 낸다.

④ 자료를 어떻게 배부하는가는 그룹의 크기에 달려있다.

40명 이상이 참가할 때는 모든 자료를 미리 배부할 수도 있지만, 학습자들이 자료를 미리 볼 수 있기 때문에 이 방법을 사용하지 않는 경우도 있다. 학습자들이 생각하고 탐구하게 하려면 나중에 사용될 자료들을 미리 보게 해서는 안 된다. 나중에 쓰일 자료는 번호를 매긴 후에 뒤집어 놓거나, 순서를 다르게 하거나, 다른 장소에 보관하였다가 나중에 적절하게 나누어 주면 된다.

학습자 수가 많은 그룹이라면 여유분의 자료를 미리 준비해서 그룹 리더들이 필요한 때에 집어가도록 한다. 이 방법이 학습자 개개인에게 나누어 주는 것보다 훨씬 더 효과적이다.

학습자들은 탐구하고 고민하고 발견할 수 있는 환경을 만들어주기를 원한다. 스스로 통찰력을 기르는 과정을 통해 그들은 더욱 자신감을 얻게 될 것이다.

4) 학습자 중심 수업에서 교사의 역할

수업에서 그룹 참여를 최대한으로 끌어들이기 위해서는 교사로서 자신의 위치를 잘 알아야 하며 그 역할은 다음과 같다(Ibid.).

① 참여의 극대화로 책임감 부여

모든 참여 수업 프로그램의 목적은 학생들로 하여금 도구와 기법을 적용하고 참고자료를 활용하여 자료와 해결방법을 스스로 찾을 수 있도록 도와주는 것으로, 수업시간이나 별도 과제를 주어 동료들과 함께 해결책을 찾아낼 수 있도록 하는 것이다.

정답과 오답이 분명한 상황에서는 참여 학생들이 스스로 정답을 찾아낼 수 있도록 적절한 자료와 모델을 제공해야 한다. 단순히 교사의 지도 아래 무엇이 옳고 그른지를 판단하는 것 이상으로 자신들이 알고 있는 것을 활용하여 정답에 접근할 수 있어야 한다.

교사의 지도 아래 이루어지는 참여 중심의 수업은 스스로 해내는 프로젝트이기 때문에 참여 학생들이 최대한 노력을 기울이도록 해야 하며, 또 노력한 만큼 보상을 받을 수 있도록 보상(또는 칭찬)을 해주어야 한다.

교사들은 강의를 최소화하고 참여를 극대화하기 위해 참여 학생들이 좋은 성과를 얻기 위해 스스로 노력하고 애쓰도록 내버려 두는 것이 좋다.

☑ 참여 중심 수업에서 나타나는 문제점

- 비협조적이고, 무관심하거나 부정적인 태도를 보일 수 있음.
- 불평하기도 하고, 비판을 하기도 하고, 농담을 하고 퇴보하기도 함.
  ▷ 하나의 과정으로 생각하고, 이해하고 끈기 있게 참고 긍정적인 태도로 인내심을 발휘하면 그들 스스로 문제를 해결할 것이며 좋은 성과를 가져올 것이다.

② 그룹(조) 운영

소규모 그룹의 역동성은 5~7명의 소그룹으로 나눌 때 가장 적당한데, 주어진 시간 내에 각각 다른 활동이나 과제를 끝내야 한다.

하루 종일 하는 성인 교육프로그램은 하루에 두 번씩은 그룹 구성원을 교체하도록 권하고 있으나, 학생들은 하루에 1~2시간 수업으로 진행하기 때문에 소그룹 운영으로 수업을 계속 진행시킬 경우에는 매일 그룹 구성원을 교체하기 보다는 매달 또는 주제가 바뀔 때마다 그룹을 교체하는 것이 좋을 것이다.

그룹을 교체할 때는 가능한 한 서로 다른 사람끼리 만나도록 하는 것이 좋으나, 그룹배치를 무작위로 배치하는 방법, 번호 순으로 돌리는 방법, 학생들의 선호를 고려해서 배치하는 방법, 진행과 해결을 촉진하기 위해 분단마다 성적 우수자와 열등자를 고르게 배치하는 방법 등 다양한 방법을 생각할 수가 있으며 과제의 성격이나 수업상황을 고려해서 배치 방법을 결정해야 할 것이다.

- 예로 들어, 6명으로 구성된 6개 그룹을 서로 다른 사람끼리 만나도록 배치할 경우, 각 그룹마다 1번부터 6번까지 번호를 붙여서 서로 다른 번호의 학생끼리 만나게 하면 6개의 전혀 다른 그룹이 생길 것이다.

- 모든 학생을 일어서게 한 후 3명씩 그룹을 짓게 하는데 그 3명은 다른 그룹에서 온 학생들로 구성되어야 한다. 서 있는 상태로 각각 배운 것 한 가지씩을 나누게 한 후, 그 다음에는 6명으로 그룹을 만들게 하는데 모두 새로운 학생으로 만들게 한다. 그리고 이전에 3명의 그룹에서 배운 새로운 것 하나씩을 나누게 한 후 이 6명이 새 그룹이 되게 하여 지정된 테이블에 앉게 한다.

각각 다른 학생이 과제마다 리더 역할을 하게 되면 프로그램이 훨씬 재미있고 흥미로워진다.

그룹리더를 뽑는 방법은 일반적으로 교사가 지명하는 방법, 각 그룹에서 학생들이 선출하는 방법 등 여러 가지 방법이 있을 수 있으나 참고로 밥파이크가 제시한 학생들이 선출하는 방법을 두 가지 소개한다.

- "각 테이블에서 한 명씩 지원할 사람이 필요합니다." 각 테이블에서 지원자가 나오면, "감사합니다. 그러나 여러분들이 리더가 아니고 첫 번째 그룹 리더는 여러분들의 왼쪽에 앉아 있는 학생들이 첫 번째 리더입니다."라고 말하면, 그룹 리더는 일어나서 인사하도록 한다.

- 모두에게 손가락을 위로 치켜 올리도록 한다. 그리고 모두 눈을 감게 한 후 "하나, 둘, 셋 하면 리더가 될 사람을 가리키세요."라고 한 후, 눈을 뜨게 하여 가장 많이 지목된 사람이 리더가 된다. 리더로 지목된 학생은 일어서서 인사하도록 한다.

※ 시간이 지나면서 번갈아 돌아가면서 리더를 하게하여 리더로서 책임을 맡아보게 한다.

5) 학습자 중심 교육에서 꼭 기억해야 할 것

교실에서 학습자 중심의 수업을 운영하고자 할 때는 다음 사항들을 고려해야 한다(Ibid.).

① 정시에 시작하라. 교사가 수업을 늦게 시작하면 학생들에게 늦게 시작하는 것을 가르치는 셈이 된다. 교사가 정시에 수업을 시작하는 것을 보게 되면 학생들도 정확하게 시간을 지키는 것을 배울 것이다. 수업은 정시에 시작하고 끝 종이 울리면 바로 수업을 끝내는 것이 효과적이다.

② 모든 그룹(조) 활동을 완전히 마쳐야 하는 것은 아니다. 그룹 활동을 순차적으로 하지 않아도 될 경우 그룹별로 활동의 일부를 나누어 준 다음 발표를 시키면 학생들이 정보에 익숙해 질 수 있다. 이 방법은 짧은 시간에 많은 것을 할 수 있게 해주는데, 만약 학생들이 조금 더 많은 시간을 필요로 하면 그들의 요구를 받아 줄 수도 있다.

③ 교사는 촉매자로서 역할에 충실해야 한다. 자기의 생각을 일방적으로 설교하거나 강요하지 말고, 자신의 의견 쪽으로 토의를 몰고 가지 말라. 물론 교사는 이 내용을 잘 알고 있기 때문에 더 명쾌하게 요약할 수 있겠지만 학습자 중심 수업의 목적은 그것이 아니다. 사람들은 자신의 발견과 통찰력을 가치 있게 여기기 때문에, 교사는 학생들의 의견을 존중하고 그들이 요약해 갈 수 있도록 해야 한다. 그리고 토의를 일방적으로 몰고 가면 학생들은 포기하거나 참여에 소극적인 경향을 보일 수 있다.

④ 학생들의 의견을 존중하고 모범을 모여라. 학생들을 비판하고 놀리고 당황하게 하면 학생들은 교사를 존중하지 않을 것이다. 학생들이 다른 의견을 제시하면 그에 동의하지 않더라도 그것을 존중하라.

⑤ 학생들의 이름을 외워라. 가능하다면 수업을 받는 학생들 모두의 이름을 외워라. 학생 수가 많아 모두 외우기가 어려우면 특이한 학생들이라도 외우되, '너! 말해봐!'라고 하지 말고, 가능한 한 출석부를 펴놓고 보면서라도 이름을 호명하여 주는 것이 좋다.

⑥ 그룹 학습자들이 서로 어울리게 하라. 그룹을 자주 바꾸어 전체 그룹의 단결력

을 높이고 서로 친밀감을 느끼게 하라.

⑦ 개인의 문제(질문)를 그룹의 문제로 만들라. 누군가 질문을 했을 때, "아주 흥미로운 질문이군요. 다른 사람들은 어떻게 생각하는지 물어볼까요?" 라고 말하면 덜 권위적이면서 모범이 될 수 있다. 개인의 질문을 전체 과제로 바꾸어 토론하면 학습자에게 많은 도움이 된다.

⑧ 누가 옳고 그른지 학습자와 논쟁하지 말라. 그 대신 그들이 옳은 답을 찾는 데 도움이 되는 자료를 활용하도록 도와주라. 그리고 교사는 학생의 그른 부분을 바로 지적하지 말고, 다른 각도에서 발문을 하여 학생이 옳은 방향으로 생각을 해보도록 유도한다.

⑨ 학습자들이 다른 사람들과 함께 과제를 해결할 수 있게 하라. 같은 문제를 가지고 고민하고 해결책을 찾기 위해 협동하면 이해심을 기르고 스스로도 성장할 수 있다.

⑩ 특별실에서 수업을 한다면, 제일 먼저 도착하고 맨 나중에 강의실을 떠나라. 모든 기자재를 미리 확인하라. 수업 진행을 위한 자료를 미리 준비하고 배치해 두라.

⑪ 수업의 정신을 실천하라. 열정적이고 긍정적으로 학생들을 배려하라.

⑫ 친근감을 주는 리더십을 가져라. "중단하세요" 등의 말을 사용하지 말고 "시작할까요?", "시간이 다 되었네요" 등의 말을 사용하면 더 편하고 친근감 있게 들릴 것이다. 명령하기보다는 제안을 하라.

⑬ 토의 내용을 엿듣거나 토의에 끼어들지 말라. 그러나 원활한 진행을 위한 개입은 필요하다.

⑭ 조장이 발표시간을 준수하게 하라. 이러한 통제를 하지 못하면 대부분 다른 조의 학생들로부터 불만을 듣게 되며 전체 수업시간의 부족을 초래할 수도 있다.

마. 설명의 기술

교사는 발문과 설명에 의해 수업을 진행한다 해도 과언이 아니다. 특히 강의식 수업을 전개할 때는 설명이 대다수를 차지한다. 또한 토론식 수업이나 모둠식 수업을 전개할 때도 개념이나 이론을 이해시키고자 할 때는 교사의 설명이 부분적으로 필요하다.

설명은 학생들이 아직 모르고 있거나 이해되지 않고 있는 지식이나 사실의 의미를 학생들이 이해할 수 있도록 상세하고도 분명히 알기 쉽게 말하는 것이다(이승익, 1982).

1) 설명에 쓰이는 효과적인 방법

- 정의 또는 일반적인 서술을 쓴다.
- 비교를 써서 설명한다.
- 실례나 사실을 제시하든가 지적하면서 설명한다.
- 증명을 써서 설명한다.
- 통계를 써서 설명한다.
- 시청각을 활용하여 설명한다.
- 반복을 써서 설명한다.

2) 설명의 순서

- 주의 깊게 순서에 따라 서술하고 한 번에 한 가지의 사실을 이해시킨다.
- 한 가지 사실이 이해된 후에 다음 것에 대한 설명을 해나간다.
- 서술하려는 것을 적당히 반복한다.
- 학생들이 잘 알 수 있는 용어를 택하여 서술한다.
- 학생들이 잘 알고 있는 사례를 들어 서술한다.
- 설명하고자 하는 것과 유사한 예를 비교하면서 서술한다.
- 학생들의 질문이 있을 때는 이를 허락하고 이에 답한다.
- 분명하게 설명하고 구체적으로 이해시키기 위해서 일람표나 도표, 도 해, 회화, 사진 등의 시각교재를 활용한다.
- 분명하게 설명하고 구체적으로 이해시키기 위해 실연(實演)이나 동작을 통해 설명한다.
- 설명한 전체를 분명하게 하기 위해 끝으로 주의 깊고 정확한 결론이나 요약을 준비한다.

바. 수업 중 속도조절(pacing)

수업 중에 속도조절은 수업의 기세를 유지하고 전개의 감각을 제공하여 적절한 수업의 맥을 형성시켜주는 역할을 한다. 교사는 수업을 계획하고 전개하는 동안 각 단계 또는 활동에 대해 적절한 시간 배분을 결정하고, 속도조절을 통해 수업의 흐름을 유지하도록 이끌어나가야 한다. 속도조절에 관한 결정은 교사의 의사결정 뿐만 아니라 학생들의 주의가 시들기 전에 하나의 과제를 끝내고 다른 활동으로 진행할 때, 학습과제와 해결에 대한 학생들의 약속을 반영해야 하므로 학생들과의 상호 의사결정이 수반된다.

Richards & Lockhart(1996)는 수업 중 속도조절에 유용한 전략을 다음과 같이 제시하고 있다.

- 불필요하거나 장황한 설명이나 교수활동을 피할 것
- 수업시간 전체를 하나의 활동으로 낭비하기보다는 다양한 활동을 할 것
- 예측 가능한 활동이나 되풀이되는 활동 등을 되도록 피할 것
- 적절한 난이도의 활동을 선정할 것
- 명확한 활동 목표와 시간제한을 설정할 것
- 학생들이 학습활동을 할 수 있도록 충분하게 적정시간을 할애할 것

사. 수업 중 교사의 행동경향권(action zone)과 행동특성

연구에 의하면 "수업 중 학생지명을 통한 응답기회 부여와 학급 순회지도에 대한 수업교사와 수업참관자의 인식에는 상당한 차이를 보인다."고 한다. 수업교사는 "모든 학생들에게 무엇인가를 묻고 응답할 기회를 부여했으며, 문제를 해결하는 동안에는 학생들의 언어사용을 모니터(monitor)하고 피드백을 주면서 학급을 돌아 다녔다"고 말하고 있는 반면, 수업참관자는 "맨 앞줄 가운데 학생들이 대부분의 질문에 응답을 했으며 교사가 학급을 순회할 때는 어떤 특정 그룹에 훨씬 많은 시간 을 소비했다"고 말하고 있다.

이와 같이 수업교사와 참관자가 수업에 대해 서로 다른 인식을 보인 것은 수업교 사가 많은 관심을 기울이고 있음에도 불구하고 다른 학생들보다 어떤 특정 학생과 더 빈번하게 상호작용하고 있다는 것을 말해주고 있는 것이다. 교사가 학생들을 공정하게 다루고 학급 내 모든 학생들에게 수업에 참여할 기회를 동등하게 제공하 려고 하지만, 의도와는 다르게 가끔 어떤 특정 학생이나 특정 그룹과 더 빈번하게 상호작용하는 것을 피할 수 없다. 이와 같이 교사가 수업 중 특정 학생과의 상호작 용으로 형성되는 것을 교사의 행동경향권(action zone)이라고 부른다(Ibid.).

수업 중 교사의 행동경향권은

- 교사와 정기적으로 눈을 맞추는(eye contact) 학생들,
- 교사에게 질문을 받은 학생들,
- 수업에 활동적인 참여를 하도록 지명된 학생들에 의해 나타나며, 학생들이 교사의 행동경향권 안에 있으면 행동경향권 밖에 있는 학생들보다 수업에 더 활동적으로 참가하는 경향이 있다. 이런 교사의 행동경향권은 중간 앞쪽과 중간 통로 쪽 좌석의 범위에 해당된다. 교사가 교실 앞에서 수업을 한다면 그 곳에 앉은 학생들은 교사의 접근성 때문에 수업에 활발하게 참여할 기회를 더 갖는다.

그러나 교사들은 흔히 다음과 같은 자신만의 행동경향권을 가지고 있다.

- 교실의 왼쪽보다는 오른쪽을 더 자주 본다.
- 남학생보다는 여학생을 더 자주 호명한다.
- 어떤 민족의 배경을 가진 학생을 더 자주 호명한다.
- 외우기 쉬운 이름을 더 부른다.
- 더 똑똑한 학생을 부른다.

이러한 교사의 독특한 행동경향성 때문에 특정 학생들이 수업에서 혜택을 받는다고 볼 수 있으며, 만일 활동적인 참여를 중요시하는 수업이라면 교사의 행동경향권 안에 있지 않은 학생은 불이익을 받을 수 있다는 점을 염두에 두어야 할 것이다.

특정 방향으로 바라보는 교사의 시선과 표정뿐만이 아니라 분필이나 지시봉을 든 교사의 손, 몸의 각도 등도 수업을 받는 학생들에게 영향을 주며, 이는 정답의 실마리로도 작용할 수 있다. 따라서 교사는 행동경향권이나 행동경향성으로 인해 나타날 수 있는 소외된 학생을 생각하며 모든 학생들에게 공정하고 고르게 상호작용과 참여의 기회를 가질 수 있도록 수업을 계획하고 수업을 전개해야 수업의 효과를 높일 수 있을 것이다.

☑ 공정한 상호작용을 위한 순회활동(광주광역시교육청, 2002)

○ 교사의 정위치
- 수업시작은 교실의 앞 정면에서 하기
- 순회 중에 전체 학생들에게 말해야 할 경우에는 반드시 교실 정면으로 돌아와서 말하기

○ 순회시 할 일

• 활동 내용(해결 과정과 방법, 해결 내용과 수준) 파악하기

• 학습활동 결과를 발표할 학생 지명 계획하기

▷ 지명할 학생 정하기

▷ 지명할 때는 틀리거나 불완전한 내용을 학습한 학생부터 지명하되, 해결 내용 수준을 고려하여 순차적으로 지명하기

▷ 각각 해결 방법이 다른 학생 지명하기

• 학생들에게 필요한 정보와 자료 제공하기

▷ 필요한 자료를 안내 제공하고, 해결의 단서 주기

• 부진 학생 도와주기

▷ 교사 시범 등의 방법으로 보충 학습하기

○ 순회방법

• 천천히 전체 학생을 순회하기

• 소집단 활동시에는 직접 참여하기

▷ 학생과 같은 눈높이가 되도록 교사도 쪼그리고 앉아 안내 조언하기

▷ 답을 가르쳐 주기보다는 해결과정을 알아내도록 안내하기

아. 피드백(feed back)을 주는 방법

피드백은 수업의 질을 향상시키기 위해 학습의 여러 단계에서 교사가 학생들이 이미 성취한 것이 무엇이며 앞으로 어떤 교정과 지원이 언제 어느 곳에서 더 필요한지를 밝히기 위해서 학습자를 점검하는 일(김호권, 1977)이며, 학생들의 수업 성과에 대한 피드백의 제공은 학생들에게 수행의 정도를 알게 해 줄뿐만 아니라 동기를 증가시켜주고 우호적인 교실분위기를 조성해준다. 피드백은 수업 중간이나 정착단계에서 형성평가를 통해서나 간단한 구두질문을 통해서 학습내용을 평가해보고 오류를 교정하고 지원해주는 일이다.

다음은 Richards & Lockhart(1996)가 언어수업에서 제시한 피드백 전략이나, 일반 대화형 수업에도 적용이 가능하다고 생각되어 소개한다.

1) 학습내용에 대한 피드백 전략

• 옳은 대답(correct answer)을 인정하기

학생들의 대답이 정확하다는 것을 "좋다(Good), 그래 옳다(Yes, that's right), 훌륭하다(Fine)"와 같은 말로 인정해준다.

• 부정확한 대답((incorrect answer)을 지적해주기

학생들에게 "그 답은 아주 정확하지 않다"고 지적해주고, 그 이유를 설명해준다.

• 칭찬하기(Praising)

"그래, 훌륭한 대답이다"와 같이 대답에 대해 학생을 칭찬해준다.

• 학생의 대답을 부연하거나 수정하기(expanding or modifying)

T: 미국의 수도를 아는 사람, 누가 말해볼까?

S: 워싱턴입니다.

T: 그래, 워싱턴이지. 워싱턴은 동부 해안에 있단다.

• 반복하기(Repeating)

학생의 대답을 반복하여 그 내용을 다시 확인시켜준다.

• 요약하기(Summarizing)

학생이나 모둠에서 발표한 내용을 이해하기 쉽게 정리하여 요약해준다.

• 비판하기(Criticizing)

학생이 대답한 내용에 대해 흠이 있으면 적절하게 비판한다.

2) 오류(error) 형태에 따른 피드백 전략

언어수업에서는 학생의 발화(says)의 정확성이 중요하므로 오류를 어떻게 수정해야 하는지에 피드백의 초점을 두고 있다.

• 학생에게 말한 것을 반복하도록 요구하기
• 교사가 오류를 지적해 주고 학생에게 스스로 고치도록 요구하기
• 오류를 지적해 주고 틀린 이유를 설명해 주기
• 다른 학생에게 오류를 고치도록 요구하기
• 오류 발생을 지적하기 위해 제스처(gesture)를 사용하기

수업 중간 중간이나 정리단계에 피드백을 제공하는 것은 학생들의 인지도를 확인하고 학습내용을 강화시켜주는 동시에 수업목표의 성취도를 높여준다.

자. 판서하기

판서는 전통적으로 교수·학습 과정에서 교사가 문자나 그림 또는 도표 등을 칠판에 기록해 가면서 수업에 활용하고 있으나, 현재는 시각적으로 학급집단에 제시되는 수단으로 판서를 칠판과 분필에만 한정시킬 필요는 없다.

시청각적 교육기기가 개발되고 발달해서 효과적으로 활용되고 있는 오늘날 이러한 기기(機器)를 교육에 유용하게 활용하게 되어서 판서 그 자체는 대단히 다채로워졌다. 즉 모조지나 파일자료에 판서 내용을 미리 작성하여 칠판에 걸거나 붙이는 방법을 비롯하여 각종 시청각 기기(슬라이드, TV, OHP, 실물환등기 등)와 최근에 활용되는 전자칠판, PC 등이 판서의 기능을 발휘하면서 그 이상의 시청각적 효과를 거두고 있다(이승익, 1982).

특히 유비쿼터스(Ubiquitous) 학습환경을 기반으로 일상생활 속에서 언제 어디서나 원하는 학습을 할 수 있는 태블릿PC(tablet PC), UMPC(울트라모바일PC) 등의 등장으로 판서 없이 무선 PC를 통한 개별학습도 가능하다. 그러나 일반적으로 교실에서 전체 학생을 대상으로 수업을 전개하고자 할 때는 학습량에 관계없이 판서를 해야 할 때가 많다.

교사가 수업을 설계할 때 학습과제를 분석하여 학습목표, 가르쳐야 할 내용과 학습활동, 그리고 지도방법을 결정하고 교수·학습 과정안을 작성하게 된다. 그런데 이때 학습효과를 높이기 위해서 판서계획도 함께 세워야 한다(Ibid.).

1) 판서의 기능

판서의 일반적 기능을 살펴보면 다음과 같다.
① 판서는 시각에 호소하기 때문에 말보다 쉽게 이해할 수 있다.
② 여러 사람에게 보이도록 쓸 수 있기 때문에 주의를 집중시킬 수 있다.
③ 전 학급 학생이 같이 볼 수 있음으로 집단사고의 장을 마련할 수 있다.
④ 판서는 지속성이 있기 때문에 시간적인 전후 관계를 동일 평면상에 나타낼 수 있다.
⑤ 색채감을 나타낼 수도 있고 다양한 구성이 가능함으로 학습의 흥미를 돋굴 수 있다.
⑥ 잔상의 작용으로 인상을 깊게 할 수 있다.

⑦ 손으로 쓰기 때문에(학생이 쓰는 경우) 기억이 오래 지속된다.

2) 판서의 유형

교사가 수업 시간에 판서를 할 때는 문장으로 한다든지 그림으로 한다든지 또한 이것들을 혼합하여 사용한다든지, 그리고 형태상로도 문장 등을 병렬시켜 가면서 한다든지 대조시켜서 일목요연하게 정리하여 판서를 할 때도 있다. 이승익은 판서를 내용에 따라, 표시형태에 따라, 용도에 따라 분류하고 있는데, 이 가운데 표시형태에 따른 판서유형을 살펴보기로 한다.

① 병렬형
학습내용을 같은 비중으로 순서대로 나열한 것

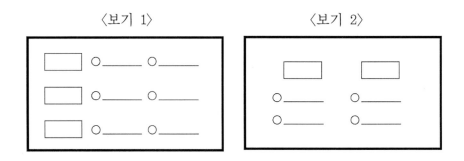

② 대조형
서로 대조적인 것을 가지런히 써 내려가는 유형

③ 구조형

지도하기 위하여 교재를 계통화 하고 체계화해서 지도내용의 요점을 구조화하는 유형

〈보기 1〉 〈보기 2〉

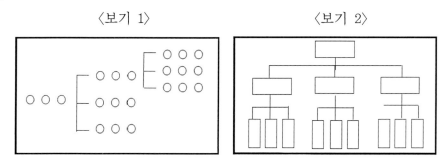

④ 귀납형

부분을 묶어서 전체를 이해시키기 위하여 쓰이는 방법으로 하나하나의 사례를 묶어서 결론을 적어가는 방법

〈보기 1〉 〈보기 2〉

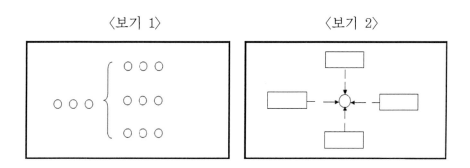

3) 판서의 시기와 효과

① 학습의 방향결정, 목적과 문제를 제시할 때

② 학습 내용 전체를 요약, 정리 확인할 때

③ 이해 곤란하다고 생각되는 추상적인 사고를 해설할 때

④ 모범적인 것이나 시범을 할 때

⑤ 구조적인 내용을 해설할 때

4) 좋은 판서의 요건

① 명확하고 정확하게 판서할 것
② 계획적인 판서를 설계단계에 고려할 것
③ 학습자 전체가 잘 보이도록 판서할 것
④ 수업의 전개와 동시에 판서의 시기, 판서의 속도, 소거, 요령 등을 유효적절하게 행할 것
⑤ 바르고 빨리 아름답게 판서할 것
⑥ 학생과 함께 호흡하는 판서

5) 판서의 요령 및 방법

① 판서는 학습 내용에 따라 미리 계획을 세워야 하며, 판서의 위치도 어떤 내용을 칠판 어느 위치에 쓸 것인가를 미리 예정해 둔다.
② 판서의 문자는 될 수 있는 대로 정자로 필순에 맞게 정확하게 쓴다.
③ 판서는 설명 내용을 기다랗게 쓰는 것이 아니라 내용의 요점을 간추려서 써야 한다.
④ 핵심 개념 중심으로 그림, 도표를 이용하여 내용을 잘 구조화 하여 판서하는 것이 좋다.
⑤ 교사는 쓰고 있는 글씨가 학습자의 시야를 가리지 않는 위치에서 판서해야 한다.
⑥ 교사는 학습을 진행시켜 가면서 학습자의 발표(응답)와 동시에 판서하는 것을 원칙(필요시 즉시 기록)으로 한다. 시간을 따로 정하여 나중에 한꺼번에 판서하면 시간의 낭비와 학습자의 학습활동을 봉쇄하는 결과를 초래하기 쉽다.
⑦ 색분필을 효과적으로 이용하면 시각적 효과를 더할 수 있다.
⑧ 판서의 양은 가능하면 적게 쓰되, 여러 번 닦지 않아야 한다.
⑨ 학생의 발표내용을 중심으로 학생들에게도 판서의 기회를 많이 제공하고 학생과 교사가 공동으로 판서를 완성시켜 간다.
⑩ 수업 전에 미리 판서에 필요한 모든 도구 즉 색분필, 지우개, 자, 컴퍼스 등이 준비되어야 한다.

3. 수업 종료(정착 또는 정리; consolidation) 기술

수업이 마무리되는 정착단계에서는 학습내용을 정리하고 확인학습(또는 연습)을 통해 학습한 내용을 학생의 지적 체계의 일부로 통합하고 내면화하여 새로운 사태에 적용하고 일반화할 수 있도록 지도해야 한다.

가. 본시 학습내용의 정리

한 시간의 수업이 끝나는 정착단계에서는 본시의 학습내용을 종합하고, 전부를 반복하는 것보다 학습목표와 관련지어 본시에 반드시 알아야 할 핵심(필수) 학습요소를 추출하여 지도한다.

본시 핵심 학습요소를 반복 지도하는 방법으로는, 판서된 내용 중 중요한 부분을 색분필 등으로 표시화면서 설명하는 방법과 주요 내용을 지우개로 지우면서 설명한 다음 개별 또는 전체 학습자에게 지워진 부분의 중요 내용을 질문을 통하여 답하도록 하는 방법(이 경우 학습자에게 지운 내용을 물어본다는 예고를 하고 그들에게 학습기회를 준 다음, 의도적 지명이나 무작위 지명을 하여 답하게 함으로써 학습자의 학습력을 높일 수 있다), 그리고 판서 외에 파일자료, TP자료나 멀티미디어와 같은 각종 매체를 이용하여 본시의 학습내용을 종합하여 정리해주는 방법을 예상해볼 수 있다(하영철, 2002). 또한 교사가 제작한 창의적인 학습지를 통해 정리할 수도 있으며, 실기나 실습을 요하는 교과는 학생들에게 실기나 실습을 실시하도록 하여 정리할 수도 있다. 어떤 경우이든 간에 교사가 일방적으로 설명 요약하는 방식보다 활동과 발문을 통하여 학생들에게 확인시키면서 정리하는 방법이 효과적이라고 볼 수 있다.

나. 학습결과 확인하기(확인학습)

한국교육개발원의 새 수업과정 일반모형에서는 지도단계 다음에 발전단계를 두어 형성평가를 실시하도록 하고 있으나, 실제 학교 현장에서는 별도의 형성평가 시간을 할애하지 않고 본시의 전개에서 실시한 학습결과를 정착에서 확인학습(또는 형성평가로도 사용함)을 통하여 수업목표 성취 결과를 확인해보고, 그 결과 바르게 학습한 학생에게는 자신감을 가지게 보상하고 잘못 반응한 학생에게는 그 원인을 파악하여 잘못 되었거나 불충분한 학습을 교정하고 보충하게 하는 것이다(고영희, 1981). 특히 결손이 많은 학습과제에 대해서는 별도의 과제를 제시하여 재학습의 기회를 제공해야 한다.

하영철은 확인학습을 실시할 때 유의할 점을 다음과 같이 들고 있다.

1) 형성평가라기보다는 확인학습이라는 명칭으로 본시 학습목표의 달성도를 알아보기 위하여 실시한다.

2) 확인학습 문항은 본시의 학습목표를 준거로 지도교사 자신이 작성한다.

확인학습을 실시하는 목적은 본시의 목표를 학습자가 어느 정도 달성했는가를 알아보는데 있다. 그러기 때문에 확인학습 문항은 본시의 학습목표 달성도를 알아보기 위한 문항으로 작성해야 하며, 그 문항수는 1개 수업목표에 1개 문항으로 하되 목표의 포괄성 정도에 따라서는 2문항까지 출제할 수도 있을 것이다.

3) 확인학습 문항은 선다형으로만 작성하는 것은 지양해야 한다.

확인학습 시간은 매우 짧기 때문에 대부분의 교사들은 채점이나 확인이 쉬운 선다형 문항으로 확인학습 문항을 작성하는 경향이 있다. 그러나 선다형 문항만으로 본시의 목표 달성도를 알아본다는 것은 아무리 통제를 잘한다 하더라도 재고해 볼 일이다. 확인과정에서 시간이 조금 소요되는 한이 있더라도 학습자의 진정한 학습목표 달성도를 알기 위한다면 단답형이나 완성형, 더 나아가 서술형까지도 출제되는 것이 교육적인 효과를 기대할 수 있는 방법이 될 것이다.

4) 확인학습 문항은 학습상황에 따라 적절한 방법으로 제시한다.

확인학습 문항은 평면 차트나 TP자료, TV모니터를 활용해서 제시하는 경우나 작은 유인물을 사용하는 경우를 많이 경험한다. 시간적 여유가 있을 때는 판서를 하는 경우도 가능하다. 어떤 방법으로 확인학습 문항을 제시하더라도 학습자 전체가 그 문제를 뚜렷이 볼 수 있는 크기의 글씨와 잘 보이는 장소에 제시하여야 함을 잊어서는 안 된다. 확인학습 문제의 글씨가 너무 작다든지, OHP의 사용시 스크린에 비친 문항이 잘 보이지 않는 경우, 너무 낮게 제시 되어 아래 부분의 문항을 뒤에 앉은 학생이 잘 볼 수 없는 경우가 발생하지 않도록 세심한 주의를 기울려야한다. 모든 학습자가 각각 컴퓨터를 사용할 수 있는 학습환경일 때는 확인학습 문항은 컴퓨터를 활용하여 제시하고 개별적으로 확인하는 과정을 거칠 수 있다.

5) 확인학습은 짧은 시간 내에 본시의 학습목표를 정확히 확인할 수 있어야 하며,

그 방법은 다양하나 일반적인 확인학습 방법을 살펴보면 다음과 같다.

- 단서를 줄 수 있는 판서내용을 지우거나 부착된 학습자료를 제거하며 책과 학습장을 덮게 하여 정직한 평가가 이루어지도록 한다.
- 계획된 시간에 문제를 풀 수 있게 한다.

확인학습에 주어지는 시간은 교사의 치밀한 계산에 의해 계획되어야 한다. 교사는 확인학습 문항을 작성할 때부터 학생들이 이 문제를 다 푸는데 몇 분이 소요될 것이라는 것을 예상하여 그 시간을 확정해야 한다. 확인학습 문제를 제시하고 풀이를 지시한 다음, 계획된 시간이 종료되면 풀이를 중지시켜 다음 활동을 진행하는 것이 바람직하다.

- 문항별로 즉시 성취도 확인이 필요하다.

확인학습이 끝난 다음에는 즉시 문항별 성취도를 확인해야 한다. 이때 "1번 정답은 무엇이지요?"라고 전체 학습자를 대상으로 묻는다든가, 한 학생을 지명하여 정답을 물은 다음 그 문항에 대한 성취도를 확인하는 방법으로는 정확한 목표 달성도를 알아볼 수 없을 것이다.

그러므로 지도교사는 확인학습 문제를 각자 학습장 노트(또는 답안지)에 풀도록 하여 풀이가 끝난 즉시 채점준비를 시키고 각자 또는 옆 학생과 답안지를 교환하여 한 문항씩 문항별로 정답을 불러주어 채점을 하게 한 다음 바로 성취도를 알아봐야 한다.

또한 문항이 선다형인 경우에는 판서나 TP자료, TV 모니터 등을 이용하여 그 문항을 제시하지 않고 학생들에게 구두로 제시하는 방법을 적용할 수 있다. 먼저 눈을 감게 한 다음 각 문제를 구두로 제시하고 그 정답을 ①, ②, ③, ④, ⑤로 하나씩 불러주면서 그 정답에 각자 손을 들어 손가락으로 표시하게 한다면 비교적 정확히 학습목표 달성도를 빠른 시간 내에 확인할 수 있다.

이와 같이 각 문항의 목표 달성도를 전부 확인한 다음 가장 결손이 큰 문항에 대하여 보충지도를 함으로서 본시의 학습결손을 보완하고 차시 학습을 성공적으로 할 수 있는 출발점 행동을 갖출 수 있게 한다.

☑ 효과적인 결손 문항 보충지도

① 결손이 큰 문항에 대해 한 학생을 지명하여 발표하게 하고 다른 학생들로 하여금 발표한 학생의 해답과 그들의 해답을 비교하게 하여 차이가 발견될 때 먼

저 발표한 학생의 답과 자신의 답이 다른 까닭을 말하게 한다.

② 교사가 종합하여 틀린 반응들을 지적하고 그 이유를 설명해 준다.

• 개인별 확인이 필요하다.

확인학습 결과는 위와 같이 문항별 즉시 확인도 중요하지만 개인별 확인을 통해 전체 학생들의 능력별 성취도를 알아보는 것도 중요한 일이다. 확인학습 문항을 전부 맞은 학생은 몇 명인가? 3문제 이상을 맞은 학생은? 하나도 답하지 못한 학생은? 등 본시 지도가 완전학습에 도달했는지를 알아보기 위한 조치를 강구해야 한다. 이것은 문항별로 즉시 확인이 끝나고 보충지도가 시작되기 전에 실시되어야 하며, 빠르고 정확한 확인을 위해서 손을 들게 하는 것이 실제 수업에서 많이 활용되고 있는 방법이다.

• 결손된 학습 내용에 대한 보충지도가 뒤따라야 한다.

확인학습 결과에 따라 결손이 많은 문항에 대하여는 시간이 허락하는 대로 재지도가 있어야 하며, 지도 후에 재학습지도에 대한 결과 확인도 필요하다. 확인학습 결과는 학습자 변인보다는 교사의 교수방법과 밀접한 관련이 있음을 알아야 한다. 그러므로 본시 학습목표 달성도가 낮은 경우에는 학습자 변인에 잘못이 있다고 생각하는 것보다는 교사 자신의 수업지도에 문제가 있음을 감지하고 수업방법 개선에 힘써야 하며, 결손 문항에 대한 보충지도 기회를 제공함으로써 본시 학습 과제에 대한 누적적 결손을 최소화해야 한다.

다. 차시 예고와 과제 제시

본시 학습내용의 정리와 확인학습을 실시하고 그에 대한 적절한 보충지도가 끝난 다음에는 차시 학습내용을 예고하고 다음 시간의 학습과제를 제시해 줌으로써, 학교와 가정에서 학습이 연계되어 이루어지도록 해야 한다.

1) 학습과제 제시

학습과제를 제시할 때는 다음 시간의 수업목표를 구체적으로 제시해 줌으로서 학습자의 학습능률을 올릴 수 있으며, 발달적 학습과제를 제시할 때는 문제풀이에 필요한 기본적 풀이방법을 미리 지도해 준다. 학습과제 제시는 다음의 차시 학습목표 제시의 연습과제 형태로도 할 수 있다.

2) 차시 학습목표 제시

차시 학습목표 제시는 본시의 도입 단계에서 제시하는 것이 일반적인 경향이나 밀도 있는 과제 학습을 하도록 하기 위해서는 정착 단계에서 다음 시간의 학습목표를 구체적으로 제시해 주고, 본시 학습내용과 차시학습내용을 관련지어 설명하며, 차시 학습에 대한 동기를 유발시키는 것도 시도해 볼 일이다. 학습자가 차시의 학습목표가 무엇인지를 알고 과제학습 기회를 갖는다면 학습효과를 높이는 데 도움이 될 것이다(Ibid.).

차시 학습목표 제시는 연습과제 형식으로 제시하는 것이 좋다. 연습과제 제시는 여러 가지 교육적 의미를 지닌다, 첫째는 학습의 내적 동기를 강화시킬 수 있다. 학생들이 학습에 희열을 느끼고 자발적으로 학습하려는 기본적인 조건의 하나가 자기가 학습한 것이 검토되고 승인 혹은 수정되어 좋은 답으로 변화되어 가는 것, 그 과정에서 "알았다"라는 느낌을 주는 것이다. 따라서 다음에 공부할 내용을 예습 과제 형식으로 제시함은 학생들에게 학습에의 강한 내적 동기유발에 큰 여향을 끼친다. 둘째는 학생들이 예습을 시도해 봄으로써 동적인 준비성과 자주적인 학습태도를 기르는데 도움이 된다(고영희, 1981).

일선 학교 현장에서는 교사가 학생들에게 다음 시간에 배울 내용의 단원이나 주제를 확인시켜주고 관련 내용을 찾아오도록 한다든가 준비물을 가져오도록 하는 정도로 차시예고와 과제제시를 처리하는 경우가 많다. 그러나 다음 수업의 중요성을 일깨워주는 차원에서 과제를 구체적으로 제시해주고 특히 공부할 내용을 차시 학습목표와 관련지어 연습(예습)해 오도록 함으로써 다음 실제 수업 시간에 학습자가 협력하여 학습목표를 설정할 수 있는 능력을 기대할 수 있으며 아울러 학습내용의 이해를 촉진시켜 수업의 능률을 도모할 수 있다.

4. 첫 수업을 효과적으로 이끌기 위한 유용한 방법

"수업은 수업분위기를 좌우하는 학년 첫 수업이 중요하다."

학년 초 또는 새학기 수업 첫날, 교사라면 누구나 한 학기 동안 진행될 주제에 대해 학생들의 호기심을 자극하는 동시에 수업주제에 대한 교사의 열정을 드러내 주고 싶을 것이다. 그러나 해마다 '어떻게'라는 방법론 문제에 부딪치는 것 또한 현실이다. 한국교육신문(2006.3.6.)에 실린 내용으로 한국교육과정평가원 교수학습개발센터(KICE-TLC)가 제안한 첫 수업시간을 효과적으로 이끌기 위해 유용한 원칙과 방법 몇 가지를 소개한다.

가. 수업분위기 만들기

① 과목에 대한 열정을 보여주라.

해당 교과목의 중요성에 대한 일반적인 설명보다는 교사 자신이 그 주제에 왜 흥미를 갖게 되었나, 그것이 본인에게 얼마나 중요한가, 왜 이 과목을 가르치는가 하는, 그 과목과 분야에 대한 선생님의 열정을 보여주어야 한다. 교사가 보여주는 학문에 대한 열정은 학생들의 학습의욕을 자극한다.

② 학생 소개카드 쓰기, 이름 외우기

이름, 주소, 이메일 주소 같은 기본 정보뿐 아니라 이 과목에서 배우기를 원하는 것, 향후계획, 관심사, 취미 등에 관한 소개 카드를 쓰게 한다. 첫 시간부터 학생의 이름을 부르고 학기 내내 숙제를 돌려주거나 퀴즈를 풀 때, 기회가 되는대로 불러준다. 첫 시간에 4~5명을 한 조로 사진을 찍어 이름을 외우는 교사도 있다.

③ 학생끼리 서로 소개할 시간 주기

학생을 3~5명의 그룹으로 나누어 서로 소개하게 한다. 학생 수가 많지 않다면 전체가 돌아가면서 한 가지 질문에 답하게 하는 것도 좋다. "이 수업에서 꼭 배우고 싶은 것이 무엇인가?"와 같은 질문은 수업진행에 유용하다.

나. 수업의 기준 설정

① 수업 목표 토론하기

이 수업에서 한 학기 동안 무엇을, 왜 성취하고자 하는지 학생들에게 말해준다. 학생들에게도 무엇을 배우고 싶은지, 그것을 이루는데 어떤 어려움이 예상되는지 가능하면 상세하게 말해보라고 한다. 그리고 학생의 모든 발언에는 관심을 표해준다. 교사가 학생의 발언에 보인 관심은 한 학기 동안 학생들의 참여를 촉진하는 가장 큰 힘이 되기 때문이다.

② 목표 나열·분류해보기

학생들에게 이 수업에서 이루고 싶은 목표를 서너 개 나열하고 순위를 매겨보게 한다. 목표는 지식, 기술, 관심, 태도 어떤 것이어도 좋다. 인원이 많을 때는 소집단 작업으로 진행하고, 이러한 목표들을 전체 차원에서 유목별로 분류·정리해 본다.

③ 수업시간 활용에 대해 설명하기

매 수업시간이 어떻게 활용될 것인가를 가능하면 상세하게 설명해 준다. 매 세션(session)이 어떻게 구조화되어 있는가? 토론은 어떻게 조직할 것인가? 질문시간이 따로 있는가? 그냥 떠오를 때 질문해도 되는가? 등을 포함할 수 있다.

④ 간단한 진단 테스트 실시하기

학생의 학습 준비도를 알아보기 위해 가능하다면 간단한 진단 테스트를 실시한다. 테스트는 성적을 위한 것이 아니고 학생에 대한 정보를 얻기 위한 것임을 설명한다. 예컨대, 핵심개념에 대한 학생들의 친숙도를 테스트할 수 있으며, 동일한 테스트를 첫 시간과 마지막 시간에 두 번 실시함으로써, 학생들에게 성취감도 느끼게 하고 수업효과를 판단하는 기준으로 활용할 수도 있다. 또 다음 수업을 위한 숙제를 내줌으로써 학생들의 수업 준비도를 향상시킬 수 있다.

교내 수업장학과 수업개선

1. 교내 수업장학의 성격과 필요성

2. 교내 수업장학의 유형

3. 수업개선을 위한 자기장학

4. 수업기술 향상 훈련을 위한 마이크로티칭 기법

5. 연구수업

6. 수업 실기평가에서의 수업실연 기술

교내 수업장학과 수업개선

좋은 수업설계와 실제

1. 교내 수업장학의 성격과 필요성

오늘날 장학은 학교 교육활동에 초점이 맞추어짐에 따라 학생들의 학습을 돕기 위한 교사들의 수업개선을 지원하는 전문적·봉사적 활동으로 보는 것이 일반적인 경향이다. 따라서 장학의 기능도 교수·학습 활동을 개선하고 평가하는 전문적 활동이라고 볼 수 있다.

그러나 장학은 학교 현장에서 학교 구성원들이 장학에 대해 갖는 다양한 이미지뿐만 아니라 학문적 측면에서 볼 경우에도 혼란스러운 면이 많은 영역이다. 또한 우리나라 교사들은 대체로 장학을 회피하거나 꺼려하는 부정적 태도를 공유하고 있으며 단위학교 장학도 매우 형식화되어 있는 경향이 있다(조남두 외, 2006). 그리고 수업자가 필요로 하는 문제보다는 장학을 하는 쪽에서 미리 결정하여 확인·평가하는 방식으로 이루어지고 있는 등 여전히 장학의 부정적인 면이 많이 발견되고 있다(변영계·김경현, 2005).

근래 장학의 본질에서 수업과 교육과정이 강조되면서 수업이 이루어지고 있는 교내, 교실 현장에서의 장학이 중시되고 있다. 그래서 교육부, 교육청의 장학보다 단위 학교의 자율과 참여를 통한 교내의 자율장학이 더 중요하고 효과적이라는 것을 깨닫게 되었다(정태범, 2002). 교내장학은 교육과정 운영 계획, 교직원 조직, 교과 및 특별활동, 교수와 학습활동(수업활동), 학생 및 학교평가 등 학교 교육활동

전반이 포함될 수 있다.

그런데 교내장학의 하나로 1980년대부터 강영삼(1982)을 비롯한 많은 학자들과 교사들이 수업기술을 향상시킬 수 있는 새로운 방법으로 수업장학의 필요성과 방안을 제시하기 시작하였다. 이들이 제시한 수업장학의 주된 관심은 수업자의 수업기술을 개선시킴으로써 학습의 효과를 제고시키는데 있다. 즉, 교사·학습의 과정에서 교사의 수업방법과 기술을 어떻게 향상시켜 줄 것인가에 그 목적을 두었다(변영계·김경현, 2005). 다시 말하면 일반장학이 보다 광범위한 교육문제를 다루어온 데 비하여, 수업장학은 교사들이 교실에서 수행하고 있는 수업행위, 즉 수업기술의 향상과 개선을 주목적으로 하고 있다.

그러나 많은 연구물에서 지적한 것과 마찬가지로 일선 학교에서 실제 수업을 하고 있는 교사들은 학교 외부(장학사 등)로부터 수업장학 받기를 별로 원하지 않고 있으며 또한 장학담당자의 자질이나 교사들의 수업기술을 향상시켜 줄 수 있는 구체적인 절차와 방법에 대한 지식수준에도 일부 의구심을 갖고 있는 것이 현실이다. 따라서 이와 같은 문제점을 해결하고 수업자의 수업기술을 향상시켜 전문가답게 수업을 하기 위해서는 교사양성기관을 통해서 받는 여러 가지 경험도 중요하지만 교사로서 부임한 이후 꾸준한 자기노력이 더욱 중요하다. 수업을 전문가답게 하기 위해서는 동료교사의 수업을 자주 관찰할 수 있는 기회를 가져야 하고 또 자기가 하고 있는 수업이 어떠한지를 정확하게 되돌아볼 수 있는 기회를 가져야 한다. 자기의 수업을 과학적이고 체계적인 방법으로 평가하고 분석하여 어떠한 점이 강점이고 어떠한 점이 약점인지를 알 수 있도록 하여, 강점을 계속적으로 키워나가고 약점은 부단한 노력으로 개선해나가는 활동이 필요하다(변영계, 2000). 이러한 상황과 필요성에 비추어 볼 때 효과적인 수업개선을 기대할 수 있는 하나의 방법이 자기장학을 통한 수업장학이라고 하겠다.

2. 교내 수업장학의 유형

수업장학의 유형을 분류하는 방법은 장학의 발달과정과 학자들의 관점에 따라 또는 활동과 내용에 따라서 다양하다. 근래에 제시된 장학형태 중에서

Glatthorn(1984)이 제시한 선택적 장학(differentiated supervision)은 수업장학의 한 유형을 잘 반영하고 있다. 선택적 장학은 효과적인 장학의 방법을 선택하는데 있어 교사의 경험이나 능력을 포함한 개인적 요인에 대한 고려가 있어야 함을 시사하고 있다. 선택적 장학은 교사들의 능력에 따라 임상장학(clinical supervision), 협동적 장학(cooperative professional development), 자기 장학(self-directed development), 전통적 장학(administrative monitoring)의 방법을 선택적으로 사용할 수 있음을 제안하였다(변영계·김경현, 2005).

여기서는 Glatthorn이 제시한 선택적 장학의 몇 가지 방법을 중심으로 수업장학의 유형을 살펴보고자 한다.

가. 임상장학

임상장학의 창시자라고 할 수 있는 Cogan(1973)은 임상장학을 교사의 교실 행위를 개선함으로서 학생의 학습을 개선할 목적으로 교실 내의 사건들로부터 추출한 주요 자료를 가지고 교사의 교실 과업수행을 개선하기 위하여 고안된 일(명분) 혹은 실천이라고 하였다(조남두 외, 2006). 다시 말하면 임상장학은 장학담당자와 교사가 일대일의 대면적인 관계 속에서 수업관찰계획 수립→수업관찰→관찰결과에 대한 협의의 과정을 거쳐 수업지도에 관한 전반적인 문제를 해결하고 수업기술개선과 향상을 도모하는 체계적인 지도·조언의 과정으로 볼 수 있다.

주(主) 장학담당자는 교장과 교감이며, 외부 장학요원과 외부 전문가가 포함된다. 주로 교장과 교감이 주도하는 수업연구를 통해서 실시되며, 마이크로티칭(micro-teaching) 방법을 통해 교사가 장학담당자와 협의를 하여 자신의 수업방법의 개선점을 파악한 후, 이를 실제 수업에 적용하기 전에 일정한 과정에 따라 교수→평가→재교수의 단계를 거쳐 수업의 개선을 도모한다. 이 장학방법은 최소의 경비와 시간으로 특정한 학습기술을 익혀 교사의 자질을 높일 수 있는 장점이 있다.

임상장학의 대상은 갓 교단에 서는 초임교사나 경력이 있는 교사 중에서도 수업기술 향상의 필요성을 느끼는 교사가 좋다. 임상장학은 장학담당자와 교사 간의 계획된 관계 속에서 공식적으로 이루어진다.

임상장학의 주요 특징은 다음과 같다.

- 교사의 수업기술 향상이 주된 목적이다.
- 교사와 장학담당자 간의 대면적 관계와 상호작용을 중요시 한다.
- 교실 내에서의 교사의 수업행동에 초점을 둔다.
- 일련의 체계적이고 집중적인 지도·조언의 과정이다.

그러나 이러한 특징에도 불구하고 강영삼(1994)은 임상장학의 몇 가지 문제원인을 제시하고 있다.

- 학생의 인격무시, 품위손상, 비민주적 언행, 수용태세 부족 등으로 교사들이 학생들과 좋은 인간관계를 맺지 못하고 있다.
- 의사소통의 단절, 공동노력의 기회부족, 시간부족 등으로 교사들이 장학요원과 좋은 관계를 유지하지 못하고 있다.
- 교사들이 연구에 무관심, 전문적 능력 부족, 의욕부족, 평가결과에 대한 두려움 등으로 인하여 연구수업을 기피하는 경향이 있다.
- 장학요원들의 지도성 부족, 권위의식, 교사에 대한 인격의 무시, 구태의연한 지도방법, 인력부족 등 장학요원들의 자세나 능력에도 기인한다.
- 일부 교사들이 수업내용·방법·절차에 있어서 강의 위주 및 지식편중의 주입식 수업, 학습자료와 기자재 부족 등 종래의 관념을 탈피하지 못하고 있다.

나. 동료장학

동료장학은 동료교사들 간의 교육활동의 개선을 위하여 공동으로 노력하는 장학의 과정으로 볼 수 있다. 단위학교 내에서 실시되는 동료장학은 둘 이상의 교사가 상호간의 교실 수업을 관찰하고 관찰에 대한 피드백을 주며 공통된 전문적 관심사를 토론함으로서 그들의 전문적 성장을 위해 협동적으로 이루어지는 공식화된 과정(조남두 외, 2006)으로서 동료교사간의 협조를 토대로 그들의 전문적 발달, 개인적 발달, 그리고 그들이 근무하고 있는 학교의 조직적 발달을 도모한다.

동료장학은 여러 가지 형태를 띨 수 있다. 동학년 단위 또는 동교과 단위로 수업연구과제의 해결이나 수업방법의 개선을 도모하기위한 수업연구(공개)활동, 공동 관심사나 공동과제, 공동문제의 해결이나 개선을 위해 협의하는 것(협의중심)들이 동료장학의 전형적인 형태다. 또한 상호간에 정보, 아이디어 또는 충고, 조언을 주고받는 공식적 · 비공식적 행위(연수중심)도 넓은 의미의 동료장학으로 볼 수 있다.

최근에는 학교 홈페이지를 활용한 사이버 자율연수도 이루어지고 있다. 사이버 자율연수는 수업자가 동영상 자료를 제작하여 '교내 사이버연수방' 자료실에 탑재하면, 동료교사들이 '교내 사이버연수방'에 들어가 알림란과 자료실 등에서 연수를 하고 토론방에 들러서 토론 주제나 발문과 관련된 자신의 의견을 남기거나 댓글을 달아주면 수업자는 이것을 보고 의견을 교류하고 수업에 반영하는 등 수업자를 포함하여 교사들 간에 커뮤니티를 통한 자율연수를 행할 수 있다.

동료장학의 팀을 구성하는 데 있어 엄격한 규칙은 없으며, 팀의 구성원들은 서로의 교실수업을 관찰하고 관찰된 교사의 바람에 따라 도움을 줄 수 있고, 또 교사들이 2~3인으로 팀을 구성할 수도 있으며 대부분 동교과 교사들로 구성되나 경우에 따라서는 그 팀의 한 사람을 학교장이나 장학담당자로 할 수도 있을 것이다.

동료장학은 교사들이 그들이 직면한 문제를 비공식적으로 토론하고, 생각을 공유하며 수업준비를 서로 돕고 서로를 지원해주는 하나의 장을 제공한다(Ibid.).

동료장학의 주요 특징은 다음과 같다.

- 교사들의 자율성과 협동성을 기초로 한다.
- 교사들 간의 동료적인 관계 속에서 서로 가르치고 배우는 활동이다.
- 학교의 형편과 교사들의 필요와 요구에 기초하여 다양하고 융통성 있게 운영한다.
- 교사들의 전문적 발달뿐 아니라 개인적 발달, 학교의 조직적 발달까지 도모할 수 있다.
- 수업에 관한 문제를 토론하고 비공식적인 피드백을 제공할 수도 있다.

다. 자기장학

가르친다는 것은 인격적으로나 지적으로 부단한 노력을 요하는 고도의 전문적 활동이다. 특히 현대사회와 같이 정보와 지식이 너무나 빠르게 생성 · 축적되고 변화하는 사회에서 교사들도 필요한 지식과 정보에 대해 끊임없이 재검토와 재충전이 필요하며 공부하는 것을 직업으로 하는 스스로 성장하는 존재이다. 이러한 교사들을 위해 생각할 수 있는 장학 유형이 자기장학이다(조남두 외, 2006).

자기장학은 임상장학을 필요로 하지 않거나 또는 원하지 않는 교사가 혼자 독립적으로 자신의 전문적 성장을 위하여 스스로 체계적인 계획을 세우고 이를 실천하는 과정이다. 교사는 전문직 종사자로서 자기성장과 자기발전을 위한 끊임없는 노력을 경주해야 한다는 당위성에서도 자기장학의 의미는 크다고 할 수 있다. 자기장학은 원칙적으로 교사 자신의 필요와 요구를 존중하여 다양한 방법으로 전개되어야 한다

장학담당자의 지도가 없이도 스스로 자신의 전문성 향상을 위하여 노력할 수 있는 의지와 능력이 있는 교사들에 대해서는 자기장학을 하도록 유도하는 것이 바람직하다.

자기장학은 다른 학교 내 장학과 현직 연수와도 구별되는 전문적 성장과정으로서 다음 네 가지 특성을 가지고 있다(주삼환, 2006).

- 전문적 성장의 프로그램에 의하여 개인이 독립적으로 일한다.
- 교사 개인은 목표지향적인 전문적 개선프로그램을 개발하고 추구한다.
- 교사 개인은 이러한 목표를 달성하기 위하여 일하는 데 있어서 다양한 자원에 접근한다.
- 자지 장학의 프로그램의 결과를 교사의 업적 평가에 사용하지 않는다.

학교현장에서 활용 될 수 있는 자기장학의 주요 방법은 다음과 같다.
- 스스로 자신의 수업을 녹음 또는 녹화하고 이를 분석하여 자기반성과 자기발전의 자료로 삼는 방법
- 자신의 수업이나 생활지도, 특별활동지도, 학급관리·경영 등과 관련하여 학생들과의 면담이나 학생을 대상으로 한 의견 조사를 통해 자기발전과 자기반성의 정보를 수집하는 방법
- 교직활동 전반에 관련된 서적이나 전문자료를 탐독·활용하여 자기발전의 자료로 삼는 방법
- 전공교과 영역, 교육학 영역 또는 관련 영역에서 대학원과정(4년제 대학과정, 방송통신대학 과정, 사이버대학원 등 포함)수강을 통해 자기발전을 도모하는 방법
- 교직전문단체, 연구기관, 학술단체, 대학 또는 관련 사회기관이나 단체등 전문기관을 방문하거나 전문가와의 면담을 통하여 자기발전의 자료나 정보를 입수하는 방법

- 각종 연수, 교과연구회, 학술발표회, 강연회, 시범수업 공개회에 참석하거나
  학교 상호방문 프로그램에 참여하여 자기발전을 도모하는 방법
- TV나 라디오 등 방송매체가 제공하는 교원연수 프로그램이나 교원연수 관련
  비디오, 동영상 등의 시청을 통하여 자기발전을 도모하는 방법

라. 약식장학

약식장학은 단위학교의 교장이나 교감이 간헐적으로 짧은 시간 동안 학급순시나 수업참관을 통하여 교사들의 수업 및 학급경영 활동을 관찰하고 이에 대해 교사들에게 지도·조언을 제공하는 과정이다.

이러한 약식장학은 교장이나 교감의 계획과 주도로 전개되는 비공식적인 성격이 강한 활동으로서 다른 형태의 장학에 대하여 보완적이고 대안적인 성격을 갖는다.

약식장학의 일반적인 특징은 다음과 같다.

- 원칙적으로 학교행정가인 교장이나 교감의 계획과 주도로 전개된다.
- 간헐적으로 짧은 시간 동안의 학급순서나 수업참관을 중심 활동으로 한다.
- 다른 장학형태에 대하여 보완적이고 대안적인 성격을 갖는다.

마. 자체연수

자체연수는 수업개선을 포함한 교직원들의 교육활동 개선을 위하여 그들의 필요와 요구에 기초하여 학교 내·외의 인적·물적 자원을 활용하여 단위학교 자체에서 실시하는 연수활동이다.

자체연수에는 교장, 교감, 교사뿐만 아니라 행정부서 직원도 참여할 수 있다. 교사들과 행정부서 직원들의 공동관심사나 공동과제에 대한 연수 또는 교사들과 행정부서 직원들 간의 상호 이해와 협조를 높일 수 있다는 점에서 의미가 있다.

자체연수는 학교의 형편과 교직원들의 필요와 요구를 바탕으로 교직원들의 전문적 발달, 개인적 발달, 학교의 조직적 발달을 지향하며 교장, 교감, 부장교사, 교사를 포함하여 교내외의 교직원 또는 외부 전문가나 장학요원들이 연수담당자가 되어 진행한다. 교직원들 간의 체육활동, 취미활동, 종교활동 등도 넓은 의미에서 자체연수에 포함되는 활동으로 이해할 수 있다.

수업장학의 다섯 가지 기본 유형을 개념, 주(主)된 장학담당자, 영역, 형태, 대상, 형식성 정도 등의 기준에 비추어 비교·정리하면 <표 6-1>과 같다.

<표 6-1> 수업장학의 유형

장학 유형	개념 및 방법	주(主)장학담당자	영역	형태	대상	형식성
임상장학	교사들의 수업기술 향상을 위해 교장(외부장학요원, 전문가)이 주도하는 체계적이고 개별적인 지도·조언	교장, 교감(외부장학요원, 전문가 포함)	교사의 전문적 발달	수업연구(교장, 교감 주도), 마이크로티칭	초임교사, 수업기술 향상의 필요성을 느끼는 교사	공식적
동료장학	동료교사들 간에 교육활동의 개선을 위하여 공동으로 노력하는 과정	동료교사	교사의 전문적·조직적 발달	동학년 협의회, 동교과 협의회, 동료간 수업연구	전체 교사, 협동적으로 일하기를 원하는 교사	공식적 + 비공식적
자기장학	교사 개인이 자신의 발달을 위하여 스스로 체계적인 계획을 세우고 이를 실천하는 과정	교사 자신	교사의 전문적 발달	자기수업 분석, 대학원 수강, 각종 자기연찬	전체 교사, 자기분석, 자기지도의 능력과 기술을 갖고 있는 교사	비공식적
약식장학	교장, 교감이 간헐적으로 짧은 시간 동안의 학습순시나 수업참관을 통하여 교사들의 수업 및 학급경영활동을 관찰하고 이에 대해 교사들에게 지도 조언을 제공하는 과정	교장, 교감	교사의 전문적 발달	학급순시, 수업참관 등	전체교사	비공식적
자체연수	교직원의 교육활동 개선을 위하여 그들의 필요와 요구에 기초하여 학교내외의 인적·물적 자원을 활용하여 단위학교 자체에서 실시하는 연수활동	전 교직원	교사의 전문적·개인적 발달·조직적 발달	각종 교내연수 등	전 교직원	공식적

* 출처: 변영계·김경현(2005). 수업장학과 수업분석. 서울: 학지사. p.66. 수정 보완

지금까지 살펴 본 장학유형 가운데, 교사들이 외부 장학요원이나 형식적인 장학을 싫어하고 자신의 전문적 성장을 위하여 스스로 체계적인 계획을 세우고 이를 실천하는 비공식적 과정을 선호하는 속성에 비추어 볼 때, 학교 현장에서 효과적인 장학의 하나가 자기장학이라고 생각한다. 따라서 여기에서는 학교 내에서 교사가 자신의 수업을 개선하기 위해 오디오 레코더, 비디오 녹화기(디지털 캠코더), 컴퓨터를 활용하여 쉽게 수행할 수 있는 자기장학에 대해 좀 더 자세히 살펴보기로 한다.

3. 수업개선을 위한 자기장학

가. 자기장학의 개념

자기장학(self-directed development)은 외부의 강요나 지도에 의해서가 아니라 교사 스스로 자신의 전문적 성장을 위해 녹음, 녹화, 학생반응, 전문서적, 자원인사(교장, 교감, 장학사, 교육전문가) 등을 활용하여 스스로 계획을 수립하고 실천해 나가는 자발적인 장학행위이다.

자기장학은 임상장학을 필요로 하지 않거나 또는 원하지 않는 교사가 혼자 독립적으로 자신의 전문적 성장을 위하여 스스로 체계적인 계획을 세우고 이를 실천하는 과정이다. 교사는 전문직 종사자로서 자기성장과 자기발전을 위해 끊임없는 노력을 경주해야 한다는 당위성에서도 자기장학의 의미는 크다고 할 수 있다.

학자들의 연구에 의하면 교사들은 개별 독립학습으로부터 어떤 기술과 정보를 얻을 수 있고 자기들의 활동에 어떤 선택의 기회를 제공해 주는 프로그램을 더 좋아한다(주삼환, 2006). 따라서 장학담당자의 지도 없이도 스스로 자신의 전문성 향상을 위하여 노력할 수 있는 의지와 능력이 있는 교사들에 대해서는 자기장학을 유도하는 것이 바람직하다.

자기장학은 원칙적으로 교사 자신의 필요와 요구를 존중하여 다양한 방법으로 전개되어야 한다. 자기장학의 구체적인 방법으로는,

① 자기 수업을 녹음 또는 녹화하여 스스로 분석·평가하거나, ② 자기의 수업활

동에 관하여 학생들의 의견을 조사하거나, ③ 교직·교양·전문서적·잡지·논문 등 자료를 활용하거나, ④ 대학원 혹은 평생교육원 같은 교육기관에 등록하여 전문성을 신장하거나, ⑤ 학회의 학술활동, 연수회, 세미나, 워크숍, 강연회에 참석 또는 참여하거나, ⑥ 관계기관을 방문하여 담당전문가(장학사, 행정가)의 조언·경청 및 정보를 입수하거나, ⑦ 인터넷(사이버) 연수 프로그램이나 텔레비전의 특강 프로그램을 시청하거나(강영삼, 1994), ⑧ 다른 학교의 시범수업이나 공개수업을 참관하거나, ⑨ 수업개선을 위한 연구동아리 또는 교과연구회 활동 등을 들 수 있다.

여기에서는 실제로 자기 수업을 녹음 또는 녹화하여 스스로 분석·평가해보는 방법과, 학생들의 의견을 조사해 보는 자기장학 방법에 중점을 두고 살펴보고자 한다.

나. 자기장학을 위한 교사 그룹

자기장학을 위한 교사 그룹은 다음과 같다.
- 자기 성장 의욕이 강한 교사(수업기술 향상의 필요성을 느끼는 교사)
- 경험이 많고 능력 있는 교사
- 스스로 연구하기를 좋아하는 교사
- 자기 지도의 기술을 갖고 있는 교사
※ 자기장학에 활용할 수 있는 자원인사
- 교장, 교감, 장학사(관), 연구사(관), 교육전문가(교수)

다. 자기 장학의 주요 내용

자기 장학은 자기 연수로 이루어지며, 그 주요 내용은 수업 개선에 관한 것이어야 한다(박병철, 1990).
- 수업모형 개발 및 수업 진행 기술을 개발한다.
- 교사와 학생, 학생 상호간의 교수·학습 활동(언어 상호작용, 수업분위기 등)을 연구한다.
- 수업자료의 준비 및 활용 방법을 강구한다.
- 수업 중 발문 및 질의응답 방법을 강구한다.
- 평가방법(형성평가 등)을 연구한다.

라. 자기장학의 수행과정

수업개선을 위한 자기장학의 수행과정을 예시하면 다음과 같다.

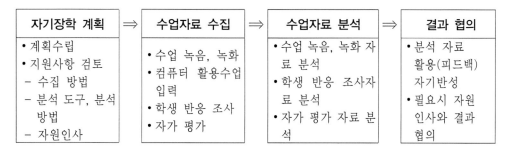

자기장학 계획	⇒	수업자료 수집	⇒	수업자료 분석	⇒	결과 협의

• 계획수립
• 지원사항 검토
  – 수집 방법
  – 분석 도구, 분석 방법
  – 자원인사
		• 수업 녹음, 녹화
		• 컴퓨터 활용수업 입력
		• 학생 반응 조사
		• 자가 평가
				• 수업 녹음, 녹화 자료 분석
				• 학생 반응 조사자료 분석
				• 자가 평가 자료 분석
						• 분석 자료 활용(피드백) 자기반성
						• 필요시 자원인사와 결과 협의

1) 자기장학 계획

자기장학을 위해서 교사 스스로 자기장학의 목표 및 연구과제를 설정하는 단계이다.

- 자기수업 개선을 위해 시·도교육청 홈페이지의 모범수업 자료나 인터넷 게시판의 수업자료 및 공개수업을 직접 참관하여 정보 획득을 통해 자신의 수업에 문제점과 개선점을 찾는다.
- 목표 및 연구과제를 설정한다. 연구과제는 한 번에 여러 개의 과제를 설정하기보다는 한 번에 한두 개 정도의 목표만을 정하고 행동적 목표를 설정하여 목표 달성 가능성을 높이도록 한다.
- 목표달성을 위한 자료 수집 방법 및 분석도구, 분석 방법, 자원인사(전문가, 인적자원 지원)를 검토하여 구체적인 자기장학 활동계획을 수립한다. 여기에서 활용될 수 있는 자원인사는 튜터(tutor), 관리자, 멘토(mentor), 동료교사 또는 동료 학습자 등이 해당된다.

2) 수업자료 수집

자기장학을 위해서 필요한 녹음, 녹화자료 및 학생 질문지 자료를 수집한다.

가) 수업활동에 대해 음성 녹음, 캠코더로 녹화한 자료(디지털 캠코더 및 비디오 자료)를 수집한다.

1970년대 초부터 수업의 관찰기록 방법으로 녹음이 많이 사용되어 왔다. 녹음기는 캠코더 녹화에 비해 훨씬 간편하고 작동하기가 편리하기 때문에 수업자가 개인적으로 활용하기에 편리하다. 최근에는 녹음 용량이 큰 소형 디지털 녹음기의 발전으로 학생들이 눈치 채지 못하게 교사가 주머니에 휴대하여 한 번의 버튼 작동만으로도 수업상황을 녹음할 수 있으며 필요한 부분만 녹음할 수도 있다.

다음으로, 캠코더 녹화 방법이 있으며, 캠코더(디지털) 녹화를 위해 최근에는 교사의 움직임을 따라가면서 촬영하는 카메라 시스템 및 음성인식 시스템이 개발되어 있으나, 구입비용이 고가여서 학교현장에서 사용하기에 어려움이 따른다. 그래서 일반적으로 대중화되어 있는 비디오카메라와 녹화기의 기능이 결합된 간편한 캠코더를 수업관찰 및 기록에 유용하게 사용하고 있다. 또한 디지털 캠코더의 발달은 녹화된 자료를 컴퓨터와 연결하여 수업 분석의 자동화를 보다 편리하게 실현하고 있다. 캠코더 수업 녹화는 특수조명이 없더라도 수업 촬영이 가능하며 편집, 이동, 재생이 간편하다. 그리고 필요할 때 언제라도 재생시켜 볼 수 있으며, 녹화한 것을 반영구적으로 보관할 수도 있다. 녹화는 캠코더 한 대로도 할 수 있으나 가능한한 두 대를 활용해서 한 쪽은 학생장면을 녹화하고, 다른 한쪽은 교사의 장면을 녹화하는 이원체제로 녹화하는 것이 더 좋을 것이다. 교탁 주변에서 수업을 주로하는 교사만을 대상으로 녹화를 할 경우에는 캠코더 하나로 고정해서도 가능하겠지만 전체 학생과 교사를 동시에 녹화를 하기 위해서는 캠코더를 이동하거나 이원또는 삼원 녹화가 필요하며 여기에는 녹화를 도와줄 녹화담당자가 필요하다. 녹화는 전체 수업과정을 할 수도 있고 중점적으로 관찰할 부분이나 도입·전개·정착단계별, 또는 전개 수업개선 자료로서 가치있는 부분만을 녹화할 수도 있다.

☑ 녹음, 녹화방법 및 유의점을 들면 다음과 같다.

- 오디오 레코더는 설치와 작용이 비디오에 비해 단순하다. 오디오 카세트를 활용한 녹음은 학급의 크기에 따라 적절한 장소와 방법을 택해야 한다.
- 비디오 레코더는 설치하고 분해해서 보관하기가 어려운 편이므로 수업을 녹화해야 할 경우에는 기재를 사용하고 보관이 편하도록 특별실을 활용하는 것이 좋다.
- 학생들이 교실에 들어오기 전에 미리 기재를 설치해 놓는 것이 바람직하며 녹화과정에서 수업에 방해가 되지 않도록 기재의 비치에 주의해야 한다.
- 교사는 녹화과정에서 신체적 외모에 너무 신경을 쓰거나 또는 너무 긴장해서

정상적인 수업활동에서 벗어나는 일이 없도록 노력해야 한다.

- 캠코더의 설치장소, 렌즈의 초점을 신속하게 맞추는 방법 등을 익숙하게 익혀 수업의 흐름에 따라 교사와 학생의 활동을 빈틈없이 촬영하고 또한 클로즈업(close-up) 해야 하는 부분 포착 등도 익숙하게 처리할 수 있어야 한다.
- 수업의 흐름을 촬영하거나 녹음하는 시간은 30분 정도(이보다 길면 되돌려 보기에 지루한 감이 있음)가 적당하나, 전체 수업을 분석하기 위해서는 1차시(본시) 분 전체 수업을 촬영하되, 전체 또는 부분별로 분석에 활용할 수도 있다.
- 피드백 시간에는 교사의 활동과 학생의 행동을 여러 측면에서 면밀하게 관찰하고 분석하여 개선점을 찾도록 한다(심덕보, 1994).

나) 학생으로부터 수업에 대한 반응을 조사한다.

교사의 수업에 대한 학생들의 반응을 알아보는 것은 학습의 주체인 학생들을 만족시킬 수 있는 수업을 추구하는 동시에 학습의 질을 향상시키고 학습의 효과를 최대화하는데 있다. 학생들로부터 수업방법에 대한 반응은 질문지 등을 통해 수집할 수 있다. 질문지를 사용하는 대상은 한 학년 또는 1개 학급을 샘플(sample)로 할 수 있다.

다) 수업자인 교사가 자신의 수업에 대해 평가한다.

수업을 하고 난 후에 교사가 자신의 수업을 평가하는 기법으로서, 여기에 사용되는 측정도구는 교사의 자기 수업평가 검목표(Levin & Long, 1981.)나 체크리스트에 의한 분석방법을 활용할 수 있다.

3) 수업자료 분석

자기장학을 위해 수집한 자료를 수작업이나 컴퓨터를 활용하여 분석한다.

가) 녹음자료와 녹화자료에 의한 자기수업 분석

녹음과 녹화기록을 통한 분석방법은 가장 객관적인 관찰 방법으로서 교사가 자신의 수업상황을 관찰해볼 수 있도록 해준다. 녹음과 녹화기록은 교사와 학생이 하고 있는 활동상황이나 말하고 있는 것을 다양하고 정확하게 담을 수 있을 뿐만 아니라 학급 내 상호작용의 감정까지도 생생하게 담을 수 있다.

이와 같이 교수·학습활동을 녹음 또는 녹화하면 반복해서 볼 수 있어 수업성과,

수업기술 등을 면밀히 분석할 수 있고 특히, 언어적 교수기술의 개선을 도와주는데 큰 효과를 주고 있어 수업 분석의 도구로서 점차 이용이 활발해지고 있다(주삼환, 1991).

녹음자료와 녹화자료에 의한 자기수업 분석방법은 다음과 같다.

① 녹음자료 분석을 위해 과거에는 카세트 녹음기를 이용해서 녹음을 하여 자기수업을 분석하는 경우가 대부분이었다. 녹음 분석은 비디오에 비해 간편하나 교사와 학생의 언어적 행동 위주의 분석에 한정되어 있어서 비언어적 행동을 볼 수 없는 한계가 있다. 이 방법은 교사가 수업 중에 사용하는 표준어 사용정도, 억양, 속도, 불필요하게 사용되는 언어, 말을 이어가는 유창성, 수업상황을 이끌어가는 분위기를 알아볼 수 있으며, 교사의 발언과 학생의 발언 그리고 침묵, 혼란의 기간 등을 알아볼 수 있다. 이 가운데 교사의 발언과 학생의 발언 그리고 기타 침묵, 혼란의 기간을 분석하기 위한 언어적 행동분석 도구에는 Flanders(1960)의 언어상호작용분석법이 주로 사용된다. 이 방법은 비디오 녹화자료에서도 똑같이 활용될 수 있으나 분석이 복잡한 편이어서 실용화는 되지 못한 편이다. 그런데 최근에 변영계 · 김경현(2005)이 컴퓨터 프로그램 분석도구를 개발하여 활용하고 있다.

② 컴퓨터를 이용한 디지털 캠코더 녹화자료를 분석할 때는 먼저, 오디오(음성)를 끄고 비언어적 행동(교사의 행동으로 교수태도, 지시봉 사용 자세, 판서행위, 자료제시 태도, 교실 순회 이동방법, 시선 위치, 주(主)지명 학생군과, 학생의 행동으로 학습태도, 발표 자세, 거수 방법, 수업참여 정도, 주(主)발언 학생군)만을 집중적으로 분석하고, 이어서 비디오(화면)를 끄고 언어적 행동을 집중적으로 분석한 다음, 전체를 분석하는 식으로 되풀이하여 분석한다. 어느 경우에나 여러 가지 내용을 동시에 분석하기는 어렵기 때문에 영역별로 나누어서 분석하는 것이 좋으며, 재생 속도가 빨라서 분석을 제대로 할 수 없을 때에는 구간 분석을 하며 진행할 수도 있다.

녹음, 녹화자료를 통한 수업분석사례(심덕보, 1994)를 살펴보기로 한다.

▶ **녹음, 녹화에 의한 수업 분석 사례(초등학교 체육과)**

㉮ 체육과 교수 · 학습 과정안

　　　　　　　• 일시 : 2007. 11. 4. 3교시
　　　　　　　• 장소 : 본교 체육관

• 대상 : 5학년 6반
• 지도교사 : ○ ○ ○

□ 본시 교수 · 학습 과정

단원 (주제)	24. 장애물 넘어 달리기
학습목표	○ 민첩한 동작으로 장애물을 타넘으며 이어달리기를 할 수 있다. ○ 여러 개의 장애물을 연속으로 타넘을 수 있다. ○ 규칙을 지키며 협조하여 운동하는 태도를 갖는다.

지도 단계 (시간)	과 정	교수 · 학습 활동		자료 및 지도상의 유의점
		교 사	학 생	
목표확인 및 인지 (5분)	• 준비활동 • 목표찾기 • 목표인지	• 준비체조 • 장애물을 빨리 넘기 위해 어떻게 할까? • 학습목표 제시	• 가볍게 몸 풀기 • 장애물을 빨리 넘는 방법을 자 유롭게 발표 • 학습목표 인지	• 주제와 관련된 움직임 • 테이프, 녹음 기
문제지시 (5분)	• 움직임 문제발견	• 구르는 발을 어떻게 할 수 있나? – 구르는 힘을 다르게 하여 장애 물을 넘도록 한다. – 장애물 사이로 일정한 걸음수로 넘도록 한다.	• 구르는 발의 힘의 세기, 걸음수 의 형태 찾기 – 구르는 힘을 다르게 하여 장 애물 넘기 – 장애물 사이로 일정한 걸음수 로 넘기	• 동작하면서 찾 도록 한다.
문제분석 및 탐색 (5분)	• 움직임 방법 찾기 • 움직임 방법 선택	• 여러 가지 구르는 형태 • 능력에 맞는 방법을 정하게 하고 탐구내용 선택	• 여러 가지 장애물 넘기방법 구 르는 힘 • 능력에 맞는 방법 정하여 탐구	• 장애물 • 다양한 방법 찾도록 유도
해결전략 및 실행 (20분)	• 움직임 탐구활동 • 움직임 정착활동	• 구르는 힘을 다르게 하여 장애물 을 넘게 한다. • 장애물 사이를 일정한 걸음수로 넘게 한다. • 여러 개의 장애물을 연속적으로 넘게 한다. • 장애물 넘어 이어 달리기	• 구르는 힘을 다르게 했을 때 우 리 몸이 어떠한지 생각하며 넘 어본다. – 힘차게, 사뿐히 • 걸음수를 다르게 하여 넘어보 면서 자기에 알맞은 걸음수를 조정–수회실시(일정 걸음수 익히게) • 장애물 연속적으로 정확히 넘 기(발구르기 탐구) 5–6개의 장애물 일정 간격 설치 • 장애물 정확히 넘어 이어달리 기 • 여러 가지 장애물 정확히 돌고 이어달리기	• 장애물 다양한 방법 시도하게 한다. • 특정 정보 내 포한 지도활동 • 다른 사람의 동작도 살핀다. • 가치판단에 관 한한 내용 포 함
해결전략 토의 및 평가 (5분)	• 평가활동 • 정리활동 • 차시예고	• 장애물을 연속해서 넘기에 좋은 방법으로 • 장애물을 빠르게 연속적으로 넘 어보아라. • 정리운동 • 차시예고	• 경험발표 • 정확한 발구르기로 장애물을 타넘는다. • 팔, 다리, 손목, 허리 등 관절을 풀어준다. • 차시 내용 확인	• 몇 사람 선정 실시 • 학습내용 정리 평가

㉯ 체육과 수업분석 방법의 선택

체육과 수업분석은 체육수업이 신체 활동을 수단으로 한다는 점에서 그 분석이 용이하지 않다. 그동안 직관적인 판단법, 목견적 관찰법(eye-balling), 일화기록, 점검표, 평정척도 등의 방법으로 행해져왔으나 이 방법은 타당도, 신뢰도, 객관도 등이 낮아 논란이 많았다.

근래에는 녹음기나 녹화기를 사용하여 사건기록법(event recording), 지속시간 기록법(duration recording), 간격기록법(interval recording), 집단적 시간표시 법(group time sampling), 자기기록법(self recording) 등의 방법을 적용하고 있 다(심덕보, 1994).

이 가운데 간격기록법에 의한 수업분석 사례를 살펴보도록 한다.

㉰ 간격 기록 체계에 의한 체육과 수업분석 사례

교사행동에 대한 자료는 교사가 휴대용 녹음기로 자신의 교수행동을 녹음하고 학생행동은 현장에서 비디오테이프로 녹화함으로서 데이터를 수집하였다. 간격 기 록 체계로 작성된 기록지에 기록하는데 기록체계는 2열로 이루어져 있으며 각 간격 에 대해 2번의 의사결정을 필요로 한다. 첫 번째 열은 한 간격동안 교사의 행동을 기술하기 위해 사용되며 이와 관련된 15개의 행동범주를 설정하였고, 두 번째 열은 학생행동을 기술하기 위해 사용되며 9개 항목의 행동범주를 설정하였다.

이 기록체계는 270개의 간격을 제공하기 때문에 10초 간격(관찰 기록지 한 칸)으 로 최고 45분까지의 교사-학생행동을 지속적으로 기록할 수 있다. 대부분의 간격 기록 관찰체계와 마찬가지로 관찰지에 실제로 기록되는 사항은 미리 선택한 행동범 주의 약자이다.

시간별 사건기록에 의하여 얻어진 사건의 빈도로 교사의 행동을 분석하고, 과제 행동의 지속시간 기록으로 얻어진 자료로 학생행동을 분석하였다.

본 수업을 분석하는데 있어 녹음테이프와 비디오테이프의 반복재생을 통해 관찰 도구 기록의 수정보완으로 보다 객관도가 높은 결과를 얻을 수 있었다.

ⓐ 관찰기록지

- 학교 : ○ ○초등학교 • 학년 : 5 • 학급 : 6반
- 차시 : 3 • 학생수 : 40명 • 날짜 : 2007. 11. 4
- 교사 : ○ ○ ○ • 관찰자 : ○ ○ ○ • 지도내용 : 장애물 넘어 달리기
- 장비 및 용구 : 장애물 5~6cm 깃대 각조 2개, 높이뛰기대, 고무줄
- 수업환경 : 체육관에 준비물이 구조적으로 놓여있고, 아동들의 선수학습 기능이 대체로 고르다.

	1	2	3	4	5	6	7	8	9	10	11	12	13	14	15	16	17	18	19	20	21	22	23	24	25	26	27	28	29	30
T		설		궁																	궁		칭	발	궁/구	교/궁	발/궁	궁	발/궁	궁/구
S	이	대	준	-	-	-	-	-	-	-	-	-	-	-	-	-	-	-	-	-	-	이	대	지	-	-	-	-	-	-

	31	32	33	34	35	36	37	38	39	40	41	42	43	44	45	46	47	48	49	50	51	52	53	54	55	56	57	58	59	60
T	실	발		발/궁		발	궁	발/궁					궁			독		궁/구			궁	궁		재		발		발/궁	발/궁	궁/구	설
S	-	-	-	-	-	-	이	연	-	-	-	-	-	-	-	-	-	-	-	-	-	이	대	지	-	-	-	-	-	-

	1	2	3	4	5	6	7	8	9	10	11	12	13	14	15	16	17	18	19	20	21	22	23	24	25	26	27	28	29	30
T	발		궁/구	발	발/궁		궁	발	궁	설	궁						궁		궁/구	궁	교		궁/구		궁		궁			재
S	-	-	-	-	-	-	-	이	조	-	이	연	-	-	-	-	-	-	-	-	-	-	-	-	-	-	-	-	이	-

	31	32	33	34	35	36	37	38	39	40	41	42	43	44	45	46	47	48	49	50	51	52	53	54	55	56	57	58	59	60
T			궁			궁		궁/구		교		궁/구	발		발/궁		궁				궁/구	교/구	교/구	교/구			궁		교	
S	대	조	-	연	-	-	-	-	-	이	대	지	-	-	-	이	연	-	-	-	-	-	-	-	-	-	-	-	-	보

	1	2	3	4	5	6	7	8	9	10	11	12	13	14	15	16	17	18	19	20	21	22	23	24	25	26	27	28	29	30
T	궁			궁	교	궁		궁	궁			궁					발		궁		발/궁	부/구	궁	발/궁			궁		교	궁
S	이	대	연	-	-	-	-	-	-	-	-	-	이	대	지	-	-	-	-	-	-	-	이	대	연	-	-	-	-	-

	31	32	33	34	35	36	37	38	39	40	41	42	43	44	45	46	47	48	49	50	51	52	53	54	55	56	57	58	59	60
T				궁	교		궁/구	궁		교		궁		궁	궁	교/구			궁		궁/구			궁			발			교/구
S	-	대	연	-	-	-	-	-	-	-	-	-	-	-	-	-	-	-	-	-	-	-	-	-	이	지	-	-	-	-

	1	2	3	4	5	6	7	8	9	10	11	12	13	14	15	16	17	18	19	20	21	22	23	24	25	26	27	28	29	30
T	설			재	궁/구			재	궁	궁	잔	재				궁			잔		궁					칭	궁/구			
S	-	이	연	-	-	이	대	-	-	연	-	-	이	대	-	-	이	연	-	-	이	대	-	-	-	연	-	-	이	

	31	32	33	34	35	36	37	38	39	40	41	42	43	44	45	46	47	48	49	50	51	52	53	54	55	56	57	58	59	60
T	발/궁	발		발/궁	궁/구	궁		궁/구	설			궁			궁		교/구			궁								궁		
S	지	-	-	-	-	-	-	이	연	-	-	-	-	-	-	-	이	정	-	-	-	-	-	-	-	-	-	-	-	-

	1	2	3	4	5	6	7	8	9	10	11	12	13	14	15	16	17	18	19	20	21	22	23	24	25	26	27	28	29	30
T		교/구		설																										
S	보	-	이	지																										

교사행동(T)	학생행동(S)
재촉(재):5 긍적적/일반적피드백(긍):56 독려(독):1 긍정적/구체적피드백(긍/구):16 발문(발):23 교적적/일반적피드백(교):7 모멘팀(모): 교정적/구체적피드백(교/구):8 설명(설):7 부정적/일반적피드백(부): 시범(시): 부정적/구체적피드백(부/구):1 칭찬(칭):2 잔소리(잔):2 ※수치는 40분간 이루어진 비난(비) 교사행동의 빈도수임.	지식(지) : 9′ 50″ 정리(정) : 2′ 10″ 이동(이) : 3′ 40″ 보조(보) : 30″ 조직(조) : 40″ 대기(대) : 3′ 20″ 준비(준) : 3′ 10″ 비과제(비)-이탈행동 : 10″ 연습(연)-실제학습시간, 과제종사시간 :17′ 10″ ※기록된 시간은 수업시간 내에 이루어진 학생 행동의 지속시간임.

ⓑ 관찰결과 및 판단소견

학생 행동에 대한 교사의 반응

	운동 기능에 관한 피드백						수업행동에 관한 피드백		
	긍정적		교정적		부정적		칭찬	잔소리	비난
	일반적	구체적	일반적	구체적	일반적	구체적			
빈도	56	16	7	8	·	1	2	2	·
1분당비율	1.4	0.4	0.18	0.2	·	0.03	0.05	0.05	·

교사의 어떤 반응에 관한 정보로서 다음 반응을 수정하기 위한 피드백이 높은 비율로 제공되었으며 수업행동에 대한 피드백(4회)에 비하여 운동기능에 대한 피드백(88회)으로 과제학습 지향적인 상호작용이 활발히 이루어진 수업이었다. 또한 운동기능 및 전략행동에 대한 교사의 반응은 긍정적 피드백이 높은 비중을 차지하고(81.8% : 운동기능에 관한 피드백에 대한 긍정적 피드백의 백분율), 수업행동에 대한 교사의 반응은 칭찬과 잔소리가 낮은 비중을 차지하는 것으로 이 수업 환경은 매우 긍정적인 분위기라 하겠다. 즉 40분의 수업시간동안 2회의 잔소리 행동의 표출만으로 그쳤다.

그러나 일반적 피드백이 대부분으로(72% : 긍정적 피드백에 대한 백분율), 구체적 정보내용을 지니거나 정보와 가치 내용을 지닌 피드백(구체적 피드백)의 사용이 적어(28%), 그 사용빈도에 비해 학습효과를 높이는데 비효율적이었다고 하겠다. 일반적으로, 피드백 진술에 50~70%의 본시 과제 해결에 관한 특정정보가 포함되어야 한다고 한다.

또한, 높은 장애물을 못 넘는 학생에게 반복된 교정적/구체적 피드백을 통해 넘게 됨으로써 몇몇 학생들이 용기를 얻는 파급 효과를 얻게 되었으나, 느리게 반응하는 학생들을 무시해버리는 대신 신속하게 반응하는 학생들에게 긍정적이고 구체적인 피드백을 부여하면서 수업을 진행하는 것이 수업 목표 달성에 유리하다고 판단된다.

학습자 시간에 관한 데이터

	지속시간	비율(%)
수업운영시간 (조직, 이동, 보조)	4′ 50″	11.9
대기시간 (대기, 비과제)	3′ 30″	8.6
정보수용시간 (지식)	9′ 50″	24.2
운동참여시간 (실제 학습시간, 준비, 정리운동)	22′ 30″	55.3

학생 행동 시간에 대한 데이터를 분석해보면 탐구학습 모형에 충실하여 발문과 탐색이 자주 이루어져 잦은 이동이 있었으나(22회), 이에 비하여 수업 운영 시간이 전체 수업 시간의 11.9%에 해당하는 낮은 비율로 나타난 것은 확립된 수업구조로 교사의 지시와 감독이 없어도 학생 행동의 관리가 유동적 탄력적으로 이루어지고 있음을 알 수 있다.

학생들은 대기 상태에 있을 때, 수업목표에 기여하는 아무런 행동도 하지 않을뿐더러 이탈행동을 하고 싶은 유혹을 느끼기 쉬운데 8.6%로 낮게 나타난 것은 과제해결에 몰두할 수 있도록 조직되고 운영되었으며 수업의 여세, 즉 모멘텀(momentum)이 있는 수업으로 진행되었음을 보여주었다.

정보 수용시간이 24.2%로 각종 정보를 수용하는데 많은 시간이 소비되었는데 이는 탐구학습에 충실한 수업이었다 하더라도 그 비율을 낮추어 학생의 운동참여시간으로 사용할 수 있다면 보다 효율적인 체육 수업이 가능해진다.

55.3%의 높은 비율로 나타난 운동 참여 시간은 이 수업이 학생들의 높은 운동 참여율을 나타내고 있으나 이것이 모두 운동 기술의 향상을 의미하는 것은 아니며, 그 운동기술이 학생 수준에 적절했는지의 여부가 함께 분석되어야 하겠다.

지금까지 체육과 수업분석 사례 및 관찰 결과와 판단 소견을 살펴보았다. 이와 같이 수업자와는 별도로 관찰자가 수업을 분석할 수 있으나 자기장학 차원에서 수업자가 오디오 녹음이나 비디오 녹화내용을 가지고 직접 관찰·분석하면 더 많은 새로운 것을 발견할 수도 있다. 또 여기에서는 수업사례로 체육과를 제시하였지만 각 교과에 따라 적절한 방법을 선택하고 교과 특성에 맞는 행동범주를 설정하여 수업을 분석한다면 교과별로 유용하게 활용할 수 있을 것이다.

나) 학생반응 조사를 통한 자기수업 분석

수업관찰을 위한 평정척은 동료나 교사자신 외에 학생들에 의해 사용이 가능하다. 학생에게 적용하는 평정척은 학생으로 하여금 자신이 경험한 수업에 대하여 평정하도록 하여 그 결과를 수업개선의 도구로 활용하는 방법이다. 효율적이고 효과적으로 수업을 평정하도록 하기 위해서는 평정하는 학생의 발달수준, 연령 및 학년 등을 고려해야 하며 평정항목과 준거변인의 선정 및 그 표현에 유의해야 한다. 초·중등학생의 경우에는 수업 전반에 걸친 평정보다는 학생 중심의 변인인 교사와 학생 간의 상호 작용 측면 등으로 장면을 한정하는 것이 좋다. 학생들은 수업에 참여할 때 교사 행동에 대하여 광범하게 관찰할 기회를 가진다. 교사는 학생들이 자기를 어떻게 지각하느냐에 관심을 가지기 때문에 학생들이 관찰한 결과를 유용하게 이용할 수 있다(변영계, 2000).

여기에서는 학생에게 적용하는 교사 수업 평정척(변영계, 2000; 주삼환, 2006)에 대해 살펴보기로 한다.

(1) 교사 이미지 질문지

교사 이미지 질문지(Teacher Image Questionnaire; TIQ)는 중학생과 고등학생에게 적용하기 위하여 개발되었다. TIQ를 실시하는 데는 많은 시간을 할애할 필요는 없으며 보통 약 15분이 걸린다. 〈표 6-2〉에 제시한 교사 이미지 질문지는 교과에 대한 지식, 발문기술, 공정성, 개방성, 학생참여의 고무, 수업에 대한 열성, 학생들의 의견 수렴, 유머감, 사려성, 온정성, 용모, 수업의 효과성 등에 대한 항목으로 구성되어 있으며 질문지의 뒷면에는 학생이 지각한 교사의 좋은 점(장점)과 부족한 점(약점)을 쓸 수 있도록 하였다. 학생들은 각 질문마다 교사의 이미지에 대해 자신이 생각하는 정도를 항목에 따른 척도(예: 불량 혹은 우수 등)에 ∨표를 하면 된다. 여기에서 얻은 자료는 척도를 체크한 학생의 백분율로 계산한다. 준거 문항별로 평정기준의 어디에 백분율이 높게 나타나는가를 분석하여 수업 중 자기의 이미지 정도를 파악하고 수업지도 개선에 활용할 수 있다.

<표 6-2> 교사 이미지 질문지

* 시작하라는 말이 있을 때까지 기다려 주시오.

선생님에 관한 여러분의 의견은 :

번호	질문 내용	평점 불량 부족 보통 좋음 우수
1	교과에 관한 지식: 선생님은 가르치는 수업내용에 대하여 완전히 이해를 하고 있습니까?	├──┼──┼──┼──┤
2	발표의 명료성: 여러분의 이해 수준에 맞게 선생님의 생각을 말합니까?	├──┼──┼──┼──┤
3	공정성: 학급 내 모든 학생들을 다루는 데 공정합니까?	├──┼──┼──┼──┤
4	통제성: 부드럽고 친절하면서도 학급 내 질서유지를 합니까?	├──┼──┼──┼──┤
5	학생에 대한 태도: 선생님이 학생을 좋아한다고 느낍니까?	├──┼──┼──┼──┤
6	흥미를 자극하는 정도: 학급 내 학생들이 흥미를 가지고 도전하도록 합니까?	├──┼──┼──┼──┤
7	열의: 선생님은 교과목에 열성을 가지고 흥미를 보입니까? 그리고 이 교과를 즐거이 가르칩니까?	├──┼──┼──┼──┤
8	학생의 생각에 대한 태도: 선생님은 학급에서 학생이 말하려는 것을 존중해 줍니까?	├──┼──┼──┼──┤
9	학생참여의 고무: 학생이 질문하고 아이디어를 표현하도록 고무해 줍니까?	├──┼──┼──┼──┤
10	유머감: 가르칠 때 재미있는 경험을 나누며, 교사 자신의 실수를 인정합니까?	├──┼──┼──┼──┤
11	과제: 과제는 이유 없이 길지 않고 충분한 해결의지와 도전감을 줍니까?	├──┼──┼──┼──┤
12	용모: 선생님의 몸치장과 의상은 마음에 듭니까?	├──┼──┼──┼──┤
13	개방성: 선생님이 학생들의 관점에서 사물을 봅니까?	├──┼──┼──┼──┤
14	자기 통제: 학급에서 사소한 문제가 생길 때 선생님은 화를 냅니까?	├──┼──┼──┼──┤
15	타인에 대한 사려성: 선생님은 참을성, 이해성, 사려성, 정중성이 있습니까?	├──┼──┼──┼──┤
16	효과성: 선생님의 이미지 효과에 대한 학생의 전반적인 평가는?	├──┼──┼──┼──┤
	※ 뒷면에 선생님의 좋은 점과 부족한 점에 대하여 써보자.	

* 주삼환(2006). 장학의 이론과 기법. 서울: 학지사. p.413. 내용 수정 보완

(2) 수업에 대한 학생의 평가 질문지

학생에게 적용하는 평정척으로 '수업에 대한 학생의 평가 질문지'를 사용할 수 있다. 〈표 6-3〉에 제시된 '수업에 대한 학생의 평가 질문지'는 학생이 받은 수업에 대해 간단히 평정하도록 하여 그 결과를 수업개선의 도구로 활용하는 방법이다. 이 평정은 평가 내용의 폭이 좁아 정밀성은 낮다고 볼 수 있으나 간단히 수업결과를 알아보는 데는 유용하리라 생각된다. 여기에서 제시된 각 문항별 결과를 분석하여 수업지도 개선에 활용할 수 있다.

〈표 6-3〉 수업에 대한 학생의 평가

• 선생님 이름 :

• 교　과　명 :

> ※ 해당 난에 ○표 하시오.
> • 선생님의 성별 : 남, 여
> • 나의 성별 : 남, 여
> • 나의 학년 : 초 3,4,5,6, 중 1,2,3, 고 1,2,3

※ 하나에만 ∨표 하시오.

아주아니다　아니다　그렇다　아주그렇다

• 담임(교과) 선생님은?
- 학생에게 항상 친절하다.
- 교과내용에 대하여 많이 안다.
- 무미건조하지 않고 싫증나지 않는다.
- 정의(결정)하기 전에 학생의 의견을 묻는다.
- 보통 유쾌하고 낙관적이다.
- 예기치 않은 질문에 당황하지 않는다.
- 공부보다는 재미있게 학습하도록 한다.
- 학생들을 이탈하지 않게 한다.
- 종종 과제 중에서 선택권을 학생에게 준다.

* 주삼환(2006). 장학의 이론과 기법. 서울: 학지사. p.414. 내용 수정 보완

(3) 교사의 스타일에 대한 학생의 지각 질문지

이 질문지는 교사의 지시 정도에 대한 학생의 지각을 측정하는 평정척도이다. 이 질문지는 모두 17개 문항으로 이루어져 있으며, 이 문항으로 다음과 같은 교사의 지시적 행동 정도를 측정한다(주삼환, 1991).

- 학습과정의 형식상의 계획과 구조화
- 비공식적인 일과 소집단 일의 최소화
- 소집단 활동을 적용할 때 엄격히 구조화함
- 개별활동과 학급활동의 엄격한 구조화
- 사실적 지식 또는 권위의 근원으로부터 나온 지식의 강조
- 절대적이고 정당화할만한 처벌의 사용
- 학생의 실수와 실수로부터 배울 수 있는 기회를 최소화함
- 학생들과 공식적 관계성을 유지함
- 성적에 대해 모든 책임이 있다고 가정
- 공식적인 학급분위기의 유지

각 문항은 세 개의 하위문항으로 나누어지며, 하위문항은 다시 세계의 수준(가끔 그렇다: 1·4·7, 자주 그렇다: 2·5·8, 항상 그렇다: 3·6·9)으로 구분된다. 각 항목을 읽어보고 1번에서 17번까지 중에서 가장 적합하다고 생각되는 해당 번호 위에 ∨표를 하면 된다. 이 질문지의 내용 중 다소 어려운 표현으로 우리나라의 실정에 맞지 않은 항목은 일부 수정하여 이해를 돕도록 하였다.

〈표 6-4〉 교사의 스타일에 대한 학생의 지각

1. 선생님이 주로 관심을 두는 곳은		
1 2 3	4 5 6	7 8 9
학생이 사실에 대하여 얼마나 알고 있는가	학생에게 전달할 아이디어를 가지고 있는가	학생이 스스로 '사고'할 수 있는가
2. 선생님은		
1 2 3	4 5 6	7 8 9
수업 시간에 대부분 선생님이 원하는 것을 학생이 하도록 한다.	때때로 선생님이 원하는 것을 학생이 하도록 한다.	대부분 학생 자신이 결정을 하도록 한다.
3. 선생님은		
1 2 3	4 5 6	7 8 9

1 2 3	4 5 6	7 8 9
수업 주제에 어긋난 어떤 이야기를 하는 것도 좋아하지 않는다.	수업 주제에 대하여 대부분 말하나 다른 문제도 말하도록 격려한다.	다른 주제에 대하여 말하는 것도 좋아하고 학생의 개인 의견에도 관심이 있다.

4 우리반 학생들은

1 2 3	4 5 6	7 8 9
선생님이 질문하라고 할 때만 말한다.	선생님이나 다른 학생들이 어떤 것을 말할 때, 교사에게 질문하는 것이 자유롭다.	거의 아무 때나 자유로이 말할 수 있다.

5 선생님이

1 2 3	4 5 6	7 8 9
말하는 사람이 틀렸다고 말하는 것은 여러분이 할 일이 아니라고 생각하고, 물어보려고도 하지 않는다.	물어볼 때 여러분이 왜 반대하는지 말하는 사람에게 묻는다.	물어 보든 않든 여러분의 관점에서 토의나 주장을 자유로이 할 수 있다.

6 선생님은

1 2 3	4 5 6	7 8 9
대개 책에서 읽은 것, 교장선생님, 다른 선생님이 말씀하신 것에 바탕을 두어 의견을 말씀하신다.	대개 책에서 말한 것 이외에 다른 관점을 말씀하신다.	책, 교장선생님, 다른 선생님, 관습이라고 항상 옳은 것은 아니라고 말씀하신다.

7 만일 여러분이 선생님의 성을 안 붙이고 이름만 부른다면

1 2 3	4 5 6	7 8 9
선생님은 좋아하지 않고 그러지 말라고 하신다.	학교 밖에서는 좋지만 수업 중에는 성명을 불러 달라고 하신다.	전연 개의하지 않는다.

8 선생님은

1 2 3	4 5 6	7 8 9
가르치는 동안 전연 조크를 하지 않고, 학생들이 농담할 때도 좋아하지 않는다.	어떤 요점을 전하기 위하여 조크나 유머를 때때로 사용한다.	항상 재미있는 이야기를 하고, 학생들도 자기들에게 일어났던 재미있는 예를 말하게 한다.

9 선생님은 다음과 같은 일에 많은 시간을 보낸다.

1 2 3	4 5 6	7 8 9
시험과 성적에 대해서, 그리고 진로가 어떻게 계획되었는지 말한다.	시험, 성적, 진로에 대한 아이디어를 말하지만, 자세히 말하기 위해 너무 많이 시간을 보내지 않는다.	시험, 성적, 진로 계획, 모둠 과제에 대하여 학생 자신이 결정하라고 한다.

10 소집단 과제나 모둠별로 일할 때, 선생님은

1 2 3	4 5 6	7 8 9
무엇을 할 것인지 정확하게 말한다.	과제에 다루어져야 할 방법을 암시한다.	과제가 어떻게 다루어져야 할 것인지 소집단 구성원이 결정하도록 한다.

11 선생님은 흔히								
1	2	3	4	5	6	7	8	9
학급에서 학생들이 똑같은 일(활동, 공부)을 하게 한다.			어떤 학생은 과제를 하고, 어떤 학생은 연구하게 하는데 그것은 뒤떨어졌느냐에 달려 있다.			주말까지 계획된 만큼의 과제나 장을 모두 마친 다음에는 학생들이 좋아하는 대로 하게 한다.		
12 여러분은 선생님께 화가 날 때,								
1	2	3	4	5	6	7	8	9
어떤 화난 표시라도 하면 선생님은 처벌하기 때문에 학생은 대개 속에 감추고 있다.			왜 화가 났는지 선생님께 말할 수 있다고 생각한다.			선생님이 화를 내든지 말든지 학생은 보일 수 있다고 느낀다.		
13 선생님은								
1	2	3	4	5	6	7	8	9
항상 선생님처럼 행동한다.			대부분의 선생님처럼 행동 하나 때때로 친구처럼 보인다.			선생님처럼 행동하기보다는 친구처럼 행동한다.		
14 선생님은 교실에 들어 오시자마자 하시는 첫 번째 일은								
1	2	3	4	5	6	7	8	9
주의집중하기 위해 조용히 하라고 말하는 것이다.			주의집중하고 왜 어떤 학생이 결석했는지(아픈지 등) 묻는다.			과제나 연구를 시작하게 하고, 그리고 나서 공부하는 동안 주의집중을 요청한다.		
15 이 수업에서 숙제는								
1	2	3	4	5	6	7	8	9
매일 주어지고 다음날까지 제출해야 한다.			매일하는 것과 장기간에 걸친 과제로 나누어진다.			대개 장기간 과제로 구성된다.		
16 우리 학급에서 학생들은 소집단으로 또는 모둠별로 함께 활동한다.								
1	2	3	4	5	6	7	8	9
아니다.			때때로 한다.			많이 한다.		
17 다른 학생과 함께 해야 할 일이 있을 때, 학생들은								
1	2	3	4	5	6	7	8	9
대개 일할 사람을 배정받는다.			때때로 짝을 고를 수 있다.			우리가 일하고 싶어하는 사람을 결정할 수 있다.		

* 주삼환(2006). 장학의 이론과 기법. 서울: 학지사. p.415~417. 내용 수정 보완

다) 수업자 스스로 수업평가표를 활용한 자기수업 분석

수업을 하고 난 후에 교사가 자신의 수업을 평가하는 기법으로 사용되는 측정도 구는 교사의 자기 수업평가 검목표(Levin & Long, 1981)가 사용되고 있으며, 동료 관찰자가 수업을 참관하면서 체크리스트에 의해 분석한 방법(심덕보, 1994)도 자기 수업평가 방법으로 활용할 수 있다.

(1) 교사의 자기 수업평가 검목표를 활용한 분석(변영계·이상수, 2003)

Levin & Long이 만든 자가평가 검목표는 수업 중 교사행동에 관해 45개의 질술 문으로 되어있는데, 1부터 12까지는 피드백 수정에 관한 것이고, 13부터 32번까지 는 수업 단서에 관한 것이며, 33번부터 45번까지는 학업 열중도 조장에 관한 것이 다.

많은 교사들은 수업 후에 자신의 수업에 대해 평가를 하는데, 이 검목표를 이용하 면 자신의 수업방법이나 수업관리를 평가하여 자신의 수업을 개선하고 자기 수업을 다양화시키며 수업에 대한 자긍심을 갖는 데 상당한 도움을 얻을 수 있다.

대개의 경우 교사들은 이 검목표에 제시된 방식대로 수업을 실시해오지 않았다는 것을 알게 된다. 그러나 이 검목표에 의거하여 자기평가를 하는 가운데 긍정적(+) 진술문에 대해서는 '예'라는 반응을, 부정적(-) 진술문에 대해서는 '아니오'라는 반 응을 얻게 되기를 바라므로, 시간이 흐를수록 교사들은 더욱더 긍정적이고 바람직 한 행동을 많이 하게 될 것이다.

Levin & Long이 제작한 교사의 자가평가 검목표를 일부 수정하여 제시한 내용 은 다음과 같다.

▶ 교사의 자가평가 검목표

☑ 지시 : 다음 문장은 학습자들의 학습향상에 유익하다고 믿어지는 수업에서의 행동과 특징을 기술한 것이다. 읽고서 오늘 수업에서 당신의 행동이나 느낌을 '예' 또는 '아니오'로 나타내시오.

(번호 앞에 +가 붙었으면 긍정적 진술문이고, -가 붙었으면 부정적 진술문 을 나타내고 있음)

〈표 6-5〉 교사의 자가평가 검목표

	진 술 문	예	아니오
+1.	학습자들에게 그들의 학습 진전 상태를 알려주었다.		
+2.	완전한 학습이나 학습 오류의 수정을 위해 더 학습해야 할 것이 무엇인지 알려주었다.		
-3.	성취 기준을 분명하게 진술하지 못했다.		
+4.	시험문항에서 틀린 것을 수정하기 위한 보충학습 자료를 말해주었다.		
+5.	학습자들이 배운 것을 숙지시키기 위해 서로 협조할 수 있도록 집단학습 기회를 마련해 주었다.		
-6.	학습자들이 성취한 것을 중시하지 않고, 주로 성취하지 못한 것을 강조했다.		
+7.	학급 내 학습자들의 수준에 맞추어 학습 성취 기준을 다르게 설정했다.		
+8.	완전한 학습기준에 도달하지 못한 학습자들에게 추가로 숙제를 정해 주었다.		
-9.	학습자들의 대답이 맞고 틀린 것만을 말했을 뿐으로 보충 설명을 제공하지 못했다.		
+10.	학습자의 정답을 모든 학습자가 들을 수 있도록 다시 요약해 주었다.		
+11.	시험에서 대부분의 학습자가 틀린 문항은 학급 전체를 상대로 다시 설명해주었다.		
+12.	몇몇 학습자들의 학습 오류를 설명해 주기 위해서 그들이 별도 수업(교정/보충학습)에 참여할 것을 권했다.		
+13.	수업 초기에 수업의 구체적 목표를 진술하였다.		
+14.	수업의 개요를 칠판에 써 주었다.		
+15.	수업 중에 새로 배운 개념들을 앞에서 배운 내용과 관련시켰다.		
-16.	수업 계열(순서)에 맞추어 나가는 것이 대부분의 학습자들에게 어려운 것 같았다.		
-17.	주로 단순한 사고를 요하는 연습문제를 제공했다.		
*18.	연습문제들은 서로 유사한 것들을 주었다.		
-19.	시범을 보일 때 언어적 설명을 충분히 제공하지 못했다.		
-20.	학습자 각자의 필요(요구)에 적용하는 여러 가지의 단서를 제대로 사용하지 못했다.		
+21.	단서나 설명을 더 제공해 주어야 할 것인지를 알기 위해서 학습자들(또는 대표적인 학습자들의)의 얼굴 표정을 주의 깊게 살펴보았다.		
+22.	수업 단서는 대단히 활성적이었다.		
-23.	시청각 보조도구를 사용하는데 어려움을 느꼈다.		

	진 술 문	예	아니오
+24.	새로운 주제로 넘어가기 전에 학습자들에게 질문할 것을 장려했다.		
+25.	수업의 끝부분에서 주요 개념(또는 기능)에 대해 요약해 주었다.		
+26.	수업을 마칠 때에 그 단원 수업의 목표를 거듭 강조해서 말해 주었다.		
+27.	대부분의 질문에 학습자들이 정확한 답을 했다.		
-28.	대부분의 고차적인 질문에 학습자들이 바르게 답하지 못했다.		
+29.	학업 부진아에게는 어떤 종류의 단서가 유익하고, 학업 우수자에게는 어떤 종류의 단서가 유익한지를 알았다.		
+30.	어떤 학습자에게 질문을 한 후 대답할 시간을 충분히 주었다.		
+31.	어떤 주제(개념이나 기능)를 분명히 진술함으로써 그 중요성을 강조했다.		
+32.	새로운 학습내용으로 넘어가기 전에 학습자들에게 전환한다는 것을 알려주었다.		
*33.	특정한 순서대로(예를 들면, 가나다순이나 좌석 순서대로)학습자들이 답하도록 하였다.		
+34.	토의에 대부분의 학습자들이 참여하였다.		
+35.	수업 전에 교수-학습자료를 잘 준비했다.		
+36.	교실을 골고루 돌면서 수업을 했다.		
+37.	이전에 사용하던 교수 방식을 변화시켜 사용했다.		
+38.	학급 전체의 주의집중이나 참여를 위해 언어적 보상이나 다른 방법을 이용했다.		
-39.	학습자들에게 고차적인 흥미를 유발하는 예를 제시하지 못했다.		
+40.	몇몇 학습자들이 적극적으로 학습에 참여하지 못하는 것을 알고 수업 후에 오도록 하여 대화를 나누었다.		
-41.	토의를 계획하는 데 너무 많은 시간을 소비했다.		
-42.	보통 때보다 학습자의 학습 훈련에 많은 어려움을 느꼈는데, 그 이유는 가르칠 내용을 명확하게 알지 못했기 때문인 것 같다.		
+43.	주의 깊고 훌륭한 행동에 대해 보상이나 강화(언어적 또는 다른 종류의)를 개인적으로 주었다.		
+44.	학습자들의 좌석 배열을 변화시켰다.		
+45.	한 학습자의 대답이나 설명을 다른 학습자가 반복하도록 하였다.		

※ 번호 앞에 별표(*)는 반드시 그런 것은 아니지만 어떤 경우에는 긍정적 방식이 될 수 있다.

♣ 평가결과, 긍정적(+) 항목 31개 가운데 25개 항목 이상이 '예'라는 응답이 나오고, 부정적(−) 항목(*포함) 14개 가운데 11개 이상이 '아니오'라는 응답이 나오면 일단 긍정적인 행동을 한 것으로 간주할 수 있을 것이나, 매시간 수업 실시 후 긍정적 진술문에서 긍정적 반응이, 부정적 진술문에서 부정적 반응이 95% 이상 되어야 바람직한 수업이라고 할 수 있을 것이다.

(2) 체크리스트 방법을 활용한 분석

체크리스트에 의한 분석은 평정 체제를 이용한 관찰방법의 하나로서 비교적 추상적이고 일반적인 수업활동을 관찰대상으로 삼는 경우에 흔히 활용하는 관찰방법이다. 즉, 관찰 대상이 일반적이고 추상적인 수업변인 및 활동을 유목체제로 관찰 기록하기가 모호한 경우에 관찰자가 수업을 관찰한 후 평정척도의 각 문항에 의거하여 주관적으로 판단하여 평정하는 방법이다. 만일 수업자가 자기 수업을 스스로 평정해보고자 할 때는 캠코더로 수업을 녹화하고, 이 녹화된 비디오 자료를 분석하여 평정할 수 있다.

평정척도에 의한 분석은 관찰자의 주관성이 개입되어 작용할 가능성이 많아 그 자료의 객관성과 신뢰성을 보장받기가 용이하지 않다는 제한점이 있다. 그러므로 관찰자는 평정의 객관성을 증진시키기 위해 평정척도를 체계화하고 구조화화여 평정상의 주관성이 지나치게 작용하지 않는 상태로 반응할 수 있도록 유도하고 문항 개발도 신중을 기해야 한다.

5단계 평정척도에 의한 초등학교 과학과 수업분석의 실례(심덕보, 1994)를 살펴보기로 한다.

㉮ 과학과 교수−학습 과정안

- 일시 : 2007. 4. 7. 3교시
- 대상 : 5의 4(남 25. 여 24 계 49명)
- 장소 : 과학실
- 지도교사 : ○ ○ ○

□ 본시 교수·학습 과정

단 원	2. 용해 (2) 액체에 녹는 물질의 양		차 시	9 / 15
학 습 목 표	○ 물의 온도에 따라 붕산의 녹는 양이 어떻게 되는지 바르게 설명할 수 있다. ○ 붕산이 많이 녹아 있는 뜨거운 붕산용액을 식혀 붕산을 석출시킬 수 있다.		본시 주제	온도에 따른 붕산의 녹는 양
			교과서	48-50쪽 (실험관찰 23쪽)

단 계	중심 요소	교수 - 학습 활동 교사 활동	교수 - 학습 활동 학생 활동	시간	자료 및 유의점
문제 파악	○ 전시 학습 상기 ○ 학습 문제 의식 ○ 실험 자료 확인	○ 물의 양에 따라 붕산의 녹는 양이 어떻게 다른가? ○ 본시 학습 문제를 제시한다. 붕산이 녹는 양을 온도에 따라 어떻게 다른지 알아보자 ○ 본시 학습에 필요한 자료 확인 및 사용방법 안내 • 전시간과 달라진 자료가 있는지 살펴보자 • 일정한 양의 물에 붕산을 더 많이 녹일 수 있는 방법은? • 설탕을 녹여본 경험 발표 시키기	○ 물의 양이 많고 적음에 따라 붕산의 녹는 양 발표 · 물이 많으면- 많은 양이 녹는다. ○ 이 시간의 학습 문제를 확인한다. ○ 조별로 학습자료 확인한다. • 1조 : • 2조 : • ~이 새로 준비 되었다. • ~은 안보인다. • 붕산을 많이 녹일 수 있는 방법을 발표한다. C_1 : 물을 더 넣는다. C_2 : 따뜻한 물에 넣는다. C_3 : 찬물에 넣는다.	5′	○ '녹는다'와 '용해된다'는 같은 의미로 본다. ○ (조별) 시험관2 약숟가락 알코올램프 시험관 집게 물. 붕산 성냥. 비커
실험 계획	○ 실험 계획 ○ 실험 ①	○ 따뜻한 물에 넣어 녹이기 • 실험 방법을 설명한다.	○ 실험 장치를 꾸민다. ㉠ 시험관에 물을 ⅓ 정도 넣는다. ㉡ 약 숟가락 끝으로 붕산을 시험관에 넣고 더 이상 녹지 않을 때까지 흔들 어 녹인다. ㉢ 더 이상 녹지 않을 때 붕산을 한 숟가락 더 넣는다. ○ 토의 발표한다. (준비된 자료 보며 가열한 다른 쪽으로 유도한다.)	5′	

검증
실험
관찰
		○ 시험관 가열하기
		 • 붕산의 상태 변화 관찰
		
		○ 붕산을 조금 더 넣고 가
		 열하기
		 • 어떻게 될까?
		
		 • 결과는?
			○ 시험관을 알코올 램프에 가
			 열한다.
			 • 가라앉은 붕산을 관찰한
			 다.
			 • 개별로 발표한다.
			  C₁ : 녹는다
			  C₂ : 녹아 없어졌다.
			 • 예상을 발표한다.
			  C1 : 녹는다(용해된다)
			  C2 : 녹지 않는다(용해되지
			   않는다)
			 • 결과를 발표한다.
			  – 더 녹는다.
				10′	○ 알코올 램프
					 사용상의 주
					 의 환기
					
					○ 용액의 농도
					 에 따라 녹기
					 도 하고 녹지
					 않기도 함에
					 유의 한다.

결 과		○ 결과 정리하기 • 물의 온도와 붕산의 녹 는 양은 어떠한가? 물의 온도를 높이면 붕산의 녹는 양이 점점 많아진다.	○ 종합 토의 발표한다.	3′	
실 험 관 찰 결 과	실험 ②	○ 붕산 용액 식히기 • 어떤 변화가 일어날까? • 붕산용액 식히며 변화 관찰시키기 • 결과는? ○ 결과 정리하기 가열되었던 붕산의 진한 용액을 식히면 용액 속에 녹 았던 일부의 붕산이 다시 석출된다. (생긴다)	• 예상을 발표한다. C₁ : 붕산가루가 나타난다. C₂ : 붕산가루가 나타나지 않는다. • 시험관대에 꽂아 두고 변화 를 관찰한다. • 조금 뒤 물이든 비커속에 넣어 더 식히면서 변화를 관 찰한다. • 결과는 조별로 발표한다. 1조: 붕산 가루가 생긴다. 2조: 붕산 가루가 생긴다. ○ 결과를 종합 토의 발표한 다.	10′	○ 다른 시험관 에 따라 식힌 다. ○ 석출–진한용 액을 식히면 용액의 결정이 나타나는 현상 임을 말해 준 다.
정 리	○ 결과 정리기록	○ 실험 ①,②를 종합정리하 기 붕산의 녹는 양은 물의 온도가 높을수록 많아지며 아 주 진한 용액이 식으면 결정체가 석출되어 나타난다.	○ 학습한 내용을 종합 정리 하여 발표한다.	3′	

평가	○ 형성평가	○ 평가 문제 제시하기	○ 문제지에 답 쓰기	평가 문제지
		1. 붕산을 더 많이 녹일 수 있는 방법은?	• 물이 담긴 시험관을 가열하여 따뜻하게 한다.	
		2. 가열한 붕산 용액을 식히면 어떤 현상이 일어나는가?	• 용액 속에 녹아 보이지 않던 붕산이 나타나 보인다.	4′
	○ 차시예고	3. 물의 온도와 붕산이 녹는 양의 관계는?	• 물의 온도가 높을수록 붕산이 많이 녹는다.	비커. 유리막대. 가열장치.
		○ 백반 용액에서 결정만들기		백반.

㈜ 과학과 동료교사 6명이 수업 과정을 참관하면서 평정에 활용한 평정표는 다음과 같다.

영 역	준 거	분석의 관점	평 점(평균)	특기 사항
교사의 활동	① 과제 제시의 명료성	• 도입에서 수업목표 명확하게 제시하기 • 본 수업과 지난 수업 내용의 관련 제시 • 학습내용, 과제윤곽 명쾌한 설명 • 수업 중 핵심적인 내용 요약	매우 조금 조금 매우 부족 부족 보통 만족 만족 ├──┼──┼──┼──┤ (1) (2) (3) (4) (5)	• 수업목표 대신 학습문제 제시
	② 수업 과정 및 수업 형태	• 교과, 교재의 특성에 맞는 수업과정 모형 적용 • 교과, 교재의 특성에 맞는 수업형태의 적용	├──┼──┼──┼──┤	• 가설검증 수업모형 적용
	③ 교사의 발문	• 재생적 발문보다, 추론, 적용적 발문 적용 • 목적이 뚜렷하고 명료함 • 학년수준, 개인차를 고려한 발문 • 생각하여 답변할 시간을 주는 발문 • 어려운 질문은 힌트를 주어 격려하거나 보조질문	├──┼──┼──┼──┤	• 넓은 답변을 요구하는 질문 • 추론, 적용적 발문
	④ 교수 용어	• 듣기 거북할 정도로 쓸데없는 말 사용하지 않기 • 지나치게 빠르거나 느린 어조 피하기 • 음성의 고저는 학습의 강조점에 따라 다양하게 조절 • 명확하고 알아듣기 쉬움	├──┼──┼──┼──┤	• 교수용어가 정선됨 • 췌언이 거의 없음

	항목	내용	평가	기록
	⑤ 학습 동기 부여	• 발문, 매체활용 등으로 학습의 흥미 자극하기 • 학생의 아이디어에 대한 칭찬, 격려 또는 활용하기 • 유머의 발휘 • 학생 발표에 대한 진지한 관심 갖기 • 학생 질문에 격려하기 • 학습에 호기심 유도하기	⊔⊔⊔⊔	• 칭찬과 격려로 흥미 만족감 자극 • 호기심 유도
	⑥ 학생과의 관계형성 및 유지	• 학생과의 래포 형성 • 학생들과 공정성 유지 • 수업에 열성감 보이기 • 세심한 배려 • 학생의 인격 존중 • 학습자간의 방해 행동 관리 • 가능한 한 여러 학생들과 눈맞춤 하기 • 단정한 용모 보이기	⊔⊔⊔⊔	• 교사의 수업에 대한 열성적 이미지 부각
	⑦ 교사의 기능 발휘	• 학생이 수업에 도전감 갖도록 유도 • 피드백 정보를 기술적으로 활용 • 다수의 발표 기회 제공 • 수업의 난이도 조절 • 학생의 주의집중을 위한 질문 • 학생의 당황, 지루함, 호기심 등을 주의 깊게 관찰하고 대처 • 학생 질문에 만족한 답변	⊔⊔⊔⊔	• 학생 발표의 기술적 활용 • 학습의 난이도 조절 • 학생 다수에게 발표기회 제공
	⑧ 수업매체 활용	• 준비된 자료를 능숙하게 조작 • 학습에 흥미, 관심, 동기부여토록 조작 • 적당한 시간, 장소, 방법의 원리에 입각한 활용 • 학습효과 도움주기	⊔⊔⊔⊔	• 안전사고 예방에 대한 조치 • 학습 동기 부여 • 시간, 장소, 방법이 적합
	⑨ 판서하기	• 내용을 명확히 요약 • 문자, 도해, 구조 등을 활용하는 구조화된 판서 • 학생의 발언 정리 • 시기, 위치, 방법이 계획적이고 학습에 자극 • 알맞은 크기, 인쇄체 글씨	⊔⊔⊔⊔	• 학생발표의 종합 요점정리 • 시기, 위치, 글씨체 적절 크기가 다소 적음
학생의 활동	⑩ 학습 준비	• 학습과 관련한 과제(숙제) 해결 상태 • 학생이 필요한 자료 준비 상태	⊔⊔⊔⊔	

학생의 활동	⑪ 학습 의욕 및 참여	• 토의 활동에 고무됨 • 학습활동에 몰입 분위기 • 발표에 다수 참여하기 • 자주적이고 활기찬 분위기		• 실험 활동 에 몰입된 분위기 • 활기찬 학습
	⑫ 학생의 발언	• 단순 재생적 답변보다 추론, 적용적 답변 • 교사의 발문에 대해 생각을 하고 나서 대답하기 • 남의 이야기를 듣고 바른 대 답하기		• 추론, 적용 적 답변 • 포괄적 답변 • 남의 이야 기 듣는 태 도 부족
	⑬ 공책 정리	• 자기 스스로 필요에 의해 정 리하기 • 자기의 생각을 나타낼 수 있 는 정리 • 바른 내용 정리		• 실험 보고 서 작성 훈 련이 좋음

㉡ 평정 분석 결과

과학과 동료교사 6명이 수업의 과정을 참관하고 평정척도에 의한 평정을 한 결과를 영역별로 평균 평점을 하면 다음 표와 같다.

• 교사의 활동　　　매우 – 조금부족 – 보통 – 조금만족 – 매우만족
　　　　　　　　　　(1)　　　(2)　　　(3)　　　(4)　　　(5)

평점＼항목	① 과제 제시 의 명료성	② 수업 과정 수업 형태	③ 교사의 발문	④ 교수 용어	⑤ 학습동기 부　여
평점 합계	30	30	28	29	28
평균 평점	5.0	5.0	4.7	4.8	4.7

⑥ 학생과의 관계 형성	⑦ 교사의 기능 발휘	⑧ 매체 활용	⑨ 판　서
28	30	29	28
4.7	5.0	4.8	4.7

• 학생의 활동

항목 평점	⑩ 학습 준비	⑪ 학습 의욕 참　　여	⑫ 학생 발언	⑬ 공책 정리
평점 합계	27	29	25	28
평균 평점	4.5	4.8	4.1	4.7

㉑ 분석결과의 판단의견

ⓐ 교사의 활동

○ 과제 제시의 명료성

6명의 평정자 모두가 매우 만족(5점)으로 평점을 주었다. 전시 학습 상기 → 학습 문제 의식 → 실험계획 → 실험 관찰 결과 정리 → 형성평가 → 차시 예고 등이 명시되어 선수학습과 후속학습, 학습문제, 학습과정을 한 눈에 볼 수 있도록 분명하게 제시하였다.

○ 수업 과정 및 수업형태

역시 6명의 평정자 모두가 만점을 주었다. '문제 파악 → 가설 설정 → 실험설계 → 가설검증실험 → 가설수용 → 적용 또는 새로운 문제 발견의 과정'을 경험하는 자연과의 가설 검증 수업모형을 적용하였다. 이 과정을 경험하는 동안 "용해와 온도의 관계, 석출" 이라는 새로운 과학적 개념을 인지하게 되었고, 나아가 탐구력, 과학적 사고력, 태도를 신장시키는데 효과가 컸다.

○ 교사의 발문

"일정한 양의 물에 붕산을 더 많이 녹일 수 있는 방법은 없을까?", "어떻게 될까?" 등 단순한 지식이나 기억의 재생을 요구하는 발문이 아니고 학생들로 하여금 지적 호기심이나, 동기유발을 할 수 있도록 추론, 또는 적용적 발문을 주로 하였다. 그리고 실험을 통해 관찰한 사실들을 비교, 분석, 종합하거나 개념정리를 유도하는 발문이 대부분이었다. 평균 평점이 4.7점인데, 만점을 주지 않은 평정자의 특기사항은 음성이 다소 적어서 뒤에 앉은 아동들이 잘 알아듣지 못하는 경우가 있었다고 하였다.

발문이 즉흥적이 아니고, 그 시기, 내용 등이 계획적으로 짜여졌고, 시범적이었다.

○ 교수용어의 사용

이 항목의 평균 평점은 4.8이었다. 교수용어가 정선되었고 췌언(쓸데없는 말)이 거의 없었으며, 음성이 가라앉아 안정된 분위기를 조성하였다. 발음이 명확하고 "결과 정리", "개념 정의" 같은 강조할 사항에서는 목소리를 가다듬어 반복하여 설명한 점도 좋았다.

○ 학습 동기 부여

아동들에게 호기심을 갖게 하는 질문과 친절한 학습안내로 학습의욕이 고조되었다. 아동들이 실험을 하고 관찰한 내용을 발표할 때 칭찬과 격려로 만족감을 느끼게 하였고, 바람직한 발표내용은 수업에 재투입함으로써 자신감과 도전감을 갖도록 한 점이 특기할 만하다.

다만 바람직하지 못한 대답(또는 틀린 대답)을 한 아동에게는 재실험기회를 주고 다시 발표를 하도록 하여 재도전의 동기를 주었으면 좋았을 것으로 생각된다.

○ 학생과의 관계 형성 및 유지

이 영역의 평균평점도 4.7의 높은 점수였다. 지도교사기 실험용 가운을 입고 수업에 임함으로써 아동들에게 실험학습에 대한 열성적인 이미지를 느낄 수 있게 하였다. 또한 실험과정에서 아동들이 의문점이나 문제점들을 자주 질문해 와도 일일이 친절하게 답변해 주는 세심한 배려가 제공되어 교사와 아동간의 신뢰로운 분위기가 조성되고 있었던 점이 인상적이었다.

○ 교사의 기능 발휘

조별 실험학습이기 때문에 산만한 분위기를 조성하기가 쉬운데, 전체 학생들이 실험관찰 분위기로 몰두하도록 유도한 점이 특기할 만하다. '석출'같은 어려운 개념을 쉽게 이해할 수 있도록 예를 들어가며 설명한 점, 다수의 아동들이 발표할 수 있도록 배려한 점, 또한 실험이 성공적으로 이루어지도록 조절해 주는 등 교사의 기능이 자신감에 차있고 능숙하였다. 평정자 모두가 만점인 5.0으로 평정점을 주었다.

○ 수업 매체 활용

이 영역도 평균평점이 4.8로 높은 점수였다.

실험 기구 및 약품의 사용방법을 문답을 통해 하나하나 상세히 확인해 주는 성의가 좋았고, 특히 알코올램프 사용상 주의할 점을 환기시켜 주어 안전사고 예방에 힘쓴 점도 좋았다. 그리고 교사 및 아동들이 사용하는 학습자료가 적당한 시간에 간단한 장소에서 적당한 방법으로 활용되었음도 좋았다. 다만 실험이 끝난 다음 뒷정리가 다소 미흡하였다.

○ 판서

아동들이 직접 실험관찰을 하여 얻은 결과를 충분히 발표하게 하여, 이들을 종합해서 요점 정리를 해나가는 판서요령이 돋보였다. 또한 판서의 시기, 위치, 글씨체는 적절하였는데 학년수준에 기준하여 글씨가 약간 작은 점이 아쉽다.

ⓑ 학생의 활동

○ 학습 준비

선수학습에서 "물의 양에 따라 붕산의 녹는 양이 다르다"는 개념은 대부분 아동들이 인지하고 있었고, 본시에서는 "일정한 양의 물에 붕산을 더 많이 녹일 수 있는 방법은?"이란 질문을 통해 전시와 관련을 지어 봄으로써 자연스럽게 학습과제로 유도하였다.

학생들의 전시간과 다른 준비물(자료)이 있는 것을 보고도 본시의 실험과정을 짐작할 수도 있었다. 사전에 "붕산을 더 많이 녹일 수 있는 방법"을 숙제(가정학습)로 내주고 발표해 보게 하는 방법도 있을 수 있겠다.

이 항목은 평정자들이 좋은 점수를 주지는 않았다(평균평점 : 4.5).

○ 학습의욕 및 참여

이 영역의 평균평점이 4.8점으로 높은 점수를 주었다. 학생들이 실험관찰의 학습을 진행하는 과정에서 호기심과 흥미로운 분위기로 몰입되었고, 실험결과에 대한 발표도 대부분 아동들의 참여하는 활기찬 활동이었다.

조별 실험결과도 대부분 성공감, 만족감에서 탄성을 내는 열기가 가득하였다. 그러나 소수의 조가 실험에 실패하여 당황하는 경우가 있었으나, 시간 내어 성공하지 못한 점이 안타까웠다.

○ 학생 발언

이 영역은 평균평점이 4.1로 모든 영역 중 가장 낮은 평점이었다. 학생들이 실험결과에 대한 관찰내용을 사실대로 조리있게 발표한 점은 좋았으나 똑같은 사실을 계속 중복해서 발표하는 것은 평소에 남의 이야기를 주의 깊게 듣는 습관이 부족한 것으로 판단되었다.

○ 공책 정리

각 조별 실험결과의 현상을 보고서 형식으로 작성해 나가는 점은 좋은 훈련이었다. 다만 본학습 후에 잘못 기록한(실험에서 실패하여) 부분에 대해서는 점검을 하여 바로 잡아주는 배려가 있어야 할 것이다.

4. 수업기술 향상 훈련을 위한 마이크로티칭 기법

마이크로티칭(micro-teaching)은 1963년에 미국 스텐포드(stanford) 대학의 에렌(Dwight Allen) 교수에 의해 소개되었다. 이는 최초에 교사양성기법으로 소개된 것으로서 교생이 실제로 학급에서 사용될 기법들을 축소된 수업장면에서 실습(연습)할 수 있도록 한 것이다. 따라서 마이크로티칭은 종래의 교사양성에서 생겨난 이론과 실제 사이의 간격을 좁히고 교사양성교육에서 나타난 결점을 보완하며, 경험이 부족하거나 교직에 처음 임하는 사람들이 교수·학습 과정을 이해하도록 하여 교사의 자질을 키우는 데 기여하고 있는 것이다(강영삼, 1994). 1968년의 한 연구에 의하면 미국 국사교육 프로그램의 44%의 대학에서 이 소규모 수업방법을 사용하고 있으며 현지교육과 장학에서도 보편화되었다. 한국에서도 이정근(1983) 등에 의하여 이미 적용되어 그 성과가 검증된 바 있다(주삼환, 2006).

이 기법은 수업자들이 교실의 크기, 학생수, 수업시간, 수업내용 및 학습분량, 수업기술(특정 교수기술) 등에 있어서 실제 수업을 축소한 연습수업이지만, 실제 수업과 같은 상황 속에서 압축수업을 하며, 그것을 녹화 관찰하고, 이를 분석하여 피드백을 해주고, 이 피드백을 참작하여 다시 수업계획을 세워 재수업을 하고나서 피드백하는 것을 반복하면서 수업기술을 향상시키고 새로운 수업기술을 개발하는 데 목적이 있다.

마이크로티칭은 원래 교사양성기관에서 교사교육을 받는 학생(교육실습생)들을 대상으로 수업기술 향상을 위하여 개발되었으나 일선 학교에서도 동료장학으로서 경험이 적은 초임교사에게 적용하기 좋으며, 또한 자기장학의 일환으로 교사 혼자서 자기분석(self-analysis)을 통해 교수·학습 과정을 이해하고 수업기술을 향상시키는 데도 좋다. 따라서 여기에서는 강영삼(1994)이 제시한 마이크로티칭의 특성, 과정, 수업기술, 평가 준거 등을 중심으로 살펴보기로 한다.

가. 마이크로티칭의 특성

마이크로티칭은 수업대상, 준비과정, 수업시간 등에 있어서 보통 학급수업과 다른 점에서 그 특징을 알 수 있다.

1) 수업대상

보통 학급수업은 일반학생만을 대상으로 하지만 마이크로티칭에서는 일반학생이나 동료 예비교사까지도 대상이 될 수 있다. 일반학생이 대상일 때는 수업 중 상호작용을 통하여 현장에 대한 이해를 높일 수 있으나, 수업을 하는 예비교사가 학생들을 쉽게 통제하기 어려운 면도 있다. 그러나 수업대상이 동료 예비교사일 때 다른 동료들이 수업기법을 관찰할 기회를 갖기도 하고 학생의 입장에서 이해하는 기회도 갖는 점에서 좋으나 상호작용의 기회가 제한된다. 가능하면 처음에는 동료들을 대상으로 하여 수업기법을 익히고 난 후에 학생을 대상으로 수업을 하여 보완하면 효과를 기대할 수 있을 것이다.

2) 준비과정

보통 학급수업에서는 교사의 책임 하에 보통교실에서 수업이 진행되나 마이크로티칭 수업에서는 수업을 위한 준비과정이 좀 번거로운 편이다. 첫째, 수업은 교실에서도 좋지만 세미나실이나 실험실 같은 공간의 여유가 있는 곳이 좋고, 둘째, 장비로서 비디오테이프 레코더, 카메라(디지털), 모니터, 컴퓨터 등의 기본 기재가 갖추어져야 하며, 편집이 필요한 경우 비디오 편집기가 구비되면 좋다. 셋째, 마이크로티칭에 참여하는 예비교사들은 (1) 수업 실시자, (2) 평가자, (3) 학생, (4) 카메라 작동자 등의 역할을 수행하도록 조를 구성해야 한다. 각 조의 구성원들은 위의 4가지 역할을 모두 교대로 한 번씩 수행할 수 있도록 계획되어야 한다. 넷째, 따라서 마이크로티칭에서는 사전에 수업을 위한 오리엔테이션이 철저히 실시되어야 한다. 수업실시자의 역할을 잘 수행하기 위해서는 수업준비로서 교수·학습과정안을 사전에 작성하여야 한다. 평가자의 역할을 바로 수행할 수 있도록 올바른 평가방법을 습득케 하고 카메라작동을 위해서 촬영요령도 익히게 해야 한다. 오리엔테이션에서 중요한 것 중의 하나는 참여자들에게 심리적인 준비를 시키는 것이다. 즉, 카메라 앞에서 불안감이나 녹화된 상태에 대한 두려움, 또는 수업결과의 평가에 대한 불안을 제거해 주는 것이다. 마이크로티칭은 평가를 목적으로 하는 것이 아니라 연습이 목적임을 밝힐 필요가 있다.

특히, 아래 예시한 대학처럼 수업분석실을 갖추고 있으면 편리하게 이용하겠지만, 일선 학교에서 이런 시설을 갖추고 있는 학교는 그리 많지 않을 것이므로, 활용하기에 편리한 특별실이나 유휴교실을 활용하는 방법을 강구하는 수밖에 없을 것이다.

▶ 우리나라 한 대학에 설비되어 있는 수업분석실 시설 사례(변영계, 2000)

[그림 6-1]과 같이 대학 교사교육센터의 마이크로티칭 시설은 크게 네 개의 부속실로 구성되어 있다. 실제 마이크로티칭이 이루어지는 정규교실은 48(6×8열)석의 중·고등학교 학생용 책상과 걸상이 놓여 있고, 전동 스크린과 흑판이 부착되어 있다. 정규교실과 다른 시설은 전동식 원격조종 비디오카메라 세 대가 장치되어 있어서 교사의 행동은 물론이고 전체 학급 내 학생들의 움직임을 빼놓지 않고 녹화할 수 있도록 되어 있다는 점이다. 한편 정규교실의 오른쪽 벽면은 전동식 일방향 거울(one-way mirror)을 장치하여 정규교실 밖의 관찰실에서 정규교실 안의 상황을 자세하게 관찰할 수 있으나, 정규교실 안에서는 거울로 보이기 때문에 밖의 상황을 알 수 없도록 되어 있다. 또한 이 벽면은 평상시에는 게시판이 덮여 있어서 거울을 볼 수 없으나 전동장치가 되어있기 때문에 필요한 경우에는 게시판을 올리고 일방향 거울을 사용할 수 있도록 되어있다.

관찰실은 60석의 계단교실이다. 관찰실 안에는 대형 모니터와 스피커가 장치되어 있어서 정규교실 안의 상황을 모두 관찰할 수 있으며, 아울러 왼쪽 벽면은 평상시에는 칠판으로 덮여 있으나 필요한 경우에는 언제든지 전동으로 칠판을 올리고 일방향 거울을 통하여 정규교실안의 상황을 살펴볼 수 있도록 장치되어 있다.

조정실에는 전문기사가 배치되어 있어서 정규교실 안에서 일어나는 수업장면을 세 대의 카메라를 이용하여 녹화할 수 있도록 되어 있다. 각각의 카메라에 잡히는 영상은 독립된 VTR에 녹화가 되며, 기사는 비디오 편집기를 이용하여 세 대의 카메라에 잡히는 영상을 원하는 대로 편집하여 동시에 녹화할 수 있도록 되어있다. 이렇게 하여 제작된 비디오테이프는 필요에 따라 평가실에 장치된 비디오테이프 레코더를 통하여 분석되어지며, 녹화하는 동안에도 언제든지 관찰실에 비치되어 있는 모니터를 통하여 원하는 카메라의 영상을 볼 수 있도록 준비되어 있다.

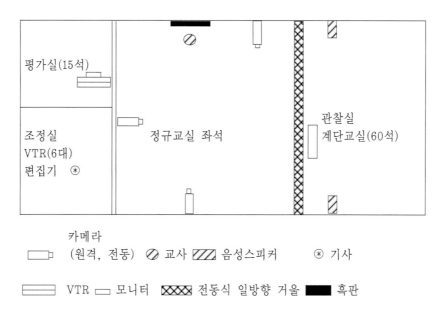

[그림 6-1] 대학 수업분석실의 마이크로티칭 시설과 장비

3) 대상 및 시간

수업시간은 보통수업에서는 정규 학교 수업시간을 따르지만 마이크로티칭에서는 한두 특정 교수기술에 초점을 두고 학습주제를 한두 주제로 축소하고, 학생을 3~10명의 소집단 대상으로 축소하여, 5~10분 정도에 걸쳐 축소수업을 하고, 10~15분 이내의 평가시간을 갖는데, 이는 마이크로티칭에 참여하는 예비교사 한 사람에게 소요되는 시간이다. 따라서 이 수업을 위한 계획은 조별 소요시간을 모두 계산해서 수립되고 시행되어야 할 것이다.

4) 평가를 통한 피드백

보통수업에서는 특별히 계획된 연구수업이 아니고서는 피드백 과정이 생략된다. 그러나 마이크로티칭에서는 반드시 교수기법의 적합성을 따지는 과정이 필요하다. 이 과정에서는 비디오 및 오디오를 녹화 내지 녹음한 것을 이용하거나 평가자의 평가결과를 참고할 수 있다. 수업 후 조별 참여자들이 함께 자신들의 행동을 녹화필름을 통해 관찰함으로써 스스로 비판할 수 있고 또 다른 사람의 견해를 알아 볼 수도 있다. 이러한 과정은 다음번의 수업에서 고쳐야 할 점을 스스로 깨닫게 된다는 점에서 필수불가결한 것이다.

5) 재수업

보통수업에서는 재수업이 별도로 없고 반복되는 수업 중에 개선을 시도할 수 있으나 마이크로티칭에서는 피드백 과정에서 지적된 것을 시정하는 수업이 이루어진다. 만약 첫 수업이 완전한 경우에는 재수업이 필요 없겠지만, 마이크로티칭 자체가 교수기법이 완전하지 못하기 때문에 숙달시킨다는 의미를 가지고 있으므로 모든 참여자에게 재수업의 기회를 부여하는 것이 바람직하다. 재수업에서도 처음과 같은 과정을 거쳐 녹화를 통한 평가를 하게 되며 이 과정에서 목표기준에 달성하지 못할 때는 필요에 따라 다시 수업을 할 수도 있다.

나. 마이크로티칭의 과정

마이크로티칭은 다음과 같은 단계에 따라 실시된다.

1) 준비단계: 이 단계에서는 첫째, 수업을 녹화하고 또 모니터를 통해 검토할 수 있는 공간 즉 교실이나 세미나실이나 스튜디오가 준비되어야 한다. 둘째, 녹화할 수 있는 TV카메라를 포함한 비디오 시스템이 준비되어야 한다. 셋째, 마이크로티칭 실습조를 편성하고, 넷째, 비디오 시스템과 카메라를 조작하는 기술을 익힌다. 다섯째, 과정안·평가표·관찰록 등을 준비하고 마지막으로 오리엔테이션을 통해 심리적 준비를 끝낸다.

2) 강의단계: 두 번째 단계에서는 지도교수는 수업기술에 관한 강의를 하여야 한다. 여기서 제시되는 강의기술은 수업 때 발휘될 수 있어야 한다.

3) 수업단계: 세 번째 단계로는 편성된 조별로 각자 수업을 실시하고, 수업을 관찰하고, 수업을 카메라에 녹화하는 역할을 교대로 실시하여야 한다.

4) 평가단계: 네 번째 단계에서는 녹화된 조별 수업장면을 화면을 통해 관찰하면서 서로 평가하여 부족한 점을 지적한다.

5) 재실시 단계: 다섯 번째 단계에서는 평가회에서 지적된 점을 염두에 두고 수정하는 수업을 다시 하게 된다. 이때는 처음 수업에서 지적된 수업기술을 충분

히 교정할 수 있어야 한다.

6) 재평가 단계: 마지막 단계에서는 재수업의 결과를 녹화된 필름을 통해 관찰하면서 수업기술의 부족함을 토론하게 된다.

다. 마이크로티칭에서의 수업기술

실제 학교의 교실에서는 매우 다양한 수업방법을 관찰할 수 있다. 교사들은 때에 따라서 강의법을 쓰기도 하고, 소집단 토의법을 쓰기도 하고, 어떤 때는 실험실을 이용하고, 어떤 때는 개인학습을 하게도 한다. 이렇게 다양한 교수법이 도입됨에 따라 교사들은 다양한 수업기술을 익혀야 한다. 특히 강의법은 되도록 피해야 하는 것으로 생각되고 있으나 강의법을 이용할 때는 기술적으로 운용되어야 하기 때문에 마이크로티칭을 통해서 수업기법을 익히게 하려는 것이다.

마이크로티칭은 5~10분 동안에 이루어지기 때문에 1회의 수업시간에 하나의 기술을 시행하게 된다. 처음에는 단순기술에서 출발하여 점차 더 복잡한 기술로 발전시킬 수 있다.

여기에 소개되는 기술은 미국 인디아나주에 있는 볼 주립대학교(Ball State University)에서 소개된 것으로 일련의 수준에 따라 범주화되어 있다. 제1수준의 기술은 기본적인 것들로서 마이크로티칭의 시작단계에서 사용된다. 제2수준 및 제3수준의 기술은 더 복합적인 것으로 각기 하위수준의 기술을 완전히 숙달한 후에 사용되어야 한다.

1) 제 1수준의 기술

① 강화 : 학생들이 적절한 행동을 보였을 때 보상하는 유인적 기술이다. 이 기술은 교사가 정적인 강화를 사용함으로써 학생의 학급토론 참여를 높이는 데 초점을 둔다.

② 무언 또는 비언어적 단서 : 이 기술은 교사가 말을 하지 않고도 학습토의를 조절하고 지도할 수 있게 하려는 것이다. 교사와 학생간의 의사소통 수단 중에서 비언어적 수단은 가장 무시되어 왔으나 가장 효과적인 것 중의 하나이다. 이 기술에서는 교사가 침묵을 통제적으로 사용하여 학생이 말을 하게 하는 것과 비언어적 의사소통 기술에 초점을 둔다.

③ 자극의 다양화 : 이 기술은 수업시간에 권태와 지루함을 갖지 않도록 학생을

자극하는 언어적·비언어적 기술을 다룬다. 이것은 근본적으로 학생의 주의력을 집중시키기 위해 교사가 행동을 다양하게 하는 것이다.

④ 반복 : 이 기술은 강의나 토의에서 주요 요지·핵심단어·원리·개념을 명확히 하고 강화하려는 것이다. 계획에 의해 반복하는 것은 중요한 요점을 분명히 밝히고 이를 학생 중에서 서로 다른 관점에서 묘사하게 하는 데에 큰 효과를 가지며 적절히 사용하는 가운데 교사가 강조하고자 하는 요점으로 학생의 주의를 이끌 수 있다. 이 기술은 문자 그대로의 반복 즉 단순반복, 공간적 반복, 축적적 반복, 대중적 반복(mass repetition) 등의 기술에 초점을 둔다.

⑤ 준거의 틀(frame of reference)의 변화 : 이 기술은 하나의 개념을 몇 개의 다른 관점에서 보게 하는 것이다. 예컨대, 노예제도는 노예의 측면과 노예소유자의 측면에서 볼 수 있을 것이다.

⑥ 질문(발문) : 여기서는 수업 중 교사가 가능한 한 많은 질문(발문)을 던지는 것에 강조를 둔다. 이 기술은 강의법에 지나치게 의존하는 교사에게 새로운 수업유형을 발전시킬 수 있게 하기 위해 시행된다. 이 목표가 달성되면 더 고도의 또는 다양한 성격의 질문을 던지는 것으로 강조점이 옮겨진다.

⑦ 탐사(probing) : 이 기술은 교사가 학생들에게 피상적인 "즉각적 대답" 이상을 요구하는 질문을 던지는 것이다. 학생들에게 어떤 정보와 또는 더 깊은 의미를 묻거나, 학생에게 자신의 대답을 합리적으로 정당화하도록 요구하거나, 학생(학급)의 관심을 관련된 다른 문제로 이끌거나, 어떤 단서를 제공하여 반응을 유발시키거나, 다른 학생에게 먼저 학생의 대답에 반응하게 하여 토의에 끌어들이는 등의 방법을 사용할 수 있다.

⑧ 고차원적(higher-order) 발문 : 고차원적 발문이란 기억이나 단순한 감각적 묘사만으로는 대답될 수 없는 발문을 말한다. 이에 답하려면 규칙이나 원리를 규정(정의)하기보다는 새로이 찾아내어야 된다. "좋은" 발문이 갖추어야 할 가장 중요한 요건은 학생들로 하여금 관념을 단지 기억하는 것이 아니라 관념(ideas)을 사용하게 해야 한다는 것이다. 어떤 교사들은 직관적으로 고도의 훌륭한 발문을 사용하지만, 대부분의 교사들은 학생에게 가장 단순한 인지활동만을 요구하는 발문만을 사용하고 있다. 이 기술을 익히기 위해 먼저 교사에게 학생에 대한 발문의 효과를 충분히 인식시킨 후에, 고도의 발문을 형성하고 사용하는 것을 실행하도록 한다.

⑨ 확산적(divergent) 발문 : 이 발문의 특징은 정답이 없는 것으로 대개 논의의 여지를 남겨 놓는다. 이 발문은 학생들로 하여금 창조적으로 사고하고, 알려진 사실(지식)에 만족하지 않도록 하며, 미지의 세계를 추적해 가도록 한다. 학생들에게 가설을 세우게 하고 상상력을 동원하여 개념을 새로운 형태로 재조직하게 한다.

⑩ 단서주기 : 이 기술은 학생들의 질문에 대답하거나 코멘트를 하는 데서 성공의 경험을 갖도록 교사가 유도하게 하려는 것이다. 교사가 앞서서 또는 계속적으로 단서를 줌에 따라 학생은 더욱 더 수업에 가치있는 공헌을 할 가능성이 커지게 된다.

⑪ 행동에 주의하기 : 교사가 학생들이 나타내는 단서를 관찰함으로써 교실의 상황을 민감하게 파악할 수 있게 하는 기술로 큰 집단에서 효과적이다.
교사는 표정·자세·활동 및·비활동 지향적 행동·대화 등을 관찰하여 그들의 흥미수준과 주의력 정도를 알 수 있다. 이러한 단서에 의거하여 교사는 활동을 계속할 것인가 바꿀 것인가, 늦출 것인가, 더 빠르게 할 것인가, 또는 다른 수업양식을 사용할 것인가를 결정할 수 있다. 거의 어떤 수업형식이나 학급경영 의사결정에도 학생의 요주의행동을 파악하는 것은 필수요건이다.

⑫ 예 들기: 예를 드는 행동은 좋은 수업, 바람직한 수업, 명확한 수업을 위해서 기본적으로 요구되는 것이다. 개념을 분명히 하고, 증명하고, 구체화하려면 예를 드는 것이 필요하다. 교사는 귀납적인 예나 연역적인 예를 모두 효과적으로 사용할 수 있다.
예를 효과적으로 사용하려면 먼저 학생의 경험과 지식에 적절하고 간단한 예부터 시작하여 금방 가르친 원리나 관념에 이를 관련시키고, 학생에게 배운 것을 예증할 수 있는 예를 들게 하거나 더 생생한 예를 들게 하여 수업목표가 달성되었는지 확인한다.

2) 제 2수준의 기술

① 수업으로 유도하기: 이 기술은 학생들이 전개하려고 하는 수업활동이 잘 준비되게 하려는 것이다. 여기에는 수업활동을 흥미롭게, 그리고 새롭게 소개하고, 교사와 학생간의 효과적인 의사소통을 위해 공통의 준거틀을 설정하는 것이 포함된다. 이것은 기본적으로 수업의 도입단계에 해당한다.

② 끝맺기: 이것은 도입과 상호보조적인 것이다. 교사는 학생들이 수업에서 제시된 주요 관념이나 사실적 정보를 논리적이고 조직적으로 파악할 수 있도록 하는 활동을 시행한다. 여기에서는 주요 요점을 조직하여 이미 배운 것과 새로 배운 지식을 인지적으로 연결시켜줄 뿐만 아니라, 학생에게 성취감까지도 심어주게 된다.

3) 제 3수준의 기술

① 강의하기(lecturing) : 이것은 강의를 하는 데 있어서 몇 가지 성공적인 기술을 연습시키려는 것이다. 전달기술, 시청각자료의 사용·도입, 강의의 속도조절, 끝맺기, 계획된 반복, 그 외에 강의와 관련된 기술이 포함된다. 그저 강의법은 수업기술로서 좋지 않다고 간단히 말해버리기 보다 어떤 때에 강의법이 효과적이며, 효과적으로 강의하는 방법은 어떤 것인지를 고려해야 한다.

② 의사소통의 완벽화 : 명확한 의사소통의 중요성과 필요성은 언급할 필요도 없이 중요하지만, 실제로 의사소통하는 데 있어서는 명확함만이 최고원리가 되는 것은 아니다. 이 훈련의 초점은 이해한다는 것의 중요성과 관점에 대한 감수성 훈련에 주어진다. 교실놀이를 통해 교사가 명쾌하게 가르쳤다고 생각하는 경우에도 흔히 학생에게는 전혀 명확하게 받아들여지지 않음을 극적으로 보여준다. 타인과의 의사소통기술에 대한 감수성훈련에 의해 교사들은 잘못된 의사소통에 더 예민해질 수 있을 것이다.

라. 수업기술의 평가준거

앞에서 제시된 수업기술을 마이크로티칭의 처음과정에서 이해시키고 실제로 마이크로티칭의 요령에 따라 수업을 하고난 후에 녹화된 내용을 모니터를 통해 분석, 평가하게 된다. 이때 착안해야 할 사항들이 있어야 한다. 구체적인 착안사항을 바탕으로 분석의 준거 내지는 평가척도를 마련하게 되는데 다음에 제시하는 항목들은 이를 위한 기초 자료가 될 수 있을 것이다.

1) 강화

• 교사는 다양한 강화를 사용했는가? 가능한 한 같은 단어나 구절을 사용하지 않으려 했는가?

- 정적(正的) 강화와 부적(否的) 강화의 비율은?
- 강화는 학생의 학년이나 발달수준에 적절하였는가?
- 강화는 진지하게 주어졌는가?
- 집단강화법을 사용하였는가?
- 강화는 구체적으로 주어졌는가?
- 강화는 몇 번이나 주어졌는가?
- 비언어적 강화도 적절히 사용되었는가?
- 음성의 억양을 강화법으로 사용하였는가?
- 필요한 경우에 부적 강화도 적절히 시행되었는가?

2) 침묵 또는 비언어적 단서

- 이 기술은 상황에 맞게 잘 사용되었는가?
- 단서에 의해 기대한 반응을 유발시켰는가?
- 비언어적 단서는 몇 번이나 사용되었는가?
- 교사는 다양한 종류의 비언어적 단서를 사용하였는가?
- 사용한 비언어적 단서는 학생들의 문화에 관련되는 것이었는가?
- 부정적 반응을 유발할 수 있는 단서는 사용을 회피했는가?

3) 자극의 다양화(stimulus variation)

- 교사는 몸짓, 집중, 상호작용, 멈춤, 감각자극의 변화, 움직임과 같은 다양한 자극을 사용하였는가?
- 자극이 적절히 사용되었는가?
- 학생들은 사용한 자극에 대하여 반응하였는가?
- 자극의 다양화가 학생들로 하여금 수업에 정신집중하게 하였는가?

4) 반복

- 가르칠 자료가 학생들에 맞게 반복을 시행하였는가?
- 흥미를 유지할 수 있게 다양한 형태로 반복하였는가?
- 반복은 지식이나 기술을 완전히 익히기에 적절하였는가?
- 반복의 횟수는 학습내용의 수업단위에 적절하였는가?

5) 발문(이 준거의 대부분은 다른 질문기술을 평가하는 데도 쓰일 수 있다.)

• 교사는 발문을 할 수 있게 단원을 조직하였는가?
• 발문은 학습내용과 관련이 있는 것이었는가?
• 발문은 학생의 배경이나 발달수준에 알맞은 것이었는가?
• 학생들의 질문을 분명히 이해할 수 있었는가?
• 발문에 대답할 수 있도록 충분한 시간을 주었는가?
• 몇 번이나 발문을 던졌는가?
• 던져진 발문 간에는 계속성이 있는가?

6) 탐사기술

• 교사는 학생들이 질문에 대답할 수 있도록 격려하였는가?
• 교사는 답을 찾아가는 과정에서 좋은 강화를 사용하였는가?
• 탐사의 깊이는 학생의 수준에 적절하였는가?
• 탐사하는 과정의 발문들에는 논리적 연속성이 있었는가?
• 탐사과정은 수업목표를 성취하는데 도움이 되었는가?
• 학생들은 탐사과정에 어떻게 반응하였는가?
• 탐사과정에서 교사는 학생들에게 적대적으로(냉담하게) 보이지는 않았는가?

7) 고도의 발문

학생들에게 요구되는 고도의 발문(질문)으로 추론하기, 대조·비교하기, 문제 해결하기, 관계 파악하기, 개념이나 원리를 이해했음을 나타내기, 평가하기 등이 있다.

• 교사는 다양한 종류의 고도의 발문을 사용하였는가?
• 발문 간에는 계속성이 있었는가?
• 학생들의 대답에 대해 교사는 수용적이었는가?
• 학생들은 던져진 발문에 어떻게 반응하였는가?
• 학생들은 발문이 요구하는 바를 수행할 수 있었는가?
• 고도의 발문과 단순발문의 비율은 어떠했는가?
• 교사는 고도의 발문을 던지기 전에 학생들이 그 분야의 지식을 갖도록 하였는가?

8) 확산적 발문

확산적 발문의 목적은 창조적 사고를 유발하고, 정서나 느낌을 확실히 진술하고, 가치를 확인하고 명확히 하는데 있다.

- 교사는 모든 반응을 똑 같이 받아들였는가?
- 교사가 틀렸다고 여긴 대답은 정말 없었는가?
- 발문에 의해 창조적인 감정묘사나 가치명확화를 이끌어 낼 수 있었는가?
- 가르치는 내용과 관계되는 발문을 하였는가?

9) 단서주기와 미리 단서주기(pre-cuing)

- 교사는 학생들이 질문에 대한 답을 생각하는 데 어려움을 느낄 때 단서를 주었는가?
- 교사가 준 단서는 학생이 옳은 대답을 할 수 있게 하였는가?
- 교사는 학생에게 충분한 시간을 주어 반응하게 하였는가?
- 단서가 유발한 대답은 수업에 도움이 되는 것이었는가?
- 미리 단서를 준 것이 학생의 참여도를 높였는가?
- 미리 단서를 준 것이 대답의 성공도를 높여서 학생들의 자아개념을 높인 결과를 가져왔는가?

10) 도입(set induction; 수업으로 유도하기)

- 도입에서 교사와 학생에게 공통된 준거의 틀을 설정하였는가?
- 도입에서 학생들의 학습활동을 동기화하였는가?
- 도입에 의해 학습과정을 용이하게 하였는가?
- 도입은 단원의 핵심내용과 관련된 것이었는가?
- 도입과정 없이 새로운 단원에 들어갔는가?
- 도입의 일차적 목적은 학생의 흥미를 유발하여 학습동기를 높이려는 것이다. 동기화의 다른 수단으로서는 부가점수·칭찬·명예 등의 외적 보상과 학생자신이 중요한 목표를 달성했음을 알았을 때 갖는 성취감의 내적 보상이 있다.

11) 끝맺기(closing)

- 학생들의 행동은 끝맺음이 성취되었음을 보여주었는가?

• 교사의 수업내용 조직은 끝맺음을 용이하게 하였는가?

• 적절한 시간에 끝맺음을 하였는가?

• 끝맺음에서 이전의 지식과 새로 가르친 지식을 연결시켜 주었는가?

• 학생들은 수업한 내용의 논리적인 순서를 인식할 수 있었는가?

앞에서 제시한 항목들을 참고하여 실제로 마이크로티칭 기법을 적용할 경우, 〈표 6-6〉의 수업기술 평가 척도를 원용할 수 있다.

〈표 6-6〉 수업기술평가를 위한 척도

(응답요령)
선생님이 수업장면을 아래 항목에 따라 평가하실 때,
* 아주 잘 했다고 생각하시면··········· 5
* 잘 했다고 생각하시면··············· 4
* 보통이라고 생각하시면·············· 3   에 'V'표를 하여 주십시오.
* 부족이라고 생각하시면·············· 2
* 매우 부족이라고 생각하시면········· 1

단계	수업기술의 평가준거	문항번호	평 가 문 항	아주잘함 5	잘함 4	보통임 3	부족함 2	아주부족함 1
도입	수업으로 유도하기	1	적절한 동기유발로 학습활동을 촉진시켰는가?					
		2	도입은 단원의 핵심내용과 관련된 것이었는가?					
전개	강화	3	교사는 다양한 강화를 사용하였는가?					
		4	강화는 구체적으로 주어졌는가?					
	발문	5	발문은 학습내용과 관련이 있었는가?					
		6	발문은 명확하여 학생이 이해하기 쉬웠는가?					
		7	발문 간에는 연관성이 있었는가?					
		8	발문에 답할 수 있게 충분한 시간을 주었는가?					
	자극의 다양화	9	교사는 다양하고 적절한 자극으로 주위를 집중시켰는가?					
		10	학생은 교사의 자극에 반응했는가?					
		11	자료제시와 방법이 적절하였는가?					

전개	침묵 또는 비언어적 지시	12	침묵 또는 비언어적 지시를 상황에 맞게 사용하였는가?			
	탐사	13	교사는 학생이 생각하고 답할 수 있도록 격려하였는가?			
	반복	14	다양한 반복으로 학생에게 흥미를 줄 수 있었는가?			
		15	반복이 지식이나 기술 숙련에 적합하였는가?			
	예 들기	16	예가 적절하여 수업전개에 도움을 주었는가?			
	단서 주기	17	적절한 단서가 학생의 참여도와 성공감을 증가시켰는가?			
	행동에 주의하기	18	교사는 교실 상황을 잘 파악하여 잘 대처해 나갔는가?			
정리	끝맺기	19	적절한 시간에 끝맺음을 하였는가?			
		20	학습평가의 반성이 적절히 이루어졌는가?			

마. 마이크로티칭 기법의 유용성

마이크로티칭 기법은 수업장학의 한 기법으로서 신임교사들의 수업기술 향상과 교사양성기관에서 교사가 되려는 사람들을 훈련하는 데 유용한 기법으로 알려져 있고 세계적으로 활용되고 있다. 우리나라에서도 마이크로티칭 기법에 관한 관심이 커지면서 과연 이 기법이 수업기술향상에 효과가 있는지 그리고 학교현장에 적용할 만한지를 알기 위하여, 김청자(1988)는 "국민학교에서의 마이크로티칭 기법의 유용성 검증" 연구에서 마이크로티칭은 초등학교 초임교사들의 수업기술 향상에 유용하다는 결론을 얻었다. 또한 강동수(1988)는 "마이크로티칭 기법이 교생의 수업기술에 미치는 영향"의 연구에서 마이크로티칭 기법을 교육실습생에게 적용했을 때 수업기술 향상에 도움이 되었다고 결론을 내리고 있다. 특히 수업기술의 향상은 교육실습생의 학교성적에 관계없이 어떤 경우든 수업기술 향상에 도움을 주었다는 것이다.

위의 두 연구가 그 절차나 방법에 있어 하자가 없다는 것을 전제할 때 마이크로티칭 기법이 초임교사나 교육실습생에게 있어 수업기술을 향상시키는 유용한 수단이 된다는 것을 알 수 있으며, 아울러 경력이 적은 교사도 자기 수업기술 향상을 위해 적용할 수 있는 좋은 기법 중의 하나라고 생각된다.

5. 연구수업

학교현장에서 흔히 사용되고 있는 '연구수업'과 '수업연구'는 용어만 다를 뿐 동일한 개념으로 볼 수도 있고 또한 혼용되고 있는 것도 사실이다. 그러나 학문이 발전할수록 용어의 쓰임이 전문화, 세분화되는 것처럼 양자의 개념은 다르기 때문에 개념에 알맞은 용어를 사용해야 한다. 우선 용어의 뜻을 가장 쉽게 정의해보면 문자그대로 수업연구는 '수업에 관한 연구'이고 연구수업은 '연구한 수업'이다.

'수업에 관한 연구'란 수업과 관계되는 모든 유형의 수업연구로서 탁상에서 이루어지는 문헌연구를 포함하여 조사연구, 실험연구, 실천연구 등을 말한다. 그러나 연구수업은 연구한 수업으로서 주로 현장 교사에 의하여 전개되고 공개된 실제수업을 말한다. 즉 교사가 잘 가르치기 위하여 교재연구를 충실히 한 수업도 연구수업의 범주에 들어가고 수업연구의 일환으로 추진된 실증수업도 연구수업 속에 포함되며 연구학교 운영결과 보고회나 장학지도시 공개된 지정수업도 연구수업에 해당된다 (유택열, 2002).

연구수업은 그 목적에 따라서 명칭을 달리 사용하고 있으나 이를 좀 더 자세히 살펴보면, 학부모나 또는 교원 등 어떤 특정인들에게, 혹은 널리 개방하여 아무라도 수업을 참관하도록 하는 공개수업, 수업법에 능숙한 교사가 미숙한 초임교사 또는 장차 교사가 되려고 하는 사범계 학생이나 교직과정 이수학생을 위하여 학습지도의 방법을 실제로 참관시키고 이해시키기 위해서 행하는 모범수업, 학습지도 방법을 개선 향상시킬 목적으로 참관자 앞에서 행하는 흔히 말하는 연구수업, 또는 실제로 연시(演示)하고 실연(實演)시킨다는 의미에서 실연수업이라고도 한다. 어떤 경우나 연구를 위한 연구수업이나 타인에게 보이기 위한 모범수업이나 실연수업, 그리고 공개수업에 그쳐서는 안 된다. 연구수업의 궁극적 목적은 어떻게 하면 학생들에게 보다 이상 상태로 발전하도록 바람직한 효과를 줄 수 있겠는가 하는데 있다(이승익, 1982).

유택열은 수업연구와 연구수업의 개념을 다음과 같이 비교 정리하여 제시하고 있다.

〈표 6-7〉 수업연구와 연구수업

구 분	수 업 연 구	연 구 수 업
의미	수업에 관한 연구	연구한 수업
공개여부	수업연구 발표	수업 공개 원칙
연구주체	교원, 대학교 교수, 학자 등	주로 교사
연구 장소	연구실, 도서실, 교실	주로 교실, 수업 장면
의의	이론적, 방법적	방법적, 실제적
범위	연구수업이 포함됨	교재연구도 포함
비 고		수업연구의 일부

〈표 6-7〉에서 보는 바와 같이 수업연구는 과학적 방법에 의한 엄밀한 연구과정을 거쳐 산출된 연구보고서, 발표, 실증수업 그리고 실적물 전시 등이 포함된다. 그러나 연구수업은 통상 학교현장에서 연구보고서와 발표 그리고 실적물 전시 등이 생략되고 수업안과 실증수업만을 공개하여 협의하는 약식 수업연구가 이루어진다.

이러한 약식 수업연구는 교생 실습이나 신규교사를 위한 임상장학 등에는 효과가 있으나 새로운 수업방안을 강구하거나 교사들의 수업기술 신장에는 크게 효과가 없는 것으로 나타나고 있어 학교 현장에서 실질적으로 교사의 수업기술 향상을 위한 수업장학이 절실하다 하겠다.

그러면 이종섭 외(1978)가 제시한 연구수업의 목적, 조건, 유의점을 중심으로 살펴보기로 한다.

가. 연구수업의 목적

1) 교육과정의 구성을 위해

교육과정이나 단원 또는 지도 내용을 중심으로 그것이 과연 실제 지도에 알맞은지, 그리고 교육이 바로 이루어지는지의 검증을 연구수업으로써 실험한다.

2) 공동의 문제를 해결하기 위해

학습이론, 학습방법, 평가 등에 걸쳐 공통적인 의문점을 해결하기 위해서 지정교사에게 수업을 시킨다.

3) 문제제기를 위해

교사 개인 또는 같은 교과를 연구하는 교과별 교사 연구 집단이 전 직원에게 자기 또는 자기 집단의 문제로 하고 있는 것을 구체적으로 발주하여 전체 토의나 공동

연구로서 제안하는 경우이다.

4) 어떤 학교에서 취약적인 교과를 선정하여 전 직원으로 하여금 공동의식을 가지고 협동으로 해결하도록 하는 경영자의 의도나 자생적인 연구가 있고, 또 신규교사들의 수업기술 연마를 위한 목적도 있다.

나. 연구수업의 조건

1) 연구수업의 과정에서 일어나는 모든 수업과정과 그 연구 결과는 학생들에게 직접 도움이 되는 것이어야 한다.
2) 연구를 담당하는 교사의 능력과 기간적인 제약을 고려하여야 한다.
3) 연구수업은 정상적인 학교 교육을 방해하는 것이어서는 안 된다.

다. 실천상의 유의점

1) 수업 목적의 확인과 교수·학습 과정안의 재검토

교수·학습 과정안을 작성할 때에 고려해야 할 사항들을 실천하는 입장에서 재검토 확인하는 것이다.

① 수업목표는 뚜렷한가

목표가 뚜렷하지 못한 수업에서 성과를 기대할 수는 없다. 수업을 진행하는 과정에서도 이 수업을 통하여 길러져야 할 행동능력이 언제나 수업자의 뇌리에서 사라져서는 안 된다. 수업의 목표가 구체적으로 학생들의 행동으로서 파악되도록 철저히 목적의식 속에서 수업이 진행되어야 할 것이다.

② 전체 수업 계획과의 관련은 명확하게 파악되었는가

본시의 수업이 연구수업 전체와의 관련을 분명히 파악해 놓아야 할 것이다. 대개 수업을 공개한다고 할 경우에 전시효과가 큰 단원을 선택하게 되는 데 이것은 물론 당연한 일이겠으나, 전시효과를 너무 크게 노린 결과 전체 연구 계획과의 동떨어진 공개만을 위한 수업계획을 짜게 되는 수가 있다.

물론 교수·학습 과정안에 관한 파악은 수업 전에 일단 실시되는 것이기는 하나 실시에 앞서 다시 한 번 전체와의 관련을 재검토하여 전체 수업의 흐름에 무리가 없도록 주의할 필요가 있다.

③ 교재의 연구는 충분한가

교재연구는 비단 교과서의 연구만을 의미하는 것은 아니다. 단위 시간에 배워야 할 주제 또는 단원과 관련하여 학습경험을 제공하는 데 쓰이는 것은 통틀어 교재연구의 범주에 속한다고 볼 수 있다.

대체로 교재연구도 중요하지만 교재를 통해서 학습경험이 제공될 때에 혼란을 일으키지 않도록 배열과 비중, 그리고 방법에 대한 검토를 해야 할 것이다.

또한 지도안 속에는 제시될 교재의 한계가 결정되어 있겠으나, 그 교재의 적부에 대한 검토가 있어야 하며, 필요한 경우에는 수업 직전에라도 수정을 가하여 수업에 실패가 없도록 유의해야 하겠다. 아울러 시간에 제시될 교재의 분량도 검토되어야 하며 과잉 의욕으로 인하여 너무 많이 제시되지 않고 적절한 교재가 필요한 양 만큼 제시되도록 해야 한다.

④ 학습의 결과를 종합하고 평가하는 절차는 적절한가

교수·학습 과정안에는 대개 학습 결과의 종합과 평가에 대한 방안이 제시되어 있으나, 실제 수업에서는 과정안에서 예상하지 못한 문제들이 생기기 마련이다.

그러므로 과정안에 제시된 절차의 적절성 여부와 더불어 이러한 새로운 사태로 인한 학습의 결과를 어떻게 종합하고 평가할 것인가에 대해서 다각도로 연구 검토해야 할 것이다.

2) 실시상의 유의점

수업이 실제로 진행 중에도 여러 가지 예기치 않았던 사태에 자주 부딪치게 된다. 돌발적인 사태 가운데서는 특히 학습하고자 하는 일과 아무런 관련 없는 사태가 야기될 때에는 더욱 초조해진다.

이와 같은 돌발 사태에 대비해야 할 몇 가지 유의점을 들면 다음과 같다.

① 침착하게 수업에 임하라

『학생들이 이렇게 질문하면 이렇게 대답해야지, 저렇게 질문하면 요렇게 대답해야지』하고 끊임없이 걱정을 한다든지, 『여기는 이렇게 설명해야지』하는 식으로 안절부절못하면 학생들의 다양한 질문들을 그냥 지나쳐 버리고 교사가 듯했던 질문만 받아들여서 일방적으로 교사의 생각만을 학생들에게 밀어대는 결과가 되고 만다. 그러므로 사전 연구한 것을 자기의 것으로 일단 소화하고, 그 후에는 그것에 사로잡히지 말고 그 동안 연구해온 일체의 것에서 탈피해 백지와 같은 기분으로 수업에 임하는 것이 필요하다. 교사의 수업 계획은 실제 수업에 있어서 학생의 행동에 따라서 그에 적응하여지기도 하고 수정되어지기도 하는 것이다.

② 학생들의 발언을 잘 들어라

대개 교사들은 수업 중에 학생들의 이야기를 예사로 들어 넘기기가 일쑤이다. 그러나 수업 중 학생들의 발언 중에는 놓쳐서는 안 될 중요한 것들이 있다. 학생들의 발언은 그들 나름의 생각을 표시하는 것이기 때문에 교사로서는 그 의미를 파악하기 어려운 것도 있을 수 있다.

그래도 다시 반문하여 그 내용을 정확하게 파악하고 받아들여야 할 것이다. 그들의 발언은 그들을 둘러싸고 있는 지역사회나 학교, 가정 속에서 구체적으로 생겨나는 것이기 때문에 교사는 항상 그들의 발언이나 문제가 생겨나는 배경에 대하여 고려해야 함이 중요하다.

만약 학생들이 「본시」와 전혀 관계가 없는 문제를 발언했다 하더라도 교사는 연구수업일지라도 그것을 부정하거나 거부해서는 안 된다. 혹시 부정하거나 거부하는 일이 거듭된다면 학생들로서는 이야기 하나마나가 되니까 결국 의사 표시를 하지 않는 학생들이 되고 말기 때문이다. 일단은 그 발언을 받아들이고 나서 적절히 그에 대한 처리를 하는 친절을 베풀어야 한다.

또 「본시」와 직접 관계는 없지만 단원을 진행하는데 반드시 문제가 될 만한 것을 학생이 발언하는 경우가 있다. 그와 같은 때에는 곧 그 문제에 손을 뻗친다면 많은 학생들의 학습에 비약을 가져오게 되며 수업을 혼란으로 이끄는 결과가 되기 쉬우므로, 판서한 뒤에 메모해 두었다가 다음 시간에 취급할 학습사항으로 돌려야 할 것이다.

③ 한 학생의 발언을 전체 학생들의 생각으로 여겨라

교사와 한 학생이 대화를 주고받고 하는 것만으로 수업이 진행되는 경우가 있는데, 그래서는 학생들이 바라는 방향으로 흐르는 수업이라고 할 수 없다. 수업을 진행하는 가운데 한 학생의 발언을 전체의 개개 학생에게 문제로서 받아들여 가도록 해야 할 것이다. 이런 경우, 교사가 유의해야 할 일은 자칫하면 학생들의 발언에 함께 휩쓸려 버리고 마는 때가 있다.

④ 수업은 마디가 있어야 한다.

수업을 하는데 그 흐름에 있어서 생각해야 할 것은, 수업 시간 중 몇 개의 초점이 되는 마디가 있어야 한다는 것이다. 그것은 마치 대나무의 마디와도 같아서 하나의 단계를 나타내는 것이다. 그 문제(학습 사항)를 해결(처리)함으로써 다음의 문제점 (결과)이 생겨난다는 것과 같이 학습이 발전해 가는 단계인 것이다.

그와 같은 학습을 실현시키기 위하여서는 「본시 학습」전체를 내다보고서 가장 높은 산과 같은 중심을 이룬 마디를 설정하고, 그것에 도달하기 위한 단계로서의 몇 개의 마디를 생각하는 식으로 해나가면 된다.

그리고, 그 마디마디에서는 학생들에게 학습하는 내용을 충분히 생각하게 할 필요가 있다. 일부의 학생만 간단히 파악하였다고 그냥 그 마디를 지나쳐서는 많은 학생들이 학습에서 떨어져 나가는 것이 되고 말기 때문이다.

그와 같은 마디도 물론 교사가 의도적으로 마련하는 것이지만, 그것을 강제로 시키거나, 억지로 밀고 나가는 것이 아니다. 학생들의 학습 활동 속에서 발견하여 스스로 이끌어 나가게 하는 것이 바람직하다.

그러기 위해서는 학생 개개인을 충분히 이해하고 학생들의 현재의 문제, 흥미, 요구에 응함은 물론, 한 걸음 더 나아가 학생들이 잠재적으로 갖고 있는 요구나 아직 발견되지 않은 능력을 발전시키는 활동을 항상 쌓아 올라가는 태도가 중요하다.

⑤ 학생들에게 학습에 대해 충분한 이해를 시켜라

학생들이 학습에 대해서 충분히 이해하고 있지 못하면 교실의 분위기는 어딘가 짜임새가 없다고 곧 느껴지게 된다. 이러한 학습 사태에서 성공적인 수업을 기대하기는 어렵게 된다. 특히 다수인들이 참관하는 수업에서는 학생들이 안정감을 잃기 쉬우며, 그 중의 중요한 이유의 하나가 학생들이 수업에서 다루어질 학습 내용, 다수인이 참가한 학급 사태에 대한 사전 이해 및 그 참관자들의 하는 일 등에 대해서 충분한 이해를 갖지 못한 때문이다. 따라서 수업 담당자는 자기의 수업을 성공적으로 이끌기 위한 방법으로 학생들에게 수업에 대해서 주지시킬 필요가 있다.

⑥ 수업 도중 불필요한 발문을 하지 말라

연구수업이란 자칫 잘못하면 짜임새 없는 수업이 되기 쉽다. 평소에는 해보지도 못한 일을 하게 되며, 생전 하지도 않던 말을 하게 되는 수가 있다. 이렇게 쓸데없는 일 또는 익숙하지 못한 일을 함으로써 공연히 시간을 낭비하게 되고 수업의 흐름에 혼란을 야기하게 되며, 또는 본의 아니게 학생들의 사기를 꺾어버리고 한 시간의 귀중한 수업을 망쳐버리기도 한다.

담임교사와 학생들 간에도 평소의 학습 지도상의 습관상 암암리에 묵계가 성립되어 있는 수가 있다. 선생님은 이러한 방법으로 공부를 가르치신다고 학생들은 미리 그 학습 지도의 방향을 짐작하고 있게 되는 것이다. 그러던 것이 교사가 참관자의 비위를 맞추느라고 평소에 입에 올려 보지 못한 발문을 한다거나. 전혀 새로운 방법으로 학습을 끌고 나갈 때 학생들은 큰 혼란을 일으키게 된다.

그렇지 않아도 여러 가지로 긴장되어 있는 학생들이 이러한 새로운 사태에 적응해 나가기 어려울 것은 쉽게 이해가 가는 일이다. 학생들은 이러한 발문들에 어떻게 답해야 할지 망설이다가 시간을 놓쳐 버리고 교사는 학생들의 답이 안 나오기 때문에 당황한 나머지 다른 발문을 계속 던진다. 이쯤 되면 사태는 일종의 악순환을 거듭하는 나머지 걷잡을 수 없게 된다.

즉, 교사가 평소에 쓰지 않던 말을 갑자기 쓰게 됨으로써 학생들에게 혼란을 가져오는 발문에는 다음과 같은 것들이 있다.

가볍게 다짐하려는 발문으로 혼잡을 일으키기 쉬운 경우, 즉 수업 벽두에 참관자에 대한 편리도 고려하여 가벼운 기분으로 아주 간단한 대답을 얻을 양으로 『지난 번에는 어떤 공부를 했지요?』하고 물어 본다. 물론, 평소에 그와 같은 방식으로 공부해 왔던 학급에서는 별 문제가 있을 수 없으나, 그렇지 못할 경우 오늘의 학습만을 생각하고 있는 학생들로서는 불의의 기습이 아닐 수 없다. 학생들은 금방 무어라 요약할 수 없어서 당황하게 된다.

또한, 여러 가지 장황하게 설명하고 나서 간단히 요약해서 설명했으면 하는 경우이다. 사실은 그냥 슬쩍 넘겨도 별 무리가 없고, 학생들도 충분히 이해하고 있음을 확인했음에도 불구하고, 다시 참관자에게 보라는 듯이 자랑하는 듯이 『자, 누가 간단히 요약해서 설명해 보세요.』하고 발문을 한다. 이것 역시 극히 가벼운 발문에 가벼운 대답을 요구하는 것이다. 그러나 설명이 상당히 길었던 만큼 학생들은 충분히 이해하고 있음에도 불구하고 평소에 훈련이 없었던 탓으로, 또는 그 장면이 너무 뜻밖의 발문이었던 탓으로 그만 대답을 못하고 망설이다가 본의 아니게 꼬리를 잡히게 된다.

평소에 훈련되어 있지 않는 방법에 의한 발문은 언제나 불리한 결과만을 낳게 된다. 극히 주의해야 할 일이다. 억지로 발표 또는 발언을 시키려 할 경우, 즉 학생들의 학습 참여를 활발하게 하기 위한 배려로서 학생들에게 『자, 이 그림을 보고 무엇을 알 수 있지요?』라고 물었다면, 이것은 그림의 잘 잘못을 묻는 것인지, 색채를 묻는 것인지, 그림의 내용을 묻는 것인지 학생들로서는 순간 그 응답을 결정짓기에 망설이지 않을 수 없게 된다. 이러한 예기치 못한 발문에 대해서 학생들은 입을 다물 수밖에 없다.

이에 대하여 교사는 보충 발문을 한다.

『잘 보고 대답해 봐요.』

또는 『틀려도 좋으니 대답에 봐요.』등등

그래도 사태는 잘 수습되지 않는다. 학생들의 학습 참여를 촉진하는 것은 좋은 일이나 불행히도 발문을 그르쳐 무리하게 참여시키려 할 때 큰 혼란을 야기하게 된다. 자연스럽고 극히 효과적으로 참여시키되 무리한 발문으로 결코 무리가 없도록 유의해야 하겠다.

⑦ 일부 학생에게만 참여를 기대하지 말라

학습지도의 대부분이 그렇지만 특히 반 수업에 있어서도 수업형태는 학생들의 활동 또는 작업 중심의 토의를 주로 하는 학습형태를 볼 수 있는데, 토의를 중심으로 할 때에는 지도자의 발문 또는 그때그때의 사태에 따라서 크게 학습의 성과가 좌우되는 수가 있다.

학습이 실패로 돌아가는 경우란, 대개 지도교사가 학급의 일부 학생 특히 학업이 우수한 학생에게 그 학습에의 참여를 크게 기대하게 될 때에 일어나기 쉽다. 우수한 학생들은 반면, 민감하기 때문에 사태의 변화에 대하여 예기치 못한 반응을 보이기 쉽다. 따라서 우수한 일부 학생에게 활발한 활동을 기대했다가 발표나 발언을 하지 않고 침묵을 지키는 등 학습 활동에 참여하지 않게 되면 그 수업은 큰 낭패가 된다.

교사는 특히 연구수업일 경우, 보이기 위한 수업으로 일부에만 치우치거나 너무 기대할 때에 일어날 사태에 대비하여 학급 전체의 참여를 이끌어 내야할 것이다.

⑧ 연구수업은 연극 수업이 아니다

자기를 평가하기 위하여 모여 있는 많은 사람 앞에 섰을 때, 자기의 수업이 잘 되도록 노력하는 것은 인간으로서 당연한 심정일 것이며, 가능하다면 참관자들이 깜짝 놀랄 정도로 멋지게 해 넘기고 싶은 것이 인지상정일 것이다.

그러나 이런 의욕이 너무 지나칠 때에는 과장된 연극 같은 인상을 주게 된다. 어느 경우에는 당일의 연구수업을 위해서 미리 며칠 전부터 몇 번씩이나 예행연습을 해 놓는다. 그래서 그런지 수업 당일은 하나 거리낌 없이 너무나 멋지게 수업이 진행된다. 토의 진행도 너무 잘 한다. 그러기에 오히려 박력이 없고 맥이 빠져 버리고 긴장감이 없어진다.

그 후에라도 참관자들이 그러한 사실을 알게 된다면 그 수업을 어떻게 평가하겠는가. 남의 평이야 어떻든 간에 자기 자신의 교육자적 양심에 비추어 보아, 또한 자기의 전문적 성장에 얼마나 더함이 있겠는가.

연구수업은 남에게 보이기 위한 쇼(show)와는 달라야 하겠다. 그러기 위해서 교사는 표면적 성공으로 얻는 감탄사나 찬사보다는 있는 그대로의 자기모습 및 학급과 학생의 모습을 참관자에게 보이고, 건전한 평가를 받음으로써 자기 스스로의 개인적, 전문적 성장을 가져오고 아울러 학생들의 교육적 성장에 적극적인 기여를 할 수 있도록 해야 할 것이다.

교단에 섰을 때의 교사는, 특히 연구수업을 위해 교단에 섰을 때의 교사는, 인간적으로 전문인으로서의 자책과 아울러 겸허의 미덕을 지녀야 할 것으로 생각된다.

⑨ 교사는 만능이 아니다

연구수업 뿐 아니라 일반 수업에서도 그렇긴 하나, 교사가 자기 잘못을 학생들 앞에서 선뜻 시인하기란 그리 쉬운 일이 아닌 것 같다. 더구나, 연구수업의 경우는 더 힘들다. 잘못을 쉽게 시인한다는 것은 교사의 위신에 관한 일인 것으로 생각하는 교사가 많이 있는 것 같다.

그러나 교육의 효과는 교사와 학생간의 인격적 교류 속에서만 바람직하게 기대할 수 있다. 그렇게 본다면, 자기의 잘못, 즉 학습지도의 오류나 학습 내용상의 오류 등을 솔직하게 시인하는 일은 표면상의 인기 전술이 아니라는 진심이 학생들에게 통하는 한 교육의 효과를 올렸으면 올렸지 결코 부작용을 일으키는 일은 없을 것으로 생각된다.

이것은 일반 수업뿐만 아니라 연구수업에도 적용되며, 교사가 만능이 아닌 이상 실수가 있기 마련이기 때문에 오히려 능란하게 그 실수를 합리화하는 것보다는 그 잘못을 교육적인 방향으로 처리하려는 태도가 더 필요하다고 본다.

⑩ 가르치는 입장보다 같이 배우려는 입장을 취하라

가장 우수한 교사는 학생들이 창의적인 사고 과정을 통하여 자신들의 문제를 해결해 나아가는 것을 가장 잘 도와주는 교사이다. 잘 다듬어진 지식 내용을 멋지게 잘 가르치려 한다는 것은 어느 의미에서는 학생들의 창의성이나 자주성을 빼앗아 버리는 결과가 되기 쉽다. 따라서 학생들과 교사가 같은 문제를 놓고 해결해 나아가는 태도를 가져야 할 것이다.

⑪ 학생들에게 친숙한 말을 써라

학생들에게 친숙해진 말이란 경우에 따라서는 지방 사투리를 쓸 필요를 시인하는 말이 된다. 최대한 표준어를 사용하는 것이 좋으나, 어색한 표준어보다는 몸에 배인 고장의 말이 더 학생들의 학습 효과를 높이게 될 것이다. 용어의 선택에 있어서도 학생들에게 호흡이 통하는 말을 쓰되 저속해지지 않도록 조심해야 하겠다.

⑫ 교수·학습 과정안의 노예가 되지 마라

교수·학습 과정안이란 사실상 융통성이 있고 탄력성이 있는 학습에 계획성을 주려는 의도에서 작성된다 하겠다. 결국 과정안은 학습의 역동성을 전제로 한 것이고 보면 과정안의 계획성에 너무 얽매여서 그 근본 취지를 떠나 과정안에 너무 충실한다는 것도 학습을 너무 형식화하고 융통성 없는 기계적인 것으로 만들어 버릴 위험성이 있다.

물론, 탄력성을 너무 중시하여 결국 무질서하게 되는 것도 좋은 일이라고 할 수는 없겠으나, 시간 내에 제기된 문제로서 본시의 수업 목적에 적합한 것이면, 그리고 그 문제를 해결하는 것이 학생들의 창의성과 학습 성취도를 높이는 것이라고 판단되는 것이면 과정안에 내포되지 않은 것이라도 필요에 따라서는 과정안 내용에 다소 융통성을 살려 유연하게 학습을 진행하는 것이 좋을 것이다.

⑬ 학생들은 항상 학습하고 있다는 것을 기억하라

학생들은 과정안에 담겨져 있고 교사가 제시하는 것만을 학습한다고 생각해서는 큰 낭패다. 학생들은 생존하고 있으며, 그 생존 과정 전체를 통하여 항상 학습하고 있다.

연구수업일은 특별한 날이기에 구김 하나 없는 새 양복을 입고 나오는 경우가 많은데 오히려 학생들을 긴장하게 만들 수 있다. 그것은 교사가 자기네들이 항상 접해 오던 사람이 아니고 특별한 사람이 되어 있기 때문이다. 학생들은 유난히 신경이 날카롭게 서 있어서 평소에 교사에게 어울리지 않는 여러 가지 태도, 기술, 행동 등에서 새로운 학습보다는 의아심을 배우게 된다.

더구나 예행연습이나 하게 되면 학생들은 수업의 연극화를 배운다. 문제는 교사의 일거수일투족에서 학생들은 예민하게 학습하며 좋은 것, 좋지 않은 것 모두 계속해서 배우고 있다는 사실을 기억하여 연구수업이라 하여 너무 특별해지지 않도록 해야 하겠다.

⑭ 자신있는 적극적인 태도를 지녀라

연구수업에서 이것저것 비평당하면 어떻게 하나, 공책을 깨끗이 쓰게 해야지, 발표 시는 끝까지 고운 말씨를 쓰게 해야지, 손을 들 때는, 책을 읽을 때는, 연필잡기는 하고 지금까지 연구수업에서 보아 온 것을 생각하면서 그 하나하나에 지나치게 신경을 썼다는 견디어 낼 수가 없다. 학생들도 마찬가지로 지쳐 버리고, 정작 연구수업 날에는 너무 굳어져 버려 마음도 몸도 뜻대로 되지 않는다.

그러므로 학생들을 이상적으로 이끈다는 것은 아무래도 어려운 일이므로 그런 것은 아예 잊어야 한다. 오히려 무엇인가를 이룰 수 있는 근본적인 것을 찾아내면 된다. 바로 그것에 대해 지도, 노력을 보여주는 것이라는 자기의 목표를 명확히 잡는 일이다. 그것이 비록 적은 일이라도 좋은 것, 학습 지도에 도움이 되는 것이면 된다. 그 문제에 대하여 자기 스스로 하나의 해결을 보았다면 그것으로서 족하다.

또는 어느 단계에 서서 이번에는 '이 단계를 보여 준다'하고, 지도의 전체 계획이 명확하게 파악되어 있으면 되는 것이다. 즉 보여 지는 입장에서 이것을 보여 준다는 입장으로 바꾸어 적극적인 마음가짐으로서 연구수업을 맞는 것이다.

물론, 그러기 위해서는 교재 연구, 지도법 연구, 예상되는 학생의 활동 등 본질적인 것에 대한 준비를 주도면밀하게 해야 할 것이다.

⑮ 연구적인 입장의 태도를 지녀라

연구수업이라고 하면 어쩐지 교사의 온갖 능력이 평가되어진다고 생각하거나 지금까지 지도한 업적이나 능력이 그 자리에서 평정되어 버리는 것 같은 착각에 빠지기 쉽다. 거기에서 연구수업의 희비극이 생기는 것이지만, 그것은 어디까지나 착각이라고 보아야 할 것이다. 혹시, 그와 같은 눈으로 보는 장학 담당자나 교장이 있다 하더라도 그것을 염려할 필요는 없다. 오히려 그와 같은 염려가 그들 앞에서 서투른 장면을 보여 주게 되는 원인이 될 수도 있다.

어떤 학교에서 독서 감상문에 대한 발표를 하고 있었다. 한 학생이 공책에 쓴 글을 발표하였고, 발표가 끝난 후에 다른 학생으로부터 질문을 받게 되었다.

『철저하게 공부했다고 했는데, 「철저하게」란 뜻이 무엇입니까?』 발표한 학생이 대답을 못 하였다.

교사도 예기치 못하였던 복병을 만난 듯 어찌할 바를 모르다가,

『철저하게란 철저하게란…….』 하면서 이렇다 할 설명 방법이 떠오르지를 않았다. 그러다가

『그것은 자주 쓰이지요.』 『그게 어떤 때 잘 쓰이지요?』 하니까

『네, 철저하게 꾸짖는다.』

『그래요, 그때는 무슨 뜻으로 쓰이지요?』

『몹시 꾸짖는다는 뜻입니다』

『그래요, 또?』

『네, 철저하게 청소를 한다.』

『그렇지, 그때는 무슨 뜻으로 쓰이는가요?』

『구석구석 빼놓지 않고 청소를 잘 한다.』

『그러니까, 철저하게란, 몹시 구석구석까지 한다는 뜻이지요』 하였다.

교사가 그 낱말을 뜻을 모르는 것은 아니었다. 다만 갑작스런 발문에 허둥지둥하다 쉽게 처리를 못 하였을 뿐이다.

그러나 그것이 중요한 것이다. 교사의 계획대로 진행하고자 과정안을 외워서 그대로 이끌어 나가려다가 돌발적인 사태에 걸린 것이다. 그 복병을 어떻게 비켜 나가야 하는가? 아니 그 보다도 시시각각으로 변해 가는 학생들의 동태에 대응하여 교사가 어떠한 조치를 취해 가느냐가 중요한 것이다. 하나의 물음에도 학생들은 그것에 어떻게 반응하고, 교사는 그것을 어떻게 처리해야하는가를 연구하여 가고자 하

는 데 연구수업의 의미가 또한 있는 것이다.

3) 학생들에게 요구되는 일

연구수업의 특이성은 많은 사람이 수업을 참관하고 있다는 학급 상태의 차이에 있으므로, 수업과 그 자체가 학생들에게는 몇 가지 사전 지도가 필요한 것이다. 그러나 한 가지 주의할 것은 사전 지도가 예행연습과 같은 연극이어서는 안 된다는 점이다. 이 점에 유의하여 학생들의 사전 지도에 도움이 되는 몇 가지 사항을 살펴본다.

① 학생들에게 정서적 안정감은 주어졌는가

같은 사실을 학습함에 있어서도 각 개인의 정서적 상태 여하에 따라서 크게 달라진다. 더구나 부정적인 정서적 상태에서 학습한 것은 다음의 다른 비슷한 상태에서도 역시 부정적인 반응을 나타내게 되며, 반대로 긍정적인 정서적 상태에서의 학습은 역시 다음 비슷한 상태에서의 학습에 영향을 미친다. 학습이 일어나는 어느 특정한 상태에서의 정서적 상태는 그 상태에서의 경험의 결과로 얻어진 지식, 이해, 기능의 적용에까지도 영향을 미치게 된다.

따라서 연구수업이라는 그 자체로서 학생들에게 안정감을 잃게 하기 쉬운 특수한 상태에서의 학습은 비단 그 시간만의 영향에 그치지 않으므로 학생들이 안정감을 얻도록 사전의 지도가 필요하다. 연구수업을 통하여 자신들의 학습 상태에 개선점을 발견하고, 보다 나은 방향으로 시사해주는 바를 밝혀 마음 편하게, 그리고 좀 더 활발하게 학습에 참여 할 수 있게 한다.

불안감은 대개 많은 사람에게서부터 주시 받고 있다는 생각 때문에 생기기 쉽다. 그러므로 이 문제를 고려해 두어야 하며, 무엇보다도 학생들이 정서적 안정감을 갖도록 해 주어야 할 것이다. 그렇지 못할 경우는 그 이상의 학습은 처음부터 기대하지 않는 편이 현명할지도 모른다.

② 학습상의 경쟁의식을 배제하고 공동 의식을 형성하도록 하였는가

학급은 생활의 장이며 새로운 경험의 습득을 위한 공동 학습사회이다. 그러므로 근본적으로 학급 안에서의 학습 경험은 학습의 개별성을 인정한다 해도 역시 모두가 공동 경험이며, 바람직하게는 학급 내에서의 경쟁의식은 배제되어야 한다.

연구수업에 참관하는 사람들은 자기 자신의 학급은 비록 그렇지 못하더라도 반드시 이 문제를 지적해 낼 것이다. 연구수업이 결국은 상호학습이라고 본다면 학급의 분위기 속에서 피부로 느껴지는 공동 의식은 무엇보다도 중요한 경험이 된다. 이러한 태도는 평소의 학습 지도에 기대할 수밖에 없지만, 연구수업에 임해서도 그와 같은 분위기가 형성되도록 노력해야 한다.

③ 학생들을 연극배우로 또는 꼭두각시로 만들지는 않았는가

연구수업에서 이런 사태는 흔히 보는 예이다. 학생들 개개인이 주체성을 지닌 학습의 주인임을 기억해야 한다. 학습 과정안이라는 시나리오에 따라 학생의 주체 의식이나 개성의 발현 따위는 아랑곳없이 겉보기만의 수업의 성공을 위해 애쓰는 일이 없어야 한다. 학생들이 주제를 해결하기 위한 활동으로 신나게 움직이고 참여하는 수업이 되어야 한다.

④ 학생들에게 정확하고 명확한 표현 능력을 갖도록 했는가

연구수업의 경우는 평소에 흔히 볼 수 있는 교사중심의 일방적인 주입식 수업을 하는 것보다 학생 중심의 수업을 생각하게 된다. 그렇기 때문에 더욱 학생들의 발표 능력, 타인의 의견 파악 능력 등이 더욱 절실히 요청된다. 연구수업에서 성공을 기대하기 위해서는 이 기본적인 능력이 갖추어진 다음에 비로소 공동 목표에 도달하는 기술, 즉 집단 토의의 기술적인 문제가 논의될 수 있다. 그래서 학생들의 기본적인 학습 기술이 습득되도록 해야 한다.

4) 연구수업 참관 관점

가) 참관 태도

연구수업에는 학교 교사가 참관하든 타교 교사가 참관하든 간에 반드시 참관자가 있게 마련이다. 그러나 아무리 애써서 하는 연구수업일지라도 연구수업에 대한 소양 수준이 낮거나 참관하는 태도가 되어 있지 않은 참관자가 많을 경우, 그 연구수업은 충분한 효과를 올릴 수 없는 것이다.

그러므로 연구수업과 참관은 분리할 수 없는 관계에 있어서 어느 쪽이 든 다 잘 갖추어져 있어야 소기의 목적을 달성하는 것이다. 이 일은 마치 이야기를 하는 사람

과 듣는 사람이 같아서, 이야기를 잘하건만 잘 듣지 못함으로써 이야기가 헛수고로 돌아가는 것과 같다고 하겠다. 즉 연구수업도 학습 지도자와 참관자가 호흡이 맞지 않으면 안 된다. 수업을 하는 교사들은 누구나 연구를 생각하건만 참관에 대해서는 그다지 연구를 하고 있지 않다. 참관자에게 수업을 볼 줄 아는 눈이 있고 없느냐에 따라 연구수업이 살고 죽을 수도 있다는 것을 잊어서는 안 된다.

지금까지 연구수업에 있어서 참관자의 태도가 얼마나 중요한가를 생각하였으나, 다음에 바르지 못한 연구수업 참관과 올바른 연구수업의 참관 방법을 예로 들고자 한다.

(1) 바르지 못한 연구수업의 참관

- 교사들이 참관 중에도 수군거리거나 과정안을 들고 있지만 마음은 멀리 딴 데에 가 있는 경우가 많다.
- 수업 도중에 슬쩍 들어와서 어느 틈엔가 빠져나가 무관심과 실례를 저지르는 경우이다.
- 다른 학교 연구수업에 참관할 경우로서, 모처럼 이 사람 저 사람 만나고 싶어서 찾아가는 연구수업 참관자이다.
- 성실하게 수업 참관을 하지 못하고 자리만 채우는 경우가 종종 있다.
- 참관은 열심히 하고 있으나, 선입견을 가지고 저 선생님은 연구를 많이 한 것 같이 보이니깐 하고 지당한 것으로 여기거나 또는 저서가 많고 명성이 높으니까 무엇이나 그대로 받아들이는 참관 태도이다.
- 필요 이상으로 어디에 결점이 없나 하고 흠을 꼬집어 내려고 하는 경우이다. 이와 같은 교사는 협의회에서 제법 활발한 의견을 발표하여 많은 연구를 한 것처럼 보이나, 실제로는 연구수업의 목표와 동떨어진 이야기를 하는 경우가 있다.

(2) 올바른 연구수업의 참관

그러면 대체 어떠한 참관이 바람직한 것인지 먼저 생각하고 싶은 것은 연구수업의 목적을 명확히 파악하는 일이다. 어느 학교에서는 연구수업을 많이 하고 있으나, 횟수에 비하여 진보나 향상의 도가 높지 않고 그저 그렇다는 정도인 것이다. 그 이유는 여러 가지 원인이 있다고 생각되나 연구 수업자와 참관자의 사이에 호흡이 맞지 않은 데서 오는 폐단이 그 중 하나가 아닌가 여겨진다.

항상 자기가 지도하고 있는 가운데 곤란한 문제나 그 해결 방법을 서로 이야기하고 협동하여 연구 주제로 설정하고 연구하면 얼마나 좋은 분위기이며 큰 성과를 가져오겠는가? 연구 수업자는 자기대로의 주제로 진행하고, 참관자는 자기가 본 대로 자기의 의견을 틀리는 방향에서 제시한다면 시간과 효력의 낭비일 것이다.

그러면, 연구수업 참관에 바람직한 모습은 어떤 것인지, 몇 가지 예를 들어 보면 다음과 같다.

- 초등학교 교사들은 여러 과목을 담당하고 있으며 여러 가지 문제에 직면하게 된다. 그와 같은 문제를 해결하기 위해서는 참고서적을 읽고, 지도 조언을 듣고 토의도 하고 수업 참관도 하는 등 여러 가지 방법이 있다.

『수학은 계산 문제는 하는데 응용문제를 못 한다.』, 『문장의 독해는 잘 하는데 작문은 못 한다.』, 『무슨 좋은 방법은 없는가?』 등 가지가지의 문제에 부딪치는 교사가 있다.

이와 같은 문제에 부딪쳤을 때 그것을 문제로서 느끼고 받아들여 고심하는 교사야말로 큰 발전이 기대되는 참다운 교사인 것이다. 그와 같은 교사는 연구수업 참관에 임해서도 무엇인가 문제 해결의 실마리를 얻어가려고 노력하는 것이다. 즉 문제 해결형이라고 말할 수 있다.

- 또한 참관하게 될 수업에서 추구하는 문제 해결의 목표가 비록 자기가 인식한 문제와 다를지라도 자기의 문제로서 받아들이고 진지하게 수업자의 입장이 되어 참관하고, 간접 경험으로 연구를 하여 자기의 학습지도에 개선점으로 삼을 수 있도록 의문점은 물어보고, 나중에 실제로 자기 학급의 사태에 적용하여 실천해보려는 뜻을 품고 참관에 임하는 교사도 훌륭한 참관자라고 할 수 있다.

☑ 참관자로서 지켜야 할 예의 및 태도와 유의해야 할 사항(이승익, 1982)

- 시간 전에 수업장소에 입장해야하며 지각하면 수업분위기를 깨뜨릴 염려가 있다.
- 의자에 앉을 때는 소리를 내지 않고 앉아야 한다.
- 수업 중에 되도록이면 밖에 나가지 말아야 한다.
- 수업자나 학습자가 실수를 해도 웃거나 또는 경멸하는 태도를 보이지 말아야 한다.

- 옆 사람과 사담(私談)을 금해야 한다.
- 함부로 학습자에게 말이나 지시를 하든지 노트나 교과서를 들쳐보지 말아야 한다.
- 자기가 아는 것이라고 학습자에게 가르쳐주거나 조언하거나 도와주어도 수업에 방해가 된다.
- 수업 중에는 공동연구의 입장에 서서 시종 참관에 임해야 한다.

나) 참관을 위한 준비

연구수업은 일정한 의도(학습 지도의 개선 및 기타 교육 활동의 개선)을 갖고 실시하는 학습지도 활동이며, 참관자를 예상하고 계획하는 일인 것이다. 따라서 연구수업의 목적이나 거기에 나타나는 원리가 참관자에게 명확히 이해되고 뜻한 바에 의하여 진행되는 방법이나 순서, 특히 주의해야 할 방법상의 원칙이나 결함에 대하여 잘 파악하여야 한다.

(1) 연구수업은 한정된 시간 안에서 진행되므로 그것을 객관적으로 파악, 이해하기 위해서는 참관자로서도 다음과 같은 준비를 하고 있는 것이 바람직하다.

① 실제 연구수업을 참관함에 앞서 연구수업의 목표, 방법, 기술 등과 그 학급에 대한 모든 조건을 파악, 이해하여야 한다.

② 연구수업에서 뜻하고 있는, 즉 연구 주제가 담고 있는 원리를 생각하여야 한다.

③ 바라고 있는 주요한 목표, 선수에 학습한 것, 다음으로 전개에 관계된 것들에 대하여 알고 있어야 한다.

④ 잘 살펴보아야 할 사항은 참관 요령으로서 어떠한 방식으로든지 간단히 기록을 함이 유효하다.

⑤ 학습 지도를 진행함에 있어서 훌륭한 점과 부족한 점을 가려내야한다. 그것은 연구수업을 하는 교사의 칭찬이나 결점을 탓하기 위해서가 아니라 자기의 학습 지도 기술을 평가하고 반성하여 개선하는 데 크게 도움이 되기 때문이다.

(2) 참관을 위한 준비를 하는 것 중에서도 가장 중요한 일은 교수·학습 과정안을 검토하는 일이다. 대개의 경우 과정안을 연구수업 당일 아침에 나누어 주고 있으나, 참관자의 연구를 위하여서는 미리 시간적인 여유를 주고 배부되어야 한다.

① 우선, 과정안을 살펴보고 주제 또는 제재와 교재관에 대해서는 다음과 같은 점을 검토한다.
- 주제 또는 제재의 계통을 조사한다.
- 교재관에 의하여 수업자의 의도와 교재에 대한 생각과 학생의 능력이나 학습 지도의 경향을 알아본다.

② 단원목표에 대하여 목표의 적절함과 그렇지 못함은 학습지도의 성패에 크게 영향을 준다. 경우에 따라 목표가 추상적이거나 정도가 높거나 낮을 수도 있다. 또 분량도 문제가 된다. 그러므로 다음과 같은 점에 비추어 잘 검토해야 한다.
- 단원 목표는 구체적인가?
- 단원 목표의 길이나 양이 타당한가?

③ 지도 계획을 검토한다.
- 시간 배당은 적절한가?
- 교재는 충분히 소화시킬 수 있도록 계획되어져 있는가?
- 단계적으로, 그리고 발전적으로 계획되어져 있는가?

④ 본시의 학습목표와 교수·학습 과정을 검토한다.
- 본시 학습목표는 그 시간 안에 도달할 수 있는 목표로 설정되었으며 주제(단원) 또는 제재의 목표보다는 구체적인가?
- 교수·학습 과정에서는 학습 내용, 학습 활동, 교사의 지도상의 유의점 등이 잘 밝혀져 있으며, 그들의 관련성은 어떻게 짜여져 있는가?
- 확인학습 문항은 본시의 학습목표를 준거로 작성되었는가?

⑤ 수업자가 의도하는 바를 파악하는 일이 중요하다.
과정안은 수업자가 매만지고 다듬어서 작성한 것이다. 그러므로 수업자가 의도하고 연구한 것을 주의 깊게 살펴야 한다. 과정안이 수업자가 연구한 만큼 공들여 알차게 만들어졌는가? 과정안의 검토에서 참관의 준비 태세가 갖추어졌겠지만 그것만 가지고는 부족한 것이 많이 있다. 검토하는 중에 여러 가지 의문이 생기고

판단이 애매해지기도 한다.

그렇기 때문에 교재에 대해서 보다 효과적인 방법이 없는가를 문헌이나 참고 자료를 통하여 연구해야 한다. 또 참관 전에 교내 교과 연구 집단을 통하여 상호 검토를 위한 토의를 갖는 것도 크게 도움이 될 것이다.

라. 수업 참관 평가 및 분석

좋은 수업이 되려면 수업자와 참관자간에 수업 방법 개선에 대한 의지와 공감대가 형성되어야 하며, 그러기 위해서는 객관성과 타당성이 있는 자료를 통한 수업분석이 요구된다(하영철, 2002). 그러나 지금까지 수업분석법이 많이 연구 발표되었으나 특별한 연구에 활용되는 것 외에는 실제 현장에서 활용도가 극히 미약하다. 따라서 여기에서는 학교 현장의 공개수업, 수업장학 지도 등에서 일반적으로 사용하고 있는 수업 참관 평가에서 사용할 수 있는 '수업참관 평가 관점표'와 개인적으로 평가를 해 볼 수 있는 '자기수업 평가표'를 활용할 수 있다.

① 수업참관 평가 관점표
(* 교과명, 대상(학년 반), 지도교사명, 단원명, 차시 기입 활용)

<표 6-8> (년) 수 업 평 가 표

구분	평가관점	착안사항	참관의견	평점				
수업 설계	1. 체제의 적절성	○교수·학습 과정안 체제 구성 ○학습과제분석(필수학습요소 추출) ○학습목표 선정과 진술의 구체성 ○출발점 행동 진단 및 결과 처리		10	9	8	7	6
	2.수업개선 기여가능성	○학생의 흥미와 수준을 고려한 수업모형 제시 ○사고를 촉진하는 발문 활용		10	9	8	7	6
	3. 준비의 충실도	○자료의 종류 및 투입시기 적합성 ○단원지도계획의 적절성(수업량 및 시간배분), 수준별 지도계획 등 ○수행평가, 형성평가, 차시예고 등		10	9	8	7	6
수업 과정	4. 도입	○허용적인 수업분위기 조성 ○선수학습 관련지도 ○동기유발 방법 ○학습목표 제시 및 인지방법		10	9	8	7	6
	5.교수 - 학습활동	○학생의 학습준비 정도(교재, 예습) ○교수·학습 활동의 역동성 ○음성, 언어, 태도, 보상의 적절성 ○교사 발문, 학생질문처리 등 상황 대처 능력 ○판서의 구조화		30	28	26	24	22
	6. 수준별 지도	○개인차를 고려한 수준별 교육 ○보충, 심화 학습지도의 효율성 ○학습자료 활용		10	9	8	7	6
	7. 정리 및 평가	○학습결과 및 수업 요점정리 ○평가문항과 평가의 적절성 ○차시예고(구체적 안내)		10	9	8	7	6
종합	8. 총 괄	○과정안 체제와 수업과정의 일치성 ○전 수업과정의 체계성과 일관성 ○고등사고능력 신장과 가치내면화		10	9	8	7	6
총 점				( ) 　　　　　100				
종합의견								

평가위원 :   직위   성명   (인)

② 교사의 자기수업 반성 분석

수업이 끝나면 교사 스스로 자기수업 전반에 대한 스스로의 평가(반성) 기회를 갖고 피드백 자료로 활용하면 수업 개선에 도움이 될 것이다. 수업 반성 자료로는 아래 〈표 6-9〉 평가표를 활용할 수 있을 것이며, 또한 수업개선을 위한 자기장학의 수업자료 분석에서 제시한 자가평가 검목표 <표 6-5>를 활용할 수도 있다.

<표 6-9> 자기수업 평가표　　　 * 5단계 평점의 해당 점수에 ○표한다.

번호	평 가 관 점	평 점
1	나는 교사로서 교직관과 학생관을 정립하고 있다.	5. 4. 3. 2. 1
2	학생들의 심리적 발달, 정서적 발달, 신체적 발달에 대해 폭넓은 이해를 갖고 있다.	5. 4. 3. 2. 1
3	가르치는 교과목에 대한 전문적인 지식을 갖고 있다.	5. 4. 3. 2. 1
4	새로운 수업이론에 대한 전문서적을 공부하고 있다.	5. 4. 3. 2. 1
5	도입 단계에서 주제기록과 학습범위도 미리 제시한다.	5. 4. 3. 2. 1
6	학습자의 동기유발에도 관심을 갖는다.	5. 4. 3. 2. 1
7	선수학습과의 관련지도를 통해 본시를 지도한다.	5. 4. 3. 2. 1
8	본시의 출발점 행동을 진단하는 기회를 갖는다.	5. 4. 3. 2. 1
9	교사로서 품위에 어긋나지 않는 교수 용어를 쓴다.	5. 4. 3. 2. 1
10	다양한 지명 방법(의도적, 무의도적, 자원자, 무작위)을 활용한다.	5. 4. 3. 2. 1
11	단계별 학습목표와 관련된 확인학습(형성평가)를 수시로 실시한다.	5. 4. 3. 2. 1
12	수업의 과정 중 피드백과 교정과정을 계속 활용한다.	5. 4. 3. 2. 1
13	적절한 보상을 주어 강화를 통한 학습력을 높인다.	5. 4. 3. 2. 1
14	인간교육의 차원에서 수업을 진행한다.	5. 4. 3. 2. 1
15	질문의 기회를 많이 주고 질문이 없는 경우에는 질문이 나오도록 유도한다.	5. 4. 3. 2. 1
16	학습자의 능력과 수준에 맞는 발문을 한다.	5. 4. 3. 2. 1
17	중개발문을 통하여 학습효과를 높인다.	5. 4. 3. 2. 1
18	발문 후에 응답에 필요한 충분한 시간을 준다.	5. 4. 3. 2. 1
19	발문과 동시에 지명하지 않는다.	5. 4. 3. 2. 1
20	지명은 특정한 학습자에게만 치우치지 않는다.	5. 4. 3. 2. 1
21	발문 후 대다수가 거수했을 경우에는 지명하지 않는다.	5. 4. 3. 2. 1
22	수업 전에 효율적인 발문과 지명계획을 수립한다.	5. 4. 3. 2. 1
23	학습목표를 교수·학습 과정 중에도 계속 확인한다.	5. 4. 3. 2. 1

24	수신호를 사용함으로써 학습력 증진에 도움을 주고 있다.	5. 4. 3. 2. 1
25	판서 계획을 세울 때 판서의 내용뿐만 아니라 판서의 구조화에도 관심을 갖는다.	5. 4. 3. 2. 1
26	학습장 정리 상황을 가끔 점검한다.	5. 4. 3. 2. 1
27	지시봉은 필요한 경우에만 사용한다.	5. 4. 3. 2. 1
28	학습자의 분위기를 살펴 주의집중이 잘 된 상황에서 수업을 진행한다.	5. 4. 3. 2. 1
29	학습자의 이해도를 높이기 위해 매시간 시청각 자료를 활용한다.	5. 4. 3. 2. 1
30	컴퓨터, OHP, 실물화상기, 슬라이드 환등기, VCR, 녹음기 등의 특징과 사용법을 잘 알고 있다.	5. 4. 3. 2. 1
31	학습자의 수준에 맞게 반이나 모둠(분단)을 편성한다.	5. 4. 3. 2. 1
32	개인차에 맞는 다양한 학습과제를 투입한다.	5. 4. 3. 2. 1
33	학습과제의 학습결과를 정확히 확인한다.	5. 4. 3. 2. 1
34	개별학습, 분단학습, 전체학습 등 다양한 학습방법을 활용한다.	5. 4. 3. 2. 1
35	학생들의 수업 참여율을 높이고 있다.	5. 4. 3. 2. 1
36	순회지도를 통하여 학습자의 학습태도와 학습장 정리 상황 점검 및 개별지도를 한다.	5. 4. 3. 2. 1
37	판서 중에도 모든 학습자의 학습활동을 알 수 있는 판서 자세를 유지한다.	5. 4. 3. 2. 1
38	판서된 내용을 설명할 때 교사의 위치에 유의한다.	5. 4. 3. 2. 1
39	본시의 핵심내용을 학습목표와 관련하여 정리해 준다.	5. 4. 3. 2. 1
40	확인학습을 통하여 본시의 학습목표 달성도를 점검한다.	5. 4. 3. 2. 1
41	확인학습 문항은 본시의 학습목표를 준거로 작성한다.	5. 4. 3. 2. 1
42	확인학습시 조건 통제를 엄격히 하여 문항별 성취도를 정확히 확인한다.	5. 4. 3. 2. 1
43	확인학습 후 결손 내용에 대한 보충지도를 해준다.	5. 4. 3. 2. 1
44	차시예고를 하고 구체적인 과제를 제시한다.	5. 4. 3. 2. 1
45	본시의 단계별(도입, 전개, 정착) 배정 시간을 잘 유지한다.	5. 4. 3. 2. 1
46	시종시간을 잘 지킨다.	5. 4. 3. 2. 1
47	수업이 끝나고 교실 문을 나설 때, 본시 학습목표 달성도가 몇 % 정도인가를 어느 정도 감지한다.	5. 4. 3. 2. 1
48	수업 후 자기 반성 기회를 갖고 자기 수업에 대한 계속적인 수정 및 피드백 체제를 유지해 가고 있다.	5. 4. 3. 2. 1
49	내 교과(수업)시간을 학습자가 흥미를 갖고 기다리고 있다.	5. 4. 3. 2. 1
50	내 교과(전공)에 대한 수업기술 개선에 항상 노력하고 있다.	5. 4. 3. 2. 1
총점	* 각 내용별 평가와 함께 총점을 내어 전체 수업을 평가해본다.	( )점

※ 자료 : 하영철(2002).수업지도의 실제. 서울: 동현출판사. P.331. 수정 보완

마. 연구수업 협의회

연구수업을 공개하고 그 결과를 올바르게 평가해서 이를 기초로 수업이 보다 나은 방향으로 발전되고 교사자신도 참관자의 기탄없는 의견을 수렴해서 자기의 수업기술을 향상시키기 위해서 서로의 의견을 교환하는 협의회가 필요하다.

협의회는 수업이 끝난 직후 또는 퇴근 전 일정 시간에 수업 실천에 대한 평가를 하는 데, 연구수업 지도교사와 참관자가 함께 참석하여 수업에 대한 반성, 비평, 토론을 한다. 여기에서는 장단점, 시정해야 할 점, 태도, 기술 등 자세한 평가와 반성이 행해진다(이승익, 1982).

협의회 순서는 연구수업의 성격에 따라 달라질 수 있겠지만 일반적인 절차를 제시한다면, ① 개회, ② 인사말씀(교장, 교감, 해당부장 중), ③ 수업자 반성 및 소감, ④ 참관자 의견 발표, ⑤ 질의·응답, ⑥ 지도 조언(전문가), ⑦ 총평, ⑧ 폐회 등으로 이루어진다.

또한 연구수업 협의회시 수업자와 참관자의 유의사항을 살펴본다.

첫째, 수업자는 자기의 연구수업 과정을 세밀히 분석하여 준비과정에서 중점을 두었던 점과 어려웠던 점, 수업과정에서의 문제점과 자신의 수업개선 내용을 미리 자세하게 반성하며 발표한다. 아울러 수업 참관자들에게 감사함을 표하고 혹시 참관자들의 심한 비평이 있더라도 개방적이고 허용적인 마음으로 자기의 발전을 위해서 공손하고 예의바른 태도로 긍정적으로 받아들이는 자세가 필요하다.

또한 참관자와 전문가의 의견이나 조언을 들을 때 그 내용을 빠짐없이 기록하고 분석하여 다음 수업에 적용할 수 있도록 필요한 의견은 반드시 받아들여 수업개선에 도움이 되도록 해야 한다.

둘째, 참관자는 수업이론을 바탕으로 수업 참관 관점표에 근거해서 여러 사람이 공감할 수 있는 객관성 있고 타당성 있는 관점에서 질의하고 느낀 점을 말해야 한다. 어떤 수업을 참관하든지간에 좋은 점이 개선점보다 많을 수 있다는 생각으로 그 수업자로부터 배울 점이 무엇인가를 참관 시에 세밀히 관찰한 다음, 협의회 때 그 좋은 점을 많이 발표함으로써 수업자의 사기를 진작시키는 것이 좋다고 본다. 수업자의 잘못된 점만을 지나치게 지적할 경우 오히려 수업자의 수업개선보다는 교사간의 갈등이 유발될 가능성이 크기 때문이다. 그러나 수업자를 너무 의식하여 과도한 칭찬만 하는 것은 바람직하지 못하며, 반드시 개선할 점이 있으면 좋은 점을 먼저 칭찬한 다음에 수업자의 기분에 거슬리지 않게 예의 있고 공손하게 이야기 하는 것이 좋을 것이다(하영철, 2002).

그리고 참관자가 순서대로 돌아가면서 의견을 발표 할 때는 반복된 내용은 가능한 한 삼가고, 참신하고 새로운 내용을 발표하여 불필요한 시간을 줄이고 효율적인 협의회가 이루어지도록 해야 한다.

6. 수업 실기평가에서의 수업실연(授業實演) 기술

교사 임용시험(2차 시험)이나 전문직 시험에서 수업 실기평가로 실시하는 수업 실연은 보통 교수·학습 과정안 작성(대개 본시안)과 수업실연으로 이루어진다.

첫째, 교수·학습 과정안 작성은 전공 교과의 중학교 또는 고등학교 교과서(초등학교의 경우는 학년별 교과서) 중에서 하나를 선택하여 해당 수업 단원과 과정안 작성 지시문이 주어지며, 그에 따른 1차시 분량의 본시 과정안을 작성하게 된다. 특별한 조건이 없는 경우 본시 교수·학습 과정안에는 단원명, 학습목표, 차시, 수업모형(필요시), 지도단계(도입, 전개, 정착), 학습내용, 교수-학습 활동(교사 – 학생), 자료 및 지도상 유의점 등이 포함되어야 한다. 여력이 있다면 판서안과 확인학습(형성평가) 문항도 포함하여 작성하면 좋다. 이 때 확인학습(형성평가) 문항은 반드시 학습목표와 관련된 문제로 작성해야 한다.

또한 지시문에 조건 등의 단서가 주어질 경우에는 과정안 내용에 조건이 충족되도록 작성해야 한다. 예컨대, ① 정보통신기술(ICT)을 활용할 수 있도록 작성할 것, ② 다양한 학습자료 활용이 가능하도록 작성할 것, ③ 본시에 적용할 수업모형을 밝힐 것 등의 내용이 제시되었다면, 첫째, 수업에서 정보통신기술을 활용할 경우에는 교수·학습 과정과 활동을 정보통신기술을 활용할 수 있는 과정안으로 작성하든가, 자료 및 지도상의 유의점 난에 정보통신기술 활용 내용을 제시하여 작성할 수 있다. 둘째, 다양한 학습자료는 교수·학습 활동 과정의 필요한 단계에 맞춰 자료 및 지도상의 유의점 난에 제시할 수 있다. 셋째, 특별한 수업모형을 적용할 경우에는 교수·학습 과정안 자체를 수업모형에 맞게 작성하든가 과정안에 수업모형을 명시하고 교수·학습 활동 내용에 반영하여 작성한다.

둘째, 수업실연(授業實演)은 학생들이 수업을 받는다고 가정하고 몇 명의 시험 채점관들 앞에서 한 시간(1차시) 수업분량을 10분 내외(교과에 따라서는 7분, 15분 등 다양하게 제시될 수 있음)로 압축하여 실연을 하게 된다.

따라서 학생들이 없이 하는 수업이라 조금 어색하겠지만 학생들이 있다고 가정하고 한 시간 수업분량을 축소해서 주어진 시간 내에 정식 수업과정을 모두 마친다고 생각하고 진행해야 한다. 따라서 교사는 수업 중 어느 부분에 포인트를 두고 더 많은 시간을 할애할 것인가, 또는 어느 부분에서 빨리 진행할 것인가를 결정해 나가야 한다. 다시 말하면 교사의 지시에 따라 학생들의 활동이 이루어진 것으로 보고 시간 안배를 고려하며 수업을 진행해야 한다.

각 단계별 수업실연 방법을 소개하면 다음과 같다.
* 시험장에 입실하면 우선 시험 채점관을 향해 정중히 인사를 한 다음, 수험번호와 이름을 똑똑하게 말한다.

가. 도입단계

• 학생들과 인사를 나누고 출석을 확인한 다음, 칠판 중앙 상단에 본시 주제(또는 단원)를 판서한다.
• 전시 또는 선수학습 내용을 알 수 있다면 이를 확인 및 상기시켜준다.
• 본시 학습 유도를 위한 다양한 방법을 활용하여 동기유발을 시킨다. 동기유발은 시사 내용이나 사회현상, 날씨 등 주제와 관련이 있는 내용을 중심으로 파일 자료를 보여주거나 TV 모니터를 활용하여 제시하는 것이 효과적이다.
• 본시 학습목표를 제시한다. 학습목표는 칠판 좌상단에 판서로 제시하거나 TV 모니터를 통해 다양한 방법으로 제시할 수 있으며, 2개 정도가 적당하다.

※ 더 자세한 것은 '제5장 창의적 수업 전략과 기술'을 참고하기 바람.

나. 전개단계

• 일제학습, 모둠학습, 협동학습, 토론학습, 실험학습 등 과정안에 제시한 수업 형태(수업모형)에 적합하게 학생 참여를 통한 역동적인 수업이 되도록 한다.

- 학습주제 및 학습내용에 적합한 교수매체를 적시에 제시하여 활용한다.
- 학생의 사고력과 창의력을 유발할 수 있는 발문과 지명을 적절히 한다. 지명은 한 학생에게만 치중되지 않도록 하며, "너! 또는 5번 학생!"과 같이 지명하는 것보다 이름을 호명(가명 사용)하여 지명하는 것이 더 호감이 간다.
- 학생들이 학습활동을 할 경우에는 적절히 교실 순회를 하며 활동상황을 확인하고 필요한 모둠이나 학생에게 도움을 준다.
- 판서는 정자로 빠르게 하고 교수·학습 과정안에서 제시한 판서안의 내용과 같도록 하는 것이 좋다. 설명이 필요한 경우에는 핵심내용 중심으로 구조화 시켜 간단히 한다.

다. 정착(정리)단계

- 학습내용을 학습목표와 관련지어 요약 및 정리해준다.
- 과정안에 확인학습(형성평가) 문항을 제시한 경우에는 확인학습을 실시하여 본시의 학습목표 달성도를 확인한다. 이 때 확인학습 문항 제시는 TV모니터나 구두로 할 수 있으며, 거수로 문항별 정·오답 학생을 확인하고 오답에 대해서는 간단하게 설명하여 교정조치를 해준다.
- 차시예고와 과제제시를 한다. 차시예고 및 과제제시는 차시 학습목표 제시의 연습과제 형태로 할 수도 있다.
- 수업진도를 잘 조절하여 종료시간을 맞추는 것이 좋으나, 혹시 내용 설명이 길어져 수업종료 종(신호)이 울리면 바로 내용을 정리하고, "이상으로 오늘 수업을 마치겠습니다."라고 말하고 공손히 인사를 한 다음 퇴실한다.

좋은 수업설계와 실제

참고문헌

강낙근(1997). 교수방법. 서울: 도서출판 보고사.

강동수(1988). "마이크로티칭 기법이 교생의 수업기술에 미치는 영향". 국민 대학교 교육대학원 석사학위논문.

강승호·김명숙·김정환·남현우·허숙(2003). 현대 교육평가의 이론과 실제. 서울: 양서원.

강영삼(1994). 장학론. 서울: 세영사.

강영삼·신중식·윤정일·신철순·김명환(1982). 현대교육행정학. 서울: 교육 출판사.

고영희(1981). 수업기술. 서울: 교육과학사.

광주광역시교육청(2002). 자기주도적 학습방법의 학습. 장학자료 2002-299호.

광주교육대학광주부속국민학교(1984). 학습방법의 학습. 서울: 문현각.

광주직할시교육청(1992). 창조적 발문 중심 수업의 실제. 광주직할시교육청.

권대훈(2005). 교육평가. 서울: 학지사.

김수천(1970). "문답유형과 학업성취와의 관계에 관한 연구". 서울대학교 교육 대학원 석사학위논문.

김순택·이경섭·전윤식·김영채·이도희·진위교·변창진 공저(1981). 현대 교수원론. 서울: 교육과학사.

김신자(1998). 효과적 교수설계. 서울: 도서출판 문음사.

김종서(1978). 교수과정의 분석. 서울: 교육출판사.

김철주(1999). 효과적인 교수방법의 탐구. 서울: 강남대학교출판부.

김청자(1988). "국민학교에서의 마이크로티칭 기법의 유용성 검증". 국민대학교 교육대학원 석사학위논문.

김학수(1993). 현대 교수·학습론. 서울: 교육과학사.

김호권(1975). 현대교수이론. 서울: 교육출판사.

_____ 역(1977). 인간의 제특성과 학교학습(Benjamin S. Bloom저). 서울: 한

국능력개발사.

박병철(1990). 교과교육의 원리와 실제. 서울: 정민사.

박병학(1978). **창조적 발문법**. 서울: 능성출판사.

박성익(1994). **수업방법탐구**. 서울: 교육과학사.

밥 파이크(2004). **밥파이크의 창의적 교수법**(김경섭・유제필 옮김). 서울: 김
　　영사.

백순근(1999a). **수행평가의 이론과 실제**. 서울: 원미사.

_____(1999b). **수행평가 정착을 위한 교육평가 실천 방안**. 한국교육과정평가
　　원.

변영계(1979). **수업설계**. 서울: 배영사.

_____(2000). **수업장학**. 서울: 학지사.

변영계・김경현(2005). **수업장학과 수업분석**. 서울: 학지사.

변영계・이상수(2003). **수업설계**. 서울: 학지사.

신통철(1983). **수업체제의 이해**. 서울: 동양문화사.

심덕보(1994). **수업분석의 실제**. 서울: 도서출판 예원당.

양미경(2003). **교육과정 및 교수방법**. 서울: 교육과학사.

유택열(2002). **수업연구와 실제**. 서울: 교육과학사.

윤기옥・정문성・최영환・강문봉・노석구(2002). **수업모형의 이론과 실제**. 서
　　울: 학문출판(주).

이군현(1997). **교육행정 및 경영**. 서울: 형설출판사.

이돈희(1980). **교육철학개론**, 서울: 박영사.

이성은・오은순・성기옥(2002). **초・중등 교실을 위한 새 교수법**. 서울: 교육과
　　학사.

이승익(1982). **교수・학습지도법**. 서울: 대방출판사.

이신동・임혜숙・한순미・김수동・김선・김경옥 공역(1999). **교수・학습의 이
　　해**(John A. Glover, Royce R. Ronning, Roger H. Bruning저). 서울:
　　상조사.

이영덕(1979). **학교교육체제**(새 교육체제 교원연수교재). 서울: 한국교육개발
　　원.

이용숙・조영태(1989). **수업방법**. 서울: 배영사.

이정근(1983). 마이크로티칭의 도입에 관한 탐색적 연구. **교육연구 제9집**. 공주 사대 교육학회.

이종섭·장종태·이형석(1978). **교수·학습의 실제**. 서울: 부민문화사.

임창재(1994). **수업심리학**. 서울: 학지사.

임태평(1993). **교육철학**. 서울: 학문사.

전성연·이용운·김남경 옮김(2003). **학습과 교수에 대한 이해**(Eric Sotto지음). 서울: 교육과학사.

정수경 역(1999). **교사를 위한 소집단 활동 운영 방법**(Jo-Anne Reid, Peter Forrestal, Jonathan Cook저). 서울: 정민사.

정태범(2002). **학교경영의 발전과 과제**. 서울: 양서원.

조남두·권기옥·오영재·유현숙·조남근·최창섭·신현석(2006). **교육행정론**. 서울: 도서출판 원미사.

조벽(2003). **조벽 교수의 명강의 노하우& 노와이**. 서울: 해냄출판사.

조희형·박승재(2008). **과학교수·학습**. 서울: 교육과학사.

주삼환(1991). **장학론**. 서울: 학연사.

_____(2006). **장학의 이론과 기법**. 서울: 학지사.

주삼환·이석열·김홍운·이금화·이명희(1999). **수업관찰과 분석**. 서울: 원미사.

하영철(1995). **단위시간의 교수·학습지도의 실제**. 서울: 형설출판사.

_____(2002). **수업지도의 실제**. 서울: 동현출판사.

한국교원대학교 부설 교과교육공동연구소(2003). 교사 교육 전문성 신장을 위한 방안 탐색. 교과교육공동연구 학술세미나 자료.

한국교육개발원(1977). 국민학교 교육목표 편람(1~6학년). 서울: 한국교육개발원.

한명희(1988). **교육철학**. 서울: 배영사.

허경철(1999). 수행평가 정책의 과제와 전망. 한국교육과정평가원.

홍성윤·진위교(1983). **교수·학습의 과정**. 서울: 교육출판사.

황윤한(2003). **교수·학습의 패러다임적 전환**. 서울: 교육과학사.

황정규(1973). **학습극대화를 위한 교육평가**. 서울: 재동문화사.

Block, J. H.(ed.).(1971). *Mastery Learning: Theory and Practice*. New York: Holt, Rinehart and Winston, Inc.

Bloom, B. S.(ed.).(1956). *Taxonomy of Educational Objectives. Handbook I: Cognitive Domain*. N. Y. : David Mckay Co. Inc.

Briggs, Leslie J.(1970). *Handbook of Procedures for the Design of Instruction*. Pittsburgh: AIR.

Cogan, M. L.(1973). *Clinical Supervision*. Boston: Houghton Mifflin Co.

Cooper, James M.(1999). *Classroom Teaching Skills*. Boston: Houghton Mifflin Co.

Flanders, N. A.(1960). *Interaction Analysis in the Classroom: A Manual for Observers*. Minnesota: College of Education.

_____(1970). *Analyzing Teaching Behavior*. Reading Mass: Addison wesley.

Gagné, R. M.(1970). *The Conditions of Learning*(2nd edition). N.Y. : Holt, Rinehart and Winston, Inc.

Glaser, R.(1962). *Psychology and Instructional Technology*. In R. Glaser(ed.). *Training Research and Education*. Pittsburgh: University of Pittsburgh Press.

Glatthorn, A. A.(1984). *Differentiated Supervision*. Alexandria, Va: Association for Supervision and Curriculum Development.

Herlin, W. R., & Albrecht, L. J.(1990). *Study and Learning*. Kendall: Hunt Publishing Co.

Levin, T., & Long R.(1981). *Effective Instruction*. Va.: ASCD.

Mager, Robert F.(1972). *Goal Analysis*. Calif.: Lear Siegler Inc.

Minnis, D. L., & Shrable, K.(1970). *Teachers Manual: Improving Questioning Strategies*. California San., Anselmo: Search Models Unlimited.

Orlich, D. C., Harder, R. J., Callahan, R. C., Kauchak, D. P., & Gibson, H. W.(1994). *Teaching Strategies*(4th edition). D.C. Heath and Company.

Richards, J. C., & Lockhart, C.(1996). *Reflective Teaching in Second Language Classrooms*. Cambridge: Cambridge University Press.

Smith, P. L., & Ragan, T. L.(1999). *Instructional Design*(3rd edition). New York: Macmillan Publishing Co.

Tyler, R. W.(1970). *Basic Principles of Curriculum and Instruction*. Chicago: The University of Chicago Press.

www.changyoung.es.kr/files/cboard.6/수업기술백과.hwp

저자소개

정 석 기(丁 錫 奇)

- 공주사범대학 졸업
- 전남대학교 교육대학원 교육학 석사(교육행정)
  전남대학교 대학원 교육학과 교육학박사
- 중·고교 교사
- 광주광역시교육연수원 교육연구사,
  광주광역시교육청 장학사 및 장학관
- 광주광역시교육연수원 강사
- 조선대학교 사범대학 강사
- 광주광역시교육청 수업장학 위원
- 광주광역시교육청 중등교원 임용고시 출제위원
- 전남대학교사범대학부설중학교장
- 현재) 광주광역시 교육과학연구원장

〈저서〉
- 수업컨설팅의 이해와 적용(원미사, 2011)

〈논문〉
- 학교경영에 있어서 조직학습체제 모형 연구(2001)
- 탐구적인 지형도학습을 통한 지리적 문제해결능력의 신장(1986)
- 학교 및 학급사태에 따른 학급담임의 부적응학생 지도(1982)
- 학교장의 리더십유형과 그 유효성 및 조직성과와의 관계(1981)

개정판

수업기술 향상을 위한
좋은 수업설계와 실제

초판발행   2008년 4월 28일
개정판발행   2015년 9월 15일
중판발행   2019년 4월 22일

저 자   정석기
펴낸이   노 현

편 집   한현민
기획/마케팅   이선경
표지디자인   김문정
제 작   우인도·고철민

펴낸곳   ㈜ 피와이메이트
            서울특별시 금천구 가산디지털2로 53 한라시그마밸리 210호(가산동)
            등록 2014. 2. 12. 제2018-000080호
전 화   02)733-6771
f a x   02)736-4818
e-mail   pys@pybook.co.kr
homepage   www.pybook.co.kr
ISBN   979-11-85754-24-6   93370

copyright©정석기, 2015, Printed in Korea

정 가   17,000원

박영스토리는 박영사와 함께하는 브랜드입니다.